WORK IN PROGRESS. WORK ON PROGRESS
Doktorand*innen-Jahrbuch 2023 der Rosa-Luxemburg-Stiftung

WORK IN PROGRESS.
WORK ON PROGRESS.

Beiträge kritischer Wissenschaft

Schwerpunktthema:
Erfahrung und (Gegen-)Hegemonie

Doktorand*innen-Jahrbuch 2023
der Rosa-Luxemburg-Stiftung

Herausgegeben von Marcus Hawel & Sara Khorshidi

Sowie dem Herausgeber*innenkollektiv:
Thomas Beineke, Antonia Gäbler, Jenny Kellner, Jakob Ole Lenz, Vanessa Ossino, Laura Rosengarten und Nina Schlosser

VSA: Verlag Hamburg

www.vsa-verlag.de

www.rosalux.de/studienwerk

Das Doktorand*innen-Jahrbuch wird aus Mitteln
des Bundesministeriums für Bildung und Forschung (BMBF) finanziert.

Die Doktorand*innen-Jahrbücher 2012 (ISBN 978-3-89965-548-3),
2013 (ISBN 978-3-89965-583-4), 2014 (ISBN 978-3-89965-628-2),
2015 (ISBN 978-3-89965-684-8), 2016 (ISBN 978-3-89965-738-8),
2017 (ISBN 978-3-89965-788-3), 2018 (ISBN 978-3-89965-890-3),
2019 (ISBN 978-3-96488-042-0), 2020 (ISBN 978-3-96488-084-0)
2021 (ISBN 978-3-96488-133-5), 2022 (ISBN 978-3-96488-166-3)
der Rosa-Luxemburg-Stiftung
sind ebenfalls im VSA: Verlag erschienen und können unter
www.rosalux.de als pdf-Datei heruntergeladen werden.

 Dieses Buch wird unter den Bedingungen einer Creative Commons License veröffentlicht: Creative Commons Attribution-NonCommercial-NoDerivs 3.0 Germany License (abrufbar unter www.creativecommons.org/licenses/by-nc-nd/3.0/legalcode). Nach dieser Lizenz dürfen Sie die Texte für nichtkommerzielle Zwecke vervielfältigen, verbreiten und öffentlich zugänglich machen unter der Bedingung, dass die Namen der Autoren und der Buchtitel inkl. Verlag genannt werden, der Inhalt nicht bearbeitet, abgewandelt oder in anderer Weise verändert wird und Sie ihn unter vollständigem Abdruck dieses Lizenzhinweises weitergeben. Alle anderen Nutzungsformen, die nicht durch diese Creative Commons Lizenz oder das Urheberrecht gestattet sind, bleiben vorbehalten.

© VSA: Verlag 2023, St. Georgs Kirchhof 6, 20099 Hamburg
Druck und Buchbindearbeiten: CPI books GmbH, Leck
ISBN 978-3-96488-194-6

Inhalt

Einleitung
Herausgeber*innenkollektiv 2023
Erfahrung und (Gegen-)Hegemonie 9

ZUSAMMENFASSUNGEN 27

ERKENNTNISTHEORIE UND METHODIK

Markus Hennig
Über den un-/möglichen Zusammenhang
von Kollektivität und Erfahrung 41

Vanessa Ossino
Phänomenologie als kritische Erfahrungs-
und Gesellschaftstheorie 57

Kiana Ghaffarizad
Situiertes Wissen über Rassismus im Therapiezimmer 74
Erkenntnistheoretische Überlegungen zu den Erfahrungen
von People of Color mit Psychotherapie

Eleonora Corace
Das Tier im menschlichen Leib 87
Die Erfahrung des Sich-Nicht-Erkennens
im Spiegel als interspezifisches Beispiel

Alexander Niehoff
Aufgaben einer Epistemologie für das Kapitalozän 100

POLITISCHE ÖKONOMIE

Alessandro Cardinale
Über die Anfänge »Das Kapital« zu popularisieren 119
Die Kurzfassung als Genre der Arbeiter*innenbewegung

Jenny Kellner
**Georges Batailles ›allgemeine Ökonomie‹
und die nietzscheanische ›Tugend des Schenkens‹** 135
Eine Aktualisierung der Ökonomiekritik Batailles und Nietzsches

Luis Sanz Jardón
Bruch der Widerstandsdynamik in Südeuropa 151
Eindämmung eines gegenhegemonialen Projekts
in Spanien 2015-2017

TRANSFORMATION VON STAATLICHKEIT

Kevin Gimper
Whose Democracy? 169
Gesellschaftliche Ungleichheitsverhältnisse
und die politische Machtfrage

Manuel Lautenbacher
**Die plurinationale Arbeiterbewegung
im Groß-Rumänien der Zwischenkriegszeit** 185

Melek Zorlu
Simultaneous Tragedies and Farces 199
Political Regime Modifications and Hegemony Debates,
Cultural Politics in the 1950s and 2000s in Turkey

GEWALT UND ERINNERUNG

Laura Rosengarten
Freiheit 213
Die moderne Form als Entlastungsmaschine

Johanna Bröse
Erinnern von unten 231
Vergangenheit und Gegenwart in Solidaritätsstrukturen

BILDUNG

Theresa M. Straub
**Subjekte der Universität zwischen Ableismus,
Offenbarungsdilemma und (Un-)Sichtbarkeit** 247
Erfahrungen behinderter Studierender
und ihre individuelle Verhandlung institutioneller Veranderung
an tertiären Bildungsorten

Thomas Beineke
**Die Problematik der Wahrheit
und das Experiment mit sich selbst** 261
Die Rezeption der Ödipus-Tragödie bei Michel Foucault

NACHWORT

Marcus Hawel/Sara Khorshidi
Die Krise der Erfahrung 281
Zur schwierigen Aufgabe einer linken Partei
in Zeiten von Erfahrungsmüdigkeit

AUTOR*INNEN & HERAUSGEBER*INNEN 303

**VERÖFFENTLICHTE DISSERTATIONEN VON STIPENDIAT*INNEN
AUS DEN JAHREN 2022-2023** 311

Register »WORK IN PROGRESS« 333

Einleitung
Herausgeber*innenkollektiv 2023
Erfahrung und (Gegen-)Hegemonie

> *La Historia es nuestra y la hacen los Pueblos.*[1]
> Salvador Allende

Wenn wir an dieser Stelle in den Rückspiegel schauen, um einige soziopolitische Tendenzen und Entwicklungen des Jahres 2023 zu resümieren, sind aus einer linken, emanzipatorischen Perspektive wahrlich kaum Lichtblicke auszumachen. Angesichts der Unübersichtlichkeit und globalen Verflochtenheit der persistenten multiplen Krisen der Gegenwart können und wollen wir uns nicht anmaßen, eine lineare ›große Erzählung‹ anzubieten. Trotzdem sollen einleitend ein paar Schlaglichter auf allgemeine hegemoniale Tendenzen und beispielhafte Ereignisse geworfen werden, die uns wichtig erscheinen, uns beschäftigen und an denen eine kritische Haltung gegenüber der oft überwältigend destruktiven Wirklichkeit immer wieder neu und gegenwärtig zu entwickeln ist. In einem solchen unabdingbaren Gegenwartsbezug als einer »Selbstverständigung der Zeit über ihre Kämpfe und Wünsche«, sah bereits Karl Marx die Arbeit von Theorie und Praxis vereint.

Schauen wir nach Deutschland, stellen wir mit Erschrecken fest, dass das Konterfei eines SPD-Kanzlers das Titelbild des *SPIEGELS* mit der Überschrift »Wir müssen endlich im großen Stil abschieben« schmückt, während Markus Söder die Entlassung von GRÜNEN-Minister*innen fordert, mit dem Argument, sie zögen die Bundesregierung zu stark nach links. Gleichzeitig gewinnt die AfD in Umfragen alarmierend an Zuspruch. Deutschland rückt nach rechts, und die Antwort wortführender Politiker*innen spielt rechten, menschenverachtenden und kurzsichtigen Narrativen in die Karten. Dabei zeigen die letzten Wahlen in Bayern und Hessen, dass diese Logik letztlich nur der AfD nützt.

In Chile schreibt eine Gruppe aus mehrheitlich (ultra-)rechten Kräften die neue Verfassung, bei der Linke kein Vetorecht besitzen und

---
[1] Dieses Zitat von Salvador Allende lautet ins Deutsche übersetzt so viel wie: »Die Geschichte gehört uns, und sie machen die Völker.« Die Worte gehören zu den letzten, die der sozialistische Präsident am 11. September 1973 an die Bevölkerung richtete. Kurz darauf griff die Junta den Präsidentschaftspalast an, stürzte die Regierung und läutete damit die 17 Jahre andauernde zivil-militärische Diktatur ein, deren Wunden sich tief ins historische Gedächtnis eingebrannt haben und bis heute nicht verheilt sind.

über die die tief gespaltene Bevölkerung im Dezember 2023 im Rahmen eines Referendums abstimmt. Sollte die *Magna Carta* angenommen werden, würden die Verbrecher der zivil-militärischen Militärdiktatur (1973–1990) weitestgehend straffrei bleiben, wohingegen soziale Ungleichheiten, ökologische Ungerechtigkeiten sowie patriarchale, rassifizierte, koloniale Macht- und Herrschaftsverhältnisse qua Gesetz ausgeweitet und vertieft werden könnten.

In Israel verübt die Hamas am 7. Oktober 2023 den größten Massenmord an Jüdinnen und Juden seit der Shoah und verschleppt hunderte von Zivilist*innen, darunter auch Kinder. Durch die Taktik der Hamas, zivile Infrastruktur für ihren Terror zu nutzen, bahnt sich im Gazastreifen im Zuge der israelischen Militäroperation zur Zerschlagung der Hamas eine humanitäre Katastrophe an, die selbst für die leidvolle Geschichte des Nahostkonfliktes eine neue Dimension darstellen könnte.

Die Beiträge in diesem Band setzen sich auf unterschiedlichen Ebenen mit Fragen auseinander, wie Hegemonien entstehen und überwunden werden können. Dabei stehen gleichzeitig Betrachtungen gelebter Erfahrungen immer wieder im Zentrum der Analysen, um die tatsächliche Realität von Personen nicht entlang abstrakter Reflexionen zu verdecken. Zugleich erscheint es lohnenswert, auch einen historischen Blick auf die (revolutionären) Zäsuren der vergangenen Jahrhunderte zu werfen, die sich stets, guter- wie schlechterdings, auf eine radikale Negation der gegenwärtigen Hegemonie gründeten.

Historische Hinführung

Die europäische Gegenwart ist vor allem und untrennbar mit der Französischen Revolution verbunden. Die – zumindest zeitweise – Überwindung des Feudalismus und das anbrechende »Zeitalter der Konstitutionen« (Saul Ascher) wirkt, wenn auch kontingent, in allen Bereichen der wechselvollen Geschichte des 19. und 20. Jahrhunderts fort. Obwohl der französische Kampf gegen Feudalismus und Absolutismus zunächst zu einem Aufblühen der progressiven Universalisierung der menschlichen Freiheit führte, so blieb der Diskurs darüber in Deutschland eher auf der intellektuellen Ebene verhaftet.

Große Revolutionsbegeisterung, sieht man von der kurzlebigen Mainzer Republik und den wenigen deutschen jakobinischen Clubs ab, suchte man in der breiten gesellschaftlichen Masse der Teilstaaten des *Heiligen Römischen Reiches Deutscher Nationen* vergebens. Während in der

Einleitung: Erfahrung und (Gegen-)Hegemonie

retrospektiven Betrachtung der ausgebliebenen Erhebung einer bürgerlichen Revolution in Deutschland immer wieder mit dem reaktionär aufgeladenen Terminus des deutschen Sonderweges auf dem Weg zur Nationswerdung argumentiert wird, gab es eine durchaus mannigfaltige zeitgenössische Rezension über das Für und Wider einer Revolution – und einen durch Friedrich Engels geprägten Begriff für die deutsche Rückständigkeit, der sich deutlich pejorativer als der angebliche Sonderweg ausnimmt: Die *Deutsche Misere*.

Nach dem kurzen freiheitlichen Zwischenspiel in Frankreich wuchs die deutsche Skepsis gegenüber allem Revolutionären. Neben der Restauration bekämpfte auch der deutsche (Früh-)Liberalismus des Vormärz in beständiger Angst vor staatlichem Kontrollverlust in revolutionären Momenten die »Saat der Anarchie« (Christoph Menke). Revolutionäres Erkämpfen von Freiheit wurde, wie populär bei Georg Wilhelm Friedrich Hegel, in generelle Kausalität zum jakobinischen Terror gestellt und spätestens mit den napoléonischen Kriegen fand eine nationalistische Vergemeinschaftung unter dem Banner der Ablehnung des fremden, weil französischen Universalismus statt.

Deutschland blieb also einerseits das von Germaine de Staël beschriebene Land der Dichter und Denker, das zwar literatur- und philosophiebegeistert, gesellschaftspolitisch jedoch rückständig und harmlos war und keinen revolutionären Habitus entwickelte. Andererseits gab es durchaus Mobilisierungspotenzial – allerdings vornehmlich, wenn es gegen etwas ›Fremdes‹ ging, sei es gegen den französischen *Code civil* und Saul Aschers Kritik an der völkischen »Germanomanie« beim burschenschaftlichen Autodafé auf der Wartburg 1817 oder antijüdische Gewalt bei den Hep-Hep-Krawallen ab 1819.

Die in Deutschland ausbleibende bürgerliche Revolution im Vormärz korrespondierte nach Moses Hess, der in der Französischen Revolution den Anbruch eines neuen Weltzeitalters sah, mit der späteren Unreife Deutschlands zur proletarischen Revolution. Dieser Widerspruch zwischen den großen Ideen des Idealismus sowie der deutschen Philosophie generell und der Serie aus verpassten Gelegenheiten und Chancen soll auch die tatsächlichen revolutionären Momente von 1848/49 prägen.

Dabei gab es selbstverständlich revolutionäre Bestrebungen und eine Organisation der Arbeiter*innenbewegung, die unser Denken bis heute prägen. Alessandro Cardinale betrachtet in seinem Aufsatz »Über die Anfänge *Das Kapital* zu popularisieren. Die Kurzfassung als Genre der Arbeiter*innenbewegung«, wie das Textgenre der Kurzfassung dazu beitrug, die Ideen von Marx und Engels aus dem Kapital zu popularisieren und einer breiteren und vielsprachigen Öffentlichkeit in Deutschland, Italien und den Niederlanden umfassend zugänglich zu machen. Die sozialistische Revolution blieb bekanntermaßen aus, die Entwicklungen im *Deutschen Bund* tendierten nach rechts. Der deutsche Nationalismus kumulierte sich in der Reichsgründung 1871,[2] die die deutschen Großmachtfantasien, auch in den Kolonien, beflügelte und eine völkische Hegemonie entstehen ließ.

Ohne in die schon von Theodor W. Adorno kritisierte Polemik und Pauschalisierung Georg Lukács' zu verfallen, der in seiner Beschreibung der Misère den direkten Weg »von Schelling zu Hitler« konstatierte, müssen die Kausalitäten im ausgehenden 19. Jahrhundert, der deutschen Barbarei in der ersten Hälfte des 20. Jahrhunderts und das Fortwirken der (post-)faschistischen Deutschheit im 21. Jahrhundert betrachtet und analysiert werden.

Im 20. Jahrhundert etablierte sich die Zäsur zu einer Leitkategorie eines nicht mehr als gesetzmäßig und kontinuierlich gedachten Geschichtsverlaufs, sondern vielmehr eines von Katastrophen, Umbrüchen und Einschnitten geprägten Jahrhunderts. Historisch bedeutsame Daten wie 1914, 1917, 1918, 1933, 1945 und wieder 1989 (aus deutscher Perspektive) sind in der Geschichts- und Erinnerungskultur unwiderruflich damit verbunden.

Der Erste Weltkrieg wird als die ›Urkatastrophe‹ des 20. Jahrhunderts betrachtet, ein einschneidendes Ereignis, dass die Welt ebenso prägte wie die Russische Revolution, die sich zum Ende des Ersten Weltkriegs zu entfalten begann. Rückblickend wird das 20. Jahrhundert mitunter als das ›Zeitalter der Extreme‹ bezeichnet, bedeuteten italienischer und deutscher Faschismus, Zweiter Weltkrieg und Holocaust sowie der ›Kalte Krieg‹ doch weitere maßgebliche Zäsuren im Verlauf der Geschichte. Die kritische Aufarbeitung des Zweiten Weltkriegs half auch, das Ausmaß der Bedeutung des Ersten Weltkriegs zu erfassen. Dennoch gibt es keinen einheitlichen Konsens in der Erinnerungskultur in Bezug auf den Ersten Weltkrieg und die Russische Revolution sowie deren Einfluss auf das 20. Jahrhundert. In einigen Ländern wurden diese Ereignisse zentral für das nationale Selbstverständnis, während sie in anderen von nach-

---

[2] »Die Totengräber der Revolution von 1848 waren ihre Testamentsvollstrecker geworden.« So kommentierte Friedrich Engels die Kaiserkrönung Wilhelm I. von Preußen, der 1849 die konterrevolutionären Gruppen im badischen Feldzug kommandiert hatte, 1871. Friedrich Engels: Einleitung zu ›Klassenkämpfe in Frankreich‹ [1895]. In: MEW, Bd. 22, Berlin 1990, S. 516.

Einleitung: Erfahrung und (Gegen-)Hegemonie

folgenden historischen Geschehnissen überlagert wurden. Ein Beispiel für eine besondere historische Entwicklung zeigt Manuel Lautenbachers Text über »Die plurinationale Arbeiterbewegung im Groß-Rumänien der Zwischenkriegszeit« auf. Das aus dem Zerfall der europäischen Imperien zum Ende des Ersten Weltkrieges hervorgegangene Groß-Rumänien war noch kein in sich homogener Nationalstaat. Diese Pluralität spiegelte sich auch in den Organisationen der Arbeiterbewegung vielfältig wider. Die Arbeiterbewegung in Rumänien durchlief dadurch eine andere Entwicklung als in anderen europäischen Ländern.

In den aufgeladenen Bedeutungen von Zäsuren scheint der Gedanke unterzugehen, dass diese letztlich nicht jenseits von solchen Deutungen liegen, die durch das Selbstverständnis sozialer Gruppen und Gemeinschaften geformt werden.

Dies verdeutlicht auf eine besondere Art der Text von Laura Rosengarten »›Freiheit‹. Die moderne Form als Entlastungsmaschine«, mit einem Blick in die Kunstgeschichte sowie die Wahrnehmung von abstrakter und realistischer Kunst nach 1945 in Deutschland. Gerade die Kunstausstellung *documenta,* die seit 1955 regelmäßig in Kassel stattfindet, stellte sich zu Beginn die Aufgabe, die im Nationalsozialismus verfemte Moderne zu rehabilitieren. Allerdings galt das nur für eine gewisse Auswahl von Kunstwerken. Jüdische sowie kommunistische Künstler*innen wurden auf der ersten *documenta* vielfach nicht ausgestellt. Die selektive Rehabilitierung ging mit der Überhöhung ungegenständlicher Kunst und der Abgrenzung von der Kunstentwicklung in der DDR Hand in Hand. Hier wird deutlich, inwiefern sogar vermeintlich harmlose Kunstdiskurse die kollektive Erinnerung nachhaltig prägen und ein kollektives Vergessen befördern können.

Das Problem des Faschismus

Nachdem der ›historische Faschismus‹ (die Regime Hitlers, Mussolinis und Francos im Europa des 20. Jahrhunderts) längst überwunden wurde, scheint das Problem des Faschismus noch lange nicht gelöst, die Frage danach vielleicht noch nicht einmal richtig gestellt worden zu sein. Die Zunahme und das Erstarken autoritativer Systeme und Politiken weltweit (mit Ungarn, Italien, China und Nordkorea als besonders eindrücklichen Beispielen) zeugen auf brutale Weise davon. Eine Figur wie Donald Trump, die gleichermaßen beängstigend mächtig wie grotesk lächerlich erscheint, tritt auf die Weltbühne und erinnert an faschistische

Wiedergänger*innen. Vor diesem Hintergrund ist es entscheidend, hegemonie-kritische Theorie gegen ihre faschistische Vereinnahmung zu verteidigen. Mit Georges Bataille und Antonio Gramsci begegnen uns in diesem Band neben vielen anderen zwei Autoren, deren Denken immer wieder von rechter Seite besetzt und von linker Seite mitunter als protofaschistisch verunglimpft wird. Im Falle Batailles hat eine einseitige und zu kurz greifende deutsche Rezeption seines Werks, trotz gegenteiliger Versuche, eine Wahrnehmung Batailles als mystizistischen und potenziell faschistoiden Denker begünstigt. Auch die ›Neue Rechte‹ entdeckte Gramscis hegemonietheoretische Überlegungen für ihre Zwecke und versucht, diese für dezidiert antikommunistische Strategien zu operationalisieren. Bisweilen waren sie kaum dazu in der Lage, mehr als einzelne Schlagworte Gramscis zu übernehmen. Bereits Alain de Benoist unternahm mehrere solcher kläglichen Versuche. Es wäre jedoch töricht, diese Anläufe nicht trotzdem als alarmierend einzustufen und untätig dabei zuzuschauen, wie sie Gramscis Werk instrumentalisieren. Linke und progressive Kräfte setzen sich unterdessen nicht erst seit der Entdeckung rechter Gegenspieler*innen ernsthaft mit Gramscis Gedankengängen auseinander. Ganz im Gegenteil, im Ringen um kulturelle Hegemonie pflastern diese Mosaike den Weg beim Aufbau einer ökologisch-sozialistischen Gesellschaft. Nichtsdestoweniger ist das Interesse an Batailles ökonomie-theoretischen Schriften angesichts der unübersehbaren und unerträglichen Sackgassen, in die sich das weltweite kapitalistische System inzwischen hineinmanövriert zu haben scheint, in den letzten Jahren merklich gewachsen. Wie kaum ein*e andere*r führt Bataille die Paradoxien der notwendigen Revolte gegen die bestehenden Verhältnisse auf, und ist insofern für emanzipatorische Perspektiven von aktueller politischer Brisanz. Im vorliegenden Band stellt Jenny Kellner in ihrem Beitrag »George Batailles ›allgemeine Ökonomie‹ und die nietzscheanische ›Tugend des Schenkens‹« Batailles ökonomie-kritischen Einsatz vor und führt ihn in einen Dialog mit Friedrich Nietzsche (ein weiterer Philosoph, an dem bis heute von rechter wie von linker Seite heftig gezerrt wird). Es geht um eine radikale Kritik am ökonomischen Grundsatz der Rationalität und Effizienz. Hier wird einem reaktiven Denken des Mangels und der Not ein Denken des Überflusses und der fröhlichen Verschwendung entgegengesetzt.

Einleitung: Erfahrung und (Gegen-)Hegemonie 15

Erfahrung und Gesellschaft

Gleich mehrere Beiträge im vorliegenden Band widmen sich dem Begriff der Erfahrung, indem sie danach fragen, unter welchen Bedingungen verschiedene Formen der Erfahrung möglich sind und auf welche Weise eine Betrachtung gelebter Erfahrungen dazu beitragen kann, gesellschaftliche Strukturen besser zu verstehen. Damit steht insbesondere das Verhältnis zwischen subjektiver Erfahrung und gesellschaftlichen Prozessen im Zentrum der Beiträge, die sich jenem Verhältnis aus unterschiedlichen Perspektiven nähern. So fragt Markus Hennig etwa danach, ob unter den gegebenen gesellschaftlichen Verhältnissen Erfahrungen überhaupt möglich sind, oder ob wir in einem Zeitalter der »Krise der Erfahrung« leben, wie Walter Benjamin es bereits vor gut 100 Jahren konstatierte. Erfahrung wird bei Markus im Ausgang der Frage nach der Un-/Möglichkeit von *kollektiver* Erfahrung gedacht, die in einem Gegensatz zu vereinzelten Erlebnissen steht. Im Geiste der Kritischen Theorie fragt Markus, in welchem Zusammenhang politische Emanzipation mit der Möglichkeit von kollektiver Erfahrung steht und inwiefern dieser Zusammenhang in der Moderne letztlich prekär bleibt. Mit Jürgen Habermas wird hier dafür argumentiert, dass zunächst von subjektiver Erfahrung abstrahiert werden muss, um eine politische Kollektivität herstellen zu können und einer Kritischen Wissenschaft gleichzeitig die Aufgabe zukommt, nicht unmittelbar an Erfahrungen einzelner Individuen anzuknüpfen, sondern auf die Bedingungen ihrer Un-/Möglichkeit zu reflektieren, um über jene Bedingtheit zu gemeinsamen Ursprüngen zu gelangen.

In einer Art ›Rettung der Erfahrung‹ argumentiert Vanessa Ossino in kritisch-phänomenologischer Manier für die grundlegende Gebundenheit jeder Kritischen Theorie an subjektive und intersubjektive Erfahrungsdimensionen. In ihrem Beitrag »Phänomenologie als kritische Erfahrungs- und Gesellschaftstheorie« spürt sie der Frage nach, was eine kritische Erfahrungstheorie, die sich mit erstpersonalen und gelebten Phänomenen beschäftigt, leisten muss, um als ein kritisches Bewusstsein im marxistischen Sinn verstanden werden zu können. Auf diese Weise wird marxistisch informierte Ideologiekritik mit Prämissen gelebter Erfahrung verbunden, was in einem skizzierten Projekt einer »linken Phänomenologie« kulminiert. Auf diese Weise wird die Phänomenologie als zeitgenössische und kritische Erfahrungs- und Gesellschaftstheorie in Stellung gebracht.

Die von Vanessa abstrakt postulierte Unabdingbarkeit subjektiver Erfahrungshorizonte für eine holistische Einordnung gesellschaftlicher

Phänomene, wird durch Kiana Ghaffarizads Beitrag entlang konkreter Erfahrungen von *People of Color* in psychotherapeutischen Settings bestätigt. In ihrem Beitrag »Situiertes Wissen über Rassismus im Therapiezimmer: Erkenntnistheoretische Überlegungen zu den Erfahrungen von *People of Color* mit Psychotherapie« denkt Kiana gleichzeitig über Prozesse der Erkenntnisvalidierung in der Wissenschaft sowie die Frage nach, wieso eine alternative Erkenntnistheorie im Kontext hegemoniekritischer Wissensproduktion notwendig ist. In ihrer Argumentation orientiert sich Kiana an Erkenntnissen aus den ›Mad Studies‹ sowie der ›Black Feminist Epistemology‹ und zeigt auf eindrucksvolle Weise, inwiefern »situiertes Wissen« eine notwendige Erweiterung klassischer Erfahrungstheorien ist.

Die Interdependenz von subjektiven und objektiven Dimensionen des Erfahrungsbegriffs thematisiert implizit auch Thomas Beineke in seinem Beitrag zur Rolle des Ödipus-Mythos in der Philosophiegeschichte und speziell bei Michel Foucault. In dieser Figur lässt sich Thomas' Foucault-Lektüre zufolge die Dialektik aufweisen, die dem Erfahrungsbegriff inhärent ist: Einerseits scheint das Subjekt zunächst blind und ohnmächtig den objektiven Verhältnissen von Natur, Geschichte und Gesellschaft ausgeliefert zu sein, andererseits kann aber die Steigerung von subjektiven Freiheitsgraden, von Wissen, Aufklärung und autonomer Selbst-Bildung gerade in der Rezeption des Objektiven realisiert und transformativ wirksam werden.

Durch den Beitrag von Eleonora Corace wird der Erfahrungsbegriff um einen essentiellen Aspekt erweitert, indem die Frage aufgeworfen wird, welche Erfahrungen uns Zugang zu interspezifischen Existenzformen ermöglichen. Indem hier das Mensch-Tier-Verhältnis aus phänomenologischer Perspektive neu gedacht wird, zeigt Eleonora, wie die erstpersonale Erfahrung des Sich-nicht-Erkennens im Spiegel einen Zugang zu animalischen Existenzweisen aufzeigt, die über einen rein ›menschlichen Stil‹ hinausweist. Die Argumentation Eleonoras läuft auf die These hinaus, dass die menschliche Existenz auf eine Art und Weise in Verbindung zu anderen Lebensweisen steht, die über rein biologische Aspekte hinausgeht, wodurch Eleonoras Beitrag einen neuartigen Zugang zu ethischen Fragen des Tierrechts verspricht.

Indem Johanna Bröse die Rolle der Erinnerung in gesellschaftlichen Aushandlungen von Identität und Kollektivität sowie in der Auseinandersetzung mit hegemonialen Strukturen betrachtet, streift sie vielschichtige Elemente der ›Problematik der Erfahrung‹ und spitzt sie auf konkrete Kampfplätze hegemonialer Kulturpraxen zu. Auf diese Weise wird anhand des konkreten Beispiels der Türkei verdeutlicht, wie Erinnerung, Vergangenheit und Gegenwart in stets umkämpften Praxen verankert sind, die entlang verschiedener Parameter wie Solidarität, Kollektivität und Kultur ausgetragen werden. Erinnerungskultur und -praxis wird hier als eine wesentliche Dimension hegemonialer Kampfplätze betrachtet.

Subalternität, Widerstand und Hegemonie

Autoritäre Regime und die politische Rechte gewinnen nicht nur in Deutschland, sondern ebenso in Italien, in der Türkei oder den USA zunehmend im globalen Maßstab an Stärke und scheinen in der Lage zu sein, weite Teile der Zivilgesellschaft für ihre Ziele zu vereinnahmen. Die Gründe dafür lassen sich mit den hegemonietheoretischen Überlegungen von Antonio Gramsci begreifen. Hegemonie erreicht eine dominante Gruppe oder Klassenfraktion, wenn es dieser gelingt, ihr partikulares Interesse zu verallgemeinern. Dafür machen die herrschenden Kräfte materielle Zugeständnisse. Ohne dabei ihre eigenen Kerninteressen zu untergraben, tragen sie denen der subalternen Klassen Rechnung, auf deren Grundlage es überhaupt erst zu einem kollektiven Kompromiss kommt.

Hegemonie bedeutet allerdings nicht die Abwesenheit von Konflikten. Vielmehr geht es darum, dass die diskursiven und institutionellen Konfliktterrains so definiert werden, dass die Konflikte ihren antagonistischen Charakter verlieren, dass sie also eine Form erhalten, die mit der Reproduktion der herrschenden Ordnung vereinbar ist. Herrschende und Beherrschte bewegen sich in diesem Zuge aufeinander zu und schließen sich trotz fortbestehender Widersprüche zu einem »geschichtlichen Block« zusammen, dessen Kitt gemeinsame Interessen darstellt. Diese sind jedoch nicht ausschließlich materieller Natur. Dabei geht es mitunter um den Erhalt von Status und Privilegien, aber »[a]uch ›Köpfe und Herzen‹ sind interessenlastig«, betont Stuart Hall.[3] Sie öffnen das Tor zum Alltagsverstand, in welchem sich der Kompromiss als Konsens verankert.

Allerdings sind Interessen nicht statisch. Sie bilden sich zuerst einmal in Abhängigkeit von der sozialen Klasse heraus, formen sich im Laufe der Zeit, und so auch im Kompromissbildungsprozess, sie werden um-

---

[3] Vgl. Stuart Hall: Der strittige Staat. In: Ders. (Hrsg.): Populismus, Hegemonie und Globalisierung, Hamburg 2014, S. 41.

kämpft und durch Kämpfe transformiert. Im geschichtlichen Block konvergieren und verdichten sich die gemeinsamen Interessen. Davon ausgeschlossen sind all jene Gruppen, die sich nicht mit dem hegemonialen Projekt identifizieren, sich nicht in den geschichtlichen Block integrieren wollen. Sie werden »an den Rand gedrängt, als irrational, weltfremd, nicht-realistisch, gefährlich usw. gebrandmarkt«.[4]

Ein geschichtlicher Block als soziales Konstrukt und fortdauernd widersprüchliche Einheit bildet sich jeweils für das spezifische Hegemonieprojekt, in dem sich der konstituierte Kompromiss verdichtet. Der geschichtliche Block trägt das gesellschaftliche Projekt. Da gegensätzliche Interessen und voneinander abweichende Vorstellungen fortbestehen, entwickeln sich Spannungen und Konflikte sowohl zwischen den als auch innerhalb der verschiedenen Lager der Blockeinheit. Vor diesem Hintergrund ist der Aushandlungsprozess nie in Gänze abgeschlossen, nicht zuletzt, weil auch die jeweiligen Interessen – in Abhängigkeit sich ändernder Produktions- und Lebensverhältnisse, Umwelten und Bedürfnisse – ständigen Wandlungen unterzogen sind.

Regierende und Regierte bearbeiten Vorbehalte, verhandeln Kompromisse und stellen somit einen Konsens her, der seine Formen ändert. Das geschieht in der Arena der Zivilgesellschaft, zu der Gramsci Schulen, Universitäten, Vereine, die Kirche oder die Medien, genauso wie Gewerkschaften zählt, um nur einige zu nennen. Auf diesem Terrain tragen nicht-staatliche Gruppen sowie Klassenfraktionen und politische Akteure kulturelle, politische, ebenso wie ideologische Kämpfe aus und versuchen, den gesellschaftlichen Status quo zu reproduzieren oder eben zu unterwandern. Dies kann unter Umständen durchaus gewaltförmig ablaufen. Gewalt richtet sich dabei insbesondere gegen diejenigen Fraktionen, die die Hegemonie nicht akzeptieren. Wenn sich Oppositionelle nicht in den geschichtlichen Block einbinden lassen, greift der Zwang, der nicht zuletzt asymmetrische Macht- und Herrschaftsverhältnisse innerhalb des Blocks offenlegt. Auf Zustimmung ausgerichtete Momente sind jedoch wirkmächtiger als Zwangselemente. Hegemonialapparate wie der Staat oder die Medien spielen dabei eine entscheidende Rolle. Ersterer organisiert den »Konsens der Regierten«, weder als vollkommen autonomes Subjekt noch als reines Werkzeug der herrschenden Kräfte, sondern vielmehr als »eine materielle und spezifische

---

[4] Vgl. Mario Candeias: Neoliberalismus, Hochtechnologie und Hegemonie. Grundrisse einer transnationalen kapitalistischen Produktions- und Lebensweise. Eine Kritik, Hamburg 2003, S. 66.

Einleitung: Erfahrung und (Gegen-)Hegemonie

Verdichtung eines Kräfteverhältnisses zwischen den Klassen und Klassenfraktionen«, wie Nicos Poulantzas resümiert.[5] Die Medien verbreiten Perspektiven raumzeitlich, unterstützen die Verankerung des »kollektiven Willens« im Alltagsverstand, erziehen zum Konsens und führen zu kultureller Hegemonie. Aber auch dort lassen sich Auseinandersetzungen um hegemoniale Deutungen nachvollziehen. Denn ein Konsens bleibt stets umkämpft. In diesem Zuge können sich zugleich neue kulturelle Hegemonialapparate entwickeln. In Spanien waren das alternative Medien wie linke Zeitungen oder Fernsehprogramme, die das im Entstehen begriffene gegenhegemoniale Projekt von *PODEMOS* diskursiv stützten, wie Luis Sanz Jardón in seinem Beitrag zum Bruch der Widerstandsdynamik in Südeuropa zeigt. Luis zeichnet darin nach, wie sich dieses neue geschichtliche (Gegen-)Projekt im Zuge der Eurokrise herausbildete, allerdings durch die europäischen Institutionen, insbesondere mittels der Disziplinierung Griechenlands im Jahr 2015, auseinanderbrach. Sowohl die internationale Arbeitsteilung im globalisierten Kapitalismus als auch nationale Macht- und Herrschaftsverhältnisse bedingten die vorübergehende Eindämmung des Widerstandsprojekts. Bei diesem nahmen organische Intellektuelle, also Intellektuelle, die im Kampf um Hegemonie organisierend wirken und die eine zentrale Rolle im Prozess zur Herausbildung von gegenhegemonialen Projekten spielen, nicht nur in Redaktionen Schlüsselpositionen ein, sondern genauso in Gewerkschaften oder in den Universitäten.

Gramsci, für den Bildung ein Hebel für die Organisation und den Aufbau von Gegenhegemonie darstellt, versteht indes alle Menschen als Intellektuelle. Nur erfüllen sie nicht immer auch diese Funktion in der Gesellschaft. Er verkürzt intellektuelle Arbeit demnach nicht auf geistige Tätigkeiten wie Lesen oder Schreiben, sondern spannt auch die Handarbeit mit ein. Dieser Blickwinkel auf Intellektualität öffnet den Raum für alternatives, gleichermaßen nützliches Wissen fernab von *Academia* oder technokratischen Expert*innengremien. Praktisches Wissen, damit verflochtene Epistemologien und Erfahrung materialisiert sich in Alltagspraktiken und Lebensweisen, mit denen sich Gramscis Seelenzwilling José Carlos Mariátegui vor etwa einem Jahrhundert in Peru beschäftigte. Er ging aber auch ganz ähnlichen Fragestellungen nach wie sein Genosse in Italien. Den Faschismus beispielsweise betrachtet Mariátegui schon damals nicht als eine italienische Ausnahme, sondern als

---

[5] Vgl. Nicos Poulantzas: Staatstheorie. Politischer Überbau, Ideologie, Autoritärer Etatismus [1978], Hamburg 2002, S. 66.

ein internationales Phänomen und fasst ihn als »Kataklysmus« – eine alles zerstörende Katastrophe, eine Sintflut, ausgelöst durch die imperialistischen Kräfte, das Kapital in den Monopolregionen. Der Triumph des Faschismus führe unweigerlich zu einer Verschärfung der europäischen und weltweiten Krise. Diese Erkenntnis besticht durch ihre Aktualität. Nur anders als im Italien des 20. Jahrhunderts waren es in Peru und anderen lateinamerikanischen Ländern nicht nur die Bäuer*innen und Arbeiter*innen, die sich bestenfalls zu einem widerständigen geschichtlichen Block formierten, sondern ihnen schlossen sich auch indigene Gruppen an. Ihr alternatives Wissen und ihre Praktiken, für deren Anerkennung und Wahrung sie heute genauso kämpfen wie vor einem Jahrhundert, inspirieren für solidarische Produktions- und Lebensverhältnisse in post-kapitalistischen Gesellschaften, wo sich gegenhegemoniale Akteure organisieren und für ein Gutes Leben einsetzen.

Dessen ungeachtet müssen sich linke und emanzipatorische Kräfte in den kommenden Jahren und auch in Zeiten der Klimakrise, einer organischen Krise, warm anziehen. Der Beitrag von Melek Zorlu »Gleichzeitige Tragödien und Farcen«, in dem sie sich mit dem politischen Regimewechsel, Hegemoniedebatten und der Kulturpolitik in den 1950er und 2000er Jahren in der Türkei beschäftigt, untermauert diese Annahme. Anhand einer historisch-komparativen Hegemonieanalyse zeigt Melek eindrücklich, wie Hegemonie von den konservativ-religiösen Parteien DP (*Demokrat Parti*, Demokratische Partei) und AKP (*Adalet ve Kalkınma Partisi*, Partei für Gerechtigkeit und Entwicklung) über mehrere Dekaden hinweg aufgebaut und aufrechterhalten wurde. Die beiden Parteien, die Melek in Anlehnung an Gramsci sowohl als Teil der politischen Gesellschaft als auch der Zivilgesellschaft betrachtet, durchdringen letztere mittels verschiedener ideologischer Interventionsmaßnahmen in den Medien und der Religion. Zur Verallgemeinerung ihrer Interessen setzten sie darüber hinaus autoritäre Politiken im Bereich Bildung oder auch in der Familie durch, mittels derer sie den fragmentierten Konsens vorübergehend mit Zwang absicherten.

Dass eine klientelistische parteipolitische Hegemonialisierung nicht nur in autoritären Systemen wie der Türkei, sondern auch in real existierenden Demokratien ein Problem ist, spiegelt sich in Kevin Gimpers Aufsatz wider. Kevin beleuchtet gesellschaftliche Ungleichheitsverhältnisse, die in der politischen Repräsentation reproduziert und verschärft werden. Er geht dabei dem Problem nach, warum es auch in funktionierenden Demokratien nicht in Gänze gelingt, politische Gleichheit zu gewährleisten, obwohl diese doch einen der Hauptansprüche demokrati-

Einleitung: Erfahrung und (Gegen-)Hegemonie

scher Systeme darstellt. Dafür stellt er die Frage nach *whose democracy?* und arbeitet methodologisch aus, welche sozialwissenschaftlichen Ansätze diese Problematik erfassen und kontextualisieren und diskutiert, wie dieses Problem normativ minimiert oder gar aufgelöst werden kann. Eine ganz konkrete Problematik von Repräsentanz und vor allem Inklusion thematisiert Theresa Straub in ihrer qualitativen empirischen Erhebung über »Subjekte der Universität zwischen Ableismus, Offenbarungsdilemma und (Un-)Sichtbarkeit. Erfahrungen behinderter Studierender und ihre individuelle Verhandlung institutioneller Veranderung [Othering] an tertiären Bildungsorten«. Theresa stellt in narrativ-biografischen Interviews Perspektiven *veranderter* Personen im universitären Sektor vor und zeigt auf, wie Universitäten durch Barrieren behindern und welche diskursiven Schwierigkeiten die Aufhebung ebenjener erschweren.

Ausblick: Umkämpfter Konsens in (post-)kapitalistischen Zeiten[6]

Es ist nicht nur der Beitrag von Theresa, der einmal mehr deutlich macht, dass es einer radikalen Transformation der vorherrschenden Denkmuster bedarf. Dass ein solcher umfassender Transformations- und Bildungsprozess in Neubesinnung auf den historischen Materialismus und die Kritische Theorie erfolgen muss, macht Alexander Niehoff in seiner Projektskizze zu den »Aufgaben einer Epistemologie im Kapitalozän« deutlich. Die Ursachen für die Verheerungen von Mensch und Natur, für die globalen ökologischen und sozialen Krisen, können Alexander zufolge durch wissenschaftliche Erkenntnisse klar und deutlich belegt und benannt werden. Ein Zusammenspiel von selbstreflexiver Naturwissenschaft und philosophisch informierter Ideologiekritik könne ferner nicht nur den anti-aufklärerischen Verdunkelungs- und Mystifizierungstendenzen aus Kreisen vermeintlich progressiver Theoriebildung der Klimabewegung entgegenwirken, sondern auch konkrete Interventionsmöglichkeiten für die Politik aufzeigen.

Die kritischen Arbeiten in diesem Sammelband unterstreichen allesamt, dass die hegemonialen Produktions- und Konsumnormen ein Gutes Leben für Alle verhindern, insofern diese Ungleichheiten und Ungerechtigkeiten hervorbringen, ausweiten und vertiefen. Ulrich Brand und Markus Wissen begreifen jene als Konsequenz und zugleich als Voraus-

---

[6] Wir danken Mario Candeias und Markus Wissen für wertvolle Anmerkungen.

setzung einer »imperialen Lebensweise«. Diese beruht auf dem schier unbegrenzten Zugriff auf Natur und Arbeitsvermögen in einem »Außen« (Rosa Luxemburg), wohin die Kosten externalisiert werden. Dieses Außen ließ sich bislang insbesondere in den Ländern Afrikas, Asiens, Lateinamerikas ausmachen. Nun scheint es allerdings so, als würde sich dieses bis dato weit entfernte Außen raumzeitlich annähern und auch hierzulande auftun. Wo es auch situiert ist, es ermöglicht beispielsweise der Oberklasse in kapitalistischen Ländern wie Deutschland, Privatjets zu besitzen. Auf dieser Grundlage schafft sich die obere Mittelklasse wie selbstverständlich einen ressourcenintensiven E-SUV an. Die Kosten sind für sie unsichtbar oder vielmehr aus dem Auge, aus dem Sinn. Diese Klassenfraktionen leben auf Kosten anderer.

Denn andernorts, wo diese ungleich über der Natur und Bevölkerung verteilt werden, zerstören sie sozial-ökologische Reproduktionsbedingungen und reproduzieren gleichzeitig hierarchische, rassifizierte, koloniale sowie patriarchale Macht- und Herrschaftsverhältnisse. Aber auch dort profitieren gesellschaftliche Gruppen von diesem ungleichen Tausch, ähnlich wie hier in erster Linie die oberen zehn Prozent der Bevölkerung. Die Wenigen leben auf Kosten der Vielen, indem sie ebenfalls übergroße Autos besitzen und in den Ferien zu ihren Sommerdomizilen nach Europa fliegen. Derartige zweifelhafte Privilegien und ihren grotesk anmutenden materiellen Wohlstand, akkumuliert auf Grundlage von globalisierten Ausbeutungsmechanismen, sichern sich die herrschenden Kräfte im gegenseitigen Interesse ab.

Die Subalternen im Dort, Hier und Jetzt, die nachfolgenden Generationen haben das Nachsehen – wenn sich Natur- und Lebensräume verkleinern, einige womöglich für immer verschließen, Arten aussterben, Ernten verlorengehen und mit ihnen Lebensräume oder schlicht ganze Gebiete unter einer alles zerstörenden Flutwelle begraben werden – auf der die Regierenden reiten. Deren Bande wirken auf den ersten Blick zu verwickelt und stark, als dass sie gekappt werden könnten. Ihre offen zur Schau gestellten bis latenten Machtressourcen, ob institutionell, finanziell oder kulturell, provozieren bei der Zivilgesellschaft Gefühle der Wut, schlimmstenfalls aber der Ohnmacht. Erstere treibt viele Menschen auf die Straßen, verleitet aber immer mehr – und das gibt Grund zur Sorge – als Ausdruck des Protests rechts zu wählen. Die erfahrene Ohnmacht hingegen ruft bei wachsenden Teilen der Beherrschten das Bedürfnis zum Rückzug ins Private hervor. Bevor dies geschieht und es Leute weiterhin ins rechte Lager lockt, gilt es, den öffentlichen Raum zurückzuerobern, zu besetzen, auszuweiten und dort zu bleiben.

Einleitung: Erfahrung und (Gegen-)Hegemonie

Genau jetzt ist der Moment. Denn der neoliberale Konsens ist fragmentiert, der Machtblock weist bereits Risse auf, er bröckelt. Diese feinen Spalte sind es, die die gegenhegemonialen Kräfte nun mit Wucht aufstemmen können, und zwar bis sich genuine Gräben auftun. In diesen »Nischen« (Erik Olin Wright) können sie sich versammeln, Pläne schmieden und eine pluralistische Gegenstrategie entwerfen, um gemeinsam für soziale Gleichheit und ökologische Gerechtigkeit, Antirassismus, Post-Kolonialismus, Antifaschismus, Anti-Antisemitismus, Autonomie und Feminismen zu kämpfen oder anders ausgedrückt – für ein Gutes Leben für Alle.

Sie, das sind alle, uns als Herausgeber*innen-Kollektiv eingeschlossen, holen den einst privatisierten Raum zurück ins Gemeineigentum. Dort streitet kein Individuum allein, sondern ein vereintes, stetig wachsendes und sich wandelndes polyphones Transformationsbündnis. »Denn die Erfahrung des Gemeinsamen verleiht Handlungsfähigkeit und gibt den Glauben an die eigene Zukunft und an kollektive Veränderung zurück«, erinnert uns Mario Candeias.[7] Das Transformationsbündnis konstituiert sich aus den diversen sozialen Bewegungen, die sich für Klimagerechtigkeit, würdiges Wohnen, saubere Energie, eine gute Gesundheit, kritische und kostenlose Bildung und vieles mehr einsetzen. Sie durchdringen alle lebenswichtigen Sektoren, bauen die Autoindustrie zurück, um, ab und simultan sinnvolle wie den *Care*-Bereich auf und aus. Dabei erhalten sie Unterstützung von den Sozial- und Umweltverbänden. Ihnen schließen sich die Gewerkschaften an, die kritischen Wissenschaften sowie politische Stiftungen wie die Rosa-Luxemburg-Stiftung. Und bestenfalls zählt zu diesem neuen geschichtlichen Block DIE erneuerte LINKE. Dadurch zeigt sich zugleich, dass Institutionen auch zukünftig eine zentrale Rolle spielen. Nur sind dies keine zentralisiert gesteuerten, sondern demokratisierte Räume, in denen eine aufgeklärte und solidarische Zivilgesellschaft gemeinsam Entscheidungen trifft, die alle betreffen. Ein »*Estado Popular*«, also ein Staat des Volkes, wie von Salvador Allendes Parteienbündnis der »*Unidad Popular*« in den 1970ern in Chile anvisiert, garantiert die dafür notwendigen Infrastrukturen für die Planung und Organisation, Organisierung wie Mobilisierung, mit dem Ziel einer radikalen Transformation. Zusammen initiiert die antikapitalistische Alli-

---

[7] Vgl. Mario Candeias: Wir leben in keiner offenen Situation mehr. Thesen zum Ende des Interregnums und warum es gerade jetzt einen Neustart der LINKEN braucht, online: https://zeitschrift-luxemburg.de/artikel/wir-leben-in-keiner-offenen-situation-mehr/ (29.10.2023).

anz eine öko-sozialistische Revolution für das Gute Leben für Alle. Dafür setzt sie bei den gesellschaftlichen Vorstellungen an und Hebel bei den gewohnten Alltagspraxen in Bewegung. Wie wir leben und lieben wollen, das wollen wir neu denken, frei entscheiden, fühlen und erfahren. Innerhalb der vorherrschenden Strukturen ist dies allerdings nicht möglich, das lehrt die Erfahrung und das historische Wissen. Es kann kein Gutes Leben für Alle geben, während wenige weiterhin eine imperiale Lebensweise führen. Solange sich der »allesfressende Kapitalismus« (Nancy Fraser) den Bauch vollschlägt, während die Unterdrückten nicht wissen, wann sie wieder (gut) essen können, bleibt die Vision fiktiv. Die alte Welt muss erst sterben, damit die neue erwachen kann, würde Gramsci an dieser Stelle vielleicht anmerken.

Um das System tatsächlich vom Kopf auf die Füße zu stellen, braucht es wie 1789 einen radikalen Bruch. Gemeint ist damit mitnichten ein gewaltsamer, mit Blutvergießen einhergehender. Das Ziel ist zwar, fundamentale Veränderungen durchzusetzen, aber nicht zu erzwingen. Aus den Nischen, Gräben und den Bruchlinien heraus entwickeln sich die gemeinsamen Kämpfe. Eine friedliche Revolution, ganz im Sinne Allendes vor 50 Jahren, bei der strategisch schlau, gemeinsam geplant, ein sauberer Schnitt das Band der Macht durchtrennt. Dieses spannt von der territorialen Ebene bis zum Weltmarkt und muss erst einmal gelöst werden, um anschließend neue solidarische Verflechtungen zuzulassen.

Genau dies versuchten Allende, der erste demokratisch gewählte marxistische Präsident der Welt, und seine mutigen Mitstreiter*innen damals, als sie begannen, eine sozialistische Gesellschaft zu errichten. Dabei kamen sie der Realisierung einer Utopie, nach der sich viele heute weltweit sehnen, Schritt für Schritt näher. Sie wurden von der Junta, angeführt von Augusto Pinochet, unterstützt von der CIA, gewaltsam gestoppt. Genauso wie Rosa Luxemburg vor einem Jahrhundert, die beim Kampf für eine sozialistische Revolution nicht weniger feige ermordet wurde. Das Transformationsbündnis gedenkt ihrer Kämpfe und führt diese konsequent fort. Die Geschichte gehört den Völkern, die sie schreiben.

Wie die neuen Strukturen und Lebensweisen genau aussehen mögen, entscheiden die multiplen Bündnisse im Lichte der jeweiligen gesellschaftlichen Bedürfnisse und naturräumlichen Gegebenheiten. Sicher ist jedoch, dass Natur in diesem neuen Guten Leben eine andere Bedeutung erfährt – von der Ware zum Subjekt. Die sozialistische Gesellschaft redefiniert ihr Naturverhältnis und räumt Natur einen adäquaten Platz ein – im Zentrum, nicht am Rand. Ohne Romantisierungen von Na-

Einleitung: Erfahrung und (Gegen-)Hegemonie

turvorstellungen anheimzufallen und damit ein Instrument der Rechten zu gebrauchen, bieten die alternativen Wertvorstellungen wie jene indigener Völker andernorts nichtsdestotrotz Anknüpfungspunkte für radikale Alternativen hierzulande. Sie könnten eine Quelle der Inspiration für den Aufbau solidarischer Strukturen darstellen, in denen sich die Subjekte entfalten können und ein Gutes Leben für Alle Wirklichkeit wird.

ZUSAMMENFASSUNGEN

ERKENNTNISTHEORIE UND METHODIK

Markus Hennig
Über den un-/möglichen Zusammenhang von Kollektivität und Erfahrung
Befreiung vollzieht sich durch ein Kollektiv, das sich durch eine gemeinsame Erfahrung der Unterdrückung konstituiert. In diesem Sinne wird in diesem Beitrag nach der Stellung der Erfahrung für die Herausbildung von Kollektivität gefragt. An einer Rekonstruktion der Verdrängung von Erfahrung aus der bürgerlichen Öffentlichkeit, wie Jürgen Habermas sie beschreibt, kann nachvollzogen werden, wie das Publikum der politischen Öffentlichkeit sich selbst durch eine gemeinsame Erfahrung konstituiert, diese aber nachfolgend in der öffentlichen Diskussion dethematisiert. Im Kontrast dazu wird in einem zweiten Schritt nach einem anderen Verständnis des Verhältnisses von Erfahrung und Kollektivität gefragt. Die in verschiedenen sozialen Bewegungen diskutierten Ambivalenzen des Bezuges auf Erfahrung werden abschließend mit Walter Benjamins These von der ›Krise der Erfahrung‹ zugespitzt, um daran mögliche Verkehrungen dieses Bezuges herauszustellen.

On the im-/possible connection between collectivity and experience
Liberation takes place through a collective that is constituted by a shared experience of oppression. In this sense, this paper asks about the position of experience for the formation of collectivity. Therefore, it reconstructs the repression of experience from the bourgeois public sphere as Jürgen Habermas describes it. Against his intention it can be retrieved how the audience of the political public sphere constitutes itself through a shared experience, but subsequently dethematizes it in public discussions. In contrast to this conception I delineate, in a second step, a different understanding of the relationship between experience and collectivity. In the concluding remarks, the ambivalences of the reference to experience discussed in various social movements are then sharpened with Walter Benjamin's thesis of the ›crisis of experience‹ in order to highlight possible reversals of this reference.

Vanessa Ossino
Phänomenologie als kritische Erfahrungs- und Gesellschaftstheorie
In dem Text wird die Frage besprochen, ob und inwiefern eine Theoretisierung von Erfahrung für gesellschaftskritische Theorien anschlussfähig ist. Im Ausgang der ideologiekritischen Feststellung einer unmittel-

baren Verwicklung von gelebter Erfahrung in ideologische Überbauten wird dafür argumentiert, dass insbesondere eine kritische und ›linke‹ Phänomenologie erörtern kann, inwiefern Erfahrung sich als ›vermittelte Unmittelbarkeit‹ und somit als mediale Bedingung für ideologische Prozesse offenbart.

Phenomenology as critical experience- and social theory
The text addresses the question of whether and to what extent a theorization of experience provides a basis for socio-critical theories. Following the ideology-critical diagnosis of an immediate involvement of lived experience in ideological constitutive structures, the argument is made that a critical and ›left‹ phenomenology in particular can address the manner in which experience as a ›mediated immediacy‹ manifests as a medial condition for ideological processes.

Kiana Ghaffarizad
Situiertes Wissen über Rassismus im Therapiezimmer
Erkenntnistheoretische Überlegungen zu den Erfahrungen
von People of Color mit Psychotherapie
Mit diesem Beitrag denke ich über Prozesse von Erkenntnisvalidierung in der herrschenden Wissenschaft nach. Konkret frage ich danach, entlang welcher methodologischen Kriterien welches Wissen von wem und zu welchem historischen Zeitpunkt als wissenschaftlich beziehungsweise gesellschaftlich relevantes Wissen (nicht) anerkannt wird. Dem gehe ich mit Ansätzen der *Mad Studies* und *Black Feminist Studies* nach und stelle die *Black Feminist Epistemology* als eine mögliche alternative Erkenntnistheorie im Kontext herrschafts- und machtkritischer Wissensproduktion vor.

Situated Knowledge of Racism in the Therapy room
Epistemological Reflections on People of Color's Experiences
with Psychotherapy
In my article I reflect on processes of knowledge validation in hegemonic science. More specific I ask according to which methodological criteria what kind of knowledge is (not) accepted as scientific or socially relevant knowledge, by whom and at what historical point in time. I approach this by taking into account Mad Studies and Black Feminist Studies. Following that, I present Black Feminist Epistemology as a possible alternative epistemology in the context of critical knowledge production of domination and power.

Eleonora Corace
Das Tier im menschlichen Leib
Die Erfahrung des Nicht-Erkennens im Spiegel
als interspezifisches Beispiel
Der Artikel behandelt die Beziehung zwischen Menschen und Tieren aus phänomenologischer Sicht. Beleuchtet wird diese Beziehung durch das Beispiel des Nicht-Erkennens im Spiegel. Die Frage lautet: Kann diese Erfahrung als Ausdruck einer animalischen Existenzform im Menschen betrachtet werden? Um auf diese Frage zu antworten, wird auf die Arbeiten der Philosophen Helmuth Plessner und Bernhard Waldenfels rekurriert, ebenso wie auf die Forschungen über den *Mirror Test* des Psychologen Gordon Gallup.

The animal beyond the human consciousness
The experience of non-recognition in the mirror
as an interspecific example
The article addresses the relationship between animals and humans from a phenomenological point of view. This relationship can be explained through the example of non-recognition of the body image in the mirror in humans and animals. The question is posed, if the experience of non-recognition in the mirror can be seen as an expression of an animal's form of existence in humans? To answer this question, I turn to the work of the philosophers Helmuth Plessner and Bernhard Waldenfels, as well as to the research on the mirror test carried out by the psychologist Gordon Gallup.

Alexander Niehoff
Aufgaben einer Epistemologie für das Kapitalozän
In diesem Text möchte ich das Projekt einer Epistemologie skizzieren, welche den Anspruch der Wissenschaften, die ökologische Krise zu verstehen, untermauern soll. Sie soll gegen die in der ökologischen Bewegung und Philosophie (beispielsweise Bruno Latour und Timothy Morton) vertretene Ansicht, dass sich die Krise unserem aufgeklärten wissenschaftlichen Weltbild entziehen würde, opponieren und stützt sich dabei auf Lenin, Althusser und Badiou. Durch diese Verzahnung soll die Politisierung der Situation erwirkt und ökologisches und progressives Gedankengut epistemisch verbunden werden. Dadurch wird die Beschaffenheit der Krise deutlich und eine Lösung wird denkbar.

Zusammenfassungen

Tasks of an Epistemology for the Capitalocene
In this text I would like to outline the project of an epistemology, that should underpin the claim of the sciences to understand the ecological crisis. It is intended to oppose the view in the ecological movement and philosophy (for example, Bruno Latour and Timothy Morton) that the crisis eludes our enlightened scientific worldview, drawing on Lenin, Althusser and Badiou. Through this interlocking, the politicization of the situation is to be achieved, and ecological and progressive ideas are to be epistemically connected. Thereby the nature of the crisis becomes clear and a solution becomes conceivable.

POLITISCHE ÖKONOMIE

Alessandro Cardinale
Über die Anfänge »Das Kapital« zu popularisieren
Die Kurzfassung als Genre der Arbeiter*innenbewegung
Das Textgenre »Kurzfassung« lässt sich als produktive Auseinandersetzung mit den Schwierigkeiten der Lektüre des »Kapital« verstehen. Wenige Jahre nach Erscheinen von Marx' Abhandlung verfassten prominente Akteure der Arbeiter*innenbewegung gekürzte Darstellungen, um eine breitere Leser*innenschaft zu erreichen. Damit wurde der Grundstein für eine internationale Tradition gelegt, die noch heute weitergeführt wird. Der Artikel stellt diese kürzende Praxis der »Kapital«-Popularisierung vor, ihre ersten Protagonisten und Merkmale.

On the beginnings to popularize »*Capital*«
Abridgment as genre of the labour movement
Difficulties with reading Marx's »Capital« have been dealt with over the years in different ways. The text genre »abridgment« applied to »Capital« is a form of creative reaction to some of those difficulties. A few years after the publication of »Capital« leaders of the labour movement provided short versions of it to reach a wider readership. In doing so they inaugurated an international tradition that has not stopped until today. The article presents this form of popularization of »Capital«, its first protagonists and some characteristics.

Jenny Kellner
Georges Batailles ›allgemeine Ökonomie‹
und die nietzscheanische ›Tugend des Schenkens‹
Eine Aktualisierung der Ökonomiekritik Batailles und Nietzsches
Georges Bataille legte 1949 mit *Der verfemte Teil* die Theorie einer ›allgemeinen Ökonomie‹ vor, die eine so eigentümliche wie radikale Kritik an der kapitalistischen Wachstumsideologie bereithält. In seiner Betonung der Verschwendung als grundlegendem Prinzip aller Ökonomie erweist Bataille sich als Nachfolger Friedrich Nietzsches. Die ökonomiekritischen Perspektiven Batailles und Nietzsches werden in diesem Beitrag rekonstruiert, verbunden und aktualisiert, um ihre Fruchtbarkeit für die aktuelle multipel krisenhafte Situation der Menschheit herauszustellen.

Georges Batailles ›general economy‹
and the Nietzschean ›virtue of giving‹
An actualization of the economic criticism by Bataille and Nietzsche
In 1949, Georges Bataille presented the theory of a ›general economy‹ in *The Accursed Share*, which contained a critique of the capitalist ideology of growth that was as peculiar as it was radical. In his emphasis on waste as a fundamental principle of all economy, Bataille proves to be a successor to Friedrich Nietzsche. The economic-critical perspectives of Bataille and Nietzsche are reconstructed, connected and updated in this contribution in order to emphasize their fruitfulness for the current multi-crisis situation of mankind.

Luis Sanz Jardón
Bruch der Widerstandsdynamik in Südeuropa
Eindämmung eines gegenhegemonialen Projekts in Spanien 2015-2017
Im Zuge der Eurokrise begünstigte der europäische (Des-)Integrationsprozess die Entstehung eines gegenhegemonialen Projekts in Spanien. In diesem Beitrag betone ich die Bedeutung der Offensive der europäischen Institutionen, insbesondere durch die Disziplinierung Griechenlands im Jahr 2015 für den Bruch einer sich abzeichnenden Widerstandsdynamik. Vor diesem Hintergrund argumentiere ich, dass die Position in der internationalen Arbeitsteilung die nationale Herrschaftskonstellation prägt und folglich in jeder Politikanalyse mitbedacht werden sollte.

Zusammenfassungen

Rupture of the Resistance Dynamic in Southern Europe
Containment of a Counter-Hegemonic Project in Spain 2015-2017

In the course of the euro crisis, the European (dis-)integration process favored the emergence of a counter-hegemonic project in Spain. In this contribution, I emphasize the importance of the offensive of the European institutions, in particular by disciplining Greece in 2015, for the rupture of the dynamic of resistance. Against this background, I argue that the position in the international division of labor shapes the national constellation of power and must therefore be taken into account for any political analysis.

TRANSFORMATION VON STAATLICHKEIT

Kevin Gimper
Whose Democracy?
Gesellschaftliche Ungleichheitsverhältnisse und die politische Machtfrage

Obwohl politische Gleichheit einer der Hauptansprüche demokratischer Systeme ist, schaffen es real existierende Demokratien in vielerlei Hinsicht nicht, diesen umzusetzen. Vielmehr setzen privilegierte Akteur*innen, deren gesellschaftspolitische Position auf diversen Ungleichheitsverhältnissen beruht, ihre Interessen durch. Um zu beantworten, wem die Demokratie gehört, erscheint es mir deshalb sinnvoll, den Fokus bestehender sozialwissenschaftlicher Ansätze demokratietheoretisch zu abstrahieren.

Whose Democracy?
Societal relations of inequality and the question of political power

Although political equality is one of the main claims of democratic systems, real democracies don't succeed in its implementation in many ways. Rather, privileged actors, whose sociopolitical position is based on diverse relations of inequality, realize their interests. In order to answer the question of *Whose Democracy?*, I argue to abstract the focus of existing social science approaches in the light of democratic theory.

Manuel Lautenbacher
Die plurinationale Arbeiterbewegung im Groß-Rumänien der Zwischenkriegszeit
Die aus dem Zerfall der europäischen Imperien zum Ende des Ersten Weltkrieges hervorgegangenen Staaten Ostmittel- und Südosteuropas waren als Nationalitätenstaaten noch weit von einem imaginierten homogen Nationalstaat entfernt. Das Groß-Rumänien der Zwischenkriegszeit, als Kriegsgewinner, bildete dabei keine Ausnahme. Dass sich diese Pluralität in den Organisationen der Arbeiterbewegung vielfältig widerspiegelte, belegt dieser Beitrag.

The plurinational working class movement in Greater Romania in the Interwar period
The states of East-Central and South-Eastern Europe that emerged from the collapse of the European empires at the end of the First World War were still far from an imagined homogeneous nation state. The Great Romania of the interwar period, as a war winner, was no exception. This article shows that this plurality was reflected in many ways in the organisations of the workers' movement.

Melek Zorlu
Gleichzeitige Tragödien und Farcen
Politische Regimewechsel und Hegemoniedebatten,
Kulturpolitik in den 1950er- und 2000er-Jahren in der Türkei
Dieser Artikel beleuchtet die Kulturpolitik der 1950er- und 2000er-Jahre in der Türkei. Anhand einer historisch-komparativen Hegemonieanalyse wird versucht zu verstehen, wie Hegemonie von den konservativ-religiösen Parteien DP (Demokrat Parti, Demokratische Partei) und AKP (Adalet ve Kalkınma Partisi, Partei für Gerechtigkeit und Entwicklung) aufgebaut und aufrechterhalten wurde. Mit dem Schwerpunkt auf der Zeit nach dem Zweiten Weltkrieg, dem Konzept des Kalten Krieges und der US-amerikanischen Hegemonie und schließlich dem Neoliberalismus und seinen globalen Auswirkungen in der Zeit nach den 1980er Jahren wird der Prozess der Etablierung und Aufrechterhaltung von Hegemonie durch einen historischen Vergleich der wichtigsten kulturpolitischen Maßnahmen und Diskurse, die die DP- und AKP-Regierungen durchgeführt haben, analysiert.

Zusammenfassungen

Simultaneous Tragedies and Farces
Political Regime Modifications and Hegemony Debates,
Cultural Politics in the 1950s and 2000s in Turkey
This article sheds light on the cultural politics of the 1950s and 2000s in Turkey. It attempts to comprehend, using historical-comparative hegemony analysis, how hegemony is established and maintained by conservative-religious political parties DP (Demokrat Parti, Democrat Party) and AKP (Adalet ve Kalkınma Partisi, Justice and Development Party). Focusing on the post-second World War period, the cold war concept and US hegemony, and, finally, neoliberalism and its global impact in the post-1980s periods, the process of establishing and maintaining hegemony is analyzed through a historical comparison of major cultural politics and discourses which the DP and AKP governments conducted.

GEWALT UND ERINNERUNG

Laura Rosengarten
»Freiheit«
Die moderne Form als Entlastungsmaschine
Der Beitrag beschäftigt sich mit der bundesrepublikanischen Kunstgeschichtsschreibung der 1950er Jahre und den Nachwirkungen bis in die Gegenwart. Im Fokus der Untersuchung steht die Kunstausstellung *documenta*, die ab 1955 regelmäßig in Kassel stattfand. Bis heute wird der ersten Ausgabe nachgesagt, sie habe sich die Aufgabe gestellt, die von den Nazis verfemte Moderne zu rehabilitieren, allerdings hält der Anspruch keiner Prüfung stand.

»Freedom«
The Modern Form as a Relief Machine
This article deals with the Federal Republic's art historiography of the 1950s and its aftermath up to the present. The focus of the investigation is the art exhibition *documenta*, which was held regularly in Kassel from 1955. To this day, the first edition is said to have set itself the task of rehabilitating modernism, which had been ostracized by the Nazis; however, the claim does not stand up to scrutiny.

Johanna Bröse
Erinnern von unten
Vergangenheit und Gegenwart in Solidaritätsstrukturen
»Erinnerung« spielt eine zentrale Rolle in den gesellschaftlichen Aushandlungen von Identität und Kollektivität sowie in den Auseinandersetzungen um nationales und populares Geschichtsverständnis, politische Macht und kulturelle Hegemonie. Sie beeinflusst aber auch, und das bleibt oft unscharf, Inhalt, Form und Praxis von Solidaritätsstrukturen. Anhand eines Beispiels aus dem Südosten der Türkei stellt dieser Beitrag Erinnerung als umkämpftes Konzept vor. Es geht um Vergangenheit und Gegenwart in sozialen Kämpfen und darum, Solidaritätspraxen und Erinnerungsaktivismus zusammen zu denken.

Remembering from below
Past and present in solidarity structures
»Memory« plays a central role in the social negotiation of identity and collectivity. It also becomes a subject of discussion when it comes to understanding history from national or popular perspectives, and the dynamics of political power and cultural hegemony. Moreover, memory's impact on solidarity structures is significant, influencing their content, structure, and application. With a view to southeast Türkiye, this article explores the concept of memory as a topic of debate, both in historical contexts and current social struggles, while also examining the interconnectedness of memory activism and practices of solidarity.

BILDUNG

Theresa M. Straub
Subjekte der Universität zwischen Ableismus, Offenbarungsdilemma und (Un-)Sichtbarkeit. Erfahrungen behinderter Studierender und ihre individuelle Verhandlung institutioneller Veranderung an tertiären Bildungsorten
Der Artikel gibt Einblick in das menschenrechtliche Verständnis von Behinderung, wonach die Wechselwirkung von Barrieren mit einer individuellen Beeinträchtigung an bestimmten Orten erst zu einer Behinderung führen. Dabei werden die Aushandlungsprozesse der (Un-)Möglichkeiten von Teilhabe und Inklusion an der Universität fokussiert.

Zusammenfassungen

Subjects of the University between ableism, revelation dilemma and (in)visibility
Experiences of disabled students and their individual negotiation concerning Othering at teritarian educational institutions
The article provides insights into the human rights model of disability, which states that disability is not inherent, but rather the product of individual impairments and their interaction with social barriers in everyday life. The focus lies on the (im)possibilities of social and structural inclusion.

Thomas Beineke
Die Problematik der Wahrheit und das Experiment mit sich selbst
Die Rezeption der Ödipus-Tragödie bei Michel Foucault
In meiner Dissertation lasse ich den deutschen Schriftsteller Hubert Fichte in Begegnung treten mit anderen Künstler*innen und Intellektuellen des 20. Jahrhunderts, die selbstexperimentell geforscht haben, um den philosophischen Gehalt seines Werks zu extrapolieren. Eine Diskussion von Fichte und Michel Foucault führe ich dabei im Ausgang der Ödipus-Tragödie, die von beiden auf unterschiedliche Weise interpretiert wird und – so meine These – für ihre Konzeption und Praxis des Selbstexperiments aufschlussreich sein kann. In diesem Auszug zur Rezeption der Ödipus-Tragödie bei Michel Foucault soll gezeigt werden, dass Ödipus ein ständiger Wiedergänger in den Vorlesungen bei Foucault von den frühen 1970er bis zu den letzten Vorlesungen Mitte der 1980er Jahre ist, an dessen veränderter Lesart sich nicht bloß ein Perspektivwechsel in seiner Konfiguration von Subjekt, Wissen und Macht nachweisen, sondern auch sein intellektuelles Selbst-Design als Experimentator aufzeigen lässt.

The problem of truth and the experiment with oneself
The reception of the Ödipus-tragedy of Michel Foucault
In my PhD thesis I encounter the German writer Hubert Fichte with several experimental artists and intellectuals of the 20th century to figure out the philosophical substance of his oeuvre. The discussion that I am conducting of Fichte in connection with Michel Foucault, starts from their different interpretations of the Ödipus-tragedy. My central argument is that in these variant Ödipus-readings, one can point out their different conception and practice of self-experimentation. In this paper I demonstrate that in Michel Foucault's constant but shifting interpretation of the Ödipus-theme from his early 1970ies to his mid 1980ies

lectures, one can not only follow a shift in his configuration of subject, power and knowledge, but also trace his intellectual self-design as an experimenter.

ERKENNTNISTHEORIE UND METHODIK

Markus Hennig
Über den un-/möglichen Zusammenhang von Kollektivität und Erfahrung

Kritische Wissenschaft zielt auf die Überwindung von gesellschaftlichen Herrschaftsverhältnissen. In ihrer frühen Gestalt als Kritische Theorie der Frankfurter Schule war sie sich bewusst, dass sie dieses Ende nicht allein durch ihre Gedanken herbeiführen kann, sondern Befreiung nur als Selbstbefreiung möglich ist, das heißt: durch die Unterdrückten selbst. Demnach braucht es eine kollektive Praxis. Lange Zeit galt das Proletariat als das Kollektiv, das diese verwirklichen könnte. Nachdem diese Selbstverständlichkeit nicht mehr gegeben ist, wird immerhin an der abstrakten Festlegung festgehalten, dass die Befreiung nur durch ein Kollektiv vollzogen werden kann.[1]

Ein Versuch, diese Kollektivität näher zu bestimmen, besteht darin, sie als eine aus Erfahrung stammende zu konzeptualisieren: »›Radikale Politik ist kollektiv und nimmt ihren Ausgang von einer gemeinsamen Unterdrückungserfahrung.‹ [Chantal Mouffe] Die Fähigkeit, gesellschaftliche Verhältnisse zu transformieren, steht folglich im direkten Zusammenhang mit dem Prinzip der Verknüpfung vereinzelter Individuen.«[2] Auch in empirischen Studien wird der Erfahrung eine verbindende Kraft zugeschrieben, die besonders deshalb erstrebenswert ist, weil sie sich auf die Situation der eigenen Unterdrückung bezieht.[3] Durch die aus Erfahrung hergestellte Kollektivität verfolgen demnach die Unterdrückten ihre Befreiung als *Selbst*befreiung. Zugleich muss sich diese Form der kollektiven Handlungsfähigkeit auf die Fähigkeit zur Abstraktion und vor allem zur kritischen Distanzierung von den Erfahrungen berufen. Denn ein Problem besteht gerade darin, dass sich die meisten Individuen in ihrem Alltag nicht als Kollektiv erfahren, sondern, wenn nicht in Konkurrenz zueinander, so doch zumindest fragmentiert und vereinzelt. Die gezielte

---

[1] So fragt etwa Bini Adamczak nach möglichen revolutionären Beziehungsweisen, wobei die Revolution »als Knüpfen genau dieser Beziehungen« verstanden wird. Das heißt, die Revolution kann nur durch neue Beziehungen und damit kollektiv gedacht werden. Vgl. Bini Adamczak: Beziehungsweise Revolution, Berlin 2017, S. 266.

[2] Rahel S. Süß: Kollektive Handlungsfähigkeit. Gramsci – Holzkamp – Laclau/Mouffe, Wien 2015, S. 137.

[3] Vgl. z.B. Lisa Vollmer: Mieter_innenbewegungen in Berlin und New York. Die Formierung politischer Kollektivität, Wiesbaden 2019.

politische Intervention wird deshalb notwendig, weil sich ein widerständiges Potential meistens nicht spontan aus Lebenssituationen ergibt, die als Herrschaftsverhältnisse beschrieben werden können. Das heißt, eine Kollektivität, die sich auf Erfahrung beruft, muss zunächst gegen andere Erfahrungen ankämpfen, die diese kollektive Erfahrung blockieren oder verstellen. Wenn es sich dabei nicht nur um eine Kluft handelt, bei welcher von der individuellen zur kollektiven Erfahrung übergegangen wird, sondern beide vielmehr im Widerstreit miteinander liegen, so dass die individuelle Erfahrung die Möglichkeit einer kollektiven Erfahrung verhindert, dann könnte es naheliegender sein, zu einem anderen Modell von Politik überzugehen, das sich weniger auf eine gemeinsame Erfahrung als vielmehr auf eine diskursive Verständigung beruft.

Ein Gegenentwurf zu einer Politik, die sich auf eine durch Erfahrung verbundene Kollektivität beruft, besteht in einer Politik, die sich maßgeblich als rationalen Diskussionsprozess versteht. In diesem muss gerade von den je subjektiven Erfahrungen abgesehen werden, um zu einem gemeinsamen Verständnis des allgemeinen Wohls zu gelangen. So argumentiert Jürgen Habermas, dass die politische Öffentlichkeit als Raum verstanden werden muss, in dem die Individuen von ihren je partikularen Erfahrungen abstrahieren, um zu einem gemeinsamen Verständnis des gemeinsamen Wohls zu gelangen.[4] Erst in der politischen Öffentlichkeit treten die individuellen Freiheiten und die kollektive Selbstregierung in ein sich gegenseitig bedingendes Verhältnis. Erst die kollektive Selbstregierung ermöglicht demnach die individuellen Freiheiten. Zugleich sind die individuellen Freiheiten notwendig, um überhaupt eine kollektive Selbstregierung gewährleisten zu können, weil nur so jede*r mit Argumenten an der Herausbildung der öffentlichen Meinung teilnehmen kann, die wiederum die öffentliche Gewalt der Regierung bestimmen soll. Habermas' Theorie der Öffentlichkeit zielt auf eine rationale Vermittlung der gesellschaftlichen Gegensätze und kann insofern als affirmative Selbstbeschreibung der bürgerlichen Öffentlichkeit verstanden werden. Dabei plädiert Habermas in seiner Konzeption der politischen Öffentlichkeit gerade für ein Absehen von der Erfahrung. Die

---

[4] So fasst Habermas das Anliegen der widersprüchlichen Institutionalisierung der bürgerlichen Öffentlichkeit wie folgt zusammen: »Diese [öffentliche Debatte] soll voluntas in eine ratio überführen, die sich in der öffentlichen Konkurrenz der privaten Argumente als der Konsensus über das im allgemeinen Interesse praktisch Notwendige herstellt.« Jürgen Habermas: Strukturwandel der Öffentlichkeit. Untersuchungen zu einer Kategorie der bürgerlichen Gesellschaft, Frankfurt a.M. 2018, S. 153.

Über den Zusammenhang von Kollektivität und Erfahrung

kollektive Selbstbestimmung kann in seiner Darstellung nur dadurch entstehen, dass jede*r von den eigenen subjektiven Erfahrungen absieht und sich an der Diskussion um das allgemein Wohl beteiligt. In einem ersten Schritt wird deshalb im Folgenden anhand von Habermas' Buch *Strukturwandel der Öffentlichkeit* rekonstruiert, wie darin einerseits die Marginalisierung der Erfahrung begründet wird, wie Erfahrung andererseits aber dennoch die vergessene Voraussetzung der politischen Öffentlichkeit bildet. Eine derartige Rekonstruktion erscheint hilfreich, um auf den gesellschaftlichen und politischen Kontext zu verweisen, in dem überhaupt der Bezug auf Erfahrung durch ein Kollektiv hergestellt wird. Dabei soll der Versuch unternommen werden, im Nachvollzug von Habermas' eigener Darstellung zu zeigen, welche konstitutive Rolle Erfahrung für das Funktionieren der politischen Öffentlichkeit zukommt, ohne dass diese Bedeutung in der Theorie selbst reflektiert wird. Anstatt Habermas frontal mit einem fehlenden Begriff von Erfahrung zu konfrontieren, soll seine Theorie gewissermaßen in der Interpretation so verschoben werden, dass die Abwesenheit der Erfahrung umso deutlicher hervortritt. Auf diese Weise wird die These unterstrichen, dass die Erfahrung in der Theorie selbst vergessen wird: Obwohl sie in der Darstellung von Habermas präsent ist, unterlässt er eine Reflexion der konstitutiven Rolle der Erfahrung für die politische Öffentlichkeit – ebenso wie es die politische Öffentlichkeit unterlässt, die von ihr vorausgesetzte Erfahrung zu reflektieren. Im Anschluss an die Auseinandersetzung mit Habermas wird danach gefragt, wie der Zusammenhang von Erfahrung und Kollektivität zu verstehen ist, wenn er einerseits aus der politischen Öffentlichkeit verdrängt wird und andererseits dieser doch konstitutiv vorausgeht. Dabei zeigt sich, dass Erfahrung als Bezugspunkt für emanzipatorische Bewegungen umstritten ist, weil sie die Einsicht in die eigene Unterdrückung ebenso verhindern wie ermöglichen kann. Um diesen Streitpunkt schärfer zu fassen, wird abschließend unter Bezugnahme auf eine mögliche ›Krise der Erfahrung‹, wie Walter Benjamin sie formuliert, argumentiert, dass Erfahrung als alleiniger Bezugspunkt gerade jene Kollektivität verhindern kann, die unter Bezug auf sie hergestellt werden soll.

Kollektivität der bürgerlichen Öffentlichkeit

Eine anspruchsvolle Demokratietheorie müsste laut Habermas erklären, wie das gegenseitige Bedingungsverhältnis von individueller Freiheit und kollektiver Selbstregierung so prozessiert werden könnte, dass es nicht in einem Gegensatz erstarrt.[5] Für Habermas löst die moderne Demokratie dieses Spannungsverhältnis von individuellen Freiheiten und kollektiver Selbstregierung, indem das eine als Ermöglichung des jeweils anderen verstanden wird. So wirft er liberalen ebenso wie republikanischen Theorien vor, die Gleichursprünglichkeit dieser beiden Dimensionen zu verkennen, wenn sie jeweils einer von ihnen den Vorrang geben. Mit dem Anspruch, diese beiden Fallstricke zu vermeiden, gilt Habermas' Theorie weiterhin als ein zentraler Bezugspunkt in der politischen Theorie. In diesem Sinne soll er im Folgenden als affirmatives Selbstverständnis der liberalen Demokratie rekonstruiert werden.

Habermas entwickelt bereits in seiner Habilitationsschrift *Strukturwandel der Öffentlichkeit* die These, dass sich zwischen dem Staat und der Gesellschaft die Öffentlichkeit als Medium etabliert, in dem die Privatleute durch Diskussion eine öffentliche Meinung formen, die wiederum auf den Staat einwirkt. Anschließend an Kants Überlegungen zum öffentlichen Gebrauch der Vernunft[6] formuliert Habermas die These, dass sich in der öffentlichen Diskussion zumindest potentiell eine allgemeine Vernunft herausbilden kann. Denn indem die öffentliche Diskussion derart institutionalisiert wird, dass darin allein solche Aussagen Gültigkeit beanspruchen können, die auf Argumenten basieren, entsteht die Möglichkeit, dass jede Form von Privatinteresse als unzulässig kritisiert werden kann. Seit mit der bürgerlichen Revolution die Beiträge in der öffentlichen Diskussion ihr Gewicht nicht länger von den Statuszugehörigkeiten der Diskutierenden erhalten, soll das Publikum die Beiträge allein hinsichtlich ihrer argumentativen Kraft bewerten: »Die Parität, auf deren Basis allein die Autorität des Arguments gegen die der sozialen Hierarchie sich behauptet und am Ende auch durchsetzen kann, meint im Selbstverständnis der Zeit die Parität des ›bloß Menschlichen‹. [...] Nicht als ob mit den Kaffeehäusern, den Salons und den Gesellschaften

---

[5] Jürgen Habermas: Überlegungen und Hypothesen zu einem erneuten Strukturwandel der politischen Öffentlichkeit. In: Martin Seeliger; Sebastian Sevignani. (Hrsg): Ein neuer Strukturwandel der Öffentlichkeit?, Baden-Baden 2021, S. 470–500, hier: S. 475.

[6] Vgl. Immanuel Kant: Beantwortung der Frage: Was ist Aufklärung? In: Werkausgabe XI. Hrsg. v. Wilhelm Weischedel, Frankfurt a.M. 1982, S. 51–61.

Über den Zusammenhang von Kollektivität und Erfahrung 45

im Ernst diese Idee des Publikums verwirklicht worden sei; wohl aber ist sie mit ihnen als Idee institutionalisiert, damit als objektiver Anspruch gesetzt und insofern, wenn nicht wirklich, so doch wirksam gewesen.«[7] Habermas gibt sich demnach nicht der Illusion hin, dass die Gleichheit zwischen den Diskutierenden tatsächlich verwirklicht gewesen wäre, aber er formuliert die These, dass mit der Etablierung dieses Anspruchs eine wirksame normative Richtlinie entsteht, an der sich das Publikum der Öffentlichkeit zukünftig messen lassen muss.

Das Publikum ist hierbei für Habermas der zentrale Akteur der bürgerlichen Öffentlichkeit. Es setzt sich aus den Privatleuten zusammen, die sich gegenseitig in der Öffentlichkeit mittels vernünftiger Argumente kritisieren und dadurch eine öffentliche Meinung formen. Um diesen zentralen Status zu erreichen, muss das Publikum in Habermas' Darstellung jedoch selbst einen Emanzipationsprozess durchlaufen. Dieser besteht darin, dass mit der Etablierung der bürgerlichen Gesellschaft sich das zunächst von der absolutistischen Obrigkeit angesprochene Publikum der wohlhabenden Privatleute über die eigenen Interessen bewusst wird und so beginnt, diese gegen eben jene Obrigkeit zu verteidigen.[8] Anstatt sich nur den Bekanntmachungen der öffentlichen Gewalt zu fügen, beansprucht das Publikum bald selbst, über die »öffentlich relevante Sphäre des Warenverkehrs und der gesellschaftlichen Arbeit«[9] mitzubestimmen. Auch wenn das Publikum dabei nur eine partikulare Meinung vertritt, so führt es gegen die Sonderrechte des Adels insbesondere einen allgemeinen Anspruch aller Menschen an, der sich durch Bezug auf Gründe rechtfertigt, so »daß diese Meinung als die öffentliche, durchs Räsonnement des Publikums vermittelte und folglich als vernünftige hat gelten können.«[10] In diesem Prozess etabliert das Publikum die bürgerliche Öffentlichkeit als einen Bereich, in dem sich vernünftige Gründe durchsetzen sollen. Nur darüber können die im Publikum versammelten Privatleute einen Anspruch auf Allgemeinheit entwickeln. Das heißt, erst die Beanspruchung einer allgemeingültigen Vernunft ermöglicht es, die partikulare Herrschaft nicht nur im Namen einer anderen Herrschaft anzugreifen, sondern sie als Herrschaft zu kritisieren, deren Überwindung anzustreben ist. Das Publikum entsteht in der bürgerlichen Öffentlichkeit also dadurch, dass die Bürger*innen untereinander die Beiträge der

---
[7] Habermas 2018, S. 97.
[8] Ebd., S. 80–84.
[9] Ebd., S. 86.
[10] Ebd., S. 159.

jeweils anderen als gleichwertig anerkennen, solange sie sich am Maßstab der Vernunft orientieren. Demnach können all jene Teil des Publikums werden, die sich einer ›vernünftigen Rede‹ bedienen. Dass im Zuge dessen auch die Bedingungen dieser Vernunft selbst öffentlich diskutiert werden können, ist für Habermas ein Teil desselben diskursiven Prozesses. Denn solange die Voraussetzungen der Teilnahme an der öffentlichen Diskussion mittels Gründen kritisiert werden, können sie als Ausweitung der Kritik partikularer Positionen verstanden werden. Eine Kritik, die beanstandet, dass manche Positionen als vermeintlich unvernünftig ausgeschlossen werden, rekurriert so weiterhin auf jenen Anspruch, dass alle gleichermaßen Zugang zur öffentlichen Diskussion haben sollten – dass also, mit Habermas gesprochen, in diesem Ausschluss noch partikulare Herrschaftsverhältnisse fortbestehen, deren Überwindung eben nicht mittels Gewalt angestrebt wird, sondern durch öffentliche, diskursive Kritik. Die Gesellschaft soll sich durch die politisch fungierende Öffentlichkeit selbst begründen und gerade deshalb nicht auf vorpolitische oder transzendentale Prämissen angewiesen sein.[11]

Ein zentraler Einwand gegen Habermas Konzeption vom Publikum besteht nun darin, dass sich dieses mindestens historisch vor allem aus weißen wohlhabenden Männern zusammensetzte.[12] Allerdings versteht Habermas dies nicht als Einspruch gegen sein Konzept des Publikums, sondern nur gegen dessen historische Zusammensetzung. Da im Selbstverständnis der bürgerlichen Öffentlichkeit laut Habermas die allgemeine Zugänglichkeit angelegt ist, besitzt sie potentiell die Möglichkeit zur Selbsttransformation. Negativ formuliert könnte dies wie folgt ausgedrückt werden: Weil die bürgerliche Öffentlichkeit über kein Kriterium verfügt, mit dem sie einen Ausschluss bestimmter Privatpersonen legitimieren könnte, kann jede Person für sich Zugang zur Öffentlichkeit reklamieren, solange sie so redet, dass dies vom Publikum als ›im Rahmen der Vernunft‹ anerkannt wird. Indem neue Personen an der bürgerlichen Öffentlichkeit partizipieren, verändert sich folglich auch die Zusammensetzung des Publikums.

---

[11] Vgl. Hans-Jürgen Trenz: Öffentlichkeitstheorie als Erkenntnistheorie moderner Gesellschaft. In: Martin Seeliger; Sebastian Sevignani. (Hrsg): Ein neuer Strukturwandel der Öffentlichkeit?, Baden-Baden 2021, S. 385–405.

[12] Vgl. zur Übersicht über verschiedene historische Studien Nancy Fraser: Neue Überlegungen zur Öffentlichkeit. Ein Beitrag zur Kritik der real existierenden Demokratie. In: Ebd.: Die halbierte Gerechtigkeit. Schlüsselbegriffe des postindustriellen Sozialstaats, Frankfurt a.M. 2016, S. 107–150, hier: S. 111–121.

Über den Zusammenhang von Kollektivität und Erfahrung 47

Als problematisch stellt Habermas es jedoch dann dar, wenn nicht Privatpersonen partizipieren wollen, sondern ganze Bevölkerungsgruppen ihre Teilhabe einfordern. Dann nämlich untergraben sie das Selbstverständnis des Publikums.[13] Das heißt, das Publikum kann sich nur durch individuelle Beitritte verändern, nicht aber durch das Aufbegehren eines Kollektivs. Die einzig legitime Form von Kollektivität ist für Habermas jene des Publikums.

Wenn keine Alternative zur bürgerlichen Emanzipation besteht, dann ist noch einmal auf den Emanzipationsprozess des bürgerlichen Publikums zurückzukommen: Wie konstituierte dieses die politische Öffentlichkeit? In seiner historischen Darstellung bezieht sich Habermas dabei vor allem auf das 18. und 19. Jahrhundert. Der Vorgang dieser Emanzipationsbewegung des Publikums erfolgte zunächst über eine »literarische Öffentlichkeit«,[14] welche Habermas als vorpolitische Voraussetzung der politischen Öffentlichkeit darstellt. So diente die literarische Öffentlichkeit als »Übungsfeld eines öffentlichen Räsonnements«[15] und ermöglichte damit den »Prozeß der Selbstaufklärung der Privatleute über die genuinen Erfahrungen ihrer neuen Privatheit«.[16] Die literarische Öffentlichkeit widmet sich somit noch nicht den Fragen der Vernunft beziehungsweise der vernünftigen Einrichtung der Gesellschaft, wie dies später in der politischen Öffentlichkeit verstanden wird. Stattdessen kreisen die Privatleute in der literarischen Öffentlichkeit um sich selbst — sie verarbeiten die Erfahrungen ihrer neuen Privatheit, unter anderem indem sie in Romanen und Kunstwerken die eigene neue gesellschaftliche Situation zu erfassen versuchen und diese Versuche gleichsam in der literarischen Öffentlichkeit diskutieren. Über den Umweg der Kunstwerke thematisiert das Bürgertum die eigenen Erfahrungen, welche durch die industriellen und politischen Umwälzungen der Epoche entstehen.

Obwohl Habermas den Ausdruck ›Erfahrung‹ nicht als Begriff im engeren Sinne verwendet, so taucht er doch insbesondere in der Charakterisierung der literarischen Öffentlichkeit wiederholt an entscheidender Stelle auf. Dabei versteht Habermas die Erfahrung einerseits als eine Form des privaten und subjektiven Erlebens, mit dem die Individuen in

---

[13] Vgl. zur Kritik an diesem Argument z.B. Warren Montag: The Pressure of the Street. Habermas' Fear of the Masses. In: Mike Hill; Warren Montag (Hrsg.): Masses, classes, and the public sphere, London 2000, S. 132–145.
[14] Vgl. Habermas 2018, 88.
[15] Ebd., S. 88.
[16] Ebd., S. 88.

die Öffentlichkeit treten.[17] Damit knüpft er an ein alltägliches Verständnis von Erfahrung an, von der die Individuen jeweils annehmen, dass sie diese rein persönlich machen würden. Andererseits suchen die Bürger*innen in der Öffentlichkeit nach Aufklärung über ihre Erfahrungen: »Die Erfahrungen, über die ein sich leidenschaftlich selbst thematisierendes Publikum im öffentlichen Räsonnement der Privatleute miteinander Verständigung und Aufklärung sucht, fließen nämlich aus Quellen einer spezifischen Subjektivität: deren Heimstätte, im buchstäblichen Sinne, ist die Sphäre der patriarchalischen Kleinfamilie.«[18] Während Habermas hier im Hauptsatz die These formuliert, dass die Erfahrungen aus einer spezifischen Subjektivität fließen, beinhaltet der Einschub eine entscheidende Wendung: Ein zentrales Gesprächsthema der öffentlichen Diskussion ist die ›Verständigung und Aufklärung über diese Erfahrungen‹. Verständigung und Aufklärung verweisen dabei aber auf zwei verschiedene Tendenzen im Verhältnis zur Erfahrung: Anknüpfend an die Betonung der Privatheit, *verständigen* sich die Privatleute über ihre je eigenen Erfahrungen. Die Verständigung suggeriert eine gewisse Klarheit über den Gegenstand der Verständigung. Ein Thema, über das sich die Privatleute hingegen erst gegenseitig *aufklären* müssen, entzieht sich offenbar noch der umfassenden Einsicht. Die bisher unbekannten Zusammenhänge und Dimensionen sollen erst noch erschlossen werden. Während die Verständigung also ein gewisses kognitives Erfassen der Erfahrung voraussetzt, betont die Aufklärung über die Erfahrung den Aspekt, dass diese den Privatleuten nicht gänzlich durchsichtig ist. Laut Habermas verfügen die Privatleute also über ihre privaten Erfahrungen, die sich ihnen aber gleichsam entziehen, so dass sie für sie nicht allein privat deutbar sind.

In diesen Erfahrungen begründet sich laut Habermas das Ideal der ›Humanität‹, welches die Privatleute schließlich in der politischen Öffentlichkeit mobilisieren.[19] Damit erweist sich die Leistung der literarischen Öffentlichkeit als konstitutiv für die Formung der politischen Öffentlichkeit, insofern sie die privaten Erfahrungen miteinander vermittelt und so einen »Erfahrungszusammenhang der publikumsbezogenen Privatheit«[20] überhaupt erst produziert. In der literarischen Öffentlichkeit deuten die Privatleute ihre neuen Erfahrungen und können

---

[17] Vgl. ebd., S. 87.
[18] Ebd., S. 107.
[19] Vgl. ebd., S. 116–121.
[20] Ebd., S. 116.

Über den Zusammenhang von Kollektivität und Erfahrung 49

sich erst darüber überhaupt als zusammenhängendes Publikum begreifen. Die je isolierten privaten Erlebnisse in der Kleinfamilie werden als Erfahrung interpretiert, die den Privatleuten gemeinsam ist. Die privaten Erfahrungen werden so zu geteilten Erfahrungen, die eine gemeinsame Situation erfassen. Und auch wenn sich das Ideal der Humanität aus den Erfahrungen in der Kleinfamilie speist, so wird es *als Ideal* erst in der literarischen Öffentlichkeit formuliert. Allerdings ist nur das Ideal in der politischen Öffentlichkeit mitteilbar. Der ›Erfahrungszusammenhang der publikumsbezogenen Privatheit‹ muss hingegen verschwiegen werden. Denn die Ansprüche des Publikums formuliert dieses unter Verweis auf die universellen Interessen als Menschen. Obwohl Habermas selbst die zentrale Stellung der Erfahrung betont, so will er sie auf ihre Wirkung in der literarischen Öffentlichkeit beschränken. In dieser Beschränkung scheint er sich so sicher zu sein, dass er die Bedeutung der gemeinsamen Erfahrung des Publikums in der politischen Öffentlichkeit nicht weiter berücksichtigt – er scheint eben diese gemeinsame Erfahrung gleichsam zu vergessen.

In dieser Darstellung ergibt sich eine Stufenfolge, an deren Anfang die privaten Erfahrungen stehen, die in der literarischen Öffentlichkeit als Erfahrungszusammenhang gedeutet werden, um ihn in ein rationales Ideal zu überführen, das dann in der politischen Öffentlichkeit wirksam werden kann. Den Kampf gegen die Autorität der Monarchie führt das Bürgertum dabei »mit den Erfahrungen einer intimisierten Privatsphäre gleichsam im Rücken«[21] und versucht die (neu entstehende) Privatsphäre zu verteidigen.

Während Habermas den Übergang von den Erfahrungen zur politischen Öffentlichkeit dabei als relativ ›flüssig‹ beschreibt, soll an dieser Stelle kurz innegehalten werden, um zu fragen, was es heißt, dass die »Erfahrungen [...] im Rücken« der Bürger*innen liegen. Sie scheinen einerseits konstitutiv für die bürgerliche Subjektivität zu sein, die sich dann in der politischen Öffentlichkeit behauptet; andererseits können sie aber in der politischen Öffentlichkeit nicht offen angeführt werden, da sie als *rein subjektive* die Behauptung allgemeiner menschlicher Interessen unterlaufen würden. In Auseinandersetzung mit Habermas zeigt sich so eine Voraussetzung der politischen Sphäre, die sich selbst als einen kollektiven Zusammenhang versteht, der sich maßgeblich über den Austausch von vernünftigen Argumenten herstellt. Damit dieser Zusammenhang als Publikum entsteht, scheint es einer gemeinsamen Erfah-

---

[21] Ebd., S. 117.

rung zu bedürfen, die als geteilte Erfahrung überhaupt erst durch die gemeinsame Diskussion hervorgebracht wird. Die in der politischen Öffentlichkeit beanspruchte allgemeine Vernunft scheint eine gemeinsame Erfahrung vorauszusetzen. Die darin verwendeten Begriffe bedürfen des Bezugs zur gemeinsamen Erfahrung. In der Erfahrung verarbeiten die Individuen ihre alltäglichen Erlebnisse und machen sie sprachlich mitteilbar, um dann von ihnen zu abstrahieren und Begriffe auszubilden. In dieser Stufenfolge kommt der Erfahrung die Aufgabe zu, die Individuen in einer lebensweltlichen Praxis zu verankern. Dafür aber muss vorausgesetzt werden, dass jede Erfahrung sich in die Begriffe der politischen Öffentlichkeit übersetzen lässt, um dort in die allgemeine Diskussion einbezogen werden zu können. Der Bezug zur spezifischen Erfahrung wird dabei vergessen, insofern er in der politischen Öffentlichkeit selbst nicht reflektiert wird. Wenn aber tatsächlich der Zusammenhang des Publikums sich erst durch die gemeinsame Diskussion über die geteilten Erfahrungen herstellt, dann wird mit dem Vergessen dieser Erfahrung auch eben jener Zusammenhang vergessen. Nur dann ist es möglich, dass die Privatleute sich als voneinander unabhängige Einzelwillen begegnen, die im Modus einer vermeintlich nur auf Argumenten basierenden Diskussion einen gemeinsamen öffentlichen Willen herstellen. Die auf Erfahrung beruhende Kollektivität wird vergessen, um an ihrer Stelle eine auf Argumenten basierende Verbindung einzugehen. Aber durch dieses Vergessen bedroht die Diskussion ihre eigene Voraussetzung.

Angesichts dieser zentralen Bedeutung der Erfahrung für Habermas' Modell von Öffentlichkeit ist es auffällig, dass er selbst keinen Begriff von Erfahrung expliziert. Er unterlässt es auch, diese Stellung der Erfahrung zu reflektieren. Einen frühen Einspruch gegen seine Studie formulierten Oskar Negt und Alexander Kluge deshalb in expliziter Betonung der Bedeutung von Erfahrung für die Öffentlichkeit.[22] Ausgehend von dieser soll nun im Folgenden gefragt werden, inwiefern Erfahrung als Grundlage von Kollektivität fungieren kann.

---

[22] Vgl. Oskar Negt; Alexander Kluge: Öffentlichkeit und Erfahrung: Zur Organisationsanalyse von bürgerlicher und proletarischer Öffentlichkeit, Frankfurt a.M. 1976.

Kollektivität durch Erfahrung

Die Studie *Öffentlichkeit und Erfahrung* von Alexander Kluge und Oskar Negt kann als Einspruch gegen Habermas Modell der Öffentlichkeit verstanden werden. Insbesondere kritisieren die beiden Autoren die Ambivalenz bei Habermas zwischen der Betonung der Öffentlichkeit als Ideal einerseits und der Diagnose ihres Verfalls andererseits. Sie werfen ihm vor, er könne das Schwanken der Öffentlichkeit zwischen diesen beiden Aspekten nicht erklären. Dagegen formulieren Negt und Kluge die These, dass die bürgerliche Öffentlichkeit so verstanden werden muss, dass sie keine eigene Substanz aufweist, sondern sie gerade darin besteht, die divergierenden Elemente nur ›äußerlich‹ zusammen zu halten. In diesem Sinne charakterisieren Negt und Kluge die bürgerliche Öffentlichkeit als »Scheinsynthese«[23]. Die Synthese der in den einzelnen »Produktionsöffentlichkeiten«[24] angelegten Erfahrungen muss nach Negt und Kluge deshalb scheinhaft sein, weil diese Erfahrungen bereits über den konkurrenzförmig organisierten Zusammenhang der kapitalistischen Gesellschaft hinausweisen. Damit formulieren Negt und Kluge ein Argumentationsmuster, das besonders zum Verständnis jener Bewegungen interessant zu sein scheint, die sich in der politischen Öffentlichkeit kein Gehör verschaffen konnten. Weil ihnen ein unvernünftiges Reden unterstellt wird, berufen sie sich auf eine gemeinsame Erfahrung (so zum Beispiel die Bewegung der Arbeiter*innen oder die Frauenbewegung). In dieser Erfahrung werden die empfundenen Auswirkungen der Herrschaft auf einen Begriff gebracht, wobei der Bezug auf Erfahrung zugleich eine vermeintlich unmittelbare Beziehung zu den eigenen Lebensverhältnissen suggeriert. Die Erfahrung markiert dann die entscheidende Differenz zwischen jenen, die sich in der bürgerlichen Öffentlichkeit versammeln, und jenen, die davon ausgeschlossen sind, beziehungsweise darin keinen sichtbaren Ort einnehmen können.

Die Argumentation von Negt und Kluge weist allerdings ein Problem auf: Sie müssen voraussetzen, dass es weiterhin möglich ist, in den ›Produktionsöffentlichkeiten‹ Erfahrungen zu machen. Mit dem Verweis auf die Produktionsöffentlichkeiten setzen Negt und Kluge also einen Bereich voraus, der merkwürdig unbeeinflusst von der bürgerlichen Öffentlichkeit ist; so als würde der behauptete Schein nicht bis in

---

[23] Ebd., S. 136ff.
[24] Ebd., S. 35.

den Bereich der Produktionsöffentlichkeiten ausstrahlen.[25] Entgegen einer Emphase auf den Erfahrungen wird deshalb in marxistischen Debatten die theoretische Perspektive betont, durch welche die strukturellen Bedingungen näher bestimmt werden sollen, die überhaupt jene Erfahrungen ermöglichen.[26] Damit eine Erfahrung nicht bloß ein subjektives Erleben wiedergibt, das nicht zwangsläufig über ein Verständnis der eigenen historischen und gesellschaftlichen Situation verfügt, braucht sie eine theoretische Ergänzung. Dagegen sollte der Bezug auf Erfahrung gerade eine Dogmatisierung der Theorie verhindern, die im schlimmsten Fall jede Beziehung zum Subjekt verliert, dessen Befreiung sie eigentlich anstrebt. Die Kontroverse um den Erfahrungsbegriff entspannt sich zwischen einer Offenheit, die subjektive Erfahrungen nicht durch theoretische Begriffe überlagert, und dem Anspruch einer Theorie, die nicht allein subjektiven Eindrücken folgt, ohne diese kritisch einordnen zu können.

Auf eine Überwindung dieses Gegensatzes zwischen Theorie und Erfahrung zielte innerhalb der feministischen Bewegung der 1970er Jahre die Praxis mancher Selbsterfahrungsgruppen.[27] Der Prozess der Selbsterfahrung soll dabei zu einer intersubjektiven Theoriebildung führen, die wiederum auf die Erfahrungen zurückwirkt und aufgrund der neugebildeten Perspektivierung der Erfahrung diese auch verändert. Allerdings wurde die starke Emphase auf Erfahrung als verbindendes Moment auch kritisiert, weil eine derart hergestellte Gruppenidentität das selbstständige Denken der einzelnen Frauen eher verhindern als fördern könne.[28] Der Streit entstand aus der Uneinigkeit über die Stellung der Erfahrung, die einerseits Momente des Leidens enthielt, die noch nicht ideologisch integriert waren, aber andererseits doch selbst Resultat der Ideologie sein mussten. Der Vorwurf bestand darin, dass die Praxis der Selbsterfahrungsgruppen zu sehr darauf zielte, eine Erfahrung zu kommunizie-

---

[25] Vgl. Hartmut Apel und Joachim Heidorn: Subjektivität und Öffentlichkeit. Kritik der theoretischen Positionen Oskar Negts. In: Prokla – Zeitschrift für kritische Sozialwissenschaft, 7 (29), 1977, S. 3–37.

[26] Eine Debatte hierzu entwickelte sich auch um die Arbeiten von Edward P. Thompson, für welchen die Erfahrungen der Arbeiter*innen ein zentrales Medium darstellen, durch welches sich das politische Bewusstsein der Klasse entwickelte, vgl. dazu u.a. Thomas Lindenberger: Das »empirische Idiom«. Geschichtsschreibung, Theorie und Politik in The Making of the English Working Class. In: Prokla – Zeitschrift für kritische Sozialwissenschaft, 18 (70), 1988, S. 167–188.

[27] Vgl. Katharina Lux: Kritik und Konflikt, Wien 2021, S. 215–238.

[28] Vgl. Ursula Krechel: Selbsterfahrung und Fremdbestimmung. Bericht aus der Neuen Frauenbewegung, Darmstadt 1978, S. 14ff. Vgl. ebenfalls Lux 2021, S. 228ff.

ren, die gleichsam im Akt der Kommunikation festgesetzt wird.²⁹ Dabei beschränkten sich diese Erfahrungen vor allem auf allgemein bekannte, mitteilbare Erfahrungen. Um das Gemeinsame zu betonen, wurde das Besondere marginalisiert. Derart konnte von Erfahrungen in einem starken Sinne bald schon nicht mehr die Rede sein: »Es gibt eine Blindheit mit offenen Augen und es gibt Erfahrungen, die eben, weil sie nur Erfahrungen sein wollen, keine mehr sind; die, die sie ›machen‹, nehmen sie gedankenlos auf, wollen gedankenlos mit sich selbst identisch [...] sein, sich keine Veränderungen mehr wünschen, die gegen ihre und für andere Erfahrungen sprechen könnten.«³⁰

Wenn diese Kritik ernst genommen wird, dann wird hierin nicht nur eine andere Erfahrung gefordert, die sich von jener innerhalb der Selbsterfahrungsgruppen unterscheidet, sondern der Vorwurf besteht darin, dass die Praxis der Selbsterfahrungsgruppen jede weitere Erfahrung verhindert; dass die Selbsterfahrungsgruppen eine bestimmte Erfahrung derart verfestigen, dass diese nicht mehr Erfahrung ist und jede weitere Erfahrung blockiert. Eine Blockade von weiteren Erfahrungen ist es, wenn unter Erfahrung eben die unmittelbare Beziehung zu den eigenen Lebensverhältnissen verstanden wird. Soll auf diese reagiert werden, so müsste in der Erfahrung selbst das Potential zur Öffnung enthalten sein. Zusätzlich problematisiert wird dies, weil die Erfahrungen der Frauen doch eigentlich als Erfahrungen der Unterdrückung zugänglich gemacht werden sollten. Das heißt, es muss die Möglichkeit in Betracht gezogen werden, dass es nicht gelingt, zu einer mit sich selbst identischen Erfahrung zu gelangen, sondern dass auf der Suche danach möglicherweise nur eine Leere zum Vorschein kommt. Die Erfahrung der Unterdrückung kann nicht abgeschlossen werden, sondern sie verweist auf eine Wunde, die fortwirkt.

Dass der Versuch, Erfahrung zu formulieren, selbst in eine Blockade umschlägt, soll im Folgenden mit Rekurs auf Walter Benjamin als gesellschaftliches Problem dargestellt werden. Durch die Veränderung der gesellschaftlichen Verhältnisse, die sich für Benjamin vor allem in der Arbeitswelt und in der Großstadt manifestieren, ist die Möglichkeit einer vermeintlich »wahren« Erfahrung verstellt.³¹ Mit Bezug auf Sigmund

---

²⁹ Ebd., S. 157–159.
³⁰ Ebd., S. 159.
³¹ Vgl. dafür Walter Benjamin: Über einige Motive bei Baudelaire. In: Gesammelte Schriften I/2. Hrsg. v. Rolf Tiedemann; Hermann Schweppenhäuser; Theodor W. Adorno; Gershom Scholem, Frankfurt a.M. 1991, S. 605–653. Hier: S. 629-634. Außerdem auch Thomas Weber: Erfahrung. In: Michael Opitz; Erdmut Wizisla

Freuds Überlegungen zum »Chock«[32] unterscheidet Benjamin die Erfahrung von einem bloßen Erleben.[33] Der ›Chock‹ bezeichnet bei Freud ein von außen auf das Bewusstsein eindringenden Reiz, der übermäßige psychische Erregung verursacht. Das Bewusstsein fungiert demnach als Reizschutz gegenüber den erregenden und tendenziell überfordernden Eindrücken der Außenwelt, den ›Chocks‹, welche sich bei den alltäglichen Bewegungen in der Großstadt und am Arbeitsplatz ergeben. Indem der Erregungsvorgang in einem Zustand der ständigen Bereitschaft ins Bewusstsein aufgenommen wird, kann seine überwältigende Wirkung gedämpft werden, während zugleich ein Übergang ins Unbewusste abgewehrt wird. Dem Bewusstsein weist Benjamin in seiner Freud-Interpretation vor allem die Aufgabe des Reizschutzes zu. Dieser ist notwendig, weil die ›Chocks‹ potentiell zu Traumata führen können. Als solche wären sie Vorfälle, die immer wieder durchlebt werden, um zu versuchen, sie nachträglich zu bewältigen. Mit Paul Valéry schreibt Benjamin diese Funktion auch der Erinnerung zu, welche die Reizaufnahme nachträglich organisiert, weil sie im Moment des Geschehens dazu nicht genügend Zeit hatte. Dort, wo der ›Chock‹ abgefangen wird, wo er vom Bewusstsein pariert wird, besitzt er »den Charakter des Erlebnisses im prägnanten Sinne«[34]. Das Erlebnis unterscheidet sich demnach von der Erfahrung dadurch, dass es die ›Chocks‹ der Außenwelt nicht in die Erinnerung eindringen lässt und sich nur in der Abwehr mit diesen befasst; die Erfahrung hingegen nimmt den Vorfall unbewusst in die Erinnerung auf und verarbeitet ihn in der Zeit.

Die Krise der Erfahrung meint bei Benjamin dann eine gesellschaftliche Situation, in der die vielfältigen Eindrücke präventiv von der individuellen Psyche abgewehrt werden müssen und deshalb nicht in die Erinnerung eingehen. Stattdessen werden diese Eindrücke in Form von Erlebnissen als reine Daten fixiert, wodurch aber ein unbewusstes Nachwirken verhindert wird. Durch die Fixierung als Datum und damit als abgeschlossenes Erlebnis ordnet das Bewusstsein dieses in die eigene Logik ein, um es verfügbar zu machen. Dagegen betont Benjamin die Möglich-

---

(Hrsg): Benjamins Begriffe. Erster Band, Frankfurt a.M. 2000, S. 230–259, hier: S. 243–247.

[32] Walter Benjamin GS/I 1991, S. 613.

[33] Zu den Eigenheiten dieser Interpretation siehe Nadine Werner: Sigmund Freud. Nachträglichkeit, oder: Wie Benjamin das Kontinuum der Zeit aufsprengt. In: Jessica Nitsche; Nadine Werner (Hrsg.): Entwendungen. Walter Benjamin und seine Quellen, Paderborn 2018, S. 77–96.

[34] Benjamin GS I/1 1991, S. 614.

keit einer latenten Nachwirkung eines Vorfalls, die diesen gemäß einer Logik entfaltet, die dem aufnehmenden Bewusstsein zunächst fremd ist. Während das Subjekt über das Erlebnis verfügt und dieses gemäß einer festgelegten Schablone aufnimmt, schreibt Benjamin der Erfahrung eine transformative Wirkung zu, die das Subjekt maßgeblich prägt.[35] Aber dass derartige Erfahrungen, in denen sich das Subjekt an etwas ihm Äußerliches angleicht, nicht mehr gemacht werden, ist nicht den Subjekten anzulasten, sondern Resultat einer gesellschaftlichen Situation, in der die Bedingungen für Erfahrungen nicht mehr gegeben sind.

Damit verfestigt sich das Subjekt gegenüber seiner Umwelt. Anstatt sich durch die Erfahrung an die Logik der Umwelt anzugleichen, macht Benjamin auf die Tendenz aufmerksam, zunehmend durch festgelegte Schemata mit der Umwelt zu interagieren. In dieser Situation müssen die Erfahrungen zu abgeschlossenen Erlebnissen zusammenschrumpfen, deren Bezug zur Welt zunehmend eindimensional wird. Das Subjekt versucht die Erlebnisse mit gesteigerter Aufmerksamkeit festzuhalten, weil sie ihm sonst drohen, verloren zu gehen. Bezogen auf die Möglichkeit von Kollektivität bedeutet dies, dass die individuellen »Selbst- und Weltverhältnis[se]«[36] zunehmend divergieren. Anstatt durch Erfahrungen die Einflüsse der Umwelt auf die eigene Konstitution zu erkennen, versucht das Subjekt im Erlebnis über diese Eindrücke beliebig zu verfügen. Gerade weil die Menschen keine Erfahrungen mehr machen können, sieht Benjamin eine zunehmende Vereinzelung. Der Verlust der Erfahrung beschreibt eine Herauslösung aus der Geschichte und korrespondiert zugleich mit einer Vereinzelung: Der Generation als einem geschichtlich situierten kollektiven Zusammenhang stellt Benjamin den einzelnen Menschen losgelöst von zeitlichen Abläufen gegenüber. Diesem geht das Vermögen verloren, das eigene Leid mitteilbar zu machen. Für Benjamin resultiert die Brüchigkeit der Erfahrung aus einer gesellschaftlichen Situation, in der es naheliegt, das, was als Erfahrung erscheint, wenigstens in reduzierter Form als Erlebnis festzuhalten. Für die Frage nach der Möglichkeit von Kollektivität ergibt sich aber das Problem, dass derartige Erlebnisse nicht verbindend wirken, sondern vereinzelnd. Der Bezug auf eine gemeinsame Erfahrung erscheint somit verstellt.

Unter Berücksichtigung dieser Überlegungen scheint die Möglichkeit einer auf Erfahrung basierenden Kollektivität grundsätzlich in Frage zu

---

[35] Vgl. Krista R. Greffrath: Metaphorischer Materialismus. Untersuchung zum Geschichtsbegriff Walter Benjamins, München 1981, S. 71–75.
[36] Weber 2000, S. 236.

stehen. Allerdings wird damit verständlicher, warum für den Bereich der politischen Öffentlichkeit von den jeweiligen Erfahrungen abstrahiert werden muss. In der Moderne wird, laut Benjamin, die Möglichkeit von Erfahrung selbst prekär. Diese Brüchigkeit und Unsicherheit der Möglichkeit von Erfahrung beschränken die Möglichkeit, auf der Grundlage von Erfahrung kollektiv zu handeln. Denn mit Benjamin kann betont werden, dass jede Erfahrung über das Subjekt hinaus auf einen gesellschaftlichen und historischen Kontext verweist. Wenn dieser Kontext selbst aber fluide wird und sich der Bestimmung entzieht, dann wird es zunehmend erschwert, an ihn anzuschließen und die eigene Subjektivität darin zu verorten. Aber ein kollektiver Bezug auf rein subjektive Erfahrungen verletzt die Spielregeln der politischen Öffentlichkeit, so dass zwischen den jeweiligen Erfahrungen und ebendieser Öffentlichkeit kein fließender Übergang besteht, wie Habermas dies gelegentlich nahelegt. Gerade deshalb betonen selbst jene Theorien kollektiver Handlungsfähigkeit, die sich auf die Erfahrung berufen, dass von dieser abstrahiert werden muss, um überhaupt eine politische Kollektivität herstellen zu können. Mit Habermas' Unterscheidung zwischen der literarischen und der politischen Öffentlichkeit muss diese Abstraktion als Bruch verstanden werden, insofern die geteilten Erfahrungen nicht als solche in die politische Sphäre eingehen, sondern dieser nur als vergessene Erfahrungen vorausgesetzt werden können. Wenn dem so ist, dann könnte eine Möglichkeit für eine politische Bewegung darin liegen, dieses Vergessen zu bearbeiten. Kritischer Wissenschaft fiele damit die Aufgabe zu, nicht unmittelbar an die Erfahrungen der Subjekte anzuknüpfen, sondern auf die Bedingungen der Un-/Möglichkeit dieser Erfahrungen zu reflektieren und darüber zu einer Ahnung zu gelangen, was diesen gemeinsam sein könnte.

Vanessa Ossino
Phänomenologie als kritische Erfahrungs- und Gesellschaftstheorie

> »The mediated experience is set in the context of social relations and history; the experience understood in the context of social relations of domination.«[1]

In dem folgenden Artikel wird der Frage nachgespürt, was eine kritische Erfahrungstheorie, die sich mit erstpersonalen und gelebten Phänomenen beschäftigt, leisten muss, um als ein kritisches Bewusstsein im marxistischen Sinn verstanden werden zu können. Betrachtet wird insbesondere der Vorwurf, dass phänomenologische Theorien erstpersonaler Erfahrungen zu unmittelbar in ideologische Verhältnisse verwickelt sind, um diese aus einer kritischen Distanz analysieren zu können. Gleichzeitig wird gezeigt, dass die benannte Kritik der phänomenologischen Denktradition, insbesondere in Anbetracht ihrer explizit kritischen Ausrichtung, zu kurz greift. Dabei wird die These vertreten, dass die kritisch-phänomenologische Analyse erstpersonaler Erfahrungsdimensionen unabdingbar für eine holistische, kritische Theorie ist, die nicht rein abstraktiv und positivistisch über gelebte Lebensrealitäten urteilen möchte. Im Geiste einer kritischen Phänomenologie wird somit anerkannt, dass es nicht möglich ist, eine kritische Gesellschaftstheorie aus einer vermeintlich neutralen und jenseits der Erfahrung liegenden Denkbewegung zu erarbeiten. In einem letzten, ausblickenden Schritt wird die Potentialität einer Forschungsausrichtung skizziert, die ich als eine ›linke‹ Phänomenologie benenne und die als eine Konkretisierung des Projekts der kritischen Phänomenologie, im Sinne einer dezidierten Kritik an einer kapitalistischen und imperialen Lebensweise, verstanden wird.

---

[1] Nancy Hartstock: Experience, Embodiment and Epistemologies. In: Hypatia, Jg. 21, Nr. 2, 2006, S. 178–183, hier: S. 180.

Kritik des phänomenologischen Bewusstseins

In der letzten Vorlesungsreihe vor seinem verfrühten Tod im Januar 2017 sprach Mark Fisher über die Frage, unter welchen theoretischen und praktischen Bedingungen eine postkapitalistische Gesellschaft realisiert werden kann. Eines seiner Hauptanliegen war dabei die Argumentation für ein praktiziertes, kritisches Bewusstsein der eigenen kapitalistischen Existenz, das sich, in Anlehnung an Gedanken aus Georg Lukács' Schrift *Geschichte und Klassenbewußtsein*, niemals durch ein unmittelbares ›phänomenologisches Bewusstsein‹ einstellen kann, dessen Evidenz auf Erfahrungen basiert. Im Gegensatz zu einem phänomenologischen Bewusstsein versteht Fisher ein kritisches Bewusstsein als ein solches, das explizit die eigene Stellung in der Gesellschaft und Verstrickungen in Machtstrukturen betrachtet; sei es die eigene Verwicklung in eine »imperiale Lebensweise«[2] oder in diskriminierende und rassistische Gesellschaftsstrukturen. Nach Fishers Argumentation ist ein kritisches Bewusstsein niemals einfach so gegeben, sondern muss aktiv und praktisch erarbeitet werden. Fishers Besprechung von Lukács' Klassenbewusstsein findet im Modus eines solchermaßen praktizierten, kritischen Bewusstseins statt. Klassenbewusstsein ist, verkürzt gesprochen, nicht lediglich mit der Vorstellung gleichzusetzen, *dass* eine Person sich bewusst ist, Teil einer bestimmten Klasse zu sein. Vielmehr steht der Begriff für ein Bewusstsein *des* Klassensystems *als* einer Vielzahl von Strukturen und Relationen, die allererst determinieren, wie eine Person sich

---

[2] Den Begriff der imperialen Lebensweise entlehne ich Ulrich Brands und Markus Wissens gleichnamigen Buch. Der Begriff verweist auf »die Produktions-, Distributions- und Konsumnormen, die tief in die politischen, ökonomischen und kulturellen Alltagsstrukturen und -praxen der Bevölkerung im globalen Norden und zunehmend auch in den Schwellenländern des globalen Südens eingelassen sind. Gemeint sind nicht nur die materiellen Praxen, sondern insbesondere die sie ermöglichenden strukturellen Bedingungen und die damit verbundenen gesellschaftlichen Leitbilder und Diskurse.« Ulrich Brand, Markus Wissen: Die imperiale Lebensweise. Zur Ausbeutung von Mensch und Natur im globalen Kapitalismus, München 2017, S. 34. Das Konzept steht in der Tradition Antonio Gramscis, sofern es davon ausgeht, »dass sich eine widersprüchliche Gesellschaftsformation wie die kapitalistische nur reproduzieren kann, wenn sie in den Alltagspraxen und im Alltagsverstand verankert ist und dadurch gleichsam ›natürlich‹ wird. Mit dem Adjektiv ›imperial‹ möchten wir, über Gramsci hinausgehend, die globale und ökologische Dimension der Lebensweise betonen.« Ebd.

Phänomenologie als Erfahrungs- und Gesellschaftstheorie 59

selbst versteht.[3] Diesem Determinismus[4] stellt Karl Marx ein ›Bewußtsein des Bewußtseins‹ gegenüber, an das Lukács anknüpft.[5]
Fishers Kritik eines phänomenologischen Bewusstseins spiegelt sich in der Vorrede von Marx' und Engels' *Die Deutsche Ideologie* wider, in der eine Art ›primäres Bewusstsein‹ diskutiert wird, das »zuerst bloß Bewußtsein über die *nächste* sinnliche Umgebung und Bewußtsein des bornierten Zusammenhanges mit anderen Personen und Dingen außer dem sich bewusst werdenden Individuum«[6] ist. Fishers Lesart eines phänomenologischen Bewusstseins schließt sich dem Verständnis eines solchen ›primären Bewusstseins‹ an, was sich nicht zuletzt darin äußert, dass er es als unkritisches Bewusstsein denkt, das keinerlei Aufschluss über gesellschaftliche Bezüge, Relationen und Dogmen geben kann, in die ein selbstreflexives Subjekt stets schon eingebunden ist. Mit Lukács gesprochen zielt Fishers Kritik auf eine fehlende Einsicht in das dialektische Wesen des Daseins, das nicht nur »Denk- und Empfindungsgewohnheiten« als »Bewusstseinsformen der Unmittelbarkeit« erkennt, sondern darüber hinaus die »einander gegenseitig ergänzenden Verhaltungsarten« von »Unmittelbarkeit und Vermittlung« in einem hegelschen Sinn meint.[7] Da Fisher in seiner Vorlesung keine eindeutige Definition seines Verständnisses eines phänomenologischen Bewusstseins gibt und seine Beschreibung sich überwiegend auf die unkritische Unmittelbarkeit eines ›primären Bewusstseins‹ bezieht, kann Fisher so gelesen werden, dass er entgegen Lukács' Verweis auf Hegels Phänomenologie in *Geschichte und Klassenbewußtsein* den Begriff gerade nicht in seiner dialektischen Lesart versteht. Dafür spricht zusätzlich Fishers Be-

---

[3] Winfried Dallmayr schreibt ausführlich, dass Lukács mit Klassenbewusstsein »nicht einfach einen empirisch-psychologischen Zustand [meint], sondern die potentielle Kapazität zur Einsicht in die Gesellschaftsstruktur – eine Kapazität, deren Entwicklung und Aktivierung eine (der phänomenologischen Epoché vergleichbare) Aufrüttelung voraussetzt.« Winfried Dallmayr: Phänomenologie und Marxismus in geschichtlicher Perspektive. In: Bernhard Waldenfels; Jan M. Broekman; Ante Pazanin: Phänomenologie und Marxismus 1. Konzepte und Methoden, Frankfurt a.M. 1977, S. 13–44, hier: S. 23.

[4] So erkennt Michel Henry etwa eine der zentralen Thematiken Marx' in seiner Betrachtung der Determinierung von Realität. Vgl. Michel Henry: Marx. A Philosophy of Human Reality, Bloomington 1983.

[5] Vgl. Georg Lukács: Geschichte und Klassenbewußtsein, Darmstadt 1977, S. 291.

[6] Karl Marx; Friedrich Engels: Die Deutsche Ideologie. Eine Auswahl, Ditzingen 2018, S. 23.

[7] Vgl. Lukács 1977, S. 336–339.

schreibung des phänomenologischen Bewusstseins als in reinen Objektbezügen stagnierend, wodurch es geradezu von einer kritischen Analyse verdinglichender Prozesse ablenkt. Er schreibt: »They're saying: You're an individual. These things don't really exist, do they? Abstractions? Patriarchy? Capitalism? Look, see, what's that over there. That's a table. You can see that. That's real. This other thing isn't really, is it? [...] This is the *background noise* of ordinary phenomenological consciousness – at least in most societies; certainly capitalist societies.«[8]

Hier begrenzt Fisher das phänomenologische Bewusstsein auf die Wahrnehmung von Gegenständen (physischer Natur). Das, wovon wir behaupten können, es existiere und sei real, sind Dinge, die in der Erfahrung erscheinen und als solche wahrgenommen werden können. Jegliche Abstraktionen und Konzepte, die nicht direkt wahrgenommen werden, sind Mutmaßungen, die nicht als real betitelt werden können. Dass eine solche Auslegung eines phänomenologischen Bewusstseins eher an eine verkürzte Lesart von Realitätsbezügen im Horizont eines Naturalismus oder Realismus erinnert, sollte nicht nur Phänomenolog*innen schnell klar werden. Wahrscheinlich ist eine solche Simplifizierung auch mehr dem einführenden Charakter seiner Vorlesung geschuldet, als sie tatsächlich für Fishers letzte Überlegungen steht. Doch genau diese Simplifizierung gibt einen Hinweis darauf, dass Fishers ›phänomenologisches Bewusstsein‹ in Anlehnung an die post-hegelianische Denktradition der Phänomenologie im Sinne Edmund Husserls gelesen werden kann.

Eine erste, oberflächliche Beschreibung der Phänomenologie Husserls bestätigt, dass sie eine deskriptive Methode zur Beschreibung ›der Sachen selbst‹ ist, so wie sie einem Bewusstsein erfahrungsmäßig in erstpersonaler Perspektive erscheinen. Damit wäre aus Fishers Perspektive das phänomenologische Bewusstsein im Sinne Husserls grade ein unkritisches, primäres Bewusstsein, das sich auf die unmittelbare Wahrnehmung einer erscheinenden Welt fokussiert. Für eine solche Lesart Fishers spricht ebenfalls, dass er die Unzulänglichkeiten einer Analyse des phänomenologischen Bewusstseins mit der beschränkten Perspektive einer subjektiven Erfahrung gleichsetzt. So führt er aus: »The totality is not given to you in experience. Never. Never! Your experience is only your experience – and not even that. It doesn't belong to you because both you and your experience are already ideologically packa-

---

[8] Mark Fisher: Postcapitalist Desire. Mark Fisher. The Final Lectures, London 2021, S. 121; meine Hervorhebung.

ged. [...] Capitalism itself is not given in experience! You have to construct it in consciousness.«[9]

Hier verdeutlicht sich die Überschneidung des phänomenologischen Bewusstseins als *background noise* mit einer Erfahrung, die von Ideologie überlagert wird, wodurch letztere in einem alltäglichen Bewusstsein unmerklich untergehen kann. Mit Terry Eagleton kann Erfahrung in diesem Sinn als »Heimat der Ideologie«[10] [*ideology's homeland*] beschrieben werden. Fisher spannt hier wieder einen Bogen zu Lukács' Kritik an alltäglichen und unmittelbaren Bewusstseinsformen, denn Lukács geht davon aus, dass die »wahren Strukturformen«, welche Auskunft über das Wesen gesellschaftlicher Realität und Geschichte geben können, gerade nicht auf den »ersten Blick« erscheinen, weshalb eine »formelle Typologie der Erscheinungsformen von Geschichte und Gesellschaft« nicht zur Aufklärung von geschichtlichen und gesellschaftlichen Strukturprozessen führen kann.[11]

Das Problem der Unmittelbarkeit

Die hier vorgestellte Kritik lässt sich in einem ersten Schritt unter dem Titel eines ›Problems der Unmittelbarkeit‹ zusammenfassen. Nicht nur Lukács kritisiert in *Geschichte und Klassenbewußtsein* das Verweilen bei einem ›ersten Blick‹ des erfahrenden Menschen als unzureichend für gesellschaftskritische Analysen, auch Fisher kritisiert Erfahrungen als zu unmittelbar in ideologische Verhältnisse verwickelt. Ideologie, so die Argumentation, kann in ihrer Totalität deshalb nur aus einer kritischen Distanz betrachtet werden, einer Distanz, die insbesondere zu unmittelbar erlebten Erfahrungen aufgebaut werden muss.[12] Um gesell-

---

[9] Ebd., S. 118.
[10] Terry Eagleton: Criticism and Ideology. A Study in Marxist Literary Theory, London 1998, S. 15.
[11] Vgl. Lukács 1977, S. 336.
[12] Den Begriff der Ideologie lese ich hier durch Fisher in seiner marxistischen Bedeutung. Gleichzeitig sollte darauf hingewiesen werden, dass in marxistischen Diskursen Uneinigkeit darüber herrscht, ob Marx den Begriff der Ideologie jemals selbst in seinen Schriften definiert hat. Jedoch verweist Christopher Pines darauf, dass Friedrich Engels in einem Brief an Franz Mehring vom 14. Juli 1898 eine deutliche Beschreibung des Konzepts gibt, wenn er schreibt: »Ideology is a process accomplished by the so-called thinker consciously, it is true, but with false consciousness. The real motive forces impelling him remain unknown to him; otherwise it simply would not be an ideological process.« Robert C. Tucker: The Marx-En-

schaftliche Verhältnisse in ihren ideologischen Überformungen betrachten zu können, muss die Unmittelbarkeit des Erlebens durch ihre Vermittlungsformen gedacht werden. Anders formuliert: Erfahrung muss entlang ihrer ›medialen‹ Bedingungen analysiert werden, wenn sich das alltägliche, phänomenologische Bewusstsein zu einem kritischen Bewusstsein entwickeln soll. Nur auf diese Weise, so kann mit Fisher und Lukács argumentiert werden, kann das Problem der Unmittelbarkeit gelöst und der alltägliche Mensch aus seinem ›ideologischen Schlummer‹ geweckt werden.

Was ist jedoch mit ›Totalität‹ gemeint, die nach Fisher niemals in der Erfahrung direkt gegeben ist? »Totality« so führt Fisher aus, »means the whole system. You can't understand any bit of a system without understanding the whole system, and the whole system is not *a thing* – it's a set of relations«.[13] Eine solche Konzeptualisierung von Totalität steht in der Tradition des sogenannten westlichen Marxismus, der auch unter dem Begriff eines holistischen Marxismus bekannt wurde und, unter anderem, von Denkern wie Lukács, Ernst Bloch, Antonio Gramsci, Theodor W. Adorno, Louis Althusser, Walter Benjamin, Max Horkheimer, Marcel Lefebvre und Herbert Marcuse, aber auch von Phänomenolog*innen wie Simone de Beauvoir, Jean-Paul Sartre und Maurice Merleau-Ponty geprägt wurde.[14] Totalität hat in dieser Tradition eine normative und eine

---

gels Reader, New York 1972, S. 648. Jüngere Diskurse denken Ideologie darüber hinaus entlang der Konzepte Diskurs, Habitus und Hegemonie. Im Fokus steht dabei stets eine Untersuchung sozialer Phänomene und Strukturen, die nicht direkt in der alltäglichen Erfahrung gegeben sind, jedoch konstituierend für sie wirken. Vgl. hierzu zum Beispiel: Sally Anne Haslanger: Resisting Reality: Social Construction and Social Critique, New York 2012.

[13] Fisher 2021, S. 117.

[14] Der Begriff ›westlicher Marxismus‹ wurde durch Merleau-Pontys Studie Abenteuer der Dialektik populär und bezieht sich insbesondere auf einen Marxismus in Anlehnung an Lukács' Geschichte und Klassenbewußtsein. Martin Jay beschreibt den westlichen Marxismus als eine »unterschwellige Tradition eines humanistischen, subjektivistischen und undogmatischen Marxismus, der die Negation seines offiziellen sowjetischen (oder östlichen) Gegenstücks war.« Martin Jay: Marxism and Totality: The Adventures of a Concept from Lukács to Habermas, Berkeley 1984, S. 14; meine Übersetzung. Den Unterschied zwischen ›westlichem‹ und ›östlichem‹ Marxismus beschreibt Jay weiterführend in den folgenden Worten: »The latter [Soviet Marxism] had been turned into a doctrinaire ideology of legitimation by a tyrannical regime, whereas Western Marxism, nowhere in power, had retained the libertarian, emancipatory hopes of the socialist tradition. [...] Rather than trying to ape the methods of bourgeois science, Western Marxism recogni-

nicht-normative Bedeutung.[15] Es ist die letztere Bedeutung, auf die Fishers Kritik der Erfahrung aufbaut. Die nicht-normative Verwendung des Totalitätbegriffs entspringt dem »methodologischen Beharren darauf, dass ein angemessenes Verständnis komplexer Phänomene nur aus einer Würdigung ihrer relationalen Integrität folgen kann«[16]. Aus Erfahrungen lässt sich, so Fisher, nicht nur auf Grund dessen, dass sie zu unmittelbar in gesellschaftliche Verhältnisse eingebunden sind, die Totalität eines gesellschaftlichen Systems – in diesem Fall des kapitalistischen Systems – nicht ableiten, sondern zusätzlich aus dem Grund, dass sie einem unmittelbar phänomenologischen Bewusstsein unterliegen. Ein solches Bewusstsein erfasst nicht die *Relationalität* eines gesellschaftlichen Systems, sondern ist auf die Konkretionen jener Relationen in ihrer Dinglichkeit fokussiert. Wenn Fisher folglich betont, dass die Totalität eines gesellschaftlichen Systems nicht in der unmittelbaren Erfahrung gegeben sein kann, weil jene immer schon ideologisch durchdrungen ist, dann spricht er damit ebenfalls die Unfähigkeit eines phänomenologischen Bewusstseins an, jene Prozesse zu erfassen, die das Bewusstsein immer schon ideologisch prägen. Diese Unfähigkeit ergibt sich daraus, dass ein phänomenologisches Bewusstsein sich nur mit Dingen, so wie sie erscheinen, beschäftigt und nicht mit denjenigen Relationen und Bezugsgeweben, die Erscheinungen stets schon zugrunde liegen.

Ein weiterer Denker, der das phänomenologische Bewusstsein prominent für die illusorische Postulation einer vermeintlichen Unmittelbarkeit kritisiert hat, ist Adorno. Insbesondere in seiner Auseinandersetzung mit der Philosophie Husserls und Martin Heideggers kritisiert Adorno den phänomenologischen Rückgang auf die erstpersonale Erfahrungswelt als undialektisch. Er betont, dass vor allem Husserl »die Gegebenheit von *Dingen* [...] fälschlich zur unmittelbaren Gegebenheit«[17] macht. Im Gegensatz dazu argumentiert Adorno für ein Bewusstsein,

---

zed its true origins in the tradition of philosophical critique that began with Kant and German Idealism.« Ebd.

[15] Die normative Bedeutung liegt in der Vorstellung von Totalität als einem gewünschten Ziel, das es noch zu erreichen gilt. Dazu Martin Jay: »Western Marxists have been unwilling to spell out any detail precisely what an accomplished totality would look like under Communism, but they all agree that present conditions under capitalism or state socialism fail to embody it.« Ebd., S. 23.

[16] Ebd., S. 36; meine Übersetzung.

[17] Theodor W. Adorno: Die Transzendenz des Dinglichen und Noematischen in Husserls Phänomenologie. In: Ders.: Philosophische Frühschriften. GS 1, Frankfurt a.M. 2003, S. 7–77, hier: S. 30.

dem seine Gegenstände nur mittelbar, durch eine dialektische Methode gegeben sind.[18] Ohne Adornos Argumentation genauer zu analysieren, ist es an dieser Stelle entscheidend zu betonen, dass er seine Kritik an solche Theoretisierungen von Erfahrung wendet, die aus einem ›absoluten Ersten‹ – in Husserls Fall einem absoluten Ego, in Heideggers Fall einem absoluten Sein – entspringen und dabei die historische und dialektische Vermittlung von Bewusstseinsgegenständen übergehen.[19] Dem setzt Adorno eine Konzeption der »geistigen Erfahrung« als »volle, unreduzierbare Erfahrung im Medium begrifflicher Reflexion« entgegen.[20] Es soll hier weder um Adornos eigene Aushandlung einer vermittelten Erfahrung noch um eine detaillierte Analyse seiner Auseinandersetzung mit der Phänomenologie gehen. Vielmehr ist es der wiederholte Vorwurf einer unmittelbaren Erfahrung, der im Zusammenhang dieses Beitrags von Interesse ist. Denn das Problem der Unmittelbarkeit zieht sich wie ein roter Faden durch die Kritik an solchen Erfahrungstheorien, die sich durch ihre undialektische und ahistorische Methode als unbrauchbar für gesellschaftskritische Analysen ausweisen, da sie die Relationalität der prozessualen Strukturen zwischen Mensch, Umwelt und sozialer Welt nicht in den Blick nehmen können.

In dieser Hinsicht ist auch der feministische Diskurs des Erfahrungsbegriffs ein bezeichnendes Beispiel für die Behandlung des Problems der Unmittelbarkeit. »›Experience‹ became something of a ›dirty word‹«[21], schreibt Silvia Stoller in Anlehnung an Elisabeth Grosz zusammenfassend über den feministischen Diskurs der 1990er Jahre. Dieser Umstand war zu großen Teilen dem Essay *The Evidence of Experience* der Historikerin Joan Wallach Scott geschuldet. Grundlegend hinterfragt Scott in ihrem Essay all jene Theorien, die persönliche Erfahrungen als fundierende Evidenz beanspruchen. Die Fundierung von Evidenz in persönlicher Erfahrung, so Scott, übergeht dabei ihre diskursiv-historischen Verwicklungen. Der erhobene Objektivitätsanspruch kann aufgrund dieser Leerstelle nicht eingelöst werden. In einer postmodernen Manier bemängelt sie folglich die Postulation einer ›Evidenz der Erfahrung‹ für ihre Blind-

---

[18] Ebd., S. 43.
[19] Vgl. Inga Römer: Gibt es eine ›geistige Erfahrung‹ in der Phänomenologie? Zu Adornos Kritik an Husserl und Heidegger. In: Phänomenologische Forschungen 2012, S. 67–85.
[20] Vgl. ebd., S. 72.
[21] Silvia Stoller: Phenomenology and the Poststructural Critique of Experience. In: International Journal of Philosophical Studies, Jg. 17, Nr. 5, 2009, S. 707–737, hier: S. 708.

heit in Bezug auf die Funktionsweisen gesellschaftlicher Strukturen. Die impliziten gesellschaftlichen Strukturen, die sich in Bewusstseinsinhalten, Begriffen und Schemata sedimentieren, werden durch einen Rückgriff auf die erstpersonale Erfahrung lediglich reproduziert. Dabei arbeitet Scott ihre Kritik zu großen Teilen an einem Verständnis von Erfahrung als einer unmittelbaren aus. Ihr Einspruch wendet sich an jeglichen epistemologischen Rückgang auf die Wahrnehmung, die Scott als »direkte Apprehension einer transparenten Welt von Objekten«[22] denkt. Für Scott, ähnlich wie für Marx, Lukács, Fisher und Adorno, ist die Annahme einer unmittelbaren Realität, die »direkt gefühlt, gesehen und gewusst«[23] werden kann, illusorisch.

Was kann eine (phänomenologische) Theoretisierung von Erfahrung noch leisten?

Im Anschluss an die bis hierhin vorgestellten Kritiken an erfahrungsbasierten Theorien, lässt sich fragen, warum im Kontext der Analyse von gesellschaftlichen Strukturen, Machtverhältnissen und der individuellen Einbindungen in jene überhaupt noch über Erfahrung gesprochen werden sollte. Insbesondere, wenn Erfahrung von einem phänomenologischen Bewusstsein zeugt, das vermeintlich unmittelbar durch ideologische Dispositionen beeinflusst ist und somit höchstens dazu führt, dass die Welt durch eine ›ideologische Brille‹ betrachtet wird. Wie kann eine Erfahrungstheorie erarbeitet werden, durch die ideologische Funktionsmechanismen nicht durch eine Verdinglichung ihrer Relationen verdeckt werden? Weiterführend ist zu fragen, inwiefern die Theoretisierung eines *phänomenologischen* Bewusstseins zu einer Aufklärung sozialer Ordnungen und Machtverhältnisse beitragen kann. Ein Bewusstsein, das hier in Anlehnung an Fisher und Lukács zunächst als ein alltägliches, unmittelbares und reifizierendes dargestellt wurde. Denn wenn es, wie Marx und Engels sagen, gerade nicht das Bewusstsein ist, welches das Leben bestimmt, sondern das Leben, welches das Bewusstsein bestimmt, wohin soll die Analyse eines unkritischen, phänomenologischen Bewusstseins im Kontext einer kritischen Auseinandersetzung mit Lebensrealitäten einer jeweiligen Gesellschaft überhaupt führen?

---

[22] Joan W. Scott: The Evidence of Experience. In: Critical Inquiry, Jg. 17, Nr. 4., 1991, S.773-797, hier: S. 775.
[23] Ebd., S. 786.

Diese Fragen bilden den Horizont der kritischen Anfrage, die an solche Erfahrungstheorien gestellt werden muss, die sich weiterhin im Kontext gesellschaftskritischer Analysen begreifen. Positiv formuliert lautet die Anfrage, dass die kritische Potentialität von Erfahrungsanalysen sich mit denjenigen historischen, diskursiven und relationalen Strukturen auseinandersetzten muss, in die Erfahrungen je schon verwickelt sind. Doch Erfahrung sollte nicht lediglich als ein starres Passivum, als eine Art leeres Gefäß für Machtverhältnisse verstanden werden. Denn dies würde das kreative und aktivische Potential von Akteur*innen unterschlagen. Daher gilt es, Erfahrungen weiterhin als maßgeblichen Bestandteil von gesellschaftlichen Prozessen mitzudenken. So betont etwa Chandra Talpade Mohanty, »dass wir der Herausforderung, Erfahrung zu theoretisieren, nicht ausweichen können«[24].

Ich argumentiere dafür, dass die Stärke der Analyse von Erfahrungsstrukturen grade darin liegen kann, dass Erfahrungen als *Medium* für gesellschaftliche Prozesse verstanden werden. Erfahrung kommt in diesem Verständnis eine zentrale Vermittlungsfunktion für ideologische Überbauten und diskursive Machtstrukturen zu. Aus diesem Grund ist *insbesondere* eine vertiefte Betrachtung von Erfahrungsstrukturen von enormer Relevanz für gesellschaftskritische Diskurse. Im Folgenden werde ich ausblickend aufzeigen, inwiefern die phänomenologische Denktradition in Anlehnung an Husserl, entgegen der hier angeführten Kritik, eine präferierte Methode für eine solchermaßen kritische Erfahrungstheorie darstellen kann. Abschließend folgt die Skizze eines programmatischen Ansatzes einer ›linken‹ Phänomenologie, die sich als genuin kritische Gesellschaftstheorie versteht.

Kritische Phänomenologie und die Situiertheit der Erfahrung in einer sozialen Situation

Die nun seit mehr als 120 Jahren bestehende Denktradition der Phänomenologie abschließend beschreiben oder behandeln zu wollen, scheint ein unmögliches Unterfangen zu sein. Aus diesem Grund verweist beinahe jede einführende Literatur auf den Umstand, dass die Phänomenologie eine überaus verästelte Philosophie ist, die sich durch teils widersprüchliche theoretische Akzentuierungen auszeichnet. Bei dem

---

[24] Zitiert nach: Elizabeth Grosz: Merleau-Ponty and Irigay in the Flesh. In: Thesis Eleven, Jg. 36, Nr. 1, 1993, S. 37–59, hier: S. 71.

Phänomenologie als Erfahrungs- und Gesellschaftstheorie

Versuch, die Phänomenologie in wenigen Absätzen auszuhandeln, muss immer mitgedacht werden, dass eine Auswahl an Referenzpunkten und Philosoph*innen getroffen wird, die der Fülle an theoretischen Ansätzen kaum gerecht werden kann. Wenn also im Folgenden von ›einer‹ phänomenologischen Methode gesprochen wird, ist dies immer im Sinn eines Ausgangspunkts gemeint, von dem aus sich verschiedene Aushandlungen der Phänomenologie weiterentwickelt haben. Darüber hinaus ist die Phänomenologie im Sinne Maurice Merleau-Pontys als eine Manier und Bewegung zu verstehen, die in ihrem Prozess nicht abgeschlossen ist. Merleau-Ponty, der in seinem Denken stark von Phänomenologen wie Husserl, Heidegger, Eugen Fink und Max Scheler beeinflusst war, ist für das hier unterbreitete Forschungsvorhaben von besonderem Interesse, da er sich ebenso stark an französischen Hegel-Rezipienten wie Alexandre Kojève und Jean Hyppolite ausgerichtet hat, wodurch sich seinem Denken stets die Spur einer dialektischen Methode einschreibt. Die gemeinsame Begründung der Zeitschrift *Les Temps Modernes* mit de Beauvoir und Sartre im Jahr 1945 kann in dieser Hinsicht als die Kulmination seiner philosophischen Auseinandersetzung mit Phänomenologie, marxistischer Theorie und politischer Lebensrealität betrachtet werden.

Die Phänomenologie ist eine Philosophie der Erfahrung, »die Erfahrungsgegenstände und Erfahrungsakte durch Aufweis ihrer jeweiligen strukturellen Unterschiede sowie ihrer korrelativen Wechselverhältnisse beschreibend erfasst und auslegt«[25]. Dabei geht die Phänomenologie grundlegend von einer *gelebten* Erfahrung aus, die notwendig aus erstpersonaler Perspektive beschrieben werden muss. Die Betonung auf einer gelebten Erfahrung setzt jede Erfahrung grundlegend in eine spezifische Situation, die sich reziprok auf die Erfahrung auswirkt. Der Rückgang auf erstpersonale Erfahrungen steht in einem ersten Schritt für die Negation der Möglichkeit, Bedeutungshorizonte und sinnhafte Wahrnehmungen, die eine Person jeweils angehen, letztgültig aus einer neutralen, drittpersonalen Perspektive behandeln zu können. In einem zweiten Schritt erkennt die Phänomenologie durch die Betonung einer *situierten* Subjektivität bereits an, dass Wahrnehmungs- und Bewusstseinsakte niemals isoliert, ›atomar‹ oder jenseits sozio-historischer Verwicklungen stattfinden. Dieser Umstand ist besonders wichtig im Hinblick auf das oben besprochene ›Problem der Unmittelbarkeit‹. Das phänomenologische Bewusstsein, in Anlehnung an die Tradition Hus-

---

[25] Emmanuel Alloa; Thiemo Breyer; Emmanuele Caminada (Hrsg.): Handbuch Phänomenologie, Tübingen 2023, S. 5.

serls, ist grundlegend kein solches Bewusstsein, das sich durch Objektbezüge in einer einseitigen, linearen oder gar kausalen Bewegung zwischen Bewusstsein und Gegenständen auszeichnet. Auch ist die Phänomenologie seit jeher bemüht, die Ambiguität der prozessualen Strukturen zwischen ›Bewusstsein‹ und ›Welt‹ zu würdigen, weshalb ein grundlegendes Anliegen der Phänomenologie Merleau-Pontys etwa die Überwindung der dualistischen Trennung von Subjekt und Objekt ist. Um eingehender verstehen zu können, inwiefern diese Elemente phänomenologischen Denkens dem Problem der Unmittelbarkeit bereits vorausgehen, ist es hilfreich, einen Schritt zurückzugehen und die grundlegende Intention phänomenologischer Philosophie zu verdeutlichen.

Die Phänomenologie versteht sich als eine Philosophie, die nach der Selbstgegebenheit der Dinge fragt. Heidegger verweist in §7 von *Sein und Zeit* etwa auf die Herleitung des Terminus Phänomen, der dem griechischen Ausdruck *phainomenon* entspringt, das sich aus dem Verb *phainesthai* herleitet, was so viel bedeutet wie ›sich zeigen‹. Die Phänomenologie steht nach Heideggers Analyse folglich für »[d]as was sich zeigt, so wie es sich von ihm selbst her zeigt, von ihm selbst her sehen [lässt]«[26]. Der Phänomenologie geht es nicht nur darum, zu beschreiben, *was* einer erfahrenden Subjektivität erscheint, sondern wesentlich darum, zu erfassen, *wie* etwas erfahren wird. So betonen Emmanuel Alloa und Eva Schürmann, dass dem systematischen Fokus auf dem *Wie*, auf der Art und Weise, wie die Dinge erscheinen, von Beginn an eine ganze Reihe von Vermittlungsbedingungen vorausgehen.[27] Sie sprechen in dieser Hinsicht von dem Paradox einer ›vermittelten Unmittelbarkeit‹, die sich wesentlich aus der sozio-historischen Situation und leiblichen Verankerung der Erfahrung sowie einer Medialität ergibt, die der Differenz von Subjekt und Objekt bereits vorausgeht. So betonen Alloa und Schürrmann zusätzlich, dass der Vorwurf des Unmittelbarkeitsdenkens oft auf einer gewissen Naivität fußt, welche die paradoxale Struktur einer vermittelten Unmittelbarkeit nicht würdigt. Gleichzeitig merken Alloa und Schürrmann an: »Obwohl es durchaus bis heute Verwendungsweisen der Phänomenologie gibt, die diese als methodologisch vertretene Unmittelbarkeitsphilosophie verstehen, dürfte ein Blick in die lange Geschichte der phänomenologischen Bewegung und

---

[26] Martin Heidegger: Sein und Zeit, Tübingen 1927, S. 34.
[27] Emmanuel Alloa; Eva Schürmann: Medien- und Kulturwissenschaften. In: Alloa; Breyer; Caminada (Hrsg.), Tübingen 2023, 414–432, hier: S. 414.

Phänomenologie als Erfahrungs- und Gesellschaftstheorie

ihrer Wirkungsweisen ausreichen, um deutlich zu machen, wie unterkomplex eine derartige Lesart ist.«[28]

Tatsächlich geht die Mehrzahl kontemporärer Autor*innen phänomenologischer Texte von der Paradoxie einer ›vermittelten Unmittelbarkeit‹ aus. Die meisten Phänomenolog*innen denken je schon die Vielschichtigkeit und Komplexität mit, die von ›der Sache selbst‹ ausgeht. So ist es mittlerweile etwa Konsens, dass die betrachteten Phänomene, die sich in der Erfahrung zeigen, kein »dubioses Ding an sich« sind, »sondern vielmehr Gegenständen, Situationen und Ereignissen« gleichen, »die durch ihre jeweiligen historischen, sozialen und kulturellen Umstände imprägniert sind«.[29]

Entlang dieser Grundeinsicht hat sich in der letzten Dekade eine neue Stoßrichtung der Phänomenologie entwickelt, die sich als ›kritische Phänomenologie‹ versteht. Der Begriff bezeichnet ein interdisziplinäres Forschungsfeld, das sich mit den relationalen Verhältnissen zwischen Selbst, sozialer Erfahrung und sozialen Normen befasst. Darin eingeschlossen ist je schon eine Kritik der sozialen Vorannahmen und Bedingungen, die in einer solchen Relationalität auf dem Spiel stehen. Stark beeinflusst ist die kritische Phänomenologie unter anderem von feministischer und queerer Theorie, dekolonialen und indigenen Denkbewegungen sowie poststrukturalistischen Anfragen an Gesellschaftstheorien. Zwei Grundfragen, derer sich kritische Phänomenolog*innen annehmen, lauten:

Auf welche Weise und in welchem methodischen Rahmen kann die Phänomenologie eine Analyse des situierten Charakters menschlicher Erfahrung sein, die die Beziehungen zwischen verkörperter Erfahrung, sozialer Identität und sozio-politischen Normen adäquat behandelt?

Wie kann die Phänomenologie über eine Beschreibung erfahrungsimmanenter Strukturen hinausreichen, um auch die wechselseitige Beziehung zwischen Erfahrung und sozio-materieller Lebenswelt in den Blick zu nehmen, die unsere soziale Identität, zwischenmenschliche Erfahrungen und sozialen Praktiken stets schon beeinflusst?[30]

In ihrer Beantwortung jener Fragen betonen kritische Phänomenolog*innen, dass Erfahrung und Subjektivität nicht das *passive* Medium von hegemonialen Machtstrukturen sind, sondern, dass die Übergänge von Erfahrung, Subjektivität, Identität und sozialen Normen sowie diskur-

---

[28] Ebd.
[29] Ebd.
[30] Vgl. Elisa Magrì; Paddy McQueen: Critical Phenomenology. An Introduction, Cambridge/Hoboken 2023, S. 18f.

siven Praktiken in Schwellenbereichen stattfinden, die von einer grundlegenden Ambiguität zeugen. Dazu Elisa Magrì und Paddy McQuenn: »[T]he concept of ambiguity reflects the view that concrete, lived experience is always situated in a contingent historical and socio-cultural context, which includes, among other aspects, language, culture, and upbringing. Thus, ambiguity refers to the impossibility of completely bracketing the contingent character of lived experience, including the social context, from the analysis of lived experience.«[31]

Kritische Phänomenologie zeichnet sich folglich dadurch aus, dass sie einerseits erstpersonale Erfahrungen als Ausgang beibehält, ihre Methode jedoch gleichzeitig durch sozio-historische und sozio-materielle Analysen aus drittpersonaler Perspektive erweitert, um gelebte Erfahrungen grundlegend in ihrer Vermittlungsform zu untersuchen. Erfahrung kommt somit mehr als die Rolle eines sozialen Produkts zu, das durch ideologische Muster gefüllt wird. Kritische Phänomenologie erkennt an, dass es nicht möglich ist, eine kritische Gesellschaftstheorie aus einer vermeintlich neutralen und jenseits der Erfahrung liegenden Denkbewegung zu erarbeiten. Die Realität unserer geteilten Lebenswelt beginnt niemals erst in einem Denken, sondern ist je schon durch Wahrnehmungs- und Erfahrungsstrukturen geprägt, die prä-reflexiv wirken. Jedem Denken geht eine Erfahrung voraus, die sich je schon in einer sozialen Situation eingeschrieben findet. Um holistisch verstehen zu können, auf welche Art und Weise gesellschaftliche Strukturen sich fortschreiben und in einem alltäglichen Bewusstsein sedimentieren, ist es unumgänglich, bereits bei den Strukturen unserer Wahrnehmung und Erfahrung anzusetzen. Nur so kann letztlich analysiert werden, wie sich Bedeutungs- und Sinnhorizonte entwickeln, die sich intersubjektiv in eine menschliche Welt einschreiben.[32] Die Denktradition der Phänomenologie bietet in dieser Hinsicht aussichtsreiche Ansätze, da sie in ihrer Methode je schon in einer kritischen Distanz zu unserer ›natürlichen Einstellung‹ operiert. Unter einer natürlichen Einstellung verstehen Phänomenolog*innen all jene alltäglichen und unreflektierten Annahmen, die eine Person in ihrem Alltag als gegeben und selbstverständlich erachtet, ohne sie zu hinterfragen. Jede Phänomenologie ist

---

[31] Ebd., S. 36.

[32] Ich spreche an dieser Stelle bewusst von einer ›menschlichen Welt‹, um damit die Überlagerung jeglicher nicht-menschlicher Dimensionen durch menschliche Sinngebilde zu betonen. Eine menschliche Welt ist damit je schon kritisch zu hinterfragen.

so gesehen schon im Ansatz eine kritische, da das oberste methodische Gebot die reflektierte Prüfung unserer alltäglichen und unhinterfragten Erfahrungsvorgänge ist.

Ausblick: Linke Phänomenologie als kritische Gesellschaftstheorie

Ich möchte in einem kurzen Ausblick eine Gedankenlinie aufnehmen, die in ihrem Ansatz bereits besteht, oft jedoch nicht explizit auf den Begriff gebracht wird. Gemeint ist eine dezidiert ›linke Phänomenologie‹, die sich als kritische Phänomenologie versteht und sich sowohl der Herausforderung einer dialektischen Methode als auch ideologiekritischer und marxistischer Denkanfragen annimmt. Insofern kritische Phänomenologie von einer Ambiguität der ›Selbstgegebenheit der Dinge‹ ausgeht, steht ihr Ansatz einer dialektischen Methode nicht fern. Mit Merleau-Ponty kann nicht nur der Schwellenbereich zwischen Subjektivität und sozio-historischen, sozio-politischen und sozio-materiellen Begebenheiten als *ambigue* verstanden werden, sondern die phänomenologische Methode selbst fußt auf einer fundamentalen Ambiguität. Ebenfalls mit Merleau-Ponty kann dafür argumentiert werden, dass die Phänomenologie notwendig ein unabgeschlossenes Projekt bleibt, das sich durch eine kontinuierliche Weiterentwicklung der eigenen Thesen, insbesondere auch durch eine Negation bereits bestehender Thesen, weiterentwickeln muss und als Erkenntnisziel stets das Verständnis einer wechselseitigen Generierung von Erfahrungssubjekten, intersubjektiv-sozialer Mitwelt und belebter Umwelt hat. In dem phänomenologischen Ausruf ›Zurück zu den Sachen selbst!‹ zeigt die Phänomenologie etwa Überschneidungen mit einer Dialektik, so wie sie Adorno beschreibt. Im Sinne Adornos ist die Dialektik eine Methode, die »immer wieder versucht, nicht stehenzubleiben« indem sie sich »immer wieder korrigiert an der Gegebenheit der Sachen selber«.[33] Eine kritische Phänomenologie, die sich mit den Herausforderungen der kritischen Theorie, die in einer marxistischen Tradition steht, auseinandersetzt, müsste ausführlich analysieren, inwiefern und auf welche Weise eine phänomenologische Methode entwickelt werden kann, die sich einem dialektischen Verständnis der Philosophie annimmt, gleichzeitig jedoch auf die Sig-

---

[33] Vgl. Theodor W. Adorno: Einführung in die Dialektik, Berlin 2015, S. 10.

nifikanz einer Betrachtung von erstpersonalen, gelebten Erfahrungsstrukturen insistiert.

Mein Anliegen, die kritische Phänomenologie um das Verständnis einer ›linken Phänomenologie‹ zu erweitern, ergibt sich nicht zuletzt aus der Anerkennung der Kulmination von verschiedenen, kritischen Theorieansätzen in einer Kritik der kapitalistischen Lebensweise. Beide Ansätze – der einer kritischen und der einer linken Phänomenologie – bestehen bereits, doch ein gemeinsamer Diskurs, der bewusst als solcher benannt und erarbeitet wird, bleibt Größtenteils aus. Unter einer linken Phänomenologie verstehe ich grundsätzlich eine solche, die ihr kritisches Projekt entlang einer Anerkennung der gesellschaftlichen und ökologischen Missstände in Anbetracht der imperialen Lebensweise des neoliberalen Kapitalismus erarbeitet. Linke Phänomenologie ist in diesem Sinne eine Konkretisierung des Projekts der kritischen Phänomenologie. In Anlehnung an Nancy Fraser argumentiere ich, dass es einer linken Phänomenologie darum geht, die Bedingungen der Möglichkeit für die »verborgenen Stätten«[34] des Kapitalismus zu erforschen, die nicht nur historisch-materieller Natur sind, sondern stets sozio-kulturell vermittelt und in individuellen Erfahrungsrealitäten sedimentiert sind. Dabei soll es nicht darum gehen, kritische Projekte in Anlehnung an die Frankfurter Schule, die *critical race theory* oder an feministische Theorie abzulösen oder auszuhebeln. Vielmehr kann eine linke Phänomenologie dazu beitragen, kritische Theoriebewegungen durch erstpersonale Dimensionen der gelebten Erfahrungswelt von Individuen sowie die intersubjektive Aushandlung einer geteilten Realität auf einzigartige Weise zu komplementieren. Das Vorhaben einer linken Phänomenologie, die sich als kritische Erfahrungs- *und* Gesellschaftstheorie versteht, ist letztlich eine Rückkehr und Neubelebung eines Gesprächsfeldes, das insbesondere in den 1970er Jahren größere Aufmerksamkeit erfuhr. So zeigt etwa die in diesen Jahren entstandene vierbändige Reihe *Phänomenologie und Marxismus*[35] eindrucksvoll, inwiefern die kritische Analyse gesellschaftlich-geschichtlich vermittelter Bedeutungsphänomene von einem Dialog zwischen Phänomenologie und marxistisch informierter kritischer Theorie profitieren kann.

---

[34] Nancy Fraser: Der Allesfresser. Wie der Kapitalismus seine eigenen Grundlagen verschlingt, Berlin 2023, S. 20.

[35] Bernhard Waldenfels; Jan M. Broekman; Ante Pazanin (Hrsg.): Phänomenologie und Marxismus 1–4, Frankfurt a.M. 1977.

Phänomenologie als Erfahrungs- und Gesellschaftstheorie

In Anbetracht der Kürze dieses Artikels, kann eine solche Forschungsausrichtung an dieser Stelle nur eine Skizze bleiben, die sich an dem gemeinsamen Projekt einer Kritik ausrichtet. Eine linke Phänomenologie verfolgt das Vorhaben einer solchen Kritik, die sich einerseits als Praxis versteht und andererseits die Grenzen des menschlichen Reflexionsvermögens anerkennt. Eine Kritik, die sich der Teilhabe an einer gelebten, erstpersonalen, sozialen Situation und ihren Institutionen bewusst bleibt. Denn, so soll abschließend mit Bernhard Waldenfels betont werden, eine Kritik, die total sein will, kehrt sich leicht in ihr Gegenteil um.[36]

---

[36] Vgl. Bernhard Waldenfels: Vorwort. In: Waldenfels; Broekman; Pazanin (Hrsg.) 1977, S. 8–13, hier: S. 12.

Kiana Ghaffarizad
Situiertes Wissen über Rassismus im Therapiezimmer
Erkenntnistheoretische Überlegungen zu den Erfahrungen von People of Color mit Psychotherapie

Wann und wie lassen sich durch wen Wissensbehauptungen über soziale Wirklichkeiten als gültig autorisieren? Wann, wie und durch wen als erkenntnistheoretisch relevant validieren? Fragen, die meine Denkbewegungen durchziehen, während ich an meiner Promotion arbeite. Es sind zugleich Fragen, die Außenstehende in diversen Varianten an meine Promotion herantragen. Einigen Denkbewegungen möchte ich daher hier Raum geben.

Für meine Forschung habe ich qualitative Interviews mit Menschen geführt, die eine Psychotherapie gemacht haben und die im deutschen Kontext rassifiziert[1] werden. Mich interessiert, wie innerhalb therapeutischer Settings, rassismusrelevante sowie rassistische Differenz-, Dominanz- oder Dekonstruktionspraxen wirkmächtig werden und zwar gedeutet vom Standpunkt rassifizierter Subjektpositionen. Meine Forschung basiert demnach auf Wissensbeständen, die sich mit einer machtkritischen Perspektive als marginalisierte Wissensbestände und mit einer Empowerment-Perspektive als Schwarze Wissensbestände[2] und Wissensbestände of Color bezeichnen lassen. Wie und wann lassen sich nun Wissensbehauptungen of Color und Schwarze Wissensbehauptungen, die ich entlang der Interviews rekonstruiere, (nicht) als gültiges und erkenntnistheoretisch relevantes Wissen autorisieren?

Ich möchte mich zunächst diesem eingeklammerten *nicht* zuwenden. Im Anschluss komme ich zu meinen aufgeworfenen W-Fragen zurück und stelle die *Black Feminist Epistemology* vor, als einen möglichen epistemologischen Referenzrahmen zur Überprüfung der Validität von Schwarzen Wissensbehauptungen und Wissensbehauptungen of Color.

***

---

[1] Vgl. Maureen Maisha Eggers: Rassifizierte Machtdifferenz als Deutungsperspektive in der kritischen Weißseinsforschung in Deutschland. In: Grada Kilomba; Peggy Piesche; Susan Arndt (Hrsg.): Mythen, Masken und Subjekte. Kritische Weißseinsforschung in Deutschland, Münster 2005, S. 56–72, hier: S. 56f.

[2] Vgl. May Ayim; Katharina Oguntoye; Dagmar Schultz (Hrsg.): Farbe bekennen. Afro-deutsche Frauen auf den Spuren ihrer Geschichte, Berlin 1986.

Situiertes Wissen über Rassismus im Therapiezimmer

Im Rahmen von Forschungskolloquien, Deutungswerkstätten und Vorträgen, in denen ich Analyse- und Theorieskizzen aus meiner Doktorarbeit vorstellte, wurde ich öfter gefragt, warum ich in meiner Forschung nur mit den Therapienutzer*innen Interviews geführt habe und warum nicht, beziehungsweise nicht auch mit Therapeut*innen. Denn erst durch die Perspektiven von sowohl Therapienutzer*innen als auch Therapeut*innen – so argumentierten die Fragesteller*innen – ließe sich ein vertieftes Verständnis erzeugen, welche Rolle Rassismus in therapeutischen Settings spiele. Momentan jedoch würde meine Arbeit »ja nur eine Seite vom Forschungsfeld abbilden«.[3] Die Fragesteller*innen waren entweder akademisch etablierte oder zumindest erfahrene Sozialwissenschaftler*innen oder Menschen, die selbst in therapeutischen Settings professionell tätig sind. Ich stimme zu. Sicher kann ein solches Forschungsdesign, wie es mir vorgeschlagen wurde, wichtige Erkenntnisse zu Tage bringen. Im Sinne von Transparenz und Nachvollziehbarkeit als Gütekriterien empirischer Forschung ist zudem die Frage, wie forschende Personen ihr *Sample* begründen, wichtig und wertvoll.[4] Zugleich frage ich mich: Vor dem Hintergrund welcher wissenschafts- und gesellschaftstheoretischen Annahmen entstand für sie der Eindruck, dass meine Interviewgespräche mit Therapienutzer*innen nicht genügen würden, um differenziertere Verstehens- und Interpretationsangebote *race*, Rassismus und Rassismuserfahrungen im Therapiezimmer zu entwickeln? Denn offenbar schien den Fragesteller*innen das empirische Wissen der therapieerfahrenen Forschungsteilnehmer*innen of Color nicht auszureichen, um die von mir rekonstruierten Wissensbehauptungen zu autorisieren.

Diese Nachfrage rückte mich unweigerlich in eine Verteidigungsposition. Ich fühlte mich gedrängt mich zu rechtfertigen, weshalb mein empirisches Forschungsvorgehen auch ohne jenen vergleichenden, beziehungsweise kontrastierenden (oder doch korrigierenden?) Ansatz durchaus valides Wissen über die zu untersuchenden Phänomene generieren kann und weshalb meine Analyseskizzen und Theoretisierungen dennoch konzeptionell gesättigt sind. Diese Verteidigungsposition möchte ich mir mit Perspektiven aus den *Mad Studies* und den *Black*

---

[3] Forschungstagebuch Kiana Ghaffarizad, unter anderem 5.4.2020, 14.12.2021, 26.4.2022, 13.7.2022.

[4] Vgl. Uwe Flick: Qualitative Sozialforschung. Eine Einführung, Reinbek bei Hamburg 2021, S. 487–510, hier: S. 517; Gabriele Rosenthal: Interpretative Sozialforschung. Eine Einführung, Weinheim 2015, S. 103–105.

Feminist Studies näher anschauen; nicht als Selbstzweck, sondern weil sie, glaube ich, mit der erkenntnistheoretisch und methodologisch notwendigen Frage nach dem ›Wie‹ von wissenschaftlicher Wissens- und Erkenntnisvalidierung verknüpft ist.

***

Wie alle feministischen Standpunkttheorien[5] haben die *Black Feminist Studies* darauf aufmerksam gemacht, dass wissenschaftliche Erkenntnis- und Wissensvalidierung immer auch ein politisches Projekt ist. Über Epistemologie, also der Theorie, die begründet, welche Wissensbehauptungen als ›wahr‹ gelten, schreibt die Soziologin Patricia Hill Collins: »Far from being the apolitical study of truth, epistemology points to the ways in which power relations shape who is believed and why«.[6] Wer (wie) den interpretativen Kontext bestimmt, innerhalb dessen (neue) Wissenszusammenhänge als valide/unvalide, als wahr/unwahr befunden werden, diese Frage ist verknüpft mit gesellschaftlichen Machtpositionen. Dies bespricht Hill Collins ausführlich in ihrem Werk *Black Feminist Thought*, anhand von *Oral History* Zeugnissen Schwarzer Frauen aus der US-amerikanischen Arbeiter*innenklasse. An diesen Zeugnissen verdeutlicht sie, dass und warum erstens die Standpunkte, die Schwarze Frauen zu ihren Lebensrealitäten unter patriarchalen Gesellschaftsstrukturen der USA entwickel(te)n, sich von den Standpunkten *weißer* US-amerikanischer Frauen aus der Mittel- und Oberschicht unterscheiden. Zweitens verdeutlicht sie, wie entlang von akademisch etablierten Werkzeugen der Erkenntnisvalidierung Standpunkte Schwarzer Frauen gegenüber *weiß*bürgerlichen Standpunkten als unterlegen oder als unwahr interpretiert werden. Ein Prozess, den ich mit Gayatri Chakravorty Spivak als »*epistemic violence*«[7] begreife: ein machtvoller Prozess der Nicht-Wahrnehmbarmachung von Wissensbeständen strukturell marginalisierter Gruppen in hegemonialen Diskursen.

In der Auseinandersetzung mit den Funktionen und Effekten von *epistemic violence* fokussieren die *Black Feminist Studies* wie auch die *Critical Race Theories* – von denen Hill Collins Mitbegründerin ist – insbe-

---

[5] Vgl. Sandra G. Harding (Hrsg.): The Feminist Standpoint Theory Reader. Intellectual and Political Controversies, New York 2004.

[6] Patricia Hill Collins: Black feminist thought. Knowledge, consciousness, and the politics of empowerment, New York 2000, S. 252.

[7] Gayatri Chakravorty Spivak: Can the Subaltern speak? In: Cary Nelson und Lawrence Grossberg (Hrsg.): Marxism and the Interpretation of Culture, Chicago 1988, S. 271–313, hier: S. 282f.

sondere die intersektionell verwobenen Machtachsen kapitalistischer Klassenverhältnisse, Rassismus und (Hetero-)Patriarchat. Die *Mad Studies* ergänzen die Debatten mit dem Fokus auf die Machtachse ›*Saneism*‹[8]. Unter anderen widmen diese sich der Frage, auf welche Weise *Mad*[9] *Knowledge* oder *ver_rücktes Wissen* in ein binär-hierarchisches Verhältnis zu *vernünftigem Wissen* verortet und entwertet wird und wie Wissensbestände von Menschen mit psychiatrischen Zuschreibungen unterdrückt sowie auf machtvolle Weise strukturell, institutionell, juristisch und alltagsdiskursiv unwahr(nehmbar) gemacht werden. Stephanie LeBlanc und Elizabeth Anne Kinsella beleuchten diese machtvollen Prozesse anhand des Begriffs *epistemic injustice* der feministischen Philosophin Miranda Fricker.[10] Epistemische Ungerechtigkeit passiert nach Fricker dann, wenn von einem gesellschaftlich dominanten Standpunkt aus die Position von strukturell marginalisierten Personen als Wissensträger*innen angezweifelt, abgesprochen und als unglaubwürdig markiert wird.[11] LeBlanc und Kinsella fokussieren zwar Saneism, zugleich thematisieren sie die Notwendigkeit der Auseinandersetzung mit epistemischer Ungerechtigkeit »within the context of intersecting oppressions and prejudices, such as the racialization or gendering of Mad bodies«[12].

---

[8] Saneism oder auch Mentalism meint die systematische Unterdrückung von Menschen mit psychiatrischen Diagnosen beziehungsweise Menschen mit psychiatrischen Zuschreibungen: »Like racism, sanism may result in blatant discrimination, but will be most commonly expressed in ›multiple, small insults and indignities‹ known as ›microaggressions‹«. Jennifer Poole; Tania Jivraj; Araxi Tania et al.: Sanism, ›Mental Health‹, and Social Work/Education. A Review and Call to Action. In: Intersectionalities: A Global Journal of Social Work Analysis, Research, Polity, and Practice, Nr. 1, 2012, S. 20–36, hier: S. 20f.

[9] Mad und ver_rückt sind hier politisch-widerständige Selbstbezeichnungen von Menschen mit psychologischen, psychiatrischen Zuschreibungen und psychiatrischen Erfahrungen sowie von psychiatrisch Überlebenden in saneistischen Gewaltverhältnissen. Vgl. Eliah Lüthi: Mad Studies und Disability Studies. In: Anne Waldschmidt (Hrsg.): Handbuch Disability Studies, Wiesbaden; Heidelberg 2022, S. 435–452.

[10] Vgl. Stephanie LeBlanc; Elizabeth Anne Kinsella: Toward Epistemic Justice: A Critically Reflexive Examination of 'Sanism' and Implications for Knowledge Generation. In: Studies in Social Justice, Jg. 10, Nr. 1, 2016, S. 59–78.

[11] Vgl. Miranda Fricker: Epistemic injustice. Power and the ethics of knowing, Oxford 2007, S. 1.

[12] LeBlanc; Kinsella 2016, S. 74.

In meiner Forschungssituation sind es die Therapeut*innen, die im Verhältnis zu den Therapienutzer*innen eine dominanzkulturelle[13] Sprecher*innenposition besetzen. Denn ihre Position ist es, die über eine institutionell und diskursiv abgesicherte Deutungsmacht im therapeutischen Gefüge verfügt.[14] Verwoben mit sozialen Dominanzpositionen im Kontext von Rassismus, Antisemitismus, Sexismus oder Klasse amplifiziert sich diese Deutungsmacht.[15] Dies kann ein ungleiches Verhältnis der Wissensautorisierung zwischen Psychotherapeut*in und Therapienutzer*in bedingen, verstärken oder legitimieren und kann epistemische Ungerechtigkeit und/oder epistemische Gewalt (re-)produzieren – nicht nur im Therapiezimmer, sondern auch in der wissenschaftlichen Rekonstruktion des Verhältnisses von Therapeut*in und Therapienutzer*in. LeBlanc und Kinsella stellen nun fest: »Knowledge(s) that differ from dominant discourses and ideologies are too often deemed ›alien‹ and dismissed or ignored.«[16] Denke ich zurück an die anfangs erwähnten Fragesteller*innen, frage ich mich: Passiert ebendies durch die Nachfragen auch mit dem Wissen derjenigen Personen, mit denen ich Interviews geführt habe?

In den Rückfragen, warum ich mit wem (nicht) gesprochen habe, zweifelte nun keine der fragenden Personen explizit die Glaubwürdigkeit der Forschungsteilnehmer*innen als Träger*innen von gültigem Wissen an. Zugleich vermute ich, dass diese Nachfragen zumindest Spuren von epistemischer Gewalt und epistemischer Ungerechtigkeit in sich tragen und reproduzieren. Dies vermute ich aufgrund der oft auf die Frage folgende Anmerkung, dass ich erst mit dem Einbezug der Standpunkte der Therapeut*innen zu einer dichten theoretischen Sättigung gelangen könnte.

Was heißt das für mein Forschungsvorgehen? Angesichts der epistemischen Ungerechtigkeit die *Mad People* und *Mad Communities* erfahren – und die sich in meiner Forschungssituation rekonstruieren lässt – führen LeBlanc und Kinsella weiter aus: »However, epistemic interac-

---

[13] Vgl. Birgit Rommelspacher: Kulturelle Dominanz und Therapie. In: Matthias Hermer (Hrsg.): Die Gesellschaft der Patienten. Gesellschaftliche Bedingungen und psychotherapeutische Praxis, Tübingen 1995, S. 283–291.

[14] Vgl. Manfred Pohlen; Margarethe Bautz-Holzherr: Psychoanalyse – das Ende einer Deutungsmacht, Reinbek bei Hamburg 1995.

[15] Vgl. Rommelspacher 1995. Gleichzeitig können sich verschiedene Spannungsverhältnisse in Bezug auf die Deutungsmacht auftun, etwa dann, wenn eine Schwarze weiblich positionierte Therapeutin einem weißen Therapienutzer gegenübersitzt.

[16] LeBlanc; Kinsella 2016, S. 74.

tions oriented toward *justice* [sic] require us to make room for and embrace plural and diverse knowledge(s)« und plädieren für ein »engagement with alternative epistemological perspectives.«[17] Ihr Plädoyer führt mich zu dem epistemologischen Referenzrahmen der *Black Feminist Studies*, diesen möchte ich im Folgenden einführen.

***

Ein Weg, um emanzipatorisches Wissen zu gesellschaftlichen Macht- und Unterdrückungsverhältnissen, und konkret zu Rassismus, (wieder) wahrnehmbar zu machen – denn dies ist mein Hauptanliegen in und mit jedem wissenschaftlichen Tun – kann die Bezugnahme auf eine Epistemologie sein, die rassifizierten Subjekten – und damit auch mir – zugesteht, ihren eigenen Standpunkt kritisch zu artikulieren und die sie weder nur als passive Opfer von Rassismus adressiert noch als *native informants* essentialisiert oder als die ›wahren‹ revolutionären Subjekte mystifiziert und fetischisiert. Eine solche Alternative bietet Hill Collins. Sie erkannte, dass eurozentristische Wissensautorisierungsvorgehen, die sie während ihrer sozialwissenschaftlichen Methodenausbildung erlernte, oft unzureichend oder methodologisch unpassend sind, um Standpunkte und Wissensbestände gesellschaftlich marginalisierter Gruppen wahrzunehmen und zu verstehen.[18] Mit dieser Erkenntnis wandte sie sich Wissensgenerierungs- und validierungsvorgehen der Schwarzen Arbeiterinnen*klasse zu, denn sie stellt fest: »Like other subordinate groups, African-American women not only have developed a distinctive Black's women's standpoint, but have done so by using alternative ways of producing and validating knowledge.«[19] Daran ansetzend entwickelt Hill Collins vier Kriterien als epistemologische Standards, anhand derer fundiertes emanzipatorisches Wissen vom Standpunkt marginalisierter Subjektpositionen produziert und in ihrer Validität überprüft werden kann.

Das erste Kriterium der *Black Feminist Epistemology* basiert auf der Unterscheidung zwischen zwei unterschiedlichen Formen von Wissen: *bookknowledge* und *wisdom*. Mit *bookknowledge* verweist Hill Collins auf abstraktes Wissen, das auf angelesenem, studiertem (Fach-)Wissen (über Unterdrückungsstrukturen) beruht. *Wisdom* verweist auf eine

---

[17] Ebd.
[18] Hill Collins geht es nicht darum, eurozentristische oder positivistische Ansätze völlig zu verwerfen: »my focus on positivism should be interpreted neither as problematic for Black women nor that nonpositivist frameworks are better« 2000, S. 255. Es geht vielmehr um eine Pluralisierung von epistemologischen Werkzeugen.
[19] Ebd., S. 252.

Verwebung von Wissen mit *lived experiences,* mit konkreten, gelebten Erfahrungen[20], wodurch es sich als sehr konkret materielles Wissen äußert.[21] Der Unterschied zwischen *wisdom* und *bookknowledge* ist die Antwort auf die Frage, ob das, was ich vorgebe zu wissen, erfahrungsbasiert ist oder nicht. Eine folgenreiche Unterscheidung: So belegen mündliche Zeugnisse US-amerikanischer Schwarzer Frauen, auf die sich Hill Collins bezieht, dass *bookknowledge* allein für Schwarze Frauen nicht ausreicht(e), um in einer Gesellschaft, die sich als »white supremacist capital patriarchy«[22] formiert, sozial, politisch, ökonomisch und physisch zu überleben. Denn die Objektivierung Schwarzer Frauen als »the Other denies us the protection that white skin, maleness and wealth confer«[23]. Zum Überleben bedarf es *wisdom,* urteilt Hill Collins und schreibt: »Knowledge without wisdom is adequate for the powerful, but wisdom is essential to the survival of the subordinate.«[24] Nach der *Black Feminist Epistemology* ist Erkenntnis demnach angewiesen auf gelebte Erfahrungen. Anders ausgedrückt, verschränken sich in der Wissensform des »*wisdom*« erkenntnistheoretisch und gesellschaftlich re-

---

[20] Der phänomenologische Erfahrungsbegriff, insbesondere nach Edmund Husserl, wird in diversen Wissenschaftskontexten intensiv diskutiert. Nicht zuletzt waren es Poststrukturalist*innen, die die epistemologische Fundierung von Wissen auf gelebten Erfahrungen im Sinne einer unbestreitbaren Evidenz und als unhinterfragte Ausgangsquelle für Erkenntnis, grundlegend in Frage stellten. Einen guten Überblick bietet unter anderem Silvia Stoller: Zur poststrukturalistischen Kritik an der Erfahrung. In: Dies.: Existenz, Differenz, Konstruktion. Phänomenologie der Geschlechtlichkeit bei Beauvoir, Irigaray und Butler. München 2010. Der von mir verwendete Erfahrungsbegriff setzt an eben dieser poststrukturalistischen Kritik an und bezieht sich auf ein diskursives und zu historisierendes Erfahrungskonzept, durch welches Erfahrung weder als unmittelbar noch als authentisch postuliert wird. Auf diese Weise gedacht, ist Erfahrung nichts, was ein Mensch ›einfach haben kann‹, sondern ist, anlehnend an Joan W. Scott, immer gleichzeitig eine Interpretation von Erlebtem, und etwas, was einer Interpretation bedarf. Insofern ist das Interessante an Erfahrung für meine Forschung nicht, *was* sie beschreibt, sondern *wie*; es ist die Frage nach dem jeweiligen historisch-diskursiven Referenzrahmen, durch den sich Wahrgenommenes und Erlebtes als Erfahrung ausdrückt. Vgl. Joan W. Scott: The Evidence of Experience. In: Critical Inquiry Jg. 17, Nr. 4, 1991, S. 773–797, hier: S. 797. Vgl. auch Ernst Van Alphen: Symptoms of Discursivity: Experience, Memory, Trauma. In: Mieke Bal; Jonathan Crewe; Leo Spitzer (Hrsg.): Acts of Memory. Cultural Recall in the Present, London, S. 24–38.
[21] Hill Collins 2000, S. 257–260.
[22] bell hooks: The Will to Change. Men, Masculinity, and Love, New York et al. 2004, S. 17.
[23] Hill Collins 2000, S. 257.
[24] Ebd.

Situiertes Wissen über Rassismus im Therapiezimmer

levante und emanzipatorische Wissensbehauptungen über Macht- und Unterdrückungsverhältnisse mit faktisch gelebten Erfahrungen. So führt Hill Collins entsprechend aus: »For most African-American women those individuals who have lived through experience about which they claim to be experts are more believable and credible than those who have merely read or thought about such experiences.«[25] Denn, wie Banda Stein schreibt, trägt gelebte Erfahrung »ein Widerstandspotential in sich und kann durch eine formale Ausbildung nicht ersetzt werden«.[26]

Das zweite Kriterium zur Autorisierung von Wissensbehauptungen über Macht- und Unterdrückungsverhältnisse leitet Hill Collins vom afrodiasporischen Kommunikations- und Diskursformat »*call-and-response*«[27] ab. So ermöglicht dialogischer (oder besser, polylogischer) Austausch es, gültiges Wissen zu produzieren, beziehungsweise Wissensansprüche zu überprüfen. Dialog, und hier bezieht sich Hill Collins auf bell hooks, bedeutet das Gespräch zwischen (mindestens) zwei Subjekten und nicht die Ansprache eines Subjekts an ein Objekt. In diesem Sinne deute ich die Dialogform als ein multiperspektivisches Diskursformat, an dem sich alle Subjekte aktiv beteiligen und beteiligen können; ein Diskursformat, das Dominanzpositionen herausfordert, das anstelle von unterwerfendem Sprechen, »a humanizing speech« ermöglicht.[28] Hill Collins verweist auf ein weiteres Charakteristikum von *call-and-response* und zwar auf die interaktive Verbundenheit zwischen den Sprecher*innen – komplexe, mehrschichtige Verbundenheit; eine, die kollektive Sinnstiftung gestattet. Davon weit entfernt erscheinen mir jene akademisch etablierten Kommunikations- und Diskursformate, in denen die kontroverse Debatte zwischen vereinzelten Wissensträger*innen, Fachexpert*innen und ›einsamen Genies‹ zur Überprüfung von Wissensbehauptungen gilt, in denen sich Argumente und Gegenargumente Duelle liefern, und in denen Wissensautorisierung bedeutet: »The arguments that can withstand the greatest assault and survive intact become the strongest truths.«[29] Wissensbehauptungen sind also, so verstehe ich Hill

---

[25] Ebd.
[26] Regina M. Banda Stein: Schwarze deutsche Frauen im Kontext kolonialer Pflegetraditionen oder von der Alltäglichkeit der Vergangenheit. In: Maureen Maisha Eggers, Grada Kilomba, Peggy Piesche; Susan Arndt (Hrsg.): Mythen, Masken und Subjekte. Kritische Weißseinsforschung in Deutschland, Münster 2005, S. 189–202, hier: S. 196f.
[27] Hill Collins 2000, S. 261.
[28] Ebd.
[29] Ebd., S. 255f.

Collins, dann gültig, wenn sie aus verbindender Vielstimmigkeit zwischen Gesprächspartner*innen entspringen – was weder simulierte Einstimmigkeit noch vermeintliche Einheitlichkeit meint – und, wenn sie diese verbindende Vielstimmigkeit wiederum ermöglichen.

Bei dem dritten Validierungskriterium für Wissensbehauptungen geht es um eine Ethik der Anteilnahme, eine Ethik, die sich nach Hill Collins durch drei Momente verwirklicht. Emotionale Anteilnahme ist eines davon und damit erinnert mich Hill Collins daran, dass die Trennung der Struktur des Intellekts von der emotionalen Struktur, was in hegemonialen wissenschaftlichen Kontexten Standard ist, nicht nur »absolutely neurotic«[30] ist, wie es die feministische Poetin Ntozake Shange ausdrückt, sondern auch eine patriarchal-koloniale Praxis. *Die Black Feminist Studies* hingegen greifen die Verschränkung zwischen Wissen und Emotionen auf und schlussfolgern, dass rein formal-logische Kriterien nicht ausreichen, um Wissensansprüche zu validieren. Als gültig kann sich Wissen(sproduktion) nur im Geflecht von Intellekt und Emotionen erweisen. Als zweites Moment der Ethik der Anteilnahme markiert Hill Collins die Anerkennung der Einzigartigkeit jedes Individuums – sowohl im Sinne der Standpunkttheorie, als Partikularität des Standpunktes, als auch im Sinne des afrikanischen Humanismus als Anerkennung einer spezifisch-persönlichen Expressivität: »Separate knowers try to subtract the personality of an individual from his or her ideas because they see personality as biasing those ideas. In contrast, connected knowers see personality as adding to an individual's ideas.«[31] Schließlich formiert sich eine Ethik der Anteilnahme dort, wo die Fähigkeit zur Entwicklung von Empathie ermöglicht wird.

Don't talk the talk if you can't walk the walk. Es ist diese Redewendung, die für mich das vierte Kriterium eines Schwarzen feministischen epistemologischen Rahmens beschreibt. Hill Collins nennt das Kriterium »the ethics of personal accountability«[32] – die persönliche Verantwortungsübernahme für formulierte Wissensbehauptungen. Davon ausgehend, dass Wissensbehauptungen niemals gänzlich unabhängig von persönlichen Sinnhorizonten und – politischen oder philosophischen – Kernüberzeugungen artikuliert werden und daher zusammen überprüft werden müssen, schreibt Hill Collins über die Bewertung der Gültigkeit von Wissensansprüchen: »Knowledge claims made by individu-

---

[30] Ebd., S. 263.
[31] Ebd., S. 264.
[32] Ebd., S. 265.

als respected for their moral and ethical connections to their ideas will carry more weight than those offered by less respected figures.«[33] Dies deute ich mitunter als Frage, ob die – widerständigen, emanzipatorischen – Wissensbehauptungen mit der ethischen Haltung der Person im Einklang stehen, die jene Wissensbehauptungen aufstellt: als Frage nach der Kongruenz zwischen dem, was ich behaupte zu wissen und dem, wie ich handle; als Frage, ob ich im vorliegenden Artikel von Ethik spreche, (nur) um mir eine wissenschaftliche Veröffentlichung zu sichern, oder ob ich mein Verhältnis zu den Interviewpartner*innen meiner Doktorarbeit, zu nahstehenden und fernstehenden Mitstreiter*innen und Communities, tatsächlich entlang dieser ethischen Überzeugungen gestalte. In Hill Collins Worten: »Does Aretha really *believe* that Black women should get ›respect‹, or is she just mouthing the words?«[34]

Diese vier skizzierten Dimensionen – Gelebte Erfahrungen als Kriterium zur Validierung von Wissensbehauptungen, gemeinschaftlicher Dialog als Weg der Wissensgenerierung und Autorisierung von Erkenntnis, das Praktizieren einer Ethik der Anteilnahme und das Leisten von persönlicher Rechenschaft – sind Bestandteile der Schwarzen Feministischen Epistemologie, die ich als eine mögliche Epistemologie im Kontext von kritischer Forschung zu Macht- und Unterdrückungsstrukturen verstehe; als einen möglichen Referenzrahmen für Wissensproduktion wie für die Validierung von Wissensansprüchen.

Nun sind die gesellschaftlich-materiellen und historischen Bedingungen, innerhalb derer Hill Collins ihre Theorien entwickelte, spezifische und spiegeln die rassistisch segregierte und heteropatriarchal geprägte Gesellschaftsstruktur in den USA der (post-)Jim-Craw-Law-Ära sowie die Lebensrealitäten Schwarzer Frauen der Arbeiter*innenklasse wider. Dadurch sind ihre Theorien nicht ohne weiteres übertragbar auf andere gesellschaftliche Kontexte. Es ist auch nicht meine Absicht, die strukturellen, materiellen und historischen Bedingungen, die meine Forschungssituation ko-konstituieren – wie etwa die in Deutschland wirkmächtigen postkolonialen, postnationalsozialistischen und migrationsgesellschaftlichen Dominanz- und Differenzverhältnisse[35] – gleichzusetzen mit den Bedingungen, unter denen Hill Collins ihre Theorien

---

[33] Ebd.
[34] Ebd.
[35] Vgl. Astrid Messerschmidt: Postkoloniale Erinnerungsprozesse in einer postnationalsozialistischen Gesellschaft – vom Umgang mit Rassismus und Antisemitismus. In: PERIPHERIE Jg. 28, Nr. 109/110, 2008, S. 42–60.

entwickelte. Welche Bedeutung kann eine solche kontextspezifische Epistemologie dennoch für Forschung haben? Ich behaupte, dass sie nicht mehr oder weniger Bedeutung für Forschung hat als andere Erkenntnisvalidierungswerkzeuge – oder auch Gütekriterien qualitativer Forschung. Denn ist doch alles, was als wissenschaftlicher Standard gilt, in einem spezifischen gesellschaftlichen und historischen Kontext entstanden, an diesen gebunden und verweist auf diesen. Hill Collins Fokus auf die Artikulation und Wahrnehmbarmachung von situiertem Wissen marginalisierter Gruppen innerhalb rassistisch strukturierter Dominanzverhältnisse, ist es, was diese Epistemologie für meine Forschung interessant macht.

***

Zurück zu den am Anfang erwähnten Fragesteller*innen bei meinen Vorträgen und in Kolloquien: Mit Hill Collins Ansätzen ließen sich die Nachfragen der Zuhörer*innen auch als Ausdruck einer Irritation über den Umstand deuten, dass durch die Zentrierung von Wissen of Color eine unhinterfragte Normalität und Dominanz weißer Wissensproduktion und -autorisierung gestört wurde. Irritierender wird es, wenn jene Wissenszentrierung auch noch die unhinterfragte Normalität von saneistischer Wissensproduktion und vor allem Wissensautorisierung stört. Es bräuchte daher, so interpretiere ich die Nachfragen, zumindest Wissen aus einer als ›sane‹ und damit als glaubwürdiger konstruierten Therapeut*innen-Position als Vergleichs- und Kontrastfolie, um die Perspektiven der Therapienutzer*innen of Color autorisieren zu können.

Indes kann meine Entscheidung, Erfahrungswissen of Color und Schwarzes Erfahrungswissen zu zentrieren, den Eindruck erwecken, ich würde behaupten, dass Wissensansprüche von strukturell marginalisierten Gruppen über Unterdrückungsstrukturen per se ›besser‹, valider seien als Wissensansprüche, die dominante Subjektpositionen vertreten. Jedoch argumentiere ich, dass marginalisierte Geschichte(n) nicht *zwangsläufig* dazu beitragen müssen, Unterdrückungsstrukturen besser zu verstehen. Das heißt, ich vertrete nicht die Ansicht, dass Subjekte, die strukturell marginalisiert werden, automatisch und notwendig über widerständiges Wissen zu Dominanz, Unterdrückung und Diskriminierung verfügen. Auch Hill Collins rät davon ab anzunehmen, unterdrückte Gruppen hätten per se ein kritisches Geschichts-Bewusstsein und beschreibt dies als eine verflachte Auslegung marxistischer Theorien. Zudem könnte eine solche Annahme wieder in die Nähe des eigentlich abgelehnten orthodox-positivistischen Vorgehens rücken: »Ironically by quantifying and ranking human oppressions, standpoint theorists invoke criteria for methodological adequacy that resembles those of positivism.«[36] Marginalisierte Erfahrungen als Träger*innen einer ›richtigeren‹ oder ›authentischeren‹ Wahrheit anzurufen, mag vor dem Hintergrund der jahrhundertelangen institutionell abgesicherten Prozesse der systematischen Entwertung von Wissensbeständen marginalisierter Gruppen »tempting«[37] klingen; widerständig sogar. Doch letztlich nährt sich auch diese Perspektive von einem essentialistischen Subjektverständnis und bezieht sich auf Homogenisierungspraxen, die sie eigentlich aufzulösen versucht. Denn sie stellt das herrschende Spiel kolonialer Binaritätskonstruktionen von wissend/unwissend, aufgeklärt/aufzuklärend nicht in Frage, sondern dreht es nur auf den Kopf. Maria do Mar Castro Varela und Nikita Dhawan warnen vor derlei Homogenisierungen: »Ein simplifizierendes Opfer/TäterInnen-Modell ist nicht nur unangemessen, sondern vielmehr herrschaftsstabilisierend. Es fügt sich ohne Widerstände ein in die auch christliche Logik von den Guten und den Bösen.«[38] Dieser Gefahr lässt sich mitunter entgehen, wenn machtkritische Wissenschaft, Erfahrung nicht als unmittelbar und zeitlos und dadurch als unbestreitbaren Ausgangspunkt von Erkenntnis setzen, sondern Erfahrung in ihren historischen und diskursiven Sinnhorizonten *als* Erfahrung berücksichtigt; als eine Dimension, die sowohl bereits eine Interpretation darstellt, als auch Interpretation erfordert.[39] In diesem Zusammenhang verstehe ich auch Castro Varelas und Dhawans Plädoyer an die postkolonialen feministischen Studien, sich den »komplizierten, differenzierten, changierenden Machtverhältnissen«[40] zu stellen. Ein Plädoyer, dass sich an alle Studien mit einem machtkritischen Anliegen richtet – meine eigene eingeschlossen.

Die *Black Feminist Studies* wie die *Mad Studies* bieten mir wertvolle Orientierungen im Forschungsvorgehen, insbesondere für die Frage, wie sich entgegen der dominanten Interpretationsgrammatik marginalisierte Wissensbestände von migrantisch, jüdisch, Schwarz, of Color positionierten (Mad)Personen einerseits als Quellen für neue Erkenntnisse über gesellschaftliche Strukturen der postnationalsozialistischen

---

[36] Hill Collins 2000, S. 270.
[37] Ebd.
[38] María do Mar Castro Varela; Nikita Dhawan: Postkolonialer Feminismus und die Kunst der Selbstkritik. In: Hito Steyerl (Hrsg.): Spricht die Subalterne deutsch? Migration und postkoloniale Kritik, Münster 2003, S. 270–290, hier: S. 273.
[39] Vgl. Scott 1991, S. 797. Vgl. auch Fußnote 20.
[40] Ebd.

und postkolonialen deutschen Gesellschaft, re-artikulieren lassen. Und anderseits, auf welche Weise sich Wissensbehauptungen sozial marginalisierter Gruppen als wissenschaftlich und gesellschaftlich tragbare Wissensbehauptungen validieren lassen oder verworfen werden müssen. Sie sensibilisieren mich zudem dafür, mich beständig zu fragen: Was rückt alles in mein ›Blickfeld‹, wenn ich Erfahrungswissen und akademischem Wissen als gleichwertigen Wissensformen begegne? Und nicht zuletzt: Inwiefern und auf welche Weise ist eigentlich mein politisches, soziales und privates Handeln kongruent mit den ethischen Standards, die ich in meiner Doktorarbeit vertrete?

Eleonora Corace
Das Tier im menschlichen Leib
Die Erfahrung des Sich-Nicht-Erkennens im Spiegel als interspezifisches Beispiel

In diesem Aufsatz will ich eine bestimmte Situation des Mensch-Tier-Verhältnisses aus einem phänomenologischen Standpunk beleuchten. Das Ziel ist zu zeigen, wie die Animalität als eine Dimension der Fremdheit im leiblichen Selbst betrachtet werden kann. Was ist mit Animalität hier gemeint? In dieser Arbeit spreche ich über die Animalität als einer Erfahrungs-Dimension, die mit den physischen Aspekten des Körpers verflochten ist, sich aber nicht auf das Körperliche reduzieren lässt. Mit der körperlichen Ebene meine ich die Ebene der biologischen und phylogenetischen Abstammung, dank der unsere Art – homo sapiens – ihren Platz in der Kategorie der Säugetiere und insbesondere der Menschenaffen findet. Allerdings beschränkt sich das Konzept der Animalität nicht darauf, sondern stellt außerdem eine spezifische Art und Weise dar, einen Leib zu bewohnen.

Um meine Hypothese der Animalität als Ausdruck einer Fremdform im Leib darzustellen, werde ich ein Beispiel aus dem Alltag verwenden: das Beispiel des Spiegelbildes. Zunächst werde ich Momente des Sich-Nicht-Erkennens im Spiegel anhand einer Analyse des Phänomenologen Bernhard Waldenfels betrachten. Dabei gehe ich der Frage nach, warum für Waldenfels die Erfahrung des Sich-Nicht-Erkennens im Spiegel mit der Fremderfahrung im leiblichen Selbst verbunden ist. Im Anschluss daran werde ich Waldenfels' These mit den Studien des Philosophen Helmuth Plessner vergleichen. Durch Plessner kann ich diese Form des Fremdseins im Leib mit der Animalität in Verbindung bringen. Um weitere Argumente für die Hypothese der Beziehung des Sich-Nicht-Erkennens im Spiegel mit der Animalität zu liefern, werde ich auf die Forschungen über den *Mirror Test* des Psychologen Gordon Gallup und die Fälle des Sich-Nicht-Erkennens im Spiegel bei Tieren Bezug nehmen. Schließlich möchte ich zeigen, wie Momente des Sich-Nicht-Erkennens beim Menschen als Ausdruck der Animalität im menschlichen Leib betrachtet werden können. Die Animalität kann dann in der Folge als leibliche Sphäre an der Grenze zwischen Identität und Fremdheit verstanden werden. Auf diese Weise kann sie als interspezifische Verbindung zwischen den Lebewesen betrachtet werden.

Die Erfahrung des Sich-Nicht-Erkennens im Spiegel

Der Phänomenologe Bernhard Waldenfels analysiert die Erfahrung des Sich-Nicht-Erkennens im Spiegel durch eine Anekdote, die der Philosoph Ernst Mach liefert. In *Analyse der Empfindungen*[1] beschreibt Mach, wie er beim Einsteigen in einen Bus sein Spiegelbild in der Fensterscheibe mit dem eines Anderen verwechselte:[2] »Ich stieg einmal nach einer anstrengenden nächtlichen Eisenbahnfahrt sehr ermüdet in einen Omnibus, eben als von der anderen Seite auch ein Mann hereinkam. ›Was steigt doch da für ein herabgekommener Schulmeister ein‹, dachte ich. Ich war es selbst, denn mir gegenüber befand sich ein großer Spiegel. Der Klassenhabitus war mir also viel geläufiger, als mein Specialhabitus.«[3]

Solche Erfahrungen des Sich-Nicht-Erkennens haben wir vermutlich alle schon erlebt. Sie bilden in vielen Biografien eine Nebengeschichte von Momenten der Entfremdung. Waldenfels interpretiert diese Anekdote aus der Perspektive seiner Phänomenologie des Fremden und stellt fest, dass dieser Fall etwas Konstitutives der menschlichen Existenz aufzeigt. Er schreibt: »Der Spiegel hat aber eine andere Funktion als die des schlichten Identifizierens. Wenn ich mich bei meinem Blick ins Schaufenster überrasche, entdecke ich eine gewisse Fremdheit an mir selbst.«[4] Aus dieser Perspektive sehe ich mich im Moment des Nicht-Erkennens im Spiegel als ein Anderer in dem Sinne, dass ich den Anderen sehe, der ich selbst bin. Die Hegemonie des Selbst, die laut Waldenfels als Prozess der Selbstzuschreibung gegeben ist, bricht zusammen, und ich erkenne mich als mir selbst fremd. Das heißt, ich erfasse einen bedeutsamen Aspekt meiner Existenzform: die Fremdheit in mir.[5] In der Tat bezeichnet der Begriff des Fremden bei Waldenfels eine ursprüngliche, vorreflexive Erfahrung von Etwas, das nicht völlig von außen kommt, sondern seinen Ursprung in der Sphäre des leiblichen Selbst hat. »In jedem Fall bringt die Erfahrung des Fremden die Grenzen zwischen Eige-

---

[1] Ernst Mach: Die Analyse der Empfindungen, Jena 1922, S. 3.

[2] Mach's Beispiel wird auch von Sigmund Freud verwendet. Vgl. Sigmund Freud: Das Unheimliche. In: Imago. Zeitschrift für Anwendung der Psychoanalyse auf die Geisteswissenschaften, V. 5/6, Wien 1919, S. 320.

[3] Mach 1922, S. 3.

[4] Bernhard Waldenfels: Topographie des Fremden, Frankfurt a.M. 1997, S. 33.

[5] Im Hintergrund von Waldenfels' Analyse stehen die Studien des Psychologen Jaques Lacan. Vgl. Jaques Lacan: Das Spiegelstadium als Bildner der Ichfunktion, wie sie uns in der psychoanalytischen Erfahrung erscheint. In: Ders.: Schriften I, Frankfurt a.M. 1975, S. 61–70.

Das Tier im menschlichen Leib

nem und Fremden in Bewegung.«⁶ Die Fremderfahrung findet also aus dem Eigenen und im Eigenen statt, denn das Eigene – oder das Selbst – konstituiert sich immer erst durch die Verschränkung mit dem Fremden. »Radikale Fremdheit beginnt erst dort, wo Eigensein, Eigenname und also auch der Eigenort selbst durch Fremdheit gezeichnet sind [...] da Fremdes und Eigenes sich auf der phänomenalen Ebene ineinanderschieben, ohne deswegen miteinander zu verschmelzen.«⁷ Der Leib ist für Waldenfels ein bestimmter Ort, an dem Fremdheit erfahren wird. Dabei meint Waldenfels sowohl den fungierenden, gelebten und gefühlten Leib als auch den materiellen Körper.⁸ Als exemplarisch für die Fremderfahrung am eigenen Leibkörper gilt für Waldenfels auch die Erfahrung vom Selbst im Spiegel. Durch die Betrachtung dieses Phänomens zeigt sich auch, dass Waldenfels' Auffassung der Fremdheit des Leibkörpers Freuds Begriff des Unheimlichen nahekommt.⁹ Sowohl die Fremdheit als auch das Unheimliche sind als destabilisierende Widerfahrnisse zu verstehen, die das betreffen, was uns sonst vertraut ist. Im Lichte dieser Überlegung gehöre ich nie ganz zu mir selbst, sondern »dieses Selbst ist nicht einfach auf sich bezogen, sondern es entzieht sich zugleich. Das ›sich selbst entziehen‹ besagt, dass ich mir immer auch fremd bin [...]. Ich belasse es vorerst bei diesen Andeutungen, die auf eine ›Nicht-Koinzidenz in der Koinzidenz‹ hinweisen«¹⁰. Diese Nicht-Koinzidenz innerhalb der Koinzidenz ist die Quelle, die das Phänomen der Fremderfahrung auslöst, wie im beschriebenen Fall des Spiegels. Wenn ich mich nicht im Spiegel erkenne, entdecke ich laut Waldenfels etwas, was meine eigene Existenzsituation betrifft und das in Bezug zu einer gewissen Unklarheit und Unsicherheit meiner Selbst steht. Mit Rückbezug auf Machs' beispielhafte Situation schreibt Waldenfels: »Er hat im Spiegelbild offenbar etwas von sich entdeckt. Er hat im Spiegel *sich als Anderen* gesehen, und dies setzt von vornherein ein gewisses Verkennen seiner selbst voraus. Nur so kann man sich überhaupt verwechseln und auf den Gedanken kommen, der Gespiegelte sei ein Anderer, und zwar ein bestimmter Anderer, mit einer Frau oder einer Eidechse hätte er sich gewiss nicht verwechselt.«¹¹

---

[6] Waldenfels 1997, S. 44.
[7] Ebd., S. 196.
[8] Vgl. Bernhard Waldenfels: Sinnesschwellen, Frankfurt a.M. 1998, S. 253.
[9] Vgl. Freud 1919.
[10] Bernhard Waldenfels: Das leibliche Selbst, Frankfurt a.M. 2000, S. 44.
[11] Ebd., S. 32.

Man beachte die Andeutung des Elements der ›Ähnlichkeit‹ in den letzten Sätzen dieses Zitats, denn Mach kann nicht mit etwas ganz anderem verwechselt werden. Ich möchte dieses Detail hervorheben, weil es den spezifischen Sinn der Fremderfahrung bei Waldenfels ausdrückt, der besagt, dass das Fremde immer in einer Bewegung von Distanz und Nähe, Ähnlichkeit und Differenz erscheint, und zwar in einer Weise, die jeden Anspruch auf Identitätszuschreibung gerade außer Kraft setzt.

Das tierische ›Mich‹ und das menschliche ›Ich‹

Die Nicht-Koinzidenz des Selbst, die Fremdwerdung der Selbsterfahrung sowie das Auftreten von solchen leiblichen Empfindungen, die die Sphäre des Ichs überschreiten, sind Merkmale, die wir auch in Helmuth Plessners Beschreibungen der menschlichen Existenz finden können. In seinem Hauptwerk *Die Stufen des Organischen und der Mensch*[12] schreibt Plessner der menschlichen Lebensform tatsächlich die oben genannten Eigenschaften zu. Die menschliche Lebensform wird nach einem ausführlichen Vergleich der unterschiedlichen Seinsweisen in der Welt der Lebewesen als *exzentrisch* bezeichnet. Um zu verstehen, was *exzentrisch* bedeutet, muss man sich zunächst auf das von Plessner entwickelte Konzept der Positionalität beziehen. Plessner spricht von Kategorien des Lebendigen und hat zu diesem Zweck den Begriff der Positionalität geprägt, der eine neutrale Kategorie darstellt, weil sie den Doppelaspekt des Körpers und des Leibes erfasst.

Wir müssen einen Schritt zurückgehen, um besser beschreiben zu können, was Positionalität ist und wie sie in verschiedenen Lebewesen zum Ausdruck kommt. Nach Plessner lebt jedes Lebewesen als psychophysische Einheit, auch wenn diese Einheit immer das Produkt einer Beziehung zwischen diesen beiden Polen darstellt: dem körperlichen und dem leiblichen Pol. Darüber hinaus bezieht sich der Begriff der Positionalität nicht nur auf die Leibkörperlichkeit eines Lebewesens, sondern auch auf die bestimmte Modalität eines Lebewesens, in der Welt zu leben. Nach Plessner drückt sich die Beziehung zur Umwelt tatsächlich in der Art und Weise aus, wie sich die psychophysische Einheit des Leibkörpers artikuliert. Deshalb bezieht sich der Begriff der Positionalität gleichzeitig auf die Beziehung eines Lebewesens zwischen seinem Leib-

---

[12] Helmuth Plessner: Die Stufen des Organischen und der Mensch [1928], Berlin 2019.

körper und seiner Umgebung. So hat die Pflanze eine offene Positionalität, weil sie in Symbiose mit ihrer Umgebung steht und weil sie sich folglich nicht auf einen vollständig bewussten Leibkörper bezieht. Ein voll bewusster Leibkörper hingegen ist der des Tieres, dessen leibliche Geschlossenheit eine zentrierte Positionalität garantiert. Der Begriff der Zentralität betrifft sowohl die organische Ebene – wie zum Beispiel im Fall des zentralen Nervensystems des Säugetieres – als auch die existenzielle Ebene, im Sinne einer leibbewussten Individualität. Die *Zentriertheit* der Positionalität bedeutet also, dass das Bewusstsein des Tieres im Leibkörper zentriert ist und sich durch den Leib selbst in autonomer Weise auf seine Umgebung bezieht.[13] Aufgrund seiner Seinsweise – das heißt zentriert in einem Leib – ist das Tier eine bewusste Subjektivität. Die Einschränkung des tierischen Bewusstseins besteht jedoch darin, dass es Bewusstsein über seinen Leib und seine Umgebung hat, nicht aber über sich selbst.[14] Mit Plessners Worten: »Insoweit das Tier selbst ist, geht es im Hier-Jetzt auf. Dies wird ihm nicht gegenständlich, hebt sich nicht vom ihm ab, bleibt Zustand, vermittelndes Hindurch konkret lebendigen Vollzugs. Das Tier lebt aus seiner Mitte heraus, in seine Mitte hinein, aber es lebt nicht als Mitte. Es erlebt Inhalte im Umfeld, Fremdes und Eigenes, es vermag auch über den eigenen Leib Herrschaft zu gewinnen, es bildet ein auf es selber rückbezügliches System, ein Sich, aber es erlebt nicht – sich.«[15]

Das Tier ist demnach eine Lebensform, die aus einem bewussten individuellen Zentrum – einem Selbst – lebt, ohne dieses eigene Selbst

---

[13] »Auch diese besondere Form einer vermittelten Beziehung zur Umwelt geht wieder mit einer besonderen Form der Selbstvermittlung einher. Diese Selbstvermittlung bei Tieren ist unterschiedlich komplex und abhängig von der Repräsentation des Körpers in einem (nervösen) Zentralorgan. Sie kommt darin zum Ausdruck, dass Tiere Wirklichkeit sowohl ›als dieser Körper‹ als auch ›als sein Leib‹, d.h. im Körper haben. Die Wirklichkeit der Tiere oszilliert gewissermaßen zwischen zwei Seinslagen, dem (einfachen) Körpersein und dem ›raumhaften Insein im Körper‹. Auch diese beiden Bezeichnungen (Körper und Leib) stehen für den Doppelaspekt und sind die positionale Entsprechung der physischen Trennung einer das Zentrum mit enthaltenen Körperzone und einer vom Zentrum gebundenen Körperzone.« Kristian Köchy: Beseelte Tiere. Umwelten und Netzwerke der Tierpsychologie, Berlin 2022, S. 190.
[14] Ein solcher Unterschied zwischen einem rein lebendigen Selbst und einem reflexiv-biographischen Selbst macht auch Karl Löwith. Vgl. Karl Löwith: Das Individuum in der Rolle des Mitmenschen, München 2016, S. 107, S. 109.
[15] Helmuth Plessner: Die Stufen des Organischen und der Mensch, Einleitung in die philosophische Anthropologie, Gesammelte Schriften IV, Frankfurt a.M. 2016, S. 360.

zu erkennen. Dem Tier fehlt also der reflexive Bezug zu seinem Selbst, »es hat nur seinen Leib und geht in der raum-zeithaften Zentralität subjektiven Lebens auf, ohne es zu erleben, ist von ihm aus reines Mich, nicht Ich«[16]. Das Selbst des tierischen Bewusstseins hat weder die Zeit noch den Raum, so Plessner, über sich selbst nachzudenken und sich folglich selbst zu erkennen und dabei als Subjekt im Sinne des Ichs aufzutreten. Der Prozess der Zuschreibung eines Selbst ist für das Tier unmöglich, im Sinne einer Selbstbehauptung einer vollständig reflektierenden Subjektivität.[17]

Bernhard Waldenfels unterscheidet ebenfalls zwischen zwei Arten des Selbst: einem bewussten Selbst, aber noch nicht vollständig reflektierten und einem Selbst, das in der Lage ist, sich selbst das Pronomen Ich zuzuschreiben. In seinen Worten: »Das Selbst [...] spaltet sich auf in ein großes Selbst (S), das dem Ich, und in ein kleines Selbst (s), das dem Mich (*moi, me*) korrespondiert. Indem S sich als s darstellt, gewinnt es eine Identität, wird es zum Selben.«[18] So ist auch für Waldenfels das ›Ich‹ nicht unmittelbar gegeben, sondern es ist das Resultat eines Beziehungsprozesses zwischen einem reflexiven Selbst, das sich im Pronomen ›Ich‹ identifiziert, und einem anderen Selbst, das sich stattdessen als ›Mich‹ ausgibt. Das Selbstbewusstsein ist immer in diesem Spiel zwischen Ich und Mich gegeben, im Zwischen eines Selbst, das sich nur im *Prozess* selbst erkennen, sich selbst erreichen kann. Durch die Verbindung beider Autoren kann man sagen, dass das Ich-Selbst als Prozess der (Auto-)Zuschreibung immer in Bezug auf ein Mich bleibt. Meine Hypothese ist, dass dieses Mich eine Form der Animalität im menschlichen Leib darstellt.

---

[16] Plessner 1928, S. 342; vgl. dazu Köchy 2022, S. 191.

[17] Auch aus diesem Grund können, laut Plessner, die Tiere sich nicht im Spiegelbild erkennen. »Tierische Rudel, Herden, Horden kennen zwar Partnerschaften, Freundschaften, Rivalitäten und Rangordnungen, aber keine Distanz, die auf der Reziprozität des Füreinander beruht [...]. Sie stehen unter dem Gesetzt der Nähe.« Helmut Plessner: Zur Frage der Vergleichbarkeit tierischen und menschlichen Verhaltens. In: Ders.: Conditio humana, Gesammelte Schriften VIII, Frankfurt a.M. 2019, S. 290.

[18] Bernhard Waldenfels: Bruchlinien der Erfahrung, Frankfurt a.M. 2002, S. 184.

Das exzentrische Selbst und sein Gegenpol

Lassen wir nun dieses ›tierische Mich‹ zunächst beiseite und betrachten jetzt die Bedeutung des ›Ich-Selbst‹ in der bestimmten Art und Weise der menschlichen Existenz. Plessner definiert die menschliche Existenz durch den Begriff der »exzentrischen Positionalität«, was heißt, dass das menschliche Bewusstsein in einen Leibkörperpol und einen Bewusstseinspol gespalten ist.[19] Im Gegensatz zu der tierischen Form, gehört der Bewusstseinspol im Fall des Menschen nicht zum Leib, sondern ist außerhalb verortet. Plessner schreibt: »Ist das Leben des Tieres zentrisch, so ist das Leben des Menschen, ohne die Zentrierung durchbrechen zu können, zugleich aus ihr heraus, exzentrisch. *Exzentrizität* ist die für den Menschen charakteristische Form seiner frontalen Gestelltheit gegen das Umfeld. Als Ich, das die volle Rückwendung des lebendigen Systems zu sich ermöglich, steht der Mensch nicht mehr im Hier-Jetzt, sondern ›hinter‹ ihm, hinter sich selbst, ortlos, im Nichts.«[20]

Hier wird erkennbar, dass das menschliche Bewusstsein sich erst dank seiner Exzentrizität reflektieren kann. Dies geschieht mit dem ›Sprung‹ des menschlichen Bewusstseins über die leibliche Dimension hinaus. Trotzdem lebt der Mensch nicht in einer anderen Dimension, wie der einer Welt des reinen Geistes oder der reinen Vernunft. Das menschliche Bewusstsein ist exzentrisch oder dezentriert, aber dieser Sprung über den Leibkörper hinaus führt es nicht an einen anderen Ort. Das exzentrische Bewusstsein springt ins »Nichts« und bleibt als virtueller Pol. Als solcher braucht es immer den Leibkörper, um in der Welt zu sein. Wie Plessner selbst betont, bedeutet exzentrische Positionalität nicht die Trennung von der tierischen, leiblichen Existenzweise. Die tierische Form bleibt in der menschlichen Form erhalten. Er schreibt: »Wenn der Charakter des Außersichseins das Tier zum Menschen macht, so ist es, da mit Exzentrizität keine neue Organisationsform ermöglicht wird, klar, daß er körperlich Tier bleiben muß [...]. Gebunden ist der Charakter des Menschen nur an die zentralistische Organisationsform, welche die Basis für seine Exzentrizität abgibt.«[21]

Letztlich kann sich der Mensch nicht von der Beziehung zur Animalität lösen. Die zentrierte Positionalität als Ausdruck einer spezifischen

---

[19] Vgl. Joaquim Fischer: Exzentrische Positionalität. Plessners Grundkategorie der Philosophischen Anthropologie. In: Deutsche Zeitschrift für Philosophie, 48(2), 2000, S. 265–288.
[20] Plessner 1928, S. 364.
[21] Ebd., S. 365, S. 366.

Existenzform ist zugleich Ausdruck des Tierischen im Menschen. Es ist diese andere Existenzform, die laut Plessner als ein ›reines Mich‹ beschrieben werden kann. Bedeutet dies, dass das Tier im Menschen ein Mich hinter oder neben dem Ich darstellt? Mich und Ich befinden sich abwechselnd in zwei verschiedenen raum-zeitlichen Dimensionen: die des Hier-Jetzt Leibkörpers des tierischen Bewusstseins und die des virtuellen Nicht-Ortes des menschlichen Selbstbewusstseins. Der Mensch ist die Einheit der beiden Pole, des Leibzentrierten und des virtuell-Exzentrischen. Das Problem ist jedoch, dass der Mensch als ein exzentrisches Bewusstsein nicht vollständig in den Leib im Modus des tierzentrierten Bewusstseins zurückkehren kann.[22] Es ist genau die im ersten Absatz beschriebene Situation der Nicht-Koinzidenz in der Koinzidenz. Der Mensch ist sein Leib, geht aber nicht in seinem Leib auf; so wie er auch nicht mit dem virtuell-egologischen Pol seines Selbstbewusstseins zusammenfällt. Er existiert als kontinuierliche Beziehung zwischen diesen verschiedenen Polen. Der Mensch selbst lebt als die gegenwärtige und verkörperte Verwirklichung dieser Beziehung. Dies führt zu einer Situation großer Selbstunsicherheit, die Plessner wie folgt beschreibt: »Es hilft nicht über die keimhafte Spaltung hinweg, die das Selbstsein des Menschen, weil er exzentrisch ist, durchzieht, so dass niemand von sich selbst weiß, ob er es noch ist, der weint und lacht, denkt und Entschlüsse faßt, oder dieses von ihm schon abgespaltene Selbst, der Andere in ihm, sein Gegenbild und vielleicht sein Gegenpol.«[23]

In diesem Zitat sind die von Plessner verwendeten Begriffe wie folgt zu verbinden: Der Begriff des abgespaltenen Selbst meint bei Plessner das exzentrische Selbstbewusstsein. Mit der Figur des Anderen ist die gesellschaftliche Beeinflussung des Menschen bezeichnet und mit dem Gegenbild das Spiegelbild angezeigt. Was aber ist mit jenem »Gegenpol« gemeint, der hier angesprochen wird? Wenn wir uns an die plessner'schen Analysen halten, können wir davon ausgehen, dass damit das animalische Leibkörperzentrum gemeint ist. Angenommen dieser Gegenpol fällt mit der Dimension der Animalität im Leib zusammen, wie manifestiert er sich dann? In welchen Momenten könnte er anstelle des bewussten Selbst erscheinen? Meine These ist, dass die Erfahrungen des Sich-Nicht-Erkennens im Spiegel als Ausdruck eben dieses tierischen Gegenpols zu verstehen sind. Um diese Hypothese zu verdeutlichen, ver-

---

[22] Ebd., S. 384. Vgl. dazu Hans-Peter Krüger (Hrsg.): Helmuth Plessner: Die Stufen des Organischen und der Mensch, Berlin 2017.
[23] Plessner 1928, S. 372.

gleiche ich im Folgenden menschliche und tierische Handlungen vor dem Spiegel. Dabei dient mir der *Mirror Test* als Beispiel.

Interspezifische Fälle des Sich-Nicht-Erkennens im Spiegel

Der Name *Mirror Test* bezieht sich auf ein Spiegelerkennungsexperiment, das mit Kindern und Tieren im Rahmen der vergleichenden Psychologie durchgeführt wird. Dieses Experiment wurde mit verschiedenen Tierarten sowie mit Kindern über und unter zwei Jahren durchgeführt.[24] Ich beziehe mich in meinem Beispiel ausschließlich auf die Experimente, die mit Menschenaffen durchgeführt wurden. Einerseits um das Thema einzugrenzen, andererseits weil die phylogenetische Nähe zum Menschen die Beurteilung des Verhaltens dieser Tiere begünstigen kann. Der erste Wissenschaftler, der den *Mirror Test* als Methode anwendete und positive Ergebnisse mit Menschenaffen erzielte, ist der amerikanische Psychologe Gordon Gallup. Der *Mirror Test* besteht darin, eine Stelle auf der Stirn des Tieres mit einer geruchlosen Farbe zu markieren. Das Individuum wird dann vor einen Spiegel gestellt. Das wird in der Regel durchgeführt, während das Tier sediert ist.[25] Wenn das Individuum nach dem Aufwachen vor einem Spiegel den Fleck auf der Stirn sofort wahrnimmt – eine Wahrnehmung, die in der Regel mit der instinktiven Geste einhergeht, den Fleck zu berühren – gilt der Spiegeltest als bestanden, weil davon ausgegangen wird, dass das Individuum das Bild von sich selbst erkannt hat. Achten Individuen hingegen nicht auf den Fleck, gilt der *Mirror Test* als nicht bestanden. Die Ergebnisse dieser Untersuchung bestätigen die Vermutung, dass Individuen verschiedener Tierarten Schwierigkeiten zeigen sich im Spiegel zu erkennen. Die Studien von Gallup kommen jedoch diesbezüglich zu einem zusätzlichen, interessanten Ergebnis. Einige Schimpansen und Orang-Utans bestanden den Spiegeltest. Schimpansen und Orang-Utans, sowohl in Gefangenschaft gezüchtete als auch wild geborene, reagierten korrekt, das heißt sie berührten selbstbewusst den Punkt auf ihrer Stirn, während sie ihr Spiegelbild aufmerksam betrachteten. Diese Geste wurde dann in der

---

[24] Vgl. Julian Paul Keneen: The Face in the Mirror. The Search of the Origins of Consciousness, New York 2003.

[25] Gordon Gallup; Susan Suarez: Self-recognition in Chimpanzees and Orangutans, but not Gorillas. In: Journal of Human Evolution, London 1981, S. 175–180, hier: S. 181.

Regel von der Geste begleitet, die Finger zum Mund zu führen, um die fremde Substanz zu schmecken und/oder den Fleck wegzuputzen.[26] Es ist jedoch zu beachten, dass die Affen, die den Spiegeltest bestanden, zuvor an das Objekt gewöhnt waren. In der Tat betont Gallup und sein Team, dass alle Versuchsexemplare vor dem Experiment mit dem Fleck auf der Stirn zehn bis fünfzehn Tage lang vor Spiegeln exponiert waren, die in ihren Käfigen aufgestellt wurden. Auf diese Weise hatten die Tiere die Möglichkeit, sich vor dem Test mit dem Artefakt selbst und ihrem eigenen Spiegelbild vertraut zu machen. Gallup stellte fest, dass in den ersten Tagen, in denen die Tiere dem Spiegel ausgesetzt waren, sie in ihrem üblichen *Sozialverhalten* auf das Artefakt reagierten. Mit dem Ausdruck ›Sozialverhalten‹ wird ein Spektrum verschiedener Handlungen bezeichnet, durch welche die Tiere normalerweise mit einem Artgenossen in Kontakt treten. Im Laufe der Tage, änderten sich diese Verhaltensweisen jedoch nach und nach. In Gallups Experiment begann der Affe, seine Aufmerksamkeit zunehmend auf sich selbst zu richten. Von diesem Moment an wurde der Spiegel für eine Vielzahl von Körperpflegeaktivitäten verwendet: Fellpflege, Entfernen von Essensresten aus den Zähnen, Erkunden der Genitalien und so weiter. »When initially exposed to mirrors most animals with adequate visual sensitivity respond as if the image represented another animal. After prolonged confrontation with mirrors animals may learn to recognize their own images and cease to respond socially to the reflection, since this is what presumably occurs in man [...]. In all instances of self-directed behaviour, the self is the referent through the reflection, whereas in cases of social behaviour the reflection is the referent.«[27]

Abgesehen von den komplexen Fragen der *Self-Awareness* bei nichtmenschlicher Subjektivität und der Bedeutung des Lernvorgangs, sich im Spiegel zu erkennen,[28] besteht das hier für mich bedeutsame Ereignis darin, dass die Tiere sich anfänglich nicht im Spiegel erkannten. Wie bereits gezeigt wurde, charakterisiert das anfängliche Sich-Nicht-Erkennen im Spiegel auch diejenigen Individuen, die später den *Mirror Test*

---

[26] Gordon Gallup: Chimpanzees: Self-Recognition, Science, New York 1970, S. 85–86, hier: S. 87.
[27] Ebd., S. 86; Vgl. Gallup; Suarez 1981, S. 175.
[28] Vgl. Joan Gray Snodgrass; Robert Thompson (Hrsg.): The Self across Psychology. Self-Recognition, Self-Awareness and the self-concept, New York 1997; Sue Taylor Parker; Robert Mitchell; Maria Boccia (Hrsg.): Self-awareness in Animals and Humans: Developmental Perspectives, Cambridge 1994.

Das Tier im menschlichen Leib

bestehen. Ich möchte im Folgenden diesen anfänglichen Moment für die Zwecke meiner These berücksichtigen.

Das anfängliche Sich-Nicht-Erkennen deutet auf ein einheitliches Verhaltensmuster bei Tieren hin, die dazu neigen, im reflektierten Spiegelbild zunächst einen anderen Artgenossen zu sehen. Die These lautet, dass genau dies auch beim Sich-Nicht-Erkennen im Spiegel beim Menschen der Fall ist. In diesen Fällen reagiert nicht das selbst-bewusste Subjekt. Wie bereits erwähnt, fällt dieser Gegenpol mit der tierischen Organisationsform zusammen, die laut Plessner im Leibkörper zentriert ist. Dieser tierische Pol im menschlichen Leib reagiert zunächst mit den Merkmalen der tierischen Reaktion auf das Spiegelbild, das heißt als Nicht-Erkennen des Selbst. Deshalb sehen wir in diesen Momenten einen anderen Menschen im Spiegel, so wie die Tiere einen anderen Artgenossen sehen. In Plessners Augen wäre es so, als würde sich das aus dem Leib projizierte menschliche exzentrische Bewusstsein für einige Augenblicke wieder im Leibkörper verfangen. So im Leibkörper eingetaucht, würde das Bewusstsein den Sprung aus sich selbst heraus verpassen. Aus diesem Grund ist es für den Menschen, auch wenn nur für einen Moment, nicht möglich sich außerhalb – das heißt im Spiegel – selbst zu erkennen. In diesem Sinne reagiert der Mensch zunächst als reines Mich und nicht als Ich. Aus diesem Grund erleben wir solche Momente durch eine unheimliche Stimmung, die uns beunruhigt. Das unheimliche Gefühl zeigt tatsächlich an, dass wir eine andere Bewusstseinsform im Selbst spüren.

In diesem Sinne empfindet der Mensch eine bestimmte Fremdheit in sich selbst, die mit der Animalität – oder mit dem tierischen Mich – verbunden ist und als leibliche Dimension auf der Schwelle zwischen Identität und Fremdheit verankert ist. Diese leibliche Dimension ist dem reflexiv-bewussten Selbst fremd und doch konstitutiv für dasselbe Selbst. Laut Plessner spielt diese vorreflexive Dimension eine entscheidende Rolle bei der Konstitution der menschlichen Lebensform, verstanden als Beziehung zwischen dem leiblichen und dem egologischen Pol. Meine These ist, dass sie auch bei den alltäglichen menschlichen Erfahrungen eine Rolle spielt, wie im Fall des Sich-Nicht-Erkennens im Spiegel.

Das tierische Mich in mir

Waldenfels beschreibt die Fremderfahrung durch das Begriffspaar ›Pathos‹ und ›Response‹. Das, was als fremd erfahren wird, hat den Charakter eines Ereignisses, das die Vertrautheit einer bestimmten Ordnung durchbricht. Das Fremde erscheint nicht als ›Objekt‹, sondern als »Widerfahrnis«[29], dass heißt als etwas, auf das wir antworten. Er versucht außerdem eine neue Ethik zu erarbeiten, die im Sinne seiner responsiven Phänomenologie mit der Verpflichtung der Antwort beginnt. Diese Verpflichtung bezieht sich auf das Fremde, das heißt auf etwas, das nicht vorhersehbar ist.[30] Waldenfels' Gedanke ist auch in dieser Hinsicht auf mein eigenes Argument übertragbar, insofern auch ich die interspezifischen Beziehungen in ethischer Hinsicht zu überdenken für sinnvoll erachte. Eine Verpflichtung des Antwortens auf das Fremde in ethischer Hinsicht kann dazu beitragen, den Diskurs über Tierrechte und zwischenartliche Beziehungen von anthropomorphisierten Modellen zu lösen. Solche Modelle basieren oft auf Ähnlichkeiten und Unterschieden zwischen dem Menschen und anderen Spezies, die den Menschen als Maß für die Beurteilung anderer Spezies setzen. Indem wir anerkennen, dass die Animalität Teil unserer leiblichen Existenzform als Menschen ist und nicht bloß durch eine biologisch-positivistische Ableitung bestimmt wird, können wir anfangen, neue Verbindungen zwischen den Arten zu denken. Wie ich mit dem Beispiel des interspezifischen Sich-Nicht-Erkennens im Spiegel zeigen möchte, umfasst die Verbindung mit den anderen Lebewesen nicht nur die rein biologische Ebene, sondern außerdem eine Dimension der Selbsterfahrung. Das bedeutet, dass es eine Verbindung zwischen Lebewesen gibt, die über ihre biologische Nähe hinausreicht, insofern sie einen existenziellen Bereich umfasst, den wir jeden Tag durchleben. Diese Verbindung ist aber nicht im Sinne einer Analogie zu verstehen, sondern sie ist Ausdruck einer Beziehung zu etwas Fremdem.[31]

---

[29] Bernhard Waldenfels: Grundmotive eine Phänomenologie des Fremden, Frankfurt a.M. 2006, S.73. Vgl. auch: Bernhard Waldenfels: Antwortregister, Frankfurt a.M. 1994. Als Response versteht Waldenfels jegliches Antwortverhalten, also auch ein nicht-Antworten, das sich auch in seiner Negativität responsiv zu einem Wiederfahrnis verhält.

[30] Vgl. Ferdinando Menga (Hrsg.): The Paths of the Alien. On the Philosophy of Bernhard Waldenfels, Etica & Politica / Ethics & Politics, XIII, 1, 2011, S. 7–15.

[31] »The question ›are animals subject in the same sense as we, human, are?‹ is badly posed. Humans are not subjects in a clear-cut sense with perfectly rigid

Aus diesem Grund kann die Betrachtung der Animalität als Fremderfahrung im leiblichen Selbst eine neue Art des Verständnisses von ethischer Verantwortung zwischen den Arten einleiten. Diese Ethik der Antwort kann durch Waldenfels' Denken der Responsivität und Plessners Biophilosophie in Hinsicht auf den Fremdappell als ein interspezifischer Weg eingeschlagen werden.

---

characteristic. And subjectivity necessarily possesses an intersubjectivity structure. Non-human animals are neither subject in the same sensa as we human are, not in a difference sense. Rather we belong to a unique and yet manifold and dynamic transcendental interanimality. Non-human animals bring a new dimension to the transcendental subjectivity.« Annabelle Dufourcq: The imaginary of animals, New York 2022, S. 82.

Alexander Niehoff
Aufgaben einer Epistemologie für das Kapitalozän

In diesem kurzen Aufriss soll der Versuch unternommen werden, die Aufgaben einer spartanischen, aber effektiven *Epistemologie* auszuarbeiten, welche in der Lage wäre, die verwirrende gegenwärtige ökologische Katastrophe, inklusive der verknüpften Ausbeutung und der geopolitischen Konfrontation intelligibel zu machen und zugleich die gesellschaftlich-politische Verantwortung und Kontrolle über diese bedrohlichen Prozesse zu untermauern.

Der Mangel an einer theoretischen Philosophie oder Epistemologie, also der Möglichkeit, Wissenschaft, Meinung und persönliche Erfahrung zu werten, aufeinander zu beziehen und zu ordnen, sei *Verwirrung* genannt. Zur Verwirrung, welche die Komplexität der Krise schon auf fachwissenschaftlicher Ebene selbst auslöst, tritt diejenige der Uneinigkeit in diesen epistemologisch-philosophischen Fragen und zuletzt diejenige, welche bestimmte irrationalistische und antiaufklärerische Epistemologien, von denen man es nicht erwarten würde, teilweise absichtlich auslösen. Die Rede ist hier von Timothy Morton und Bruno Latour, die sich direkt auf die ökologische Problematik beziehen und gerne als ›ökologische‹ oder ›grüne‹ Philosophen gehandelt werden.[1] Deren ausgearbeitete ›grüne‹ Epistemologien, die in dem Projekt historisch und strukturell kontextualisierend zu kritisieren sind, bilden dabei keineswegs freischwebende Gedankengebäude. Sie entsprechen vielmehr tatsächlichen impliziten und expliziten, spontan gebildeten und übernommenen epistemologischen Haltungen zur ökologischen Krise in der allgemeinen Bevölkerung, bei den Aktivist*innen, sowie in Behörden und Parteien, welche die Züge jener Irrationalität an sich tragen. Es findet somit *über* diese ›grünen‹ Intellektuellen eine Auseinandersetzung mit eben jenen irrationalen Haltungen der allgemeinen Bevölkerung statt. Als wesentliche *positive* theoretische Orientierungspunkte soll auf die marxistischen Epistemologien von Wladimir Lenin, Louis Althusser und

---

[1] Was Latour betrifft, kann hier auf die unzähligen Nachrufe auf seinen Tod im Oktober 2022 verwiesen werden, in denen er als »Vordenker« der Ökologie oder ihr Exponent gehandelt wird. Morton wurde in The Guardian als »most popular guide to the new epoch« [des Anthropozäns und der ökologischen Krise] gehandelt, vgl. https://www.theguardian.com/world/2017/jun/15/timothy-morton-anthropocene-philosopher (28.09.2023).

Aufgaben einer Epistemologie für das Kapitalozän

Alain Badiou zurückgegriffen werden,[2] um jene irrationalistischen Epistemologien zu kritisieren. Bei den heutigen Vertreter*innen des Marxismus und seiner Epigon*innen wiederum finden wir vor, dass sie die Wissenschaften der Ökologie nicht ernst nehmen – sie wenden somit ihre Epistemologie nicht wirklich an. Hier sehe ich ein Desiderat gegenwärtiger marxistischer Theorie. Die epistemologische Seite der Problematik ist weniger komplex, als es den Anschein hat, diese Momente müssen aber exponiert und konzentriert angegangen werden.

Die Konstellation der Postwendezeit seit 1990 in 5 Paradoxien

Was nun die Problematik jener multiplen ökologisch-kapitalistischen Krise betrifft, welche in ihrer Größe, Brutalität und Zerstörungskraft durchaus mit der »Urkatastrophe« des 20. Jahrhunderts,[3] dem ersten Weltkrieg vergleichbar, wenn nicht noch gravierender ist. Einige Eckdaten: So haben wir trotz aller Maßnahmen mit einer Erderhitzung um 2,8 Grad zu rechnen,[4] die einige äußerst dicht bevölkerte Regionen unbewohnbar machen wird und völlig unabsehbare Folgen tragen wird,[5] mit ein bis drei Milliarden Menschen ist zu rechnen, die an diesen Orten leben und früher oder später vermutlich emigrieren müssen.[6] Zudem ste-

---

[2] Mit der »Epistemologie« Lenins ist Materialismus und Empiriokritizismus von 1909 gemeint, vgl. Wladimir Iljitsch Lenin: Materialismus und Empiriokritizismus [1909]. In: Ders.: Werke, Bd. 14, Berlin 1975, S. 9–365. Althusser baute auf eben jenen Ausführungen auf, einschlägig sind »Lenin und die Philosophie« sowie seine Ausführungen zur spontanen Philosophie der Naturwissenschaftler. Badious Epistemologie baut ihrerseits auf Althusser auf, sein zentrales Werk hierfür ist »Das Sein und das Ereignis« von 1988.

[3] Vgl. George Kennan: The Decline of Bismarck's political Order, Princeton 1979, S. 3: »And thus I came to see the First World War, as I think many reasonably thoughtful people have learned to see it, as the great seminal catastrophe of this century […]«.

[4] Vgl. UN Environment Programme: Emissions Gap Report 2022: The Closing Window – Climate Crisis calls for rapid transformation of societies, Nairobi 2022, S. 21f.

[5] Vgl. Luke Kemp; Chi Xu et al.: Climate Endgame. Exploring catastrophic climate scenarios. In: PNAS, Jg. 119, Nr. 34, 2022, S. 1–9, bes. S. 7f.

[6] Vgl. Chi Xu; Timothy A. Kohler et al.: The future of the human climate niche. In: PNAS, Jg. 117, Nr. 21, 2020, S. 11350–11355. Auf der ersten Seite heißt es: »We show that for thousands of years, humans have concentrated in a surprisingly narrow subset of Earth's available climates, characterized by mean annual temperatures around ~13 °C. This distribution likely reflects a human tempera-

hen wir zunächst vor einer der Behebung dieser Aussichten entgegenwirkenden politisch-theoretischen Konstellation, deren Ursprünge auf den Niedergang des Staatssozialismus und insbesondere des Maoismus zurückverweisen, wie auch auf die allgemeine wissenschaftliche Anerkennung des globalen Klimawandels;[7] alles prägende Ereignisse, welche auf die 1980er-Jahre und die Wendezeit um 1990 zurückgehen, den Anfängen der heute bestehenden welthistorischen Epoche. Seither finden wir bezeichnende *Paradoxien* vor, von denen fünf im Folgenden kurz eingeführt und in ihrer antagonistischen Tendenz *überspitzt* dargestellt werden sollen – also von den ausdrücklichen Extremen her.

1. Es gibt eine politische Spaltung in *Rot* und *Grün*, wobei die ›Grünen‹ sich der ökologischen Thematik zuordnen, und dabei zunehmend die Arbeiter und die soziale Problematik überhaupt aus den Augen verloren haben, gleichsam haben die ›Roten‹ die ökologische Problematik aus den Augen verloren. Während die ›Roten‹ der Tradition von Karl Marx weiter folgen, eine emotionale Bindung an die Versuche des Staatssozialismus oder der Sozialdemokratie bewahren oder sich an den Gewerkschaften orientieren, haben sich die ›Grünen‹ von dieser Tradition nicht nur verbal, sondern auch emotional abgetrennt. Sie sehen sich weder im positiven noch negativen Sinne in der Verantwortung noch sind sie gewillt, aus diesen Versuchen zu lernen. Diese Spaltung entspricht keineswegs der Unterscheidung in radikal und gemäßigt, systemkritisch oder opportunistisch. Die Spaltung zeigt sich weltweit in unterschiedlichen Parteien, Organisationen und Milieus, wobei in der realen Partei- und Bündnispolitik diese ›Extreme‹ sich häufig annähern oder es zumindest versuchen, und in eine entsprechende politische Spannung geraten.

2. Dieser politischen Spaltung entspricht insbesondere bei den radikalen Flügeln eine *erste epistemologische Spaltung* in Klimaforschung und Ökologie bei den ›Grünen‹ und marxistische Ökonomie/histori-

---

ture niche related to fundamental constraints. We demonstrate that depending on scenarios of population growth and warming, over the coming 50 y, 1 to 3 billion people are projected to be left outside the climate conditions that have served humanity well over the past 6,000 y. Absent climate mitigation or migration, a substantial part of humanity will be exposed to mean annual temperatures warmer than nearly anywhere today«.

[7] Der Wandel des globalen Klimas durch das anthropogen emittierte CO_2 wurde schon im 19. Jahrhundert vermutet, die wissenschaftliche Bestätigung, Anerkennung und Berechnung dieses Sachverhalts erfolgte zwischen 1950 und 1988 nach und nach, bis der IPCC gebildet wurde, und 1990 den ersten Bericht veröffentlichte, vgl. https://www.ipcc.ch/about/history/ (28.10.2023).

Aufgaben einer Epistemologie für das Kapitalozän

schen Materialismus bei den ›Roten‹, (insbesondere bei den Orthodoxen, etwa den Trotzkist*innen, Maoist*innen und sonstigen Marxist*innen) als der *primären Wissenschaft*, von welcher aus die Fakten, dann die Handlungsmöglichkeiten und Hindernisse der Politik zu verstehen sind. Die unterschiedliche Hauptgewichtung kann sich bis zu dem Punkt steigern, die Relevanz der jeweils anderen Seite explizit zu leugnen; zumeist bleibt es aber bei einer impliziten Leugnung oder einer bloßen geringeren Gewichtung in den Ausführungen. Die marxistische Ökonomie ist dabei von beiden Säulen der theoretischen Ausgangsbasis in wissenschaftlicher Hinsicht die fraglichere, insofern Marx' Ökonomie aus dem 19. Jahrhundert stammt und die von ihm kritisierte wie vorausgesetzte klassische Ökonomie in der Volkswirtschaftslehre kaum noch vertreten wird.[8]

3. Hinzu tritt eine *zweite epistemologische Spaltung* in der Auffassungsweise der Wissenschaft. Während die Marxist*innen in der Regel einen materialistischen, objektivierenden Wissenschaftsbegriff vertreten – wie Marx, Friedrich Engels, Lenin und Althusser demonstrieren[9] – finden sich bei den Intellektuellen der neuen ›grünen‹ Bewegung eine Vielzahl widersprechender neuerer Ontologien, welche die ökologische Krise zum Anlass nehmen, eine *neue* Epistemologie auszuarbeiten. Diese will radikal mit allem Bisherigen brechen, mit bürgerlichem wie marxistischem Denken gleichermaßen, das für die Krise mit verantwortlich sein soll – zu nennen sind hier Latour und Morton. Sie sind anscheinend von der philosophischen Tradition so abgelöst, wie die grüne Bewegung in politischer Hinsicht von den bisherigen politischen Bewegungen abgelöst ist. Eine nähere Betrachtung zeigt allerdings, dass sie sowohl historisch wie systematisch auf Konzeptionen der Lebensphilosophie und

---

[8] Hierzu kann etwa auf die Geschichte der Ökonomie verwiesen werden, vgl. Ernesto Screpanti; Stefano Zamagni: An Outline of the History of Economic Thought, Oxford 2005. Hier finden sich unter den kontemporären klassischen Richtungen der Ökonomie ab S. 323 keine Zweige des Marxismus, dieser wird an die »Ränder der Orthoxie« verwiesen, ab S. 446. Zudem wird jeder Blick auf die gegenwärtigen Lehrstühle der VWL in Deutschland und der Welt darlegen, dass es kaum Marxist*innen auf ihnen gibt.

[9] Der Wissenschaftsbegriff von Marx lässt sich aus »Grundrissen der politischen Ökonomie« entnehmen, vgl. Karl Marx: Grundrisse der politischen Ökonomie [1857]. In: MEW, Bd. 42, Berlin 1983, S. 19–44, hier: S. 34f. Bei Lenin findet er sich in »Materialismus und Empirokritizismus«, vgl. Lenin 1975, S. 37. Bei Althusser findet sich der Wissenschaftsbegriff im ganzen Werk verstreut, vgl. Louis Althusser: Das Kapital lesen [1965], Münster 2015, S. 22f. Hier wird etwa Wissenschaft so definiert, dass sie sich stets auf ein Objekt richtet.

des ›Heideggerianismus‹ zurückzuführen sind, welche zu Beginn des 20. Jahrhunderts, in der eingängigen Krise des Ersten Weltkrieges, einen besonderen Zulauf und Antrieb fanden.[10] Ihrer Tendenz nach sind diese Theorien, genau wie ihre Vorgänger, mal offener mal verdeckter wissenschafts- und technikskeptisch, sie kritisieren die objektivierende Wissenschaft, das moderne Weltbild, und besonders die von Bürgerlichen wie Marxist*innen verteidigten Aufklärung und halten die Krise im Ganzen häufig für unbegreiflich, nicht rational lösbar.[11]

4. Eine weitere erstaunliche, paradoxe Tatsache ergibt sich nun aus der Zusammenführung beider Spaltungen. Während die heutigen Marxist*innen an wissenschaftlich durchaus fragwürdigen wirtschaftlichen Theorien des 19. Jahrhunderts festhalten, die Klimaforschung und andere Forschungen in der Ökologie wenig beachten – und dabei philosophisch häufig eine wissenschaftsfreundliche Epistemologie vertreten – stützen sich die Angehörigen der ökologischen Bewegung auf wissenschaftlich solidere Fakten der Klimaforschung; zugleich aber als Philosoph*innen auf eine allgemeine irrationalistische Epistemologie, welche die Macht der Wissenschaft und Technik relativiert oder bestreitet. Dieser merkwürdigen Überzeugung unter den ›grünen‹ Intellektuellen entsprechen auch faktisch häufig die Ansichten der Mitglieder dieser Bewegungen und Parteien. Die Berührungspunkte und Überschneidungen beider Gebiete und Gruppen sind mutmaßlicherweise die, in denen wirkliches politisches Potenzial liegt, das eine Hebung und Lösung der epistemologischen Widersprüche begünstigen könnte. Intellektuelle,

---

[10] Unter »Lebensphilosophie« können, dem Begriff von Max Scheler folgend, Theorien von Henri Bergson, Wilhelm Dilthey und Friedrich Nietzsche genannt werden, und solche, denen er sich selbst anschloss, vgl. Max Scheler: Versuche einer Philosophie des Lebens [1915], München 2018, S. 7–9. Martin Heidegger ist ebenfalls als ein Abkömmling dieser Strömung zu werten, entspringt sein Denken zu einem großen Teil der Fortführung des Denkens von Dilthey, vgl. hierzu Martin Heidegger: Die Bestimmung der Philosophie [1987], Frankfurt a.M. 1999. Morton legt offen, dass sein Denken aus einer Fortführung Heideggers entsprungen ist, vgl. Timothy Morton: Hyperobjects, Minneapolis 2013, S. 22f. Bei Latour bedürfte es einer längeren Ausführung, um zu demonstrieren, dass er zwar die Verbindungen zu Heidegger leugnet, vgl. Bruno Latour: Wir sind nie modern gewesen [1991], Frankfurt a.M. 2008, S. 87f., aber strukturell sehr wohl auf eine ähnliche Ontologie hinausgeht.

[11] »Global warming is what some philosophers have called a wicked problem: this is a problem that one can understand perfectly, but for there is no rational solution«, Morton 2013, S. 135f.

Aufgaben einer Epistemologie für das Kapitalozän

welche explizit von dieser Überschneidung aus denken, sind etwa die Ökomarxisten Andreas Malm und Jason W. Moore.[12]

5. Zuletzt ergibt sich eine weitere merkwürdig und paradoxe Tatsache, dass die ›grüne‹ ökologische Bewegung eine Epistemologie und Haltung zur Wissenschaft an den Tag legt, welche in ihrem Irrationalismus tatsächlich den aktiven Skeptikern und Leugnern der ökologischen Krise Feuer und Nahrung geben dürfte. Latour und Morton werden dabei, ebenso wenig wie die spontan entspringenden Epistemologien ähnlicher Façon, sicherlich nicht diese klimaskeptische Absicht hegen. Die Unbegreiflichkeit der ökologischen Krise ist ihrer Überzeugung nach keine Entschuldigung für ihre Verursacher – und doch würde eben jener Umstand daraus folgen. Einen ähnlichen Effekt haben ihre Behauptungen, die ökologische Krise sei eine Krise des *Menschen*, als ob es seiner Natur innewohnen würde, so zu handeln; oder dass wir im *Anthropozän* leben, wonach die ganze menschliche Zivilisation und nicht nur die hiesige kapitalistische als Auslöser der Krise Verantwortung trage, oder dass die Technik und Aufklärung notwendigerweise in diese Abgrund führe und so weiter.[13] Sie entlasten alle von der politischen Verantwortung, wie man mit der Technik und der Aufklärung umgeht, und nähern sich so der Ansicht, die Krise sei nicht von menschlichen Taten und Entscheidungen in Gang gesetzt, sondern schicksalhaft durch den Menschen oder die Vernunft verursacht; eine schleichende Leugnung, dass all das Leid der Krise in unserer Hand war und ist – was berechtigterweise von Ökomarxist*innen kritisiert wird.[14] Ungeachtet dieser nihilistischen Ideologien forschen Klimawissenschaftler*innen und Biolog*innen weiter, entwickeln Prognosen, Empfehlungen und Technologien,

---

[12] Moore bemüht sich insbesondere in seinem Buch »Capitalism in the Web of Life« von 2015 um eine Verbindung des ökologischen Denkens mit Marx. Malm geht bedeutend weiter, fasst einige solide wirtschaftshistorische Erkenntnisse durch Überkreuzung. Malms wichtigste Arbeiten auf diesem Gebiet sind etwa »The Progress of this Storm« von 2018, sowie »Fossil Capital« von 2016.

[13] Das »Anthropozän« als positive Kategorie findet sich bei Bruno Latour: Existenzweisen, Berlin 2018, S. 42 sowie in Morton 2013, S. 4f., 7f.

[14] Die Kritik der Idee des Anthropozäns findet sich auch etwa in der Broschüre der Rosa-Luxemburg-Stiftung »Kapitalozän« von 2022 vor, vgl. Vorstand der Rosa-Luxemburg-Stiftung: Kapitalozän, Cottbus 2022, S. 3f. Zudem auch in: Jason W. Moore: Capitalism in the Web of Life, London 2015, ab S. 173 sowie zudem auch in von ebenjenem herausgegebenen Sammelband, vgl. Jason W. Moore: Anthropocene or Capitalocene?, Oakland CA 2016; sowie sehr ausführlich bei Andreas Malm: Fossil Capital, London 2016, S. 37f.

produzieren also Wissen und Erkenntnisse, durch die Natur überschaubar und beherrschbar wird. Es ist überdeutlich, dass insbesondere der letztere Umstand, also die diffuse Leugnung der menschlichen Erkenntnis, Wahl, Herrschaft, von Vorsatz und Tätigkeit hinter den Veränderungen der Natur und Umwelt in diesen irrationalistischen ›grünen‹ Epistemologien, die *Depolitisierung* der ökologischen Krise zur Folge hat. Um dem entgegenzuwirken, ist es allzu naheliegend, die in der vierten Paradoxie aufgewiesene Widersprüchlichkeit zwischen wissenschaftlicher Grundlage und sie legitimierender Epistemologie aufzuheben. Das könnte heißen, die marxistische, aufklärerische und materialistische Epistemologie von Lenin, Marx und Althusser zu nutzen, um die Klimaforschung als eine beherrschbare, Fakten aufdeckende Wissenschaft zu verteidigen – und ihr damit unbedingten Vorrang gegenüber der expliziten, konspirationistischen Leugnung und der allgemein verbreiteten öffentlichen Missachtung einzuräumen. Die Fakten werden zwar im gegenwärtigen öffentlichen Diskurs nicht unbedingt geleugnet, allerdings werden aus ihnen keine politischen und privaten Handlungsanweisungen abgeleitet. Andererseits muss über diese Basis hinaus eine Verknüpfung im Sachwissen geleistet werden. Das könnte bedeuten, ganz konkrete Wege aufzuzeigen, wie Klimaforschung und Ökonomie verknüpft werden können. Zuletzt kann auf der Ebene der Theorie der ›historische Materialismus‹ angewandt werden, um eine Hypothese über den Ursprung der falschen Epistemologien anzustellen.

Erste Aufgabe: Materialistische Epistemologie zum Erfassen der Klimaforschung

Die erste Aufgabe umfasst, die entsprechenden irrationalistischen ›grünen‹ Epistemologien nach der Art von Latour und Morton direkt zu analysieren (worin Malm etwa schon entscheidende Vorarbeit geleistet hat); zum einen durch historische Rückgriffe auf Lebensphilosophen vom Anfang des 20. Jahrhunderts wie Martin Heidegger, Ludwig Klages, Max Scheler, Wilhelm Dilthey, zum anderen in einer Kontextualisierung mit ihren Kritikern aus der kritischen Theorie und den übrigen Teilen der marxistischen Theoriebildung (was noch zu leisten wäre).[15] Die

---

[15] Die teils polemischen, teils präzise kritischen Ausführungen der kritischen Theorie zur Lebensphilosophie sind Legion. Vgl. etwa Max Horkheimer: Zum Ra-

Aufgaben einer Epistemologie für das Kapitalozän

Konfrontation dieser Theorien mit Latours und Mortons Anspruch, auf der Klimaforschung aufzubauen und ihre Wahrheit darzustellen, wird einen Widerspruch deutlich machen. Dabei gilt es stets, ihre Verwurzelung in den entsprechenden ausgearbeiteten und spontanen Ideologien der allgemeinen Bevölkerung[16] zu prüfen und deren Kritik miteinzubeziehen. Auf die von Malm ausgearbeiteten ersten Ansätze zu ihrer Kritik kann dabei zurückgriffen werden. Diese mündet aber nicht in einer ausgearbeiteten Epistemologie und kann keine historische Kontextualisierung und Widerlegung vollziehen.[17]

Die grundsätzliche Herangehensweise der materialistischen Wissenschaftstheorie ist dabei spätestens seit Friedrich Engels und Lenins *Materialismus und Empiriokritizismus* die, sich der Tatsache bewusst zu sein, dass die Philosophie und Epistemologie keine eigentlichen Erkenntnisse hervorbringen, sondern vielmehr als Kampfplätze zu verstehen sind,[18] welcher auf die äußeren Erkenntnisse der Wissenschaften verweisen können – im Materialismus,[19] oder sich ausschlachtend ihrer bemächtigen können – im Idealismus.[20] Dieses ›Verweisen‹ oder ›Bemächtigen‹

---

tionalismusstreit in der gegenwärtigen Philosophie [1934]. In: Ders.: Gesammelte Schriften, Bd. 3, Frankfurt a.M. 1988, S. 163–220.

[16] Damit sind nicht-ausgearbeitete, philosophische Überlegungen in der Bevölkerung gemeint, die also nicht von Berufsphilosophien ersonnen worden sind.

[17] Malms Kritik an Morton und Latour findet sich in Malm 2018, S. 44f.

[18] Engels versucht die gesamte Geschichte der Philosophie auf den Kampf zwischen Idealismus und Materialismus zu reduzieren, vgl. Friedrich Engels: Ludwig Feuerbach und der Ausgang der deutschen Philosophie [1888]. In: MEW, Bd. 21, Berlin 1962, S. 262–306, hier: S. 274f., ohne aber zur drastischen Ansicht überzugehen, dass sie »nur« ebenjene Frage beschäftige und diese nur in einem ewigen Kampf zu bewältigen sei. In Lenins Materialismus und Empiriokritizismus schlägt diese Ansicht noch deutlicher durch, erst aber Althusser fasst jene Auseinandersetzung mit dem kantischen Wort des »Kampfplatzes« und verdeutlicht den willkürlichen, positionalen Charakter der Philosophie, vgl. Louis Althusser: Lenin und die Philosophie [1972], Reinbeck bei Hamburg 1974, S. 27f.

[19] Der Materialismus wird von Engels als das Lager bestimmt, was der Natur den Vorrang einräumt, wie die Naturwissenschaften sie enthüllen, vgl. Friedrich Engels 1962, S. 275. Der Materialismus ist bei Lenin diejenige wissenschaftstheoretische Ansicht, welche der eigenen Tendenz der Naturwissenschaft folgt, ein an sich unabhängiges Objekt aufzudecken, vgl. etwa in Lenin 1975, S. 67f. Die materialistische Philosophie wird von Althusser in: Louis Althusser: Philosophie und spontane Philosophie der Wissenschaftler [1967], West-Berlin 1985, S. 99f. als eine Lehre begriffen, welche den Wissenschaften dient, statt sie, wie der Idealismus es tut, auszubeuten.

[20] Engels bestimmt den Idealismus als diejenige Lehre, welche den Geist voranstellt, vgl. Engels 1962, S. 275. Der Idealismus wird bei Lenin als eine im Kontrast

ist ein außer-wissenschaftlicher, willkürlicher oder rein philosophischer Akt, welcher entsprechend Wissenschaften Legitimität gibt, aufzudecken was ist, oder eben jene Tätigkeit bestreitet oder unterdrückt. In diesem Ansatz liegt, dass die Wissenschaften zwar in ihren Ergebnissen durch die Natur bestimmt werden, nicht aber in ihrer allgemeinen Existenz und Gültigkeit. Die Physik etwa tut ihre Arbeit, sammelt ihre Daten aufgrund ihrer Experimente und Beobachtungen. Ob sie aber das Seiende aufdeckt oder nicht und somit ›legitim‹ ist, ist eine Frage, welche die Philosophie als Epistemologie bearbeitet, weil es die Physik selbst nicht kann. Und diese Tätigkeit der Philosophie ist eine willkürliche Entscheidung. Sie tritt anderen Philosophien entgegen, welche hier andere Wege gehen.

Latour und Morton neutralisieren und bestreiten durch ihre Epistemologie die Fähigkeit der Wissenschaften, äußere Objekte aufdecken zu können. Sie ›bemächtigen‹ sich der Klimaforschung, des Umstandes jener Katastrophe, um sie zu destruieren – was näher zu zeigen ist. Gegen die irrationalistischen und subjektivistischen Ontologien, welche wie bei Latour die Trennung von Subjekt und Objekt bestreiten, oder die allgemeine Erkennbarkeit der Klimazusammenhänge leugnen, wird die materialistische Erkenntnistheorie den Zugriff der Wissenschaften auf die Fakten durch eine willkürliche Setzung verteidigen und damit indirekt die Verantwortung derjenigen behaupten, welche die Wissenschaft als Technik einsetzen.

Die materialistische Epistemologie ist eine Nicht-Epistemologie, eine Übergabe der Stimmgewalt an die Wissenschaften und die Verteidigung der Macht der Technik, die Natur zu beherrschen – was Wissenschaft selbst ihrer Tendenz nach behauptet. Diese grundsätzliche epistemologische Idee, welche bei Althusser in allen Aspekten nachvollzogen werden kann, soll durch die Ausführungen Badious aus *Das Sein und das Ereignis* ergänzt werden. Badiou wendet sich explizit gegen »Ontologien der Nähe«, insbesondere derer Heideggers.[21] Eine solche Kritik lässt sich in meinen Augen unmittelbar auf die heutigen Reminiszenzen des ›epis-

---

zum Materialismus gestellte Lehre bestimmt, welche auf verschiedenen Wegen versucht, jenen Anspruch der Wissenschaft zu untergraben, das An Sich aufzudecken oder die objektive Realität zu erkennen, in dem sie, wie es bei Lenin 1975, S. 266 auch heißt, neue wissenschaftliche Erkenntnisse und Krisen »ausschlachtet«. In Althussers Lehre der spontanen Philosophie wird dieses »Ausschlachten« durch den Idealismus näher so bestimmt, dass damit moralische, religiöse und rechtliche Inhalte fundiert werden, vgl. Althusser 1985, S. 87f.

[21] Die Kritik der Ontologie der Nähe, die sich an die Poesie anlehnt, findet sich in Alain Badiou: Das Sein und das Ereignis [1988], Bd. 1, Zürich 2016, S. 143f.

Aufgaben einer Epistemologie für das Kapitalozän

temologischen Heideggerianismus‹ übertragen. Nach dieser Prozedur dürfte sich zeigen, dass in der Tat die Natur ein Ding, eine bloße *res extensa* ist, somit eine gänzlich passive, sinnlose und steuerbare Entität, die entsprechend aufgrund von menschlichen Entscheidungen diese katastrophalen Auswirkungen auf die menschliche Gesellschaft vollziehen wird oder bereits tut. Es wird von menschlichen Entscheidungen abhängen, ob das weiterhin passiert. Durch Wissenschaft und Technik konnte man diese Folgen als Wirkungen des menschlichen Handelns absehen und kann es immer noch. Die materialistische Wissenschaftstheorie will nur auf diesen Punkt, der eigentlich immer schon beim Einsetzen von Wissenschaft und Technik klar war, zurückkommen. Dass nun alles absehbar war, verweist auf das politische System und die darin herrschende Klasse, von denen diese Entscheidungen über die Produktion und den Einsatz technischer Mittel koordiniert werden. Die materialistische Wissenschaftstheorie hat somit eine politisierende Wirkung – weil Erkennbarkeit Verantwortung impliziert.

Gehen wir auf die ›grünen‹ Epistemologien von Latour und Morton zurück, welche eben jene Wissenschaften neutralisieren. Morton will etwa eine spezifisch ›grüne‹ Epistemologie entwickeln, wonach alles Seiende eigentlich rätselhaft ist, und die Wissenschaften trotz ihres Selbstverständnisses nichts begreifen. Menschliche Arroganz habe uns in die Krise geführt. Auf Heidegger wird dabei explizit rekurriert und an ihn angeknüpft. Nach Morton ist der Klimawandel ein sogenanntes »Hyperobjekt«, welches alle wissenschaftlichen und anthropozentrischen Begriffe und Vorstellungen der Beherrschbarkeit sprengt, und somit der politischen Bewältigung entzogen ist: »Hyperobjects provoke irreductionist thinking, that is, they present us with scalar dilemmas in which ontotheological statements [...] become impossible.«[22] Es gilt in diese Diskurse und Begründungsfiguren einzugreifen und ihnen vorzuhalten, dass die Wissenschaft jene Fakten schon seit beinahe 50 Jahren kennt. Insofern sind diese Zusammenhänge für uns und für den Verursacher keineswegs unbegreiflich, sondern lagen und liegen in der Herrschaft, Kontrolle und im Wissen des Menschen. Es muss anschließend untersucht werden, warum Morton zur täuschenden Ansicht gelangt, das ökologische Denken müsse ständig auf die Kategorie der »Erhabenheit«,[23]

---

[22] Morton 2013, S. 19f.

[23] Die Erhabenheit im Sinne von Immanuel Kant wird bei Morton explizit in: Timothy Morton: The Ecological Thought, London 2010 als wesentliches Merkmal der globalen Erderwärmung und Krisis gefasst, vgl. ebd., S. 20f.

der »Tiefe«,[24] und der »Fremdartigkeit«[25] rekurrieren. Diese allgemeine Froschperspektive verhindert eine Anreicherung von Wissen über-, und damit Verantwortung für die Natur. Die Möglichkeit der Auflösung des ›Rätsels‹ der Klimakrise durch den willkürlichen Akt, die nüchterne Wissenschaft gegen Meinung, Tiefsinnigkeit und Impression zu priorisieren, ist dem entgegenzuhalten. Ähnliches gilt von seinen Ausführungen zum Naturbegriff und zu seiner an Graham Harman angelehnten Verteidigung der magischen Kausalität,[26] welche der Aufklärung und dem Naturalismus direkt entgegentritt.

Gemäß Latour sieht sich die Menschheit seit der Klimakrise mit der Tatsache konfrontiert, dass »hybride Objekte«, welche sich der neuzeitlichen Einteilung der Welt in Natur und Gesellschaft widersetzen, Überhand nehmen. Der Klimawandel sei das beste Beispiel dafür.[27] Auch die Vorstellung von transzendenten, fertigen Objekten, und Fakten, auf die sich die Wissenschaft richtet, sei absurd geworden.[28] Die Vorstellung von neutralen Fakten, zu denen die Wissenschaft distanziert und objektiv Bezug nehmen kann, sei vielmehr als Grundübel anzusehen, das erst in die Krise geführt hätte. Stattdessen gibt es nur symmetrische ›Kollektive‹ jenseits der Bestimmung von Wahr und Falsch. Alles, nicht nur Werte und Ziele, sei demnach demokratisch verhandelbar, selbst die Anerkennung von Fakten.[29] Mit dieser Epistemologie wird die Fähigkeit der (Klima-) Wissenschaft, zu zeigen, was objektiv und somit verbindlich ist, also gerade bestritten. Auch wenn Latour seine Verbindungen zu Heidegger verneint, soll genau das die kritische Epistemologie herausarbei-

---

[24] Die Tiefe – profoundness – entwickelt Morton ebd., S. 38f.

[25] Die Fremdheit – strangeness – findet sich ebd., S. 41f.

[26] Vgl. Timothy Morton: Realist Magic, Objects, Ontology, Causality, Ann Arbor 2013, S. 17f.

[27] Vgl. Latour 2008, S. 7f.

[28] Nach Latour müssen wissenschaftlich entdeckte Fakten und Gesetze durch gesellschaftliche Vorgänge »am Leben« gehalten werden, sind keineswegs unabhängig vom Beobachter. Besonders eindrücklich zeigt sich eben jene Idee in Latour 2008, S. 158f.

[29] Dies verbirgt sich hinter Latours merkwürdiger Lehre von der Perplexion und Institution, mit welcher das »Kollektiv« entscheidet, welche Tatsachen es berücksichtigt, vgl. Bruno Latour: Das Parlament der Dinge [1999], Frankfurt a.M. 2018, S. 141f. Latour stellt ferner fest, dass etwa die Tatsache, dass jährlich 8.000 Menschen unschuldig im Autoverkehr sterben, manchmal nicht wichtig genug ist, um als Tatsache berücksichtigt, d.i. im Kollektiv aufgenommen zu werden. Ebendasselbe passiert gerade mit dem Klimawandel, wobei die Betroffenen hier noch unschuldiger sind.

Aufgaben einer Epistemologie für das Kapitalozän

ten und so ein Gegenargument vorbereiten. Gegen Latour gilt es dann, die Vorstellung zu kritisieren, dass die Epistemologie auf transzendente Objekte verzichten kann, dass alles in die Immanenz der Zeichenverweisungen und prekären Objekte reduzierbar ist, dass nicht alles demokratisch verhandelt werden kann.[30] Alle Wissenschaft rekurriert entgegen der Ansicht von Latour immer schon auf das Materielle an sich, trennt Meinung von Wissenschaft, ist insofern ein Stück des von Latour verhassten ›Platonismus‹. Die Merkwürdigkeit, dass just der vermeintliche intellektuelle Vorkämpfer der ›ökologischen Sache‹ der Wissenschaft – definiert als Sichtung des an sich bestehenden Faktischen – die Grundlagen entziehen will, gilt es zu erarbeiten und näher zu betrachten. Auch wenn Wissenschaftler*innen nie die politische Macht ergreifen sollten, so ist klar, dass sie bei Aussagen über das Faktische eine absolute Autorität besitzen und anders als Erzählungen, sinnliche Eindrücke, journalistische Ausführungen und angeblich relevante gesellschaftliche Debatten, sowie Bemerkungen aus den staatlichen, privaten und sozialen Medien, einen Vorrang besitzen sollten. Demokratie kann nur funktionieren, wenn sie sich auf wissenschaftliche Fakten stützt, ob und wie ihre Ziele erreichbar sind. Sonst ist sie bloßer Populismus.

Ist einmal jene Verknüpfung getätigt, so ist bereits das Wesentliche geleistet, um auf der Ebene der Theorie die Politisierung der ökologischen Krise epistemologisch zu erhärten. Wenn wir auf Basis der Wissenschaft und Technik seit jeher absehen können, was ist und was wir tun, kann deutlich werden, was die menschengemachten politischen Systeme seit dem Gewinn der Erkenntnis des Klimawandels in den 70er Jahren zu verantworten haben – und dass möglicherweise ein anderes politisches System diesen Schaden verhindert hätte und verhindern würde. Die Rätselhaftigkeit und Verwirrung bezüglich der objektiven Sachlage, welche Latour und Morton als konstitutiv ansehen, enthüllt sich als nicht weniger anthropogen – nämlich von eben jenen Autoren. Die Entscheidung, die Verantwortung der Verursacher*innen darüber zu bestreiten oder relativieren zu wollen, wird auch von Morton und Latour getroffen. Wer Unerkennbarkeit und Rätselhaftigkeit der Natur predigt, schützt die Verursacher und nivelliert ihre Verantwortung.

---

[30] Vgl. etwa Morton 2013, S. 22f.

Zweite Aufgabe: Interdisziplinäre Verbindung der Wissenschaften Ökonomie und Klimaforschung / Ökologie

Der zweite Streitpunkt der Epistemologie betrifft nun das Verhältnis verschiedener Wissenschaften zur ökologischen Krise, insbesondere dem von Klimaforschung und Ökonomie. Auch in dieser Frage kann, wenn dem Begriff von Lenin, Althusser und Badiou gefolgt wird, die Philosophie keine eigenständigen ›Erkenntnisse‹ anführen, um sie zu klären. Es ist auch hier ein willkürlicher Eingriff nötig, um die Zuständigkeiten zu bestimmen, die Priorität oder Gleichrangigkeit zu behaupten. Der naheliegende Weg in dieser Frage dürfte derjenige sein, die Physik der Ökonomie und dem historischen Materialismus als der Analyse der Ideologien und Politiken durch die Ökonomie *voranzustellen*, weil die Ökonomie ohne Physik nicht existieren kann. Eben jenen Weg gehen die heutigen ökologischen Marxist*innen. Ihr Grundbegriff ist der des *Kapitalozäns*, der gegen die Vorstellung eines Anthropozäns gewendet wird.[31] Dieser Begriff folgt der Hypothese, dass nicht der Mensch, die Technik, die Aufklärung oder die Zivilisation in die Klimakrise führte, sondern dass die kapitalistische Produktionsweise für diese Tendenz verantwortlich ist, und somit eine politisch bedingte Struktur. Die Epistemologie macht diese Untersuchung nur möglich. Das Resultat einer solchen Untersuchung wird nicht durch die philosophische Epistemologie, sondern durch die Wissenschaften und ihre Überkreuzungen geleistet, welche sie legitimiert. Die Möglichkeiten einer derartigen interdisziplinären Forschung seien hier kurz skizziert und umrissen.

Der *erste* Aspekt der Interdisziplinarität dürfte eine Art Vorhersage- und Erklärungswissen sein, in welchem der bisherige Gang der Geschichte und ihr möglicher künftiger Spielraum etwas besser vorhersehbar gemacht werden kann – wo etwa die Kenntnisse um wirtschaftliche und ökologische Zusammenhänge miteinander korrespondieren. Die Hinzunahme der anderen Wissenschaften zur genaueren Prognose des historisch Möglichen wird den Rahmen der denkbaren Politisierung deutlich modifizieren. Darüber hinaus lässt sich so die Vergangenheit besser verstehen, die an diesen Punkt geführt hat. So kann etwa die Entdeckung von Malm epistemologisch verortet werden, dass die in England erfolgte, erste Umstellung auf fossile Energiestoffe durch

---

[31] Malms materialistische Theorie der Emergenz, um das Verhältnis von Physik und Gesellschaft, und damit Klimaforschung und Ökonomie zu erklären, findet sich unter dem Titel »Property Dualism«, vgl. Malm 2019, S. 156f.

Aufgaben einer Epistemologie für das Kapitalozän

die kapitalistischen Produktionsverhältnisse bedingt war.[32] Auch Malms Vermutung, dass die kapitalistischen Verhältnisse auf der Erde dazu führen, dass stets da produziert wird, wo es billige Arbeit und billige, konstante Energie gibt, könnte epistemologisch situiert werden.

Der *zweite* Aspekt der Interdisziplinarität dürfte der enge Zusammenhang von ökologischer Zerstörung und aggressiver Ausbeutung von Arbeiter*innen und Bäuer*innen sein. Das Ausmaß der heutigen Misere, des allgemeinen Klassenkampfes im Sinne der Ausbeutung, Kontrolle und Bekämpfung der Arbeiter*innen und Bäuer*innen durch die Bourgeosie, ist nur durch die Hinzunahme und Berücksichtigung des Klimawandels zu erkennen. Er bedeutet eine Zerstörung der Lebensgrundlagen der künftigen und im Süden lebenden Arbeiter*innen und Bäuer*innen. Er ist dabei eine unanschauliche Abwandlung, eine neue Variante der menschenverachtenden Zerstörung menschlicher Gesundheit, welche im frühen Industriezeitalter etwa in Manchester noch unmittelbar bei den Fabrikarbeiter*innen sichtbar war; die ferner einen neuen Imperialismus im Sinne der Ausbeutung der Länder des globalen Südens durch die Reicheren hervorbringt, der nun statt mit Eroberungszügen und Versklavungen mittels Schadstoffen, Überschwemmungen, Dürren und sonstigen Klimaschäden vollzogen wird; die in ihrer aktuellen Gestalt nicht zuletzt die Persistenz und Intensivierung der blutrünstigen Konkurrenzkämpfe zwischen souveränen kapitalistischen Nationalstaaten, des Klassenkampfes im Sinne der Abwälzung der sozialen Spannungen auf die Arbeiter*innen, Angestellten und Bäuer*innen der Zukunft und der anderer Länder bedeutet. Der Klimawandel ist unbegreiflich, wenn er nicht als globaler, intergenerationaler Klassenkampf begriffen wird, und der Klassenkampf ist unbegreiflich, wenn er nicht durch die Zusammenhänge des Klimawandels als globales und intergenerationales Phänomen begriffen wird. Diese Zusammenhänge sind bloße Fragen, fernliegend und abstrakt, ihre nähere Klärung würde aber dabei behilflich sein, die Politisierung an diejenigen heranzutragen, welche diesen Hergang der Ereignisse getroffen haben und tatsächlich verändern könnten. Daher müssen diese Zusammenhänge wissenschaftlich erforscht werden, was dadurch zu unterstützen ist, dass epistemologisch beziehungsweise philosophisch erst jener Bereich entwickelt und gesetzt wird, bis er eine konsistente und kohärente Theorie bildet.

---

[32] Die Zurückführung der Verwendung von fossilen Brennstoffen auf bestimmte kapitalistische Produktionsverhältnisse bei Malm 2016, S. 249f.

Dritte Aufgabe: Historischer Materialismus und die Klimakrise

Als letzte Betätigung, welche nun möglich wird, ist eine Renaissance des historischen Materialismus zu leisten, unter dem hier, Karl Marx aus der *Deutschen Ideologie* folgend, eine Wissenschaft verstanden werden soll, welche politische, ideologische und philosophische Erscheinungen, also geisteswissenschaftliche Erscheinungen durch den Bezug auf die Ökonomie beziehungsweise die materielle Basis erklärt.[33] Sorgt eine ›falsche‹ Theorie, Ideologie oder politische Bewegung dafür, dass sich die materielle Basis, also etwa die kapitalistische, ungehemmt reproduzieren kann, so kann davon ausgegangen werden, dass ihre massenhafte Verbreitung eine Wirkung des Kapitalismus ist. In solcher Weise ist etwa die Vorstellung der persönlichen Freiheit und Verantwortung eine spontane und populäre philosophische Idee, für den Kapitalismus förderlich, und zugleich eine ausgearbeitete philosophische Systematik etwa bei Kant, der die Freiheit idealistisch zu ›retten‹ versucht. Beide sind im Kapitalismus entsprechend verbreitet, obwohl sie ideologisch sind.[34]

Heute stehen wir nicht vor dem Kapitalismus, sondern vor einer Mischung aus Kapitalismus und ökologischer Krise. So wird es auch weiterhin ideologische Formationen geben, welche die Fortsetzung dieses Zusammenhangs ermöglichen und die Korrektur dieses Kurses erschweren. Und es wird Ideologien und Philosophien geben, welche zwar die Katastrophe registrieren, aber in einer derart kurzsichtigen Manier, die den ursächlichen Zusammenhang von Kapitalismus und Politik verschleiert, dafür aber ›die Technik‹, ›die Aufklärung‹ oder ›die Wissenschaft‹ verdächtig macht. Das Denken von Latour und Morton ist unter eben jene ideologischen Bildungen zu rechnen, insofern es die Kritik an der spezifischen Produktionsweise in die allgemeine Kritik der technischen, aufgeklärten oder modernen Zivilisation umwandelt und die Verantwortung der Verursacher*innen relativiert. Die historisch-materialistische Analyse wird die Kritik dieser Bildungen abschließen, weil sie die Ursache des Fehlers erklärt. Ähnlich ließe sich aber auch eine Kritik an den

---

[33] Vgl. Karl Marx: Die deutsche Ideologie [1845–46]. In: MEW, Bd. 3, Berlin 1978, bes. S. 17 u. 26f.

[34] Die ideologische Funktion der menschlichen Freiheit und ihre berufsphilosophische Rettung bei Kant et al. wird etwa in Althusser 1967, S. 90f. erläutert. Ihre Aufgabe besteht im Kapitalismus etwa darin, die Vertragsfreiheit und -verantwortlichkeit abzusichern, die Anwesenheit von Polizisten zur Wahrung des Rechts zu legitimieren und so den Aufbau der bürgerlichen Wirtschaft und Ausbeutung abzusichern, vgl. Louis Althusser: Über die Reproduktion [2011], Hamburg 2018, S. 107f.

Aufgaben einer Epistemologie für das Kapitalozän

klassischen Marxist*innen und ihren Nachfolger*innen unter Gewerkschafter*innen und Sozialdemokrat*innen üben, welche die Leugnung, Relativierung oder Missachtung des Klimawandels vollziehen, obwohl sie selbsterklärt aufklärerisch und materialistisch denken möchten. Hierin mag sich die traurige Geschichte der Ignoranz der Umweltschäden in den realsozialistischen Staaten fortsetzen oder als eine unbewusste Kollaboration mit dem Verursacher, dem Industriekapital, kenntlich gemacht werden.

Abschluss

Ist der Diskurs der Epistemologie beendet, das bestehende Wissen und die Verantwortung im Bewusstsein realisiert und der Grund der Ideologie aufgewiesen, so zeigt sich die eigentliche Schwierigkeit der bestehenden Situation in der Frage der richtigen Politik, der Frage, wie über die gegebene Situation hinausgegangen werden kann – also wohin zu gehen ist, was aber eine demokratisch zu bestimmende Frage ist. Je tiefer die Ursachen der ökologischen Krise liegen, desto fundamentaler muss der Wandel der Politik angesetzt werden, um sich der Schwierigkeiten zu entledigen. Als Kinder einer Zeit, in der die Revolutionen lange zurück liegen oder wie die ›Arabellion‹ krachend gescheitert sind, ist die politische Vorstellungskraft so getrieben wie kraftlos – was aber nicht zwingend ein unabwendbares Schicksal bleiben muss. Die Politik ist nur bis jetzt ratlos. Es ist aber zumindest denkbar, dass eine umfassende Politisierung der globalen Bevölkerung auf der Basis eines wissenschaftlich fundierten Verständnisses über das Ausmaß der Katastrophe, eine neue Lösung aufweisen kann. Und es wäre gut, wenn diesem Aufklärungsprozess, der einzig von den Wissenschaften selbst ausgeht, irreführende Epistemologien zumindest nicht im Weg stünden.

Rückwirkend lassen sich mit Blick auf die irrationalistischen Epistemologien von Morton und Latour einige Feststellungen treffen, die teils entlasten, teils erklären. So ist etwa anzunehmen, dass ihre Feindseligkeit gegenüber der Technik, Wissenschaft und Objektivierung, die sie mit Heidegger teilen, auf einer latenten Prämisse zu beruhen scheint – und zwar, dass die gesellschaftliche Struktur des Kapitalismus eine Art Naturgesetz ist und folglich der suizidale Einsatz der Technik eine Art notwendiges ›Schicksal‹ jeder technischen Zivilisation darstellt. Es gibt für sie nur die unmögliche Wahl zwischen Technik plus Kapitalismus plus Umweltzerstörung oder irrationale Wildheit. Zudem lässt sich annehmen, dass in der Annahme der theoretischen Unbegreiflichkeit und Irrationalität des Klimawandels eine Art Verschiebung stattfindet, die politische Dunkelheit und Perspektivlosigkeit der Postwendezeit in eine theoretische Fraglichkeit zu verwandeln, die sie nicht ist. Nicht der Klimawandel ist unbegreiflich, sondern es ist die Art und Weise, wie die zusammenhängenden, unüberwindbar wirkenden Strukturen aus Nationalstaat, Kapitalismus und Bürgertum aufzuheben sind, welche seit der Wendezeit ihre uneingeschränkte Herrschaft ausüben und ihre todbringenden Machtkämpfe austragen.

Die Philosophie muss endlich wieder als Ziel setzen, auf die wissenschaftliche Wahrheit zu verweisen, statt sie zu unterminieren, wie Latour und Morton es tun. Diese Zusammenhänge von Bewusstsein und Verleugnung in der Philosophie und im Verhältnis zur Wissenschaft entsprechen wiederum den Konfliktlinien des beginnenden 20. Jahrhunderts, als sich Lebensphilosoph*innen und Materialist*innen beziehungsweise Regressive und Progressive spalteten, sodass hier viel aus den früheren Verhältnissen gelernt werden kann – zur Anlehnung und zur Korrektur. Die kritische Theorie der damaligen Zeit – in Gestalt der Texte von Lenin, Georg Lukácz, Max Horkheimer, Herbert Marcuse, Theodor W. Adorno, Walter Benjamin – kann als Lehrgebäude gesehen werden, mit welchem die heutigen Konflikte verstanden und entschieden werden können. Althusser und Badiou vermitteln deren richtige Impulse mit manifesten wissenschaftliche Thesen, welche den Entscheidungscharakter der Wissenschaft theoretisch zu begründen vermögen.

POLITISCHE ÖKONOMIE

Alessandro Cardinale
Über die Anfänge »Das Kapital« zu popularisieren
Die Kurzfassung als Genre der Arbeiter*innenbewegung

Die mehr oder weniger durchdachte Entscheidung, einen Teil der eigenen Lebenszeit und des Alltags auf die Lektüre zu verwenden, schließt aus, dass jene Zeit auf andere Tätigkeiten verwendet werden kann oder muss. Und die Entscheidung, ein bestimmtes Buch zu lesen, schließt für das Jetzt andere Bücher aus. Es soll sich lohnen.[1] Neben Zeit geht es dabei auch um finanzielle Ressourcen. Denn obwohl heute eine relativ günstige, hat das Buch nicht aufgehört Ware zu sein. Für die Leser*innen bedeutet dies oft, einen Preis bezahlen zu müssen. Die Möglichkeit einen Blick ins Buch zu werfen und das Inhaltsverzeichnis vor dem Kauf einsehen zu können, die online-Leseprobe, unschmeichelhafte Rezensionen, differenzierte Klappentexte, sie alle befördern Entscheidungen und minimieren nachträgliche Reue.

Für den Kauf des »Kapital«[2] sprechen seine allgemeine Bekanntheit, die von Karl Marx im Dienst der Arbeiter*innenbewegung angestrebte Gründlichkeit und die abwechslungsreiche Darstellung. Darunter zählen historische Erläuterungen, berührende Zeitzeugnisse, scharfe Polemik, religionsfeindliche Ironie, literarische Anspielungen, suggestive Metaphern und politischer Appell. Gegen den Kauf sprechen Erschwernisse wie Umfang, komplizierte Themenkomplexe, vertiefte Detailfragen und zum Beispiel die ermüdende Behandlung der Wertform im ersten Kapitel des Ersten Bandes. Seit Erscheinen des »Kapital« haben sich insbesondere linke Intellektuelle mit seiner herausfordernden Lesbarkeit publizistisch auseinandergesetzt. Wer sich heute für die »Kapital«-Lektüre entscheidet und beharrlich bleibt, dem*der stehen Unterstützungsangebote in Form von Einführungen, Kommentaren, Vorträgen, Seminaren und Lesekreisen zur Verfügung. All diese Formate spielen die Rolle

---

[1] »Ich widme mich der Lektüre nur soweit ich mir vornehme, eine angemessene Belohnung zu bekommen. Und wenn ich bemerke, mich verkalkuliert zu haben, fühle ich mich betrogen: indem er mich dazu brachte, ihn unnütz zu lesen, hat mir jener Schriftsteller einen Anteil meines Lebens entwendet.« Vittorio Spinazzola: L'esperienza della lettura, Milano 2010, S. 103, meine Übersetzung.

[2] Vgl. Karl Marx: Das Kapital. Kritik der Politischen Ökonomie, Bd. 1, Hamburg 1867. In: Marx-Engels-Gesamtausgabe (MEGA), Abt. II., Bd. 5. Mit »(Das) Kapital« ist im vorliegenden Text der Erste Band gemeint.

einer »an den Baumstamm gelehnte[n] Leiter«,[3] die die Erreichung der Baumkrone, sprich den Erkenntnisgewinn, erleichtert. Darüber hinaus existieren Texte, die einen leichteren Zugang zum Inhalt versprechen und als »Kapital«-Ersatz dienen (sollen): Kurzfassungen. Verweilen wir im Wortfeld der Gartenkunst, so gleichen sie vielleicht dem Bonsai, der Miniatur eines Baumes.

Im Folgenden möchte ich das Textgenre *Kurzfassung* als Praxis der »Kapital«-Popularisierung vorstellen, und zwar anhand der ersten beiden Publikationen dieser Sorte, die 1874 beziehungsweise 1879 erschienen. Nicht nur darauf bezieht sich der Ausdruck »die Anfänge« im Titel des Beitrags, sondern auch auf die jeweiligen einleitenden Textelemente (Titelseite und Vorwort), die im letzten Teil des Beitrags verglichen werden. Anschließend wird die Frage nach dem Verhältnis zwischen »Kapital«-Kurzfassung und Arbeiter*innenbewegung gestellt.

Die Kurzfassung ist mehr als eine kurze Fassung

Ich schlage vor, nicht jede Praxis und jedes Produkt der kurz fassenden Kommunikation *Kurzfassung* zu nennen. Die Inhalte des »Kapital« wurden und werden immer noch reduziert wiedergegeben, in unterschiedlichstem Umfang und Kontext. Beispiele sind Abschnitte aus Marx' Biographien[4] und dem »Kapital« gewidmete Wikipedia-Seiten.[5] Begrenzen wir uns auf die ersten 20 Jahre nach Erscheinen des »Kapital«, finden wir bereits unterschiedliche Formen seiner knappen Darstellung. Nicht alle davon sind zur Publikation bestimmt, etwa Friedrich Engels' »Konspekt«.[6] In Zeitungen konnte man auf eine mehr oder weniger umfas-

---

[3] Anne Steckner: Von Chemielaboren, Zoomobjektiven und Affenanatomie. Die Hürden der Aneignung und Vermittlung des Kapital. In: Werner Bonefeld; Michael Heinrich (Hrsg.): Kapital & Kritik. Nach Der ›neuen‹ Marx-Lektüre, Hamburg 2011, S. 15. Das Bild der »hinter sich nachgezogenen Leiter« beschreibt hingegen die Haltung jener Wissenschaftler*innen, die vergessen haben, »welche Entwicklung« sie »durchgezogen haben« und nicht thematisieren, »wie andere diesen mitunter steilen Weg meistern« können. Ebd.

[4] Vgl. Franz Mehring: Karl Marx. Geschichte seines Lebens, Leipzig 1918, S. 363–392. Im Vorwort liest man: »Schon für die Aufgabe, im engen Rahmen meiner Darstellung ein durchsichtig klares Bild vom zweiten und dritten Bande des Kapitals zu geben, habe ich die Hilfe meiner Freundin Rosa Luxemburg angerufen.«, S. XII.

[5] https://de.wikipedia.org/wiki/Das_Kapital._Band_I (27.5.2023).

[6] Vgl. Friedrich Engels: [Konspekt über] »Das Kapital« von Karl Marx. Bd. 1. In: MEW, Bd. 16, S. 243–287.

Über die Anfänge »Das Kapital« zu popularisieren

sende Inhaltswiedergabe durch Besprechungen[7] stoßen. Auch Teile einzelner Abhandlungen[8] waren dem Inhalt des »Kapital« gewidmet. Zudem fand die Wiedergabe mündlich statt: Aus seinem »reichen Inhalt« wurde zum Beispiel von Carl August Schramm im Berliner Demokratischen Arbeiterverein »Einiges in möglichst populärer Weise vorgetragen.«[9] Der Autor selbst trug die Inhalte 1865 im Zentralrat der Internationalen Arbeiterassoziation (IAA), und damit noch vor Erscheinen des Buches, vor.[10]

Neben den erwähnten Formen entstanden die Kurzfassungen (von hier an KFn und KF für den Singular). Mein Vorschlag besteht darin, als »Kapital«-Kurzfassungen (von hier an KKFn und KKF) jene Veröffentlichungen zu bezeichnen, deren Autor*innen sich das Ziel setzten, den gesamten Inhalt des »Kapital« kompakter und verständlicher wiederzugeben als es im Original der Fall ist. Im Vordergrund steht also eine Verständnis erleichternde Funktion, wodurch die KKF als Popularisierungspraxis zu begreifen ist. Was ist unter »Popularisierung«[11] zu verstehen? Es handelt sich um (eine Praxis der) Wissensvermittlung für ein Publikum,

---

[7] Vgl. bspw. die 1868 in 13 Teilen im Social-Demokrat veröffentlichte Besprechung: Johann Baptist von Schweitzer: Das Werk von Karl Marx. In: Rolf Dlubek; Hannes Skambraks: »Das Kapital« von Karl Marx in der Deutschen Arbeiterbewegung (1867–1878). Abriß und Zeugnisse der Wirkungsgeschichte, Berlin 1967, S. 158–192. Im selben Jahr veröffentlichte das Demokratische Wochenblatt eine zweiteilige Rezension von Engels, siehe MEW, Bd. 16, S. 235–242 sowie eine mehrteilige Rezension von Friedrich Schnacke in der Elberfelder Zeitung, vgl. Eike Kopf: Ein Buch geht um die Welt. Zur Wirkungsgeschichte von »Das Kapital«, Köln 2016, S. 54–61.

[8] Vgl. Eugen Jäger: Der moderne Socialismus. Karl Marx, die Internationale Arbeiter-Association, Lassalle und die deutschen Socialisten, Berlin 1873, S. 6–34. »Leider ist die Darstellung von Marx nicht klar und einfach; diese Eigenschaft des Gegenstandes ließ sich bei dem über Marx handelnden Abschnitte nicht ganz beseitigen und wir wünschen nur, der Leser möge sich dadurch von genauer Verfolgung der betreffenden Darstellung nicht abhalten lassen.«, S. XI. Vgl. auch Vito Cusumano: Le scuole economiche della Germania in rapporto alla quistione sociale, Napoli, 1875, S. 287–316.

[9] Carl August Schramm: Ein nationalökonomischer Vortrag. In: Kopf 2016, S. 187.

[10] Vgl. Karl Marx: Value, price and profit. In: MEGA, Abt. II, Bd. 4.1, S. 383–432 sowie Ders.: Lohn, Preis und Profit. In: MEW, Bd. 16, S. 101–152. Marx kam Friedrich Leßners Vorschlag hingegen nicht nach, der riet »einige öffentliche vorträge [sic!] über die Haupt, und Neuen punkte [Deines Werkes] ab[zu]halten […], wozu die Presse eingeladen«. Leßner an Marx, 6. Oktober 1868. In: MEGA digital, http://megadigital.bbaw.de/briefe/detail.xql?id=M0000777 (26.5.2023).

[11] Vgl. Carsten Kretschmann: Einleitung. Wissenspopularisierung – ein altes, neues Forschungsfeld. In: Ders. (Hrsg.): Wissenspopularisierung. Konzepte der Wissensverbreitung im Wandel, Berlin 2003, S. 14.

das für die Aneignung jenes Wissens, wie es in der originalen vollständigen veröffentlichten Form existiert, unzureichend ausgerüstet ist. Mit »unzureichend ausgerüstet« ist gemeint, dass die Leser*innen über ein ungenügendes Maß an Bildung, Zeit, Geld verfügen. Diese Mängel können vorübergehend und biographisch bedingt für einzelne Individuen existieren. Dauerhaft, weil strukturell, betreffen sie Individuen als Mitglieder machtarmer Klassen. In der Zeit, die wir betrachten, schreckte das niedrige Einkommen der Arbeitenden vom Bücherkauf ab. Lange Arbeitszeiten wirkten quantitativ und qualitativ begrenzend auf die Freizeit. Auch die immer weiter verbreitete Alphabetisierung beziehungsweise Signierfähigkeit[12] war nicht mit vermehrter individueller Lektüre gleichbedeutend. Konkret bedeutete dies, der Preis des Buchs, »$3^{1}/_{3}$ Taler, entsprach fast einem ganzen Wochenlohn« des damaligen Proletariers, »der durch die Volksschule nur die dürftigste Bildung erhalten hatte und 12 oder 14 Stunden in der Werkstatt oder Fabrik stand«.[13]

Am Anfang beschränkte sich die potenzielle Leser*innenschaft des »Kapital« also vielmehr auf den Teil des Bildungsbürgertums, der aus politischen oder wissenschaftlichen Gründen interessiert am Thema war und den Fleiß und die Geduld aufbringen konnte, es zu erschließen. Eine Leser*innenschaft unter Arbeiter*innen war dagegen weitgehend ausgeschlossen. Auch wer »Das Kapital« nicht las, konnte jedoch von seinen Inhalten erfahren, wie zum Beispiel durchs Zuhören in Versammlungen, beim Lesen eines Zeitungsartikels, durch Hörensagen, oder auch, wenn Zeitungsartikel oder Flugblätter (öffentlich) vorgelesen wurden. All das erfolgte über Vermittler*innen, die das Original oder auch nur eine seiner Ersatzformen gelesen hatten, zu denen die KFn zählen. Die Lektüre der KFn zu bewältigen erforderte weniger Konzentration, Zeit und Geld als die des »Kapital«. Ihre potenzielle Leser*innenschaft umfasste einen größeren Anteil der Bevölkerung. Auch wenn es ein Anachronismus wäre, sich für die ersten KKFn eine so weite potenzielle Leser*innenschaft vorzustellen, wie sie unter heutigen Voraussetzungen (günstigere Bücherpreise, mehr verfügbare Freizeit, höhere Alphabetisierungsquote) möglich wäre.

Bei KKFn ist die Kürze wesentliches Mittel der Popularisierung. Dabei werden nicht einfach Teile »chirurgisch« entfernt, der Anspruch ist vielmehr, den »Text zu kürzen, ohne irgendeinen thematisch bedeuten-

---

[12] Vgl. Jürgen Kocka: Arbeiterleben und Arbeiterkultur. Die Entstehung einer sozialen Klasse, Bonn 2015, S. 288–290.
[13] Dlubek 1967, S. 33.

den Teil wegzulassen«, ihn umzuarbeiten und damit »einen neuen Text hervor« zu bringen.[14] Es geht um geschicktes (akkurates und kreatives) ›Schneiden‹, Ungenauigkeiten und Unklarheiten sind zu vermeiden, eine den Lernprozess fördernde Form ist zu finden; es geht paradoxerweise darum, Neues zu schaffen. Wie viel Neues, entscheiden unter anderem die Unternehmungslust der Verfasser*innen, ihre soziale Stellung, etwaige Hinweise der Autor*innen des Originals sowie Vorgängerversionen.

Der explizite Bezug auf »Das Kapital«, der Anspruch auf Gesamtheit und gleichzeitig auf Kompaktheit, die Ersatz-Funktion, die Buchform und zahlreiche Marx-Zitate sind zentrale Gemeinsamkeiten, die die seit 1874 in verschiedenen Ländern veröffentlichten Textprodukte als Exemplare eines eigenen Textgenres erkennen lassen. Um die Bezeichnung dieses Genres konkurrieren im Deutschen die Termini »Auszug« und »Zusammenfassung« mit dem Wort »Kurzfassung«. Stärke und Schwäche des ersten Begriffs liegen in seiner Zweideutigkeit, denn das Wort kann das »Herausgezogene […] aus etw. Schriftlichem« in zweierlei Sinn bezeichnen: Den »α) mit dem entsprechenden Teil der Vorlage übereinstimmende[n] Ausschnitt«, zum Beispiel: »einen kurzen Auszug aus der Rede abdrucken«, aber auch eine »β) das Wesentliche erfassende Inhaltsangabe«, zum Beispiel: »einen Auszug der Dissertation […] veröffentlichen«.[15] Die weniger gewöhnliche Bedeutung β wäre passend für unseren Gegenstand, der jedoch auch Auszüge im üblichen Sinn von α enthält. Das Wort »Zusammenfassung« wiederum setzt den Akzent auf die beschreibende Funktion: Das Werk wird nun erzählt, erzählt nicht mehr selbst. Obwohl beide Bezeichnungen von Marx und Engels[16] benutzt worden sind, drückt die übliche, jedoch für unseren Gegenstand unübliche Bezeichnung »Kurzfassung«, die Eigenart dieser Gruppe von Texten am besten aus. Denn sie streben nach einer kurzen Vollständigkeit und beanspruchen, das Original zu vertreten. Im Italienischen hat

---

[14] Gérard Genette: Palimpseste. Die Literatur auf zweiter Stufe, Frankfurt a.M. 1993, S. 315, 323. Was Genette hier über die Verknappung sagt, trifft auch auf die KF zu.
[15] Digitales Wörterbuch der deutschen Sprache, https://www.dwds.de/wb/Auszug (27.05.2023).
[16] Vgl. Marx an Matilda Betham-Edwards, am 14. Juli 1875. In: MEW, Bd. 34, S. 146. Und Marx an Ferdinand Domela Nieuwenhuis, am 27. Juni 1880. In: Ebd., S. 447. Siehe Engels an Karl Kautsky, am 9. Januar 1884. In: MEW, Bd. 36, S. 81. Und Engels an Laura Lafargue, am 23. Juli 1885. In: Ebd., S. 342. Für »Zusammenfassung« verwenden Marx und Engels das aus dem Französischen stammende Fremdwort »Résumé«.

sich die Bezeichnung »Compendio« durchgesetzt, die neben der Verdichtungsfunktion die didaktische Dimension ertönen lässt. Das Wort »Compendio« umfasst die beiden Arten der seit dem 4. Jahrhundert vor Christus nachgewiesenen zuerst nichtchristlichen, später dann christlichen Gattung der »Epitome«. »Epitoma auctoris« bezeichnet mit Blick auf das Ausgangswerk »eines bestimmten Verfassers« die »konzentrierte Darstellung des Inhalts«. Während »epitoma rei tractatae« die »konzentrierte Darstellung des Gegenstandes«[17] eines bestimmten Sachgebiets bezeichnet. »Compendio« verweist daher indirekt auf die glimmende Spannung zwischen Marx' wissenschaftlichem Beitrag und dem größeren Ganzen des Sachgebiets. Aber werfen wir zunächst einen Blick auf die Entstehung der KKFn.

Es geht los! Johann Most und Carlo Cafiero

Das Kapital. Kritik der politischen Ökonomie[18] erschien im September 1867 in Hamburg. Die Idee einer »populäre[n] kurze[n] Darstellung« unterbreitete Engels Marx brieflich bereits im September 1868 als »dringendes Bedürfnis«. Die Dringlichkeit liege in der Gefahr begründet, andere könnten die Befriedigung dieses Bedürfnisses unangemessen umsetzen.[19] Marx stimmte zu und schob sofort Engels die Arbeit zu: Es wäre »sehr gut, wenn Du selbst eine kleine Broschüre zum populären Verständnis schriebest.«[20] Erwähnt ist ein bestimmtes Medium, die Broschüre, während von KF nicht die Rede ist. Auf die Idee, »für die Arbeiter ein populäres Broschürle von ca 6 Bogen zu machen«,[21] war Engels schon Anfang des Jahres gekommen. Auf Aufforderung von Wilhelm Liebknecht sollte er einen Zeitungsaufsatz über »Das Kapital« schreiben, in dem »es von besondrem Nutzen [wäre], das Verhältnis [Ferdinand]

---

[17] Ilona Opelt: Epitome. In: Theodor Klauser (Hrsg.): Reallexikon für Antike und Christentum, Bd. 5, Stuttgart 1962, S. 945.
[18] Wie Anm. 2.
[19] »Wirds nicht gemacht, so kommt irgend ein Moses [Heß] & machts, & verballhornt's.« Engels an Marx, 16. September 1868. In: MEGA digital, http://mega-digital.bbaw.de/briefe/detail.xql?id=M0000743 (27.05.2023).
[20] Marx an Engels, 16. September 1868. In: MEGA digital, http://megadigital.bbaw.de/briefe/detail.xql?id=M0000745 (27.5.2023).
[21] Engels an Marx, 23. Januar 1868. In: MEGA digital, http://megadigital.bbaw.de/briefe/detail.xql?id=M0000530 (27.5.2023).

Über die Anfänge »Das Kapital« zu popularisieren

Lassalles zu Marx genau darzulegen.«[22] Engels wechselte gedanklich von der Zeitung auf ein anderes Textmedium, das mehr Platz bietet und dazu bestimmt ist, länger im Verkehr zu bleiben. Die Broschüre sollte »klar machen, wo der Unterschied zwischen Marx & Lassalle eigentlich liegt, [...] das den Arbeitern nötige Positive entwickeln [und] spottbillig verkauft werden«.[23] Die Idee wurde allerdings nicht verwirklicht. Im folgenden Jahr kam das Medium jedoch mit Blick auf das »Kapital« wieder zur Sprache, als jemand im »Mainzer Anzeiger« vorschlug, Liebknecht solle »die Forschungen und Folgerungen, die Marx bietet, in populärem Gewande auch dem größeren Publikum zugänglich [...] machen«. Konkret war damit gemeint, das Werk »in kleinen, für wenige Kreuzer verkäuflichen Broschüren für die Allgemeinheit [zu] verwerthen.«[24] Das Medium *Broschüre* wurde wenige Jahre später als Träger des Textgenres *Kurzfassung* zur Popularisierung des »Kapital« eingesetzt.

Die allererste, 1874 veröffentlichte[25] KF des »Kapital« entstand in der »Sozialistenklause«. Mit diesem geistreichen Ausdruck bezeichnete Johann Most in einem Brief an August Bebel vom 21. April 1873 seine Festungshaft,[26] die für politische Häftlinge aber durchaus die Gelegenheit bot, sich aufwendiger intellektueller Arbeit zu widmen. Most saß im Schloss Osterstein, Strafanstalt Zwickau, ein, wo er wegen einer von ihm organisierten Antikriegsdemonstration der Chemnitzer Arbeiter*innen acht Monate verbüßen musste. Während der Haft reduzierte er

---
[22] Liebknecht an Engels, 20. Januar 1868. In: MEGA digital, http://megadigital.bbaw.de/briefe/detail.xql?id=M0000529 (27.05.2023).
[23] Engels an Marx, 23. Januar 1868. In: MEGA digital, http://megadigital.bbaw.de/briefe/detail.xql?id=M0000530 (27.5.2023).
[24] N. N. [vermutlich Paul Stumpf]: Literarisches, Mainzer Anzeiger vom 8.1.1869, Nr. 6, S. 2. In: Kopf 2016, S. 37.
[25] »Das in der Fachliteratur bisher angegebene Erscheinungsjahr 1873« hat Winfried Schwarz anhand einer Ankündigung und einer Meldung in der »Chemnitzer Freien Presse« von März 1874 berichtigt. Siehe Winfried Schwarz: Entstehung und Überlieferung. In: Karl Marx; Johann Most: Kapital und Arbeit, Kommentar, Frankfurt a.M. 1985, S. 9–30, hier: S. 18, Fn. 19. Im vorliegenden Text wird dementsprechend 1874 als Erscheinungsjahr angenommen, obwohl die bibliothekarischen Angaben nicht damit übereinstimmen. Siehe: Karl Marx; Johann Most: Kapital und Arbeit. Ein populärer Auszug aus »Das Kapital« von Karl Marx, Chemnitz 1873, http://digital.slub-dresden.de/id1757628959 (27.05.2023). Im Folgenden wird allerdings mit der Angabe »Most 1876« die zweite verbesserte Auflage der KF zitiert: Karl Marx; Johann Most: Kapital und Arbeit. Ein populärer Auszug aus »Das Kapital« von Karl Marx, Chemnitz 1876, https://www.digitale-sammlungen.de/de/view/bsb11282689 (27.5.2023).
[26] Vgl. August Bebel: Aus meinem Leben. Zweiter Teil, Stuttgart 1911, S. 269.

das circa 800-seitige Marxsche Hauptwerk auf 60 Seiten. Ähnlich wie bei Marx' Schrift »Lohnarbeit und Kapital«[27], gibt Mosts Titel »Kapital und Arbeit« der Gegenüberstellung von Kapitalisten- und Arbeiter*innenklasse mehr Sichtbarkeit als das prägnante »Das Kapital«. Bezeichnet als »populärer Auszug« verspricht das Heftchen Genauigkeit und Zugänglichkeit. Die erheblichen Änderungen in der zweiten Auflage von 1876 kommen aus der Feder von Marx.[28] Die Erkennung der tatsächlichen Verbesserungen in dieser zweiten Fassung erhellt die Mängel der ersten, gibt aber keine erschöpfende Analyse[29] ab. Bereits in der ersten Fassung tritt Mosts Verdienst zutage: Es ist ihm gelungen, auf knappem Platz relevante Begriffe vorzustellen. Er zähmte seine eigene Stimme, zitierte reichlich prägnante und ausdrucksvolle Passagen des Originals, ansonsten fasste er zusammen und formulierte um. Die Lektüre wird durch die Kürze begünstigt, das Verständnis wird einerseits durch das Gedränge der wiedergegebenen Gedanken erschwert, andererseits durch didaktische Mittel wie Metaphern, Wiederholungen und Fragen diskret gefördert.

Wer war denn Most (5. Februar 1846 in Augsburg; 17. März 1906 in Cincinnati)?[30] Der später aktive Anarchist war damals eine Persönlichkeit der sozialistischen Arbeiter*innenbewegung. Als ausgebildeter Buchbinder lernte er den Sozialismus in der Schweiz kennen, wurde 1869 Mitglied der Sozialdemokratischen Arbeiterpartei (SDAP), später Sozialis-

---

[27] Vgl. Karl Marx: Lohnarbeit und Kapital. In: MEW, Bd. 6, S. 397ff. Die Schrift erschien zuerst 1849 in Form einer Leitartikelserie in der »Neuen Rheinischen Zeitung«, danach 1891 als Einzeldruck.

[28] Liebknecht und Julius Vahlteich baten 1875 Marx um die Verbesserung von Mosts Arbeit. In einem Briefentwurf vom 25. Mai 1882 informiert Engels darüber, dass Marx aus Mosts Auszug »die gröbsten Mißverständnisse entfernt und einige Zusätze gemacht hatte.« In: MEW, Bd. 35, S. 345. Aus der Auswertung dieses und anderer Dokumente folgt, dass die 2. Auflage »grundsätzlich Marx' Billigung« fand. Vgl. MEGA, Abt. 2, Bd. 8, Apparat, Berlin 1989, S. 1371. Der entsprechende Band der MEGA enthält als Anhang die zweite Auflage von Mosts KF.

[29] In seinem akkuraten Kommentar zeichnet Schwarz für jedes Kapitel in Mosts Broschüre die Charakteristik des Inhalts, wörtlich übernommene Passagen aus dem »Kapital«, Neuformulierungen von Marx und Einzeländerungen auf. Vgl. Winfried Schwarz: Textanalyse. In: Karl Marx; Johann Most: Kapital und Arbeit, Kommentar, Frankfurt a.M. 1985, S. 33–67.

[30] Für die biografischen Informationen vgl. Volker Szmula: Einleitung. In: Johann Most: Dokumente eines sozialdemokratischen Agitators, Bd. 1, Grafenau 1988, S. 8–39 sowie die Most gewidmete Ausgabe der Zeitschrift »Internationale wissenschaftliche Korrespondenz zur Geschichte der deutschen Arbeiterbewegung«, Jg. 41, Nr. 1/2, Berlin 2005.

Über die Anfänge »Das Kapital« zu popularisieren

tische Arbeiterpartei (SAP) und wurde zweimal (1874 und 1877) zum Abgeordneten gewählt.[31] Nicht in erster Linie als Parlamentarier, eher als unermüdlicher Volksredner und Redakteur war Most anerkannt.[32] Seine agitatorische Tätigkeit brachte ihm allerdings nicht nur Anerkennung, sondern auch Gefängnis und Ausweisung ein. 1871 wurde er aus Österreich, 1873 aus Chemnitz und 1878 kraft des Sozialistengesetzes aus Berlin ausgewiesen. Im Rahmen seiner politischen Tätigkeit befasste er sich mit dem »Kapital«. Noch vor der KF veröffentlichte Most »Die politische Oekonomik des Karl Marx« in der »Chemnitzer Freien Presse« (6. Juli 1872). Aus Zwickau entlassen, hielt er in Mainz und Glauchau Vorträge über Themen, die seiner KF ähnelten.

Während der Entstehungsort der ersten KF heute eine Seniorenwohnanlage ist, befanden sich in dem Gebäudekomplex, in dem die zweite KF[33] und zudem die erste in einer Fremdsprache verfasst wurde, bis vor Kurzem Hörsäle der Universität in Santa Maria Capua Vetere, 40 Kilometer von Neapel entfernt. Vorher war hier ein Kloster, eine Kaserne, und in der Zeit, in der der Text verfasst wurde – ein Gefängnis! Nachdem sie Anfang April 1877 Aufstände in den Dörfern der Matese-Bergen versuchten, wurden Carlo Cafiero und 25 andere Männer festgenommen und in Santa Maria Capua Vetere inhaftiert. Während seiner Haft verfasste Cafiero seine KF, nachdem er ein Exemplar der französischen Ausgabe des »Kapital« von dem Anarchisten James Guillaume erhalten hatte. Auch in diesem Fall sind nicht nur Abweichungen vom Original zu erkennen,[34] sondern auch Eigentümlichkeiten der gekürzten Darstellung. Cafieros mitreißender theatralischer Ton zieht sich durch den ganzen Text hindurch, wobei er Marx' Wink[35] aufnimmt und lebhafte Figuren auf die Bühne bringt. Er wechselt mehrmals die Szene: Zunächst vom Markt, wo die Arbeitskraft gekauft wird, zum Heimweg, wo sich der laufende Arbeiter – »nach schlechter Gewohnheit der Ar-

---

[31] Aus der Partei wurde Most im August 1880 ausgeschlossen.
[32] »Unsere Partei war seit der Vereinigung in stetem sieghaften Fortschreiten begriffen, sie wurde eine gefürchtete Macht im Staate. Und Most war einer der populärsten Wortführer dieser Macht, sowohl durch seine Zeitung [...], wie durch unzählige Reden und Rededuelle [...] er gehörte zu den glänzendsten Agitatoren unserer Partei.« Karl Kautsky: Johann Most. In: Rudolf Hilferding (Hrsg.): Die Gesellschaft. Internationale Revue für Sozialismus und Politik [1924], 1. Bd., Frankfurt a.M. 1968, S. 547.
[33] Carlo Cafiero: Il Capitale di Carlo Marx, Milano 1879.
[34] Vgl. Roberto Fineschi: Un nuovo Marx, Roma 2008, S. 204–213.
[35] Vgl. Marx 1867. In: MEGA, Abt. II, Bd. 5, S. 128. Vgl. MEW, Bd. 23, S. 191.

beiter«[36] – rechnerische Gedanken darüber macht, welchen Gewinn der Kapitalist zieht, und bei utopischen Phantastereien verweilt. Die Szene wechselt nochmal, nach dem Abendessen geht der Arbeiter schlafen und fürchterliche Sorgen vor der großen Macht des Kapitals belasten seine Träume. Nach der Klimax kommt wieder die trockene Rechnung, die zum Ende des zweiten Kapitels vervollständigt wird und zur Antwort auf die Frage führt, wie das Kapital entsteht. Dabei sei der Unterschied zwischen dem Preis der Arbeit, dem Lohn, und dem Produkt der Arbeitskraft, der Ware, entscheidend.[37] Zur Veranschaulichung dient der Vergleich mit einem Nutztier: Der Bauer kennt »die Differenz zwischen den Kosten«, die eine Kuh »für Stall, Ernährung usw. verursacht, und dem, was sie ihm für Milch, Käse, Butter usw. einbringt«.[38] Cafieros ›Filmkamera‹ führt die Leser*innen auch mitten in die geräuschvolle Fabrik, wo unterschiedliche Figuren – die Arbeiter, der Überwacher, der Direktor, der Kapitalist – auftreten. Die szenographische Tour wird am Ende zusammengefasst, bevor zur ursprünglichen Akkumulation übergegangen wird. So beginnt das letzte Kapitel mit dem Satz »Jetzt sind wir am Ende unseres Dramas angekommen.«[39] In der gesamten Darstellung wird die aktive, tendenziell kämpferische Seite der Arbeiter*innen sichtbar. Auch der ideologische (Klassen-)Konflikt wird deutlich, wenn zum Beispiel die Darlegung mit der These der Gegenpartei beginnt: »die Verfechter der kapitalistischen Produktionsweise behaupten [...]«.[40] Cafieros Metaphorik bedient sich Bildern, die an katholische Glaubenspraxis erinnern, und spricht eindrücklich die Sinnlichkeit an: Der Arbeiter muss »den sehr bitteren Kelch [...] bis zum Bodensatz hinunterschütten [tracannare sino alla feccia]«.[41] In seiner Sprache mischen sich oft Literarisches und Volkstümliches. Aber auch Kritik an der Staatsgewalt sowie an der heuchlerischen Empörung über revolutionäre Gewalt finden sich im Text. Dachte Marx an manche der oben genannten Elemente, als er in einem Brief an den Autor die »Überlegenheit« Cafieros KF im Vergleich zu anderen ähnlichen Arbeiten und im Bezug auf das Haupt-

---

[36] Carlo Cafiero: Einführung in das »Kapital« von Marx, übersetzt von Renate Genth, Kronberg im Taunus 1974, S. 40. Die im Folgenden zitierte italienische Ausgabe bezieht sich auf Carlo Cafiero: Compendio del Capitale, Pisa 2009.
[37] An dieser Stelle muss Cafiero korrigiert werden, es müsste heißen: Preis der Arbeitskraft und Produkt der Arbeit!
[38] Cafiero 1974, S. 42 und ders. 2009, S. 52.
[39] Ders 1974, S. 87 und ders. 2009, S. 131.
[40] Ders. 1974 S. 67 und ders. 2009, S. 97.
[41] Ders. 2009, S. 131, meine Übersetzung. Vgl. Ders. 1974, S. 87.

ziel der Textgattung, nämlich »auf die Öffentlichkeit einzuwirken, für die diese Abrisse bestimmt sind«,[42] pries? Dieser immer wieder in Neuauflagen abgedruckte lobende Briefentwurf ist neben manch tragischem Zug in der Biografie des Autors vermutlich ein Faktor des fortdauernden Erfolgs dieser KF.

Wer also war Carlo Cafiero (1. September 1846 in Barletta; 17. Juli in Nocera Superiore)?[43] Aus vermögender Familie stammend, schloss er sein Jurastudium in Neapel ab. Nach Stationen in Florenz und Paris zog er im Sommer 1870 nach London, wo er mit der IAA sowie mit Marx und Engels in Kontakt und im Bann der Ereignisse rund um die Pariser Kommune und deren Resonanz in der Weltmetropole stand. Als Internationalist und als Vertrauensmann des Generalrats der Internationale kehrte er dann im Mai 1871 nach Italien zurück, wo er sich jedoch bald zu Michail Bakunin hinwandte. Wenige Jahre später kamen Symptome einer geistigen Erkrankung ans Licht, infolgedessen er in psychiatrischen Einrichtungen interniert wurde.

Ein Genre der Arbeiter*innenbewegung?
Das waren erst die Anfänge

1880 meldete sich ein Mann aus Den Haag bei Marx: »Wenn ich Sozialist bin, so bin ich es geworden durch den Einfluss ihres epochemachendes Werkes das Kapital.[...] Leider ist es nicht übersetzt in unsrer holländischen Sprache und der Umfang des Werkes ist zu gross um in ein kleines Land wie das unsrige ein Leserkreis zu finden, das sich interessirt für solchen eingehenden Studien. Darum kommt es mich nützlich vor es zu verkürzen und so die Hauptsachen zur Kenntniss zu bringen, wie es schon ins Deutsch und wie ich höre ins Italienisch gethan ist.«[44]

Das war Ferdinand *Domela Nieuwenhuis* (31. Dezember 1846 in Amsterdam; 18. November 1919 in Hilversum). Der ehemalige Pfarrer hatte

---

[42] Marx an Cafiero, 29. Juli 1879 (Entwurf). In: MEW, Bd. 34, S. 384.

[43] Vgl. Pier Carlo Masini: Cafiero, Pisa 2014. Masini berichtigte den Sterbeort: »Nicht Nocera Inferiore, wie bisher geglaubt«, S. 214, Fn. 24, meine Übersetzung.

[44] Ferdinand Domela Nieuwenhuis an Marx, 19. Juni 1880. In: Karl Marx / Friedrich Engels Papers, International Institute of Social History (Amsterdam), D_3535–3537, https://hdl.handle.net/10622/ARCH00860.D_3535-3537 (27.5.2023). Das Zitat ist eine Transkription mitsamt Fehlern im Original.

seit zwei Jahren die Kirche verlassen, als er 1881 seine KKF[45] veröffentlichte. 1882 wurde er Sekretär des mitbegründeten Sociaal-Democratische Bond (SDB) und als Leader der sozialistischen Bewegung Abgeordneter in der Zweiten Kammer (1888–1891). Wie Most schloss er sich später dem Anarchismus an.[46]

Der Vergleich der Paratexte[47] der ersten drei KKFn lässt Gemeinsamkeiten und jeweilige Eigenheiten erkennen. In diesem Rahmen beschränken wir uns aus Platzgründen auf ihre Anfänge, das heißt, das Deckblatt – das Gesicht des Buches – und das Vorwort. Das Deckblatt macht das Verhältnis zwischen Hypertext und Hypotext[48] in zwei Fällen transparent. Bei Most lautet der Titel: »Ein populärer Auszug aus ›Das Kapital‹ von Karl Marx«. Bei Cafiero hebt sich der Titel »DAS KAPITAL [IL CAPITALE]« grafisch ab und wird von dem Zusatz begleitet: »kurz zusammengefasst von [brevemente compendiato da] Carlo Cafiero«. In beiden Fällen ist der Name von Marx etwas größer gedruckt als der Name des Epitomators.[49] Das Deckblatt von Domela Nieuwenhuis hingegen deutet nicht darauf hin, dass es sich um eine knappe Darstellung vom »Kapital« handelt. So lautet der Titel »Karl Marx: Kapitaal en Arbeid. Bewerkt door [bearbeitet von] F. Domela Nieuwenhuis«. Was zudem beim Blick

---

[45] Vgl. Karl Marx: Kapitaal en Arbeid bewerkt door F. Domela Nieuwenhuis, s Gravenhage 1881. Von hier an als »Domela Nieuwenhuis 1881« zitiert. Alle folgenden Zitate aus dieser KF sind meine Übersetzung.

[46] Für die biographischen Informationen vgl. Jan B. D. Simonis: Socialism between Jesus and Marx. Life and Work of F. Domela Nieuwenhuis. In: International Journal of Social Economics, Jg. 22, Nr. 5, 1995, S. 50–76 sowie Rolf Hecker: Ein »wackerer Kampfgenosse« – Ferdinand Domela Nieuwenhuis. Marx' Marginalien in Kapitaal en Arbeid. In: Beiträge zur Marx-Engels-Forschung. Neue Folge, 2001, S. 251–262.

[47] »Der Paratext ist also jenes Beiwerk, durch das ein Text zum Buch wird und als solches vor die Leser und, allgemeiner, vor die Öffentlichkeit tritt.«, Gérard Genette: Paratexte. Das Buch vom Beiwerk des Buches, Frankfurt a.M. 1989, S. 10. Zum Paratext gehören: »Titel, Untertitel, Zwischentitel; Vorworte, Nachworte, Hinweise an den Leser, Einleitungen usw.; Marginalien, Fußnoten, Anmerkungen; Motti; Illustrationen; Waschzettel, Schleifen, Umschlag und viele andere Arten zusätzlicher, auto- und allographer Signale«. Ders.: Palimpseste. Die Literatur auf zweiter Stufe, Frankfurt a.M. 1993, S. 11–12.

[48] »Hypertext« ist ein Text »zweiten Grades«, d.h. ein Text, »der von einem anderen, früheren Text abgeleitet ist« und primär nicht die Funktion des Kommentars spielt, sondern eine »Transformation« des früheren Textes [Hypotextes] darstellt. Ebd., S. 15.

[49] »Epitomator*in« bedeutet »Verfasser*in« einer Epitome. »Epitome« ist ein Synonym von KF.

auf das Deckblatt auffällt, ist der (damals in Deutschland übliche) Gebrauch der Frakturschrift bei Most sowie der von Cafiero zitierte und als Motto vorangestellte Satz eines italienischen Arbeiters: »Der Arbeiter hat alles gemacht; und der Arbeiter kann alles zerstören, denn er kann alles noch einmal machen«.[50] Bei Domela Nieuwenhuis finden sich zwischen Deckblatt und Vorwort eine Widmung an Marx, »den unverzagten Denker, den edlen Kämpfer für die Rechte des Proletariats [...]« und eine Seite mit zwölf Mottos.

Wenden wir uns mit drei Fragen den einleitenden Worten zu. Wie werden das Original und sein Autor charakterisiert? Sein Inhalt wird von Cafiero als »das neue Wahre« gefeiert, »das ein Jahrhundert altes Gebäude von Irrtümern und Lügen herunterreißt«. Zur Erläuterung nutzt er weitere Metaphern: Das Marxsche Buch »ist ein Krieg« und sein Autor ein tüchtiger »Feldherr«, der »neueste Waffen, Geräte und Maschinen jeder Art [...] aus allen modernen Wissenschaften sich anzueignen wußte.«[51] Auch Most hebt den wissenschaftlichen und politischen Charakter hervor: Im Gegensatz zu den ersten und letzten utopischen Mühen, den Kapitalismus zu überwinden, sei das Marxsche Werk »eine feste Grundlage und unbesiegbare Waffe des modernen Sozialismus«, indem es beweise, »daß der Kapitalismus die Keime des Sozialismus, respektive Kommunismus in sich birgt und daß Ersterer mit naturgesetzlicher Notwendigkeit und durch seine eigenen Gesetze sich zum letzteren fortentwickeln muß.«[52] Domela Nieuwenhuis bezeichnet das Werk ebenso als »die Grundlage [grond] für den wissenschaftlichen Sozialismus« und Marx als wissenschaftlichen Sozialisten, als einen Mann, der »sich auf den rein wissenschaftlichen Standpunkt gestellt hat«.[53] Als Nachweis dafür werden Marx' Leistung rühmende Urteile von Intellektuellen wie Edward Spencer Beesly, Friedrich Albert Lange und Rudolph Meyer (»einem Widersacher«)[54] genannt.

Wie geben die Epitomatoren ihr Ziel und ihre Adressierten an? »Das Kapital« bekannt zu machen, »im Interesse der Sache der Arbeit«, so erklärt Cafiero sein Ziel. Von dem Buch will er »eine leicht faßliche [facile] und kurze Zusammenfassung [compendio]«[55] liefern. Der Grund für die ausgewählte Form liege in den vorgesehenen Adressaten*innen, Ca-

---
[50] Cafiero 1974, S. 101 und ders. 2009, S. 169.
[51] Ders. 1974, S. 33 und ders. 2009, S. 32.
[52] Most 1876, S. 3–4.
[53] Domela Nieuwenhuis 1881, S. V.
[54] Ebd.
[55] Cafiero 1974, S. 34, 33 und ders. 2009, S. 32.

fiero schreibe nicht für das Bildungsbürgertum,[56] sondern für »drei Kategorien«[57] der Bevölkerung: Gebildete Arbeiter, die aus der Bourgeoisie stammende und der Arbeiterbewegung angeschlossene Jugend, die nicht genug gebildet für das Original ist und (noch harmlose) Schüler. Zum Schluss wird die Geschichte der Entwicklung der kapitalistischen Produktion als Leidensweg des Arbeiters bezeichnet und dabei werden die Arbeitenden als Hauptadressaten nochmals dazu aufgefordert, die KF »zu lesen und reiflich darüber nachzudenken«. Es folgt ein langer Appell an »die Klasse der Kleineigentümer«,[58] insbesondere die Seiten über die Geschichte Englands in Betracht zu ziehen, die für ihre eigene gesellschaftspolitische Lage in Italien lehrreich seien. Most gibt die Arbeiter als Adressaten*innen an und als beabsichtigten Zweck, ihnen »das Wesentlichste [des »Kapital«] zugänglich zu machen«,[59] gegebenenfalls »die Augen«[60] zu öffnen. Die KF wird als »eine Broschüre, die agitatorisch wirken soll«, bezeichnet, mit einem »billigen Preis« und »leichtfaßlichen Formen«.[61] Die Adressaten*innen werden von Domela *Nieuwenhuis* vage als »das Volk« angegeben. Es sei »zu sieben Achteln sozialistisch«; die Aufgabe, die er sich selbst und den anderen Sozialist*innen zuschreibt, bestehe darin, den »schlafenden [sluimerend] Sozialismus zu wecken und zum Bewusstsein zu bringen.«[62] Der Unterschied zwischen der originalen und der gekürzten Version wird von ihm nicht angesprochen, die KKF demnach nicht als solche vorgestellt, sondern unspezifisch als eine andere Form für Marxsche Inhalte: »Nur die Form, die Einkleidung [inkleeding], ist unsere, also sind es Marx' Gedanken in anderen Kleidern [in andere kleeren gestoken].«[63]

Wie beschreiben die KKF-Autoren ihre Praktik? Wie er Kürze und Leichtigkeit konkret erzielt hat, erzählt Cafiero nicht. Genau so wenig erklärt *Domela Nieuwenhuis*, worin die »andere kleeren« bestünden; Dabei wird Marx schon im Vorwort paraphrasiert und in der Überset-

---

[56] »Aber was soll ich tun? Eine Übersetzung? Das würde niemandem dienen. Diejenigen, die im Stande sind, das Werk von Marx zu verstehen, so wie er es geschrieben hat, verstehen gewiß auch Französisch.« Ders. 1974, S. 33 und ders. 2009, S. 31.
[57] Ebd. und ebd.
[58] Ders. 1974, S. 34 und ders. 2009, S. 33.
[59] Most 1876, S. 4.
[60] Ebd., S. 5.
[61] Ebd., S. 4.
[62] Domela Nieuwenhuis 1881, S. VII.
[63] Ebd., S. VIII.

zung ausgiebig zitiert, allerdings irritierenderweise ohne Anführungszeichen. Hingegen nennt Most verschiedene Operationen, die dazu dienen, »auszugsweise zu popularisieren«: Wörtliche Wiedergabe, Wiedergabe »mit geringen Abänderungen«[64], Summarische Ausführungen und Auslassungen. Schließen wir den Vergleich mit jeweils einer Eigentümlichkeit. Most fordert jeden, der die Mittel dazu hat, zur »Anschaffung des Marxschen Werkes«[65] *auf*. Cafiero beginnt seinen Text mit einem Gefühl der »tiefe[n] Traurigkeit«,[66] da ein so bedeutsames Buch in Italien völlig unbekannt sei. Domela Nieuwenhuis stellt die Marxsche Schrift »Zur Kritik der politischen Ökonomie« neben Charles Darwins Werk »On the Origin of Species«, da beide 1859 erschienen und sich beide umwälzend auf das jeweilige Sachgebiet auswirkten.[67]

Most, Cafiero und Domela *Nieuwenhuis erscheinen* schon in ihren Vorworten als Mitglieder der Arbeiter*innenbewegung. Letzterer sagt offenkundig »Wir Sozialisten«,[68] Cafiero äußert sein politisches Engagement durch drastische (anti)religiös gefärbte Metaphern,[69] Most tut es mit einer ›körperlichen‹ sozialistischen Grußformel am Ende des Vorworts: »Und nun Gruß und Handschlag den Lesern« sowie, wenn er seine Zugehörigkeit zum Proletariat *en passant* erwähnt.[70]

Auch die zwei nächsten »Kapital«-Epitomatoren sollten in der Parteilandschaft verortet sein: Gabriel Deville[71] und Karl Kautsky.[72] Ihre KFn haben zusammen mit den drei besprochenen eine langlebige Tradition eröffnet. Die Anerkennung seitens Marx und Engels, die Übersetzung in Fremdsprachen und die Neuauflagen steigern die Aufmerksamkeit für die erwähnten KKFn, während sich die Praxis der KKF bis heute fortsetzt. Zahlreiche Varianten in verschiedenen Ländern und Sprachen

---

[64] Most 1876, S. 4.
[65] Ebd., S. 5.
[66] Cafiero 1974, S. 33 und ders. 2009, S. 31.
[67] Domela Nieuwenhuis 1881, S. VI.
[68] Ebd., S. VIII.
[69] »Ich muß [durch die KF] nur eine Schar von willigen Anhängern die gangbarste und kürzeste Straße zum Tempel des Kapitals führen; und dort jenen Gott zerstören.« Cafiero 1974, S. 33 und ders. 2009, S. 32.
[70] »Außerdem steht dem Verständnis des Buches – ich, der ich selbst Proletarier bin, darf dies schon hervorheben – die Unbildung des Volkes im Wege.« Most 1876, S. 4.
[71] Vgl. Gabriel Deville: Le capital de Karl Marx. Résumé et accompagné d'un aperçu sur le socialisme scientifique, Paris 1883.
[72] Vgl. Karl Kautsky: Karl Marx's ökonomische Lehren. Gemeinverständlich dargestellt und erläutert, Stuttgart 1887.

folgten. Neben den Printmedien haben die KKFn auch die digitalen Medien erobert, in Form von Internetseiten, YouTube-Videos, Podcasts. Aspekte der Entwicklung und der Stagnation der Form »KKF« in neueren und neusten Medien gilt es allerdings erst noch zu ermitteln. Die Textanalyse und der Vergleich der Paratexte, wenn auf weitere (vor allem auf die jüngsten) KKFn erweitert und durch das Einbeziehen der Analyse der Kontexte, in denen sie entstehen und wirken, ergänzt, dienen dazu, Antworten auf die Frage nach dem heutigen Bedürfnis einer »Kapital«-Popularisierung zu geben und nach der Angemessenheit der Versuche, die diesem Bedürfnis unterschiedlich nachkommen. Zum Problemkomplex gehört auch die Frage, ob die KF gegenwärtig noch als Genre der Arbeiter*innenbewegung definierbar ist. Was die Vergangenheit betrifft, ist die Feststellung, dass die Autoren der ersten KKFn prominente Vertreter dieser Bewegung waren, nicht der einzige Grund für jene Definition. Sie stützt sich auf zwei weitere Zusammenhänge. Erstens: Das Ziel des Genres stand mit der ›Philosophie‹ der Arbeiter*innenbewegung im Einklang: »Dass die Emanzipation der Arbeiterklasse durch die Arbeiterklasse selbst erobert werden muss«.[73] Dies implizierte einen gewissen Bewusstseinsgrad und deshalb Arbeiter*innenbildungsprozesse, Teil derer die KKFn waren. Zweitens: Obwohl das Genre »Kurzfassung« nicht infolge der Industrialisierung, sondern als Epitome schon in der Antike entstand, hat die KF eben als KKF, als internationale Praxis, die Geschichte der Arbeiter*innenbewegung begleitet.

---

[73] Karl Marx: Allgemeine Statuten und Verwaltungs-Verordnungen der Internationalen Arbeiterassoziation. In: MEW, Bd. 17, S. 440.

Jenny Kellner

Georges Batailles ›allgemeine Ökonomie‹ und die nietzscheanische ›Tugend des Schenkens‹
Eine Aktualisierung der Ökonomiekritik Batailles und Nietzsches

Die ökonomietheoretischen Schriften Georges Batailles erfahren seit einigen Jahren im Kontext gesellschaftskritischer Perspektiven eine verstärkte Aufmerksamkeit.[1] Vor dem Hintergrund gegenwärtiger krisenhafter kapitalistischer Verhältnisse mag das kaum verwundern, hält Batailles Ökonomietheorie doch eine so eigentümliche wie radikale Kritik an unhinterfragter Wachstumsideologie bereit. Während Friedrich Nietzsche keine elaborierte Ökonomiekritik zugeschrieben werden kann, ist seine Philosophie für das Denken Batailles auch im Zusammenhang seiner ökonomietheoretischen Überlegungen von großer Bedeutung. Im Folgenden wird Batailles ökonomietheoretische Position vorgestellt und mit bestimmten Aspekten der Philosophie Nietzsches verbunden. Es zeigt sich, dass eine Aktualisierung der vorgestellten Perspektive aus heutiger Sicht ein spannendes und fruchtbares Unterfangen darstellt.

Der Ökonomietheoretiker Bataille als Nachfolger Nietzsches

Im Vorwort des *Verfemten Teils* definiert Bataille das Problem, das er in diesem Buch stellt, als »das Schlüsselproblem für jede Disziplin [...], die sich mit der Bewegung der Energie auf der Erde beschäftigt [...]. Selbst was von Kunst, Literatur und Poesie gesagt werden kann, hängt letztlich mit der von mir behandelten Bewegung zusammen: der Bewegung der überschüssigen Energie, die sich in der Erregung des Lebens äußert. Da

---

[1] Vgl. z.B. die Bände von Shannon Winnubst (Hrsg.): Reading Bataille now. Bloomington 2007 und von Will Stronge (Hrsg.): Georges Bataille and Contemporary Thought. London/Oxford/New York/New Delhi/Sydney 2017 sowie den Aufsatz von Nigel Clark u. Kathryn Yusoff (2018): Queer Fire: Ecology, Combustion and Pyrosexual Desire. In: »Feminist Review« 118, 2018, S. 7–14. In allen drei Fällen wird Batailles ökonomietheoretisches Hauptwerk, Der verfemte Teil, in den Fokus der Betrachtung gerückt.

ein solches Buch also für alle von Interesse ist, könnte es leicht für niemanden von Interesse sein.«[2]

Bataille hält dieser Selbstauskunft zufolge das Problem des *Verfemten Teils* für das Schlüsselproblem sämtlicher wissenschaftlicher Disziplinen und ebenso jedes Diskurses über Kunst. Gegenstand der Untersuchung ist die »Bewegung der überschüssigen Energie, die sich in der Erregung des Lebens äußert.«[3] Der Nachsatz, der das allgemeine Interesse für sein Buch und damit das wahrscheinliche allgemeine Desinteresse daran betrifft, mutet wie ein Nietzsche-Zitat an. Denn Nietzsche verlieh seinem *Zarathustra* den Untertitel »Ein Buch für Alle und Keinen«[4] – ›für alle interessant, daher leicht für niemanden von Interesse‹. Hierin verbirgt sich der Ansatz einer Interpretationsthese: Nietzsches *Also sprach Zarathustra* ist, Bataille zufolge, vermutlich aus demselben Grund ›ein Buch für alle und keinen‹ wie der *Verfemte Teil*. In beiden Büchern geht es um Alles, um das, was jedes Einzelwesen und jede Gemeinschaft im Hinblick auf ihr Denken und Tun betrifft: Es geht ums Ganze.[5] Bei einem derart umfassenden Anspruch lässt sich der Inhalt dieser Bücher kaum ermessen; und insofern es in ihnen ums Ganze geht, sind zwar alle betroffen, doch fühlt niemand sich persönlich zuständig. Obwohl *Der verfemte Teil* oberflächlich betrachtet nichts mit Nietzsche zu tun hat, gibt bereits das Vorwort zum Text zu erkennen, dass hier jemand schreibt, der sich als Denker in der Nachfolge Nietzsches sieht. Wie weit geht die Identifikation? Sieht der Autor des *Verfemten Teils* sich als missverstandenen Propheten, der seine Erkennt-

---

[2] Georges Bataille: Der Verfemte Teil [1949]. In: Ders.: Die Aufhebung der Ökonomie, hrsg. v. Gerd Bergfleth, München 1985, S. 33–236, hier: S. 36.

[3] Ebd.

[4] Friedrich Nietzsche: Also sprach Zarathustra. Ein Buch für Alle und Keinen [1886]. In: Giorgio Colli; Mazzino Montinari (Hrsg.): Kritische Studienausgabe, Bd. 4, München 1999a.

[5] Der Begriff des ›Ganzen‹ impliziert bei Bataille eine radikale Rationalisierungs- und Verdinglichungskritik. Bataille zufolge geht das Leben als ganzes über zweckorientiertes Nützlichkeitsdenken und intentionale Interessenverfolgung hinaus. Partikulare Zwecke, die in allem Handeln impliziert sind, fragmentieren das Dasein und machen aus den Menschen letztlich homogenisierte, kommensurable Einheiten, die zähl- und messbaren Gegenständen gleichen. Nietzsche habe das Problem »des ganzen Menschen« gelebt, so Bataille in *Nietzsche und der Wille zur Chance* (Georges Bataille: Nietzsche und der Wille zur Chance [1945], Berlin 2005, S. 19). »Alles Handeln macht aus dem Menschen ein fragmentarisches Wesen. Ich kann meinen vollständigen Charakter nur aufrechterhalten, wenn ich mich weigere zu handeln, wenn ich zumindest die eminente Bedeutung der fürs Handeln reservierten Zeit leugne.« (Ebd., S. 20).

nisse mitteilen will und notwendig scheitert wie Nietzsches Zarathustra? Die Emphase, mit der Bataille seine eigene Involviertheit in den Gegenstand thematisiert, deutet es an: »Das Sieden, das ich untersuche und das den Erdball bewegt, ist auch *mein* Sieden. So kann das Objekt meiner Untersuchung nicht mehr vom Subjekt geschieden werden, genauer noch: *vom Subjekt auf seinem Siedepunkt.* Bevor es für mein Unternehmen also schwierig werden konnte, seinen Platz in der allgemeinen Bewegung des Denkens zu finden, stieß es auf das intimste Hindernis, das übrigens den grundlegenden Sinn des Buches ausmacht.«[6]

Das ›Subjekt auf seinem Siedepunkt‹ ist ein überfließendes Wesen, das über immense Energien verfügt, die es nicht sinnvoll investieren kann, sondern zwecklos verausgaben muss. Zarathustra beschwört ein solches Wesen, wenn er den ›Übermenschen‹ als ein Wesen beschwört, das die ›allzumenschlichen‹ Zwecke hinter sich gelassen hat.[7] Die Figur Zarathustras selbst erscheint als das Bild eines Subjekts, das sich auf seinem Siedepunkt befindet und daher vom Berg herabsteigen, sich in Bewegung versetzen muss.[8] Ist Zarathustra das Subjekt seiner Reden oder ist er als Redner und scheiternder Prophet Gegenstand der Denkbewegung, die im *Zarathustra* sich vollzieht? Subjekt und Objekt werden in Nietzsches Denken oft ununterscheidbar, sofern er selbst mit Bewusstsein Teil der modernen Diskurse ist, die er dekonstruiert. Diese Ununterscheidbarkeit zwischen Subjekt und Objekt bedingt auch die Konfusion von Nietzsche und ›seinem‹ Zarathustra: Ist Zarathustra eine Art Alter Ego Nietzsches, insofern die Bewegtheit beider dieselbe ist, weil mit Batailles Wort dasselbe ›Sieden‹ sie antreibt? Wenn Nietzsche sich mit bestimmten historischen oder mythologischen Figuren identifiziert und die Gegenstände, über die er schreibt, nicht mit der gebotenen wissenschaftlichen Distanz zu behandeln scheint, wenn er gegen solche Distanzbehauptungen im Gegenteil scharf polemisiert, so offenbart er damit eine ähnliche Involviertheit in die Gegenstände seines Denkens wie Bataille im Vorwort zum *Verfemten Teil.* Batailles ›Siedepunkt des Subjekts‹ ist offenbar genau der Punkt, an dem Nietzsche sich befindet, wenn er den *Zarathustra* schreibt.

---

[6] Bataille 1985, S. 36.

[7] »Ich lehre euch den Übermenschen. Der Mensch ist Etwas, das überwunden werden soll.« (Nietzsche 1999a, S. 14.) »Ich liebe Den, dessen Seele sich verschwendet [...]: denn er schenkt immer und will sich nicht bewahren.« (Ebd., S. 17).

[8] »Ich möchte verschenken und austheilen [...]. Dazu muss ich in die Tiefe steigen.« (Ebd., S. 11.)

Die Probleme Nietzsches, Zarathustras und Batailles erscheinen als grundlegend. Ihre Fragen laufen auf folgendes hinaus: Was heißt es, zu leben – als handelndes Wesen, als biologisches Wesen, zu denken begabt, in einer Historie stehend, als psychologisches Wesen, in Gesellschaft, als Schöpferin, als Geschöpf – zu leben? Wenn aber die Fragen derart grundlegend sind, dann können die Fragenden selbst sich nicht mehr aus dem Gefragten herausnehmen; das Fragen selber wird Teil der Frage. Die sich auf den Diskurs bezieht, ist in solchem Bezug selbst Teil des Diskurses, über den sie etwas sagt und von dem sie sich durchs Sagen distanziert: eine zerreißende Spannung. Jede ›Ökonomie‹ im Sinne eines Diskurses über den wie immer auch gearteten Umgang mit vorhandenen Energien hätte zunächst von dieser Spannung auszugehen. Sie entsteht aus einer Verworrenheit, Überforderung und Kompliziertheit und lässt sich niemals ›auflösen‹, niemals in einem herkömmlichen Sinn ›ökonomisieren‹.

Zentrale Thesen der ökonomietheoretischen Position Batailles

Mit dem Ziel, eine allgemeine Ökonomie zu begründen, fragt Bataille im *Verfemten Teil*, wie bereits zitiert, nach der »Bewegung der Energie auf der Erde«, genauer: »nach der überschüssigen Energie, die sich in der Erregung des Lebens äußert«.[9] Er geht hierbei von der Quelle allen Lebens auf dem Planeten aus: von der Sonne. Die Sonne strahlt Energie auf die Erde ab, ohne Gegenleistung, ohne jeden Sinn und Zweck für sich selbst; sie strahlt einfach und verzehrt sich dabei selbst. Bezeichnenderweise geht auch Nietzsches *Zarathustra* von der Sonne aus. Zu Beginn der Geschichte »trat [Zarathustra] vor die Sonne hin und sprach zu ihr also: ›Du grosses Gestirn! [...] wir warteten deiner an jedem Morgen, nahmen dir deinen Überfluss ab und segneten dich dafür.‹«[10] Die Sonnenenergie führt auf der Erde, in Batailles Worten, zu einem »Druck des Lebens«.[11] Als erste Wirkung dieses Drucks macht Bataille die Ausdehnung, das heißt, das Wachstum aus, als zweite Wirkung die Verschwendung oder den Luxus.[12] »Ich gehe von einer elementaren Tatsache aus: Der lebende Organismus erhält, dank des Kräftespiels der

---

[9] Bataille 1985, S. 36.
[10] Nietzsche 1999a, S. 11.
[11] Bataille 1985, S 55.
[12] Vgl. ebd., S. 57 u. 58.

Energie auf der Erdoberfläche, grundsätzlich mehr Energie, als zur Erhaltung des Lebens notwendig ist.«[13] Das heißt, Leben ist immer und von Anfang an mehr als Subsistenz. Durch einen Druck, der durch die Energiestrahlung der Sonne auf die Erde zustande kommt, entsteht überall Leben, das sich aufgrund des Energieüberschusses ausdehnt und wächst. Doch das Wachstum stößt an seine notwendigen, zum Beispiel räumlichen Grenzen.[14] Wo eine Grenze weiteres Wachstum verhindert, hört jedoch die Energie nicht auf zu fließen, vermindert sich daher der ›Druck des Lebens‹ keineswegs. »Bald führt der Druck zur Erschließung neuen Raums, bald zur Vernichtung überschüssiger Möglichkeiten im verfügbaren Raum.«[15] Bataille beschreibt zur Veranschaulichung dieser Überlegung das Beispiel einer Stierkampfarena, zu der eine große Menschenmenge Zugang begehrt. Da zu wenig Plätze für alle zur Verfügung stehen, werden einige Personen Plätze in der Nähe der Arena aufsuchen und etwa Bäume oder Laternen erklettern, um den Stierkampf trotzdem verfolgen zu können: das wäre die ›Erschließung neuen Raums‹. Es kann bei einem solchen Menschenauflauf im Kampf um den Zugang zum Stadion aber auch »zu einer Schlägerei kommen«, bei der es Tote gibt, so dass »die Überzahl der Individuen gegenüber der Anzahl der Plätze sich verringer[t]«: Das wäre eine »Vernichtung überschüssiger Möglichkeiten«.[16] Neben der ersten Wirkung des Drucks, dem Wachstum, gibt es notwendig diese zweite Wirkung, die Verschwendung, deren auffälligste Form der Tod ist.[17] Dabei stellt der Tod für das Leben an sich, Bataille zufolge, keine Notwendigkeit dar: »Die einfachsten Formen des Lebens sind unsterblich.«[18] Aber während »ein überall gleicher Druck [theoretisch] auf einen Ruhezustand hinausläuft, indem ein allgemeiner Wärmeverlust an die Stelle des Wachstums tritt«, ist ein solches Gleichgewicht im Gesamtmaßstab der Erde nicht gegeben.[19] Vielmehr »bringt [der tatsächliche Druck] ungleiche Organismen in einen Konkurrenzkampf« und »die Ungleichheit des Drucks in der lebenden

---

[13] Ebd., S. 45.
[14] Vgl. ebd., S. 57.
[15] Ebd., S. 58.
[16] Ebd.
[17] Vgl. ebd., S. 58ff.
[18] Ebd., S. 58: »Die Geburt eines Lebewesens, das sich durch Zellteilung fortpflanzt, verliert sich im Dunkel der Zeit. Man kann dabei nicht von Eltern sprechen. Nehmen wir a' und a" als Ergebnis der Verdoppelung von a, so hat a beim Auftreten von a' nicht aufgehört zu existieren.« (Ebd.)
[19] Ebd., S. 58f.

Materie [macht] ständig den Platz für das Wachstum frei, den der Tod hinterläßt.«[20] Wachstum ist demzufolge nichts anderes als »eine Kompensation vollzogener Zerstörungen.«[21] Was zunächst als ›erste Wirkung‹ des ubiquitären ›Lebensdrucks‹ bezeichnet wurde, das Wachstum, erweist sich bei genauer Betrachtung als sekundär gegenüber der ›zweiten Wirkung‹, der Verschwendung. Bataille geht sogar so weit zu behaupten, »daß es, allgemein gesehen, kein Wachstum gibt, sondern nur eine luxuriöse Energieverschwendung in vielfältiger Form! Die Geschichte des Lebens auf der Erde ist vor allem die Wirkung eines wahnwitzigen Überschwangs: das beherrschende Ereignis ist die Entwicklung des Luxus, die Erzeugung immer kostspieligerer Lebensformen.«[22]

Tierisches Überleben erfordert größere Energieverschwendungen als pflanzliches, was sich besonders deutlich im »gegenseitige[n] Sichauffressen« zeigt.[23] Der Tod stellt »*in seiner Fatalität und Unerbittlichkeit* [sic]« die kostspieligste aller Luxusarten dar, wobei schon die Fragilität und Kompliziertheit tierischer Körper von ihrem Luxuscharakter zeugen, der im Tod gipfelt.[24] Daher weist Bataille die menschliche Abwertung und Verleugnung des Todes entschieden zurück: »Wir belügen uns selbst, wenn wir glauben, wir entgingen der Bewegung luxuriösen Überschwangs, dessen ausgeprägteste Form wir doch selber sind.«[25] Der Tod erscheint uns, Bataille zufolge, ebenso wie die Sexualität »als eine Negation unserer selbst«, doch »dann, in einer plötzlichen Umkehrung, als die eigentliche Wahrheit der Bewegung, die sich durch das Leben manifestiert.«[26] Die Sexualität rückt so in die Nähe des Todes und sie wird von Bataille strikt »vom habgierigen Wachstum« unterschieden.[27] Wenngleich Sexualität im Hinblick auf die Gattung »als Wachstum erscheint, so ist sie doch ihrem Wesen nach ein Luxus der Einzelwesen«,[28] denn die mit ihr verbundene Energieverschwendung übertrifft das für das Wachstum der Gattung notwendige Maß bei Weitem. »Sie scheint die größte augenblickliche Verschwendung zu sein, zu der das Einzelwesen die Kraft hat [...] und fällt schließlich mit dem unvernünf-

---

[20] Ebd., S. 59.
[21] Ebd.
[22] Ebd.
[23] Ebd., S. 60.
[24] Ebd.
[25] Ebd., S. 60f.
[26] Ebd., S. 61.
[27] Ebd.
[28] Ebd.

tigen Luxus und Exzeß des Todes zusammen.«[29] Mit dieser Perspektive auf Gewalt, Sexualität und Tod, ordnet Bataille das Wachstum, als eine der Folgen des von der Sonnenstrahlung erzeugten Lebensdrucks auf der Erde, der Verschwendung unter und macht es zum sekundären Prinzip, das vom primären, der luxuriösen Energieverschwendung, abhängt. Die entscheidende ökonomietheoretische These, die Bataille in Anschlag bringt, lautet damit: *Das grundlegende ökonomische Problem besteht nicht im Mangel sondern im Überschuss.* Dieses allgemeine Grundprinzip wird von Bataille auch soziologisch gewendet, dergestalt, dass es zum Analysekriterium menschlicher Gesellschaften avanciert: »Eine Gesellschaft produziert als Ganzes immer mehr, als zu ihrer Erhaltung notwendig ist, sie verfügt über einen Überschuß. Und eben der Gebrauch, den sie von diesem Überschuß macht, macht sie zu einer bestimmten Gesellschaft. Der Überschuß ist die Ursache für Bewegung, Strukturveränderung und Geschichte schlechthin.«[30] In einer kapitalistischen Gesellschaft etwa sollen sämtliche Überschüsse idealerweise reinvestiert werden, so dass stetiges Wachstum im Sinne der Kapitalakkumulation gewährleistet ist. Aber die Überschüsse können bei Weitem nicht vollständig reinvestiert werden, was verleugnet wird, weswegen gerade in kapitalistischen Gesellschaften unbewusst die vielfältigsten und brutalsten Formen der Zerstörung ausgebildet werden.

Dem Überschuss kommt in Batailles Ökonomietheorie eine ultimative Rolle zu: Er begründet alles, obwohl er selbst grundlos ist, sofern sein Wesen in seiner Sinn- und Zwecklosigkeit liegt. Die Frage, die der vergesellschaftete Mensch sich stellen muss, lautet nicht: ›Wie kann der Not abgeholfen werden, wie können wir gemeinsam überleben?‹ Sondern: ›Wohin kann die Überfülle abfließen, da wir mehr zum Leben haben, als wir brauchen?‹ Das heißt, das wichtigste Prinzip der allgemeinen Ökonomie Batailles liegt in der *Grundannahme eines Primats des Überschusses vor dem Mangel*, was sie von Ökonomietheorien bürgerlicher wie auch marxistischer Form radikal unterscheidet. Der Ausgangspunkt einer *allgemeinen* Ökonomietheorie muss Bataille zufolge die Frage nach der Verschwendung der Überschüsse sein und nicht die Frage nach einer Produktion, die ein Fehlendes zu kompensieren hat. Aus diesem ersten Prinzip der allgemeinen Ökonomie nach Bataille, leitet sich damit dieses weitere ab: *Die unproduktive Verausgabung hat Vorrang vor der produktiven Tätigkeit.* Das bedeutet allerdings nicht, dass

---
[29] Ebd., S. 62.
[30] Ebd., S. 140.

der Mensch als gesellschaftliches Wesen Wachstum und Produktivität außer Acht lassen dürfe. An späterer Stelle schreibt Bataille sogar, dass »die *allgemeine Ökonomie* [...] sich ebenso, wann immer es möglich ist und zuerst, mit der Entwicklung des Wachstums beschäftigen« müsse, sofern sie sich mit dem Elend in der Welt nicht abfindet.[31] Doch er besteht auf »den beherrschenden (entscheidenden) Charakter der Probleme, die sich aus dem Vorhandensein von Überschüssen ergeben«.[32]

Dabei ist klar, dass es keine *reine* Form produktiver und unproduktiver Verausgabung geben kann: »Das konkrete Leben, das alle möglichen Ausgaben umfaßt, kennt nämlich keine ausschließlich produktive Verausgabung und praktisch nicht einmal eine rein unproduktive Verausgabung.«[33] Doch auf welcher Form der Verausgabung, auf der produktiven oder auf der unproduktiven, liegt die Betonung, welche wird bedacht, welche darf überhaupt zu Bewusstsein kommen? Der Titel des Buches, *Der verfemte Teil*, verweist auf den ausgeschlossenen, unterdrückten, verleugneten Charakter der Phänomene, die Bataille ins Bewusstsein zu holen versucht: der Phänomene unproduktiver Verausgabung und luxuriöser Verschwendung. Das Problem, das sich aus dem Vergessen des entscheidenden Charakters der Überschüsse und aus einer ausschließlichen Konzentration auf die Frage nach der Steigerung der Produktivkräfte ergibt, liegt darin, dass diese Steigerungslogik nicht unbegrenzt funktionieren kann, sondern notwendig an irgendeinem Punkt in ihr Gegenteil umschlagen muss. Das führt auf eine dritte Grundthese der allgemeinen Ökonomie: *Die Bewegung der Akkumulation kippt notwendig an irgendeinem Punkt in ihr Gegenteil, in Vernichtung um.*[34]

Überschuss muss, wo er vom Wachstum nicht absorbiert werden kann, in Luxus und Zerstörung umgewandelt werden.[35] Dabei gibt es

---

[31] Ebd., S. 66f.
[32] Ebd., S. 67.
[33] Ebd., S. 39.
[34] Vgl. ebd., S. 44f. u. 48ff.
[35] Thomas Wex verweist auf die Gemeinsamkeit zwischen Batailles und Joseph Schumpeters Kapitalismusanalysen. Auch letzterer hatte die Bedeutung von Luxus, Verschwendung und Zerstörung im sozialökonomischen Kontext der kapitalistischen Gesellschaften erkannt, hieraus allerdings keine gegenüber der bürgerlichen Gesellschaft subversive Zielsetzung abgeleitet, wie Bataille, sondern vielmehr die integrative Kraft des Kapitalismus gegenüber Luxusstreben und Zerstörungsprozessen betont (vgl. Thomas Wex: Ökonomik der Verschwendung. Batailles Allgemeine Ökonomie und die Wirtschaftswissenschaft. In: Andreas Hetzel; Peter Wiechens [Hrsg.]: Georges Bataille. Vorreden zur Überschreitung, Würzburg 1999, S. 187–210).

streng genommen keinen begrifflichen Unterschied zwischen Luxus und Zerstörung, denn Luxus ist nichts anderes als eine Zerstörung von Reichtümern, ihre Investition in vollkommen unproduktive Zwecke. Es gibt nach Bataille allerdings einen entscheidenden Unterschied zwischen verschiedenen Formen der Zerstörung, nämlich einerseits *katastrophische* Formen, die uns zustoßen, da wir der Notwendigkeit der unproduktiven Verausgabung mit Verleugnung und Verfemung begegnen, sofern sie ganz im Sinne der psychoanalytischen Theorie Sigmund Freuds in unser Unbewusstes verdrängt werden, und andererseits gewollte Formen, die wir wählen, weil sie uns *gefallen*.[36] Damit wäre ein viertes Prinzip der allgemeinen Ökonomie bestimmt: *Die unproduktiven Verausgabungen werden entweder in katastrophischer Form erlitten oder in ästhetischer Form gewählt.* Von ›ästhetischer Form‹ lässt sich hier, obwohl Bataille selbst diesen Ausdruck nicht verwendet, sprechen, da Bataille offensichtlich ein Gefallen meint, das im Gegensatz zu jedem zweckrationalen Kalkül steht, denn ein solches stünde ja immer im Dienst irgendeines produktiven Nutzens. Das Gefallen, von dem er spricht, ist affektiver, sinnlicher Natur, insofern kann im weitesten Sinn von einer ästhetischen Form der unproduktiven Verausgabung gesprochen werden.

Bataille, der von Jean-Paul Sartre als Mystiker diskreditiert wurde, und sich wie Nietzsche dem Vorwurf des Irrationalismus ausgesetzt sah, verfolgt mit der Darstellung der allgemeinen Ökonomie im *Verfemten Teil* einen aufklärerischen Ansatz: »Unsere Unkenntnis hat nur die eine unbestreitbare Folge: sie läßt uns *erleiden*, was wir, wenn wir Bescheid wüßten, nach Belieben selbst *bewirken* könnten. Sie beraubt uns der Wahl der Art des Ausschwitzens, die uns gefällt. Vor allem aber setzt sie die Menschen und ihre Werke katastrophischen Zerstörungen aus. Denn wenn wir nicht die Kraft haben, die überschüssige Energie selbst zu zerstören, die anderweitig nicht benutzt werden kann, so zerstört sie uns wie ein unzähmbares Tier, und wir selbst sind das Opfer der unvermeidlichen Explosion.«[37]

(Angesichts der aktuellen ›ökologischen Krise‹ erscheint Batailles Diagnose aus den späten 1940er Jahren als geradezu prophetisch.) Es geht um eine Transformation von passivem Erleiden hin zu aktivem Be-

---

[36] Vgl. Bataille 1985, S. 45: »Wenn das System jedoch nicht mehr wachsen und der Energieüberschuß nicht gänzlich vom Wachstum absorbiert werden kann, muß er notwendig ohne Gewinn verloren gehen und verschwendet werden, willentlich oder nicht, in glorioser oder in katastrophischer Form.«

[37] Ebd., S. 48, siehe auch ebd., S. 44: »Die Verkennung der materiellen Lebensbedingungen läßt den Menschen noch heute schwerwiegende Fehler begehen.«

wirken, die durch einen Erkenntnisgewinn, durch besseres ›Bescheidwissen‹, zustande kommen könnte. Insofern *Der verfemte Teil* ein solches aufklärerisches Projekt darstellt, erscheint er als gesellschaftliches ›Gut‹, das von Bataille in gewinnbringender Absicht produziert wurde, während die Lehre der allgemeinen Ökonomie, die er zur Darstellung bringt, im Gegenteil gerade die Betonung und Bejahung unproduktiver Verausgabungsformen fordert. So handelt es sich bei diesem Buch tatsächlich um »das bizarre Ding«, »das der Verfasser nicht geschrieben hätte, wenn er seiner Lehre wörtlich gefolgt wäre«[38], wie Bataille im Vorwort schreibt – eine Auskunft, die offenbar problemlos auch aus dem Mund des Verfassers des *Zarathustra* hätte kommen können: Immerhin wirft dieser Verfasser ein Buch auf den Markt, das die Lehre enthält, vom Marktgeschehen müsse sich unbedingt ferngehalten werden.[39]

Eine Ökonomie des Schenkens?

In den Debatten um eine Ökonomie der Gabe im Anschluss an die ethnologischen Arbeiten von Marcel Mauss,[40] wie sie in Frankreich nach Bataille auch etwa Claude Lévi-Strauss, Paul Ricoeur oder Alain Caillé[41] und in Deutschland zum Beispiel Gunther Teubner, Stephan Moebius, und Frank Hillebrandt[42] führen, wird vor einem radikalen Verschwendungsbegriff, wie Bataille ihn stark macht, zurückgeschreckt. Die Gabe erscheint in diesen Auseinandersetzungen als sozial eingehegt, inso-

---

[38] Ebd., S. 37.
[39] Vgl. Friedrich Nietzsche, 1999a, S. 65–68. »Fliehe, mein Freund, in deine Einsamkeit! [...] Wo die Einsamkeit aufhört, da beginnt der Markt« (ebd., S. 65).
[40] Vgl. Marcel Mauss: Form und Funktion des Austauschs in archaischen Gesellschaften [1925], Frankfurt a.M. 1990.
[41] Vgl. Claude Lévi-Strauss: Strukturale Anthropologie I, Frankfurt a.M. 1969; vgl. Paul Ricoeur: Wege der Anerkennung. Erkennen, Wiedererkennen, Anerkanntsein, Frankfurt a.M. 2006 u. vgl. Alain Caillé: Anthropologie der Gabe, Frankfurt a.M. 2008.
[42] Vgl. Gunter Teubner: Ökonomie der Gabe – Positivität der Gerechtigkeit: Gegenseitige Heimsuchungen von System und différance. In: Albrecht Koschorke; Cornelia Vismann (Hrsg.): Widerstände der Systemtheorie – Kulturtheoretische Analysen zum Werk von Niklas Luhmann, Berlin 1999, S. 199–212; vgl. Stephan Moebius: Die Gabe – ein neues Paradigma der Soziologie? In: Stephan Moebius; Christian Papilloud (Hrsg.): Gift – Marcel Mauss' Kulturtheorie der Gabe, Wiesbaden 2006a, S. 355–370; vgl. ders.: Marcel Mauss, Konstanz 2006b u. vgl. Frank Hillebrandt: Praktiken des Tauschens. Zur Soziologie symbolischer Formen der Reziprozität, Wiesbaden 2009.

Aktualisierung der Ökonomiekritik Batailles und Nietzsches

fern sie als Praxis der Anerkennung und Reziprozität gedacht wird. Batailles Anschluss an Mauss hingegen radikalisiert den Gedanken einer nicht profitorientierten Gabe und legt die Betonung auf Vernichtung, Zerstörung und Ruin. In Bezug auf die Überlegungen Derridas in *Zeit geben* kritisiert Hillebrandt einen Gabe-Begriff, der in seiner diametralen Entgegensetzung zur Rationalität des Warentauschs als ethisch aufgeladen und wirklichkeitsfern erscheine. Ein derart transzendenter Begriff der Gabe, schließe die Gabe aus der Wirklichkeit sozialer Praktiken aus und sei für eine Soziologie, die einen nicht-reduzierten Ökonomiebegriff entwickeln will, unbrauchbar.[43] Diese Kritik könnte ebenso gut Bataille gelten. Obwohl er im *Verfemten Teil* von konkreten sozialen Praktiken (etwa vom Potlatsch der Ureinwohner Nordamerikas, einer Institution ostentativen und selbstruinösen Schenkens, den Opferhandlungen der Azteken und anderen historischen Beispielen) ausgeht, hat sein radikalisierter Verschwendungsbegriff nichts mit sozialer Reziprozität in objektiven Verhältnissen zu tun. Soziale Gegenseitigkeit setzt intentionale Subjekte voraus, die in Batailles Perspektive aber erodieren, sofern sie sich im ›souveränen‹ Geschenk selbst verlieren. Hier mag die Kritik zutreffen, dass es bei einem derart radikalisierten Gabe-Begriff so etwas wie eine Gabe real gar nicht geben kann, dass sie aus dem Wirklichkeitsraum sozialer Handlungen herausfällt und wie ein utopisches Ideal, eine Transzendenz, eine quasi-religiöse Figur – ähnlich der christlichen selbstlosen Nächstenliebe – erscheint, die sich für keine konkrete Gesellschaftstheorie fruchtbar machen lässt. Doch es ist gerade die Radikalisierung des Gedankens der Gabe, die eine grundlegende Infragestellung herkömmlicher Ökonomietheorie überhaupt erst erlaubt. Denn während bei Hillebrandt die Gabe als reziproke soziale Praxis der Anerkennung Sozialität und Ökonomie begründen soll, setzt sie doch selbst bereits Subjekte voraus, die einer gegenseitigen Anerkennungslogik zu folgen imstande sind. Eine solche Gabe bleibt letztlich ebenso dem liberalen Individualismus wie dem Nützlichkeitsdenken verhaftet; sie erscheint als rationalisierte und ökonomisierte, sofern sie dem Gesellschaftsaufbau und der sozialen Kohäsion *dient*. Bataille aber geht es um eine *souveräne* (undienliche) Verschwendung, die in der Tat in den Bereich des Verfemten verdrängt wird, weil sie eben überhaupt nicht

---

[43] Vgl. hierzu auch Dirk Quadfliegs Kommentar zu Hillebrandts Kritik (Dirk Quadflieg: Über den strukturellen Zusammenhang von Gabe und Ökonomie. Kritische Anmerkungen zu Frank Hillebrandts Praktiken des Tauschens, in: Hans-Georg Soeffner (Hrsg.): Transnationale Vergesellschaftungen, Wiesbaden 2012, S. 1021–1034).

nützlich und rationalisierbar ist. Schenken ist im Anschluss an Bataille (und Nietzsche, wie sich noch zeigen wird) als vorbehaltlos zu denken. Ob es darum als quasi-religiöse Transzendenz anzusehen ist, die nicht das Geringste mit der Wirklichkeit zu tun und keinerlei praktische Konsequenzen haben kann, soll hier bezweifelt werden.

Abgesehen von historischen Beispielen, wie den Opferritualen der Azteken oder dem Potlatsch, macht Bataille auf verschiedene, mehr oder weniger alltägliche, menschliche Verhaltensweisen aufmerksam, die keinen Profit bringen, aber gewählt werden, weil sie gefallen: »Müßiggang, Pyramidenbau und Alkoholgenuß haben gegenüber der produktiven Tätigkeit, der Werkstatt oder dem Brot den Vorzug, daß die Ressourcen, die sie verbrauchen, ohne Gegenwert, ohne Profit verzehrt werden; sie *gefallen* uns einfach, sie entsprechen der *Wahl* ohne *Not*, die wir hier treffen.«[44] Obwohl Nietzsche in bestimmten Zusammenhängen eine große Emphase auf die Not legt, im Sinne einer Notwendigkeit zu denken und zu schaffen und einer dafür unerlässlichen Spannung,[45] scheint die ›Wahl ohne Not‹, von der Bataille hier spricht, ein Ausdruck zu sein, den Nietzsche auch emphatisch hätte verwenden können. Von seinen frühesten Schriften an durchzieht sein Werk das Motiv des verächtlichen Spotts gegenüber dem kleinlichen, geizigen Menschen, der aus Not handelt, und dem Nietzsche das Ideal eines aus dem Vollen schöpfenden, großzügigen Typus entgegenhält. Beachtenswert scheint etwa folgende Stelle aus dem Aufsatz *Ueber Wahrheit und Lüge im aussermoralischen Sinne* zu sein, in dem Nietzsche einen rational-wissenschaftlichen Menschentypus einem intuitiv-künstlerischen gegenüberstellt: »Wo einmal der intuitive Mensch, etwa wie im älteren Griechenland, seine Waffen gewaltiger und siegreicher führt, als sein Widerspiel, kann sich günstigen Falls eine Kultur gestalten, und die Herrschaft der Kunst über das Leben sich gründen [...]. Weder das Haus, noch der Schritt, noch die Kleidung, noch der thönerne Krug *verrathen, dass die Nothdurft sie erfand* [meine Hervorhebung] [...]. Während der von Abstractionen geleitete Mensch durch diese das Unglück nur abwehrt, ohne selbst aus den Abstractio-

---

[44] Bataille 1985, S. 153.
[45] Vgl. z.B. § 56 der *Fröhlichen Wissenschaft*: »Denke ich an die Begierde, Etwas zu thun, wie sie Millionen junger Europäer fortwährend kitzelt und stachelt, welche alle die Langeweile und sich selber nicht ertragen können, – so begreife ich, dass in ihnen eine Begierde, Etwas zu leiden, sein muss, um aus ihrem Leiden einen probablen Grund zum Thun, zur That herzunehmen. Noth ist nöthig!« (Friedrich Nietzsche: Die fröhliche Wissenschaft [1882/1887]. In: Giorgio Colli; Mazzino Montinari (Hrsg.): Kritische Studienausgabe, Bd. 3, München 1999b, S. 343–651, hier: S. 418.

nen sich Glück zu erzwingen, während er nach möglichster Freiheit von Schmerzen trachtet, erntet der intuitive Mensch, inmitten einer Kultur stehend, bereits von seinen Intuitionen, ausser der Abwehr des Uebels eine fortwährend einströmende Erhellung, Aufheiterung, Erlösung.«[46]

Der rationale Mensch, den Nietzsche hier vorstellt, ist ganz der Mensch der beschränkten Ökonomie, den Bataille im Zuge seiner Verschwendungstheorie kritisiert. Die beschränkte Ökonomie ist eine, die immer auf Nützlichkeit aus ist, weil sie vom Mangel ausgeht: zweckrationales Handeln ist ihr Mittel, um der Not abzuhelfen. Damit aber offenbart sie ihre *reaktive* Haltung, die bloß, in Nietzsches Worten, eine *Abwehr* des Übels bewirken kann, jedoch kein positives Glücksstreben kennt. Der intuitive Mensch Nietzsches hingegen verleugnet seine Bedürftigkeit, indem er seine Alltagshandlungen und -gegenstände nach ästhetischen Maßstäben gestaltet, statt nach Effizienz- und Nützlichkeitserwägungen. Obwohl sein verschwenderisches Verhalten vermutlich ruinöse Auswirkungen haben wird, ist er im Verhältnis zum Nützlichkeitstypen das glücklichere Exemplar seiner Gattung.

Auch im Paragraphen 329 der *Fröhlichen Wissenschaft*, der ein Lob des Müßiggangs impliziert, zeigt sich die enge Verwandtschaft zwischen Nietzsches Denken und Batailles Kritik der klassischen Ökonomietheorie. »Die Arbeit bekommt immer mehr alles gute Gewissen auf ihre Seite: der Hang zur Freude nennt sich bereits ›Bedürfniss der Erholung‹ und fängt an, sich vor sich selber zu schämen. [...] Ja, es könnte bald so weit kommen, dass man einem Hange zur vita contemplativa (das heisst zum Spazierengehen mit Gedanken und Freunden) nicht ohne Selbstverachtung und schlechtes Gewissen nachgäbe. – Nun! Ehedem war es umgekehrt: die Arbeit hatte das schlechte Gewissen auf sich. Ein Mensch von guter Abkunft verbarg seine Arbeit, wenn die Noth ihn zum Arbeiten zwang. Der Sclave arbeitete unter dem Druck des Gefühls, dass er etwas Verächtliches thue: – das ›Thun‹ selber war etwas Verächtliches.«[47]

Arbeit als Produktion nützlicher Güter ist gerade das, was in Batailles ökonomietheoretischer Perspektive sekundär ist gegenüber zwecklosen Verschwendungen, wie Festen, Opferhandlungen, Prachtbauten und Müßiggang. Arbeit ist selbstverständlich nicht überflüssig, im Gegenteil, Nietzsche wie Bataille wissen es wohl: Sie ist überlebensnotwen-

---

[46] Friedrich Nietzsche: Ueber Wahrheit und Lüge im aussermoralischen Sinne [1973]. In: Giorgio Colli; Mazzino Montinari (Hrsg.): Kritische Studienausgabe, Bd. 1, München 1999c, S. 873–890, hier: S. 889.
[47] Nietzsche 1999b, S. 557.

dig. Was das Leben aber lebenswert und schön macht, was eine Gesellschaft zur Kultur macht, sind nicht schieres Überleben, Nützlichkeit und Arbeit, sondern vielmehr ihr Gegensatz.

Das Nützlichkeitsdenken der Rationalität ist nicht nur ein reaktives Denken, sondern auch ein geiziges. Wenn Bataille der archaischen Institution des Potlatsch so große Aufmerksamkeit schenkt, um zu verdeutlichen, dass auch andere Ökonomien möglich sind als solche, die nur Nutzenkalkulationen im Hinblick auf Akkumulation, nur Wachstumsstreben kennen, mag man sich an einige Stellen aus dem *Zarathustra* erinnert fühlen: »Nicht eure Sünde — eure Genügsamkeit schreit gen Himmel, euer *Geiz* selbst in eurer Sünde schreit gen Himmel!«[48] Zarathustra kommt dem Ökonomietheoretiker Bataille besonders nahe, wenn er die »schenkende Tugend«[49] preist. Bataille setzt den Maßstab der Analyse einer Gesellschaft, wie gesehen, bei der Frage an, wie diese Gesellschaft ihre Reichtümer verschwendet. Glück und Freiheit eines Menschen und einer Gemeinschaft bemessen sich an der Art und Weise, wie sie ihre Ressourcen nutzlos verausgaben. Und Zarathustra spricht: »Sagt mir doch: wie kam Gold zum höchsten Werthe? Darum, dass es ungemein ist und unnützlich und leuchtend und mild im Glanze; es schenkt sich immer. [...] Ungemein ist die höchste Tugend und unnützlich, leuchtend ist sie und mild im Glanze: eine schenkende Tugend ist die höchste Tugend. [...] Das ist euer Durst, selber zu Opfern und Geschenken zu werden [...] auf Entartung rathen wir immer, wo die schenkende Seele fehlt. Aufwärts geht unser Weg, von der Art zur Über-Art. Aber ein Grauen ist uns der entartende Sinn, welcher spricht: ›Alles für mich.‹«[50]

Der Wert des Goldes wie der Wert der höchsten Tugend liegen in ihrem Charakter des Nutzlosen und ›ungemeinen‹: Nicht im Nützlichen, Überlebensdienlichen, Gesellschaft-Erhaltenden erkennt Zarathustra das wichtigste Ziel des Menschen, sondern das Erstrebenswerteste liegt im nutzlosen Geschenk ohne Gegenleistung, wie es die Sonne gibt. Nicht Art-Erhaltung, sondern Übergang zur Über-Art, das heißt, nicht ängstliches, geiziges Aufrechterhalten eines *Status quo*, sondern verschwenderische Freigiebigkeit und Selbstaufgabe im radikalsten Sinne heißen die Appelle Zarathustras und Batailles. Damit wird der enge Zusammenhang zwischen Batailles allgemeiner Ökonomie und seiner Souveränitätsthe-

---

[48] Nietzsche 1999a, S. 16.
[49] Ebd., S. 97.
[50] Ebd., S. 97f.

Aktualisierung der Ökonomiekritik Batailles und Nietzsches 149

orie offenbar, der auch explizit wird.[51] Der ›souveräne Augenblick‹ ist ein Moment, in dem es keine Reserven und keine Zurückhaltung gibt, in dem das Individuum sich verliert;[52] insofern ist es auch ein Moment der luxuriösen Verschwendung. Umgekehrt lässt sich sagen, dass souveräne Augenblicke dort erfahren werden können, wo rückhaltlos verschwendet wird. Dabei impliziert das verschwenderische Verschenken, das keine Gegenleistung fordert, eine Kritik am privaten Individualismus. Denn »der Mensch ist nicht nur das abgesonderte Wesen, das der lebendigen Welt oder den anderen Menschen seinen Anteil an den Energiequellen streitig macht.«[53] Der allgemein verschwenderische Charakter »der lebenden Materie« erfasst auch den Menschen, und auf dem Höhepunkt des Vorgangs der Verschwendung »läßt ihn seine Souveränität in der Welt mit diesem Vorgang eins werden«.[54] Es ist »das Bewußtsein der *Not*«, das dem Menschen nahelegt, den zutiefst verschwenderischen Charakter des Lebens zu verleugnen. Es ist das Bewusstsein »der Bedürftigkeit, die das abgesonderte Wesen kennzeichnet (dem es ständig an Ressourcen fehlt, das ständig ein *Genötigter* ist)« – mit Nietzsche: das reaktive Bewusstsein.[55] Aber »dieses Leugnen [ändert] doch nichts an der allgemeinen Bewegung der Energie: diese kann sich nicht unbegrenzt in den Produktivkräften akkumulieren. Am Ende muß sie uns entgleiten und sich für uns verlieren wie der Fluß im Meer.«[56]

So kann der Vorwurf, den Bataille klassischen bürgerlichen ebenso wie marxistischen Ökonomietheorien macht, als Vorhaltung ihrer Reaktivität verstanden werden: Sie lassen sich von einem individualistischen reaktiven Bewusstsein der Not leiten, wenn sie die exzessive Verschwendung als wesentliches Element der Ökonomie allen Lebens außer Acht lassen. Das Problem ist, dass das Bewusstsein selbst nach Nietzsche ein reaktives Phänomen darstellt, dass mit Bewusstsein begabte Wesen mithin *per se* Genötigte, Zu-Kurzgekommene, dem Ressentiment Zugeneigte

---

[51] Vgl. Bataille 1985, S. 47.
[52] Zu Batailles Souveränitätsbegriff vgl. Georges Bataille: Die Souveränität [1956]. In: Ders.: Die psychologische Struktur des Faschismus. Die Souveränität, hrsg. v. Rita Bischof u. Elisabeth Lenk, München 1978, S. 45–86. Vgl. z.B. auch Christoph Menke: Ästhetische Souveränität. Nach dem Scheitern der Avantgarde. In: Andreas Hetzel/Peter Wiechens (Hrsg.): Georges Bataille. Vorreden zur Überschreitung, Würzburg 1999, S. 301–309.
[53] Bataille 1985, S. 47.
[54] Ebd.
[55] Ebd.
[56] Ebd.

sind,[57] die als solche auf die Errichtung und Aufrechterhaltung rationalistischer Ökonomien angewiesen zu sein scheinen. Insofern trifft Hillebrandts Kritik an Derrida tatsächlich auch Bataille: In der objektiven Wirklichkeit bewusstseinsbegabter Wesen hat eine rückhaltlose Verschwendung keinen Platz; alles Nicht-Reaktive erscheint aus der Perspektive menschlicher Objektivität notwendig als transzendente Utopie. Bataille macht aber mit eindeutigem Bezug auf die objektiven Verhältnisse darauf aufmerksam, dass »[u]nter den gegenwärtigen Bedingungen [meine Hervorhebung] [...] alles dazu angetan« sei, »die grundlegende Tendenz zu verschleiern, die darauf abzielt, dem Reichtum seine eigentliche Funktion, das Schenken, die Vergeudung ohne Gegenleistung, wiederzugeben«.[58] Die objektiven Verhältnisse führen im Versuch, so erhalten zu werden, wie sie sind, zu einer Unsichtbarmachung der eigentlichen Funktion des Reichtums, die laut Bataille in der vorbehaltlosen Verschwendung besteht. Insofern gilt es, die objektiven Verhältnisse gerade in diesem Punkt radikal anzufechten. Für Bataille ist unzweifelhaft, dass diese Anfechtung praktische Konsequenzen haben muss. So macht er im *Verfemten Teil* einige konkrete Vorschläge, etwa den folgenden zum »Problem des Elends in Indien«: »Die allgemeine Ökonomie legt heute eine Überführung amerikanischen Reichtums nach Indien ohne Gegenleistung nahe.«[59] Batailles Ökonomietheorie erscheint damit keineswegs als eine Art Religionsersatz ohne Konsequenzen für die objektiven Verhältnisse. Vielmehr führt die nietzscheanische Emphase des Schenkens, der Verschwendung und des Müßiggangs, wenn sie ernstgenommen wird, in eine ganz andere Wirklichkeit als die der kapitalistischen Kapitalakkumulation.

---

[57] Vgl. hierzu Gilles Deleuze: Nietzsche und die Philosophie. Hamburg 1991, S. 40f.: »Weit entfernt, ein psychologisches Merkmal zu sein, ist der Geist der Rache vielmehr die Grundlage, auf der unsere Psychologie steht und von der sie abhängig ist.« »Das Bewußtsein ist niemals Selbstbewußtsein, sondern Bewußtsein eines Ich in Beziehung auf ein Selbst, das nicht selbst bewußt ist. Es ist nicht Bewußtsein des Herrn, sondern Bewußtsein des Sklaven in Bezug auf einen Herrn, der sich seiner nicht bewußt zu sein braucht.« (Ebd., S. 45.)
[58] Bataille 1985, S. 64.
[59] Ebd., S. 67.

Luis Sanz Jardón
Bruch der Widerstandsdynamik in Südeuropa
Eindämmung eines gegenhegemonialen Projekts in Spanien 2015-2017

2008 traf die Finanzkrise das Mark des ökonomischen Modells in Spanien. Das ab 2010 auf die Staatsschuldenkrise reagierende Krisenmanagement vertiefte die vorherrschende soziale und politische Krise noch weiter. Diese Situation begünstigte die Organisierung einer gesellschaftlichen Opposition, welche eine erhebliche Mobilisierungskraft bewies. Diese nahm ab 2014 eine institutionalisierte Form an, blieb aber – oder gerade deswegen – eine Herausforderung für die neoliberale Politik, welche die *Europäische Union* (EU) führte. Allerdings schien diese Opposition den politischen Kurs in Spanien und Europa nicht lenken zu können und verlor ab 2015 zügig und beträchtlich an Stärke. Es gibt eine Mehrzahl von Faktoren, welche zur Erklärung des Bruches dieser Widerstandsdynamik in Spanien beitragen können. Solche wären meines Erachtens die Herrschaftskonstellationen in der EU, die bis dato allerdings eine eher unterbelichtete Dimension für die Erklärung dieses Bruches darstellen.

Vor diesem Hintergrund gehe ich der Frage nach, inwieweit die Antwort der europäischen Institutionen auf die im Sommer 2015 zugespitzte politische Krise in Europa Einfluss auf die Eindämmung eines gegenhegemonialen Projekts in Spanien nahm. Ich skizziere und diskutiere die Zwischenergebnisse der Erforschung jener Faktoren, welche zur Abschwächung des Widerstands gegen den Neoliberalismus in Südeuropa und insbesondere in Spanien geführt haben. Um diese Entwicklungen zu begreifen, orientiere ich mich an den drei Schritten des methodologischen Ansatzes der *historisch-materialistischen Politikanalyse* (HMPA) (Kontextanalyse, Akteursanalyse und Prozessanalyse). Damit greife ich auf den Begriff des Hegemonieprojekts zurück, so wie er bei Sonja Buckel und anderen entwickelt wurde:[1] Zuerst beschreibe ich die Herrschaftskonstellation in der EU, die zur Entstehung eines gegenhegemonialen Projekts in Spanien führte und darüber hinaus dieses Projekt bestimmt. Darauf folgt die Offenlegung der hier fokussierten Faktoren für die Neutralisie-

---
[1] Sonja Buckel; Fabian Georgi; John Kannankulam; Jens Wissel: Theorie, Methode und Analysen kritischer Europaforschung. In: Forschungsgruppe »Staatsprojekt Europa«: Kämpfe um Migrationspolitik, Bielefeld 2014, S. 15-84, hier: S. 44ff.

rung dieses Projekts. Schließlich sollen einige vorläufige herrschafts- und staatstheoretische Schlussfolgerungen diskutiert werden.

Räumlich und sozial fragmentierte Hegemonie in Europa

Aus einer hegemonietheoretischen Perspektive wird bürgerliche Herrschaft nicht nur durch Gewalt, sondern auch durch asymmetrische Zustimmung im integralen Staat gesichert; »Hegemonie gepanzert mit Zwang«.[2] Die Stabilität der bürgerlichen Herrschaft beruht auf ihrer Fähigkeit, Herrschaftsverhältnisse so zu organisieren, dass auch die Beherrschten ideologisch und materiell eingebunden werden.

Mit der Durchsetzung des Neoliberalismus in den 1980er- und 90er-Jahren erodierte allerdings die Fähigkeit der Herrschenden, die Beherrschten mit einzubeziehen. Da der keynesche Staat als Schutzdamm gegenüber den ökonomischen Krisen galt, war seine Krise eine des Krisenmanagements.[3] Dies verfestigte, was Nicos Poulantzas als »Autoritären Etatismus« bezeichnete. Eine solche Bezeichnung offenbart, dass die antizyklischen Politiken zur Eindämmung der Krisen nicht mehr tragfähig waren und die staatlichen Interventionen weitere (politische) Krisen verursachen.[4] Die Distanz zwischen ökonomischen und politischen Krisen hat mit der Unterminierung des zivilgesellschaftlichen »Grabensystems« (Gramsci) abgenommen. Prekarisierung, Liberalisierung und Privatisierungen schlossen dann Sektoren der Lohnabhängigen aus dem gesellschaftlichen Konsens aus. Aus einer »schwach historisierenden« Rezeption des Hegemonie-Begriffs, auch wenn Hegemonie eine spezifische Prägung der Herrschaftsverhältnisse bleibt, kann man diese jedoch nicht mit dem fordistischen Staat gleichsetzen.[5] Im Neoliberalismus wurden dann einige Forderungen der Frauen- und Studierendenbewegungen aufgenommen (*progressiver Neoliberalismus*). Zugeständnisse an die Lohnabhängigen hingegen waren nur selektiv vorhanden. Vor

---

[2] Antonio Gramsci: Gefängnishefte, 3. Bd., Hamburg 1999, S. 783.
[3] Vgl. Bob Jessop: The Future of the Capitalist State. Cambridge 2002, S. 81; Patrick Ziltener: Strukturwandel der europäischen Integration, Münster 1999, S. 54.
[4] Nicos Poulantzas: Staatstheorie. Politische Überbau, Ideologie, autoritärer Etatismus, Hamburg: 2002, S. 242.
[5] Dirk Martin; Jens Wissel: Fragmentierte Hegemonie, Anmerkungen zur gegenwärtigen Konstellation von Herrschaft. In: Dirk Martin; Susanne Martin; Jens Wissel (Hrsg.): Konstellationen und Perspektiven kritischer Theorien, Münster 2015, S. 220–239, hier: S. 228.

Bruch der Widerstandsdynamik in Südeuropa

diesem Hintergrund nimmt Herrschaft die Gestalt einer fragmentierten Hegemonie an.[6] Infolgedessen entstanden zwei nebeneinander funktionierende Arbeitsregime: das Normalarbeitsverhältnis (an die fordistischen Kompromissstrukturen gekoppelt) und die prekarisierte Arbeit.

Die »Europäisierung« Südeuropas in den 1980er-Jahren ging nicht nur mit einer Demokratisierung und einem Versuch der Annäherung an die wohlfahrtsstaatlichen Standards Westeuropas, sondern auch mit der Annahme einer bestimmten Position in der europäischen Arbeitsteilung einher. Die großzügigen Transferleistungen der 1980er- und 90er-Jahre ermöglichten den Ausbau des Wohlfahrtsstaats und des damit zusammenhängenden öffentlichen Dienstes bei gleichzeitiger Tertiarisierung der Ökonomie.[7] Die geopolitische Umstrukturierung, die mit den Demokratisierungsprozessen zusammenhingen, erlaubte diesen Ländern die relativ sichere Teilnahme an der Globalisierung. Preis dafür war der Verzicht auf eine Industriepolitik und eine Prekarisierung der Arbeitsverhältnisse.[8] In den 1990er-Jahren war eine fragmentierte Hegemonie auch in Spanien zu beobachten, die sich insbesondere in Bezug auf das Arbeitsregime durch die Etablierung eines dualistischen Arbeitsmarktes zeigte.[9] Allerdings gelang den südeuropäischen Blöcken an der Macht bis zur Neoliberalismus-Krise 2008 eine Einbindung breiter Teile der Bevölkerung. Dies erfolgte anfangs durch staatsschuldenbasierte, expandierende Haushalte, später durch kreditbasierten Konsum.[10]

Zur Hegemonie gehört auch eine Tendenz zur Homogenisierung des Raumes, der diese begrenzt. Auch das Staatsprojekt Europa hatte ursprünglich die Absicht, die Region zu homogenisieren (Europäische Integration). Auch wenn bestimmte Schritte, wie die Etablierung eines gemeinsamen Grenzregimes, in diese Richtung gingen, blieb das Zen-

---

[6] Vgl. ebd., S. 220.

[7] Für Spanien siehe Vincenc Navarro: El subdesarrollo social de España: causas y consecuencias, Barcelona 2006.

[8] Zur geopolitischen Transformation siehe Nicos Poulantzas: Die Krise der Diktaturen Portugal, Griechenland, Spanien, Frankfurt a.M. 2015, S. 27; zu späteren Entwicklung in Spanien siehe Maximiliá Nieto: Rentabilidad y Distribución en el capitalismo español. In: Laberinto 24, 2007, S. 71–79, hier: S. 78.

[9] Vgl. Isidro López; Emmanuel Rodríguez: Fin de Ciclo. Financiarización, territorio y sociedad de propietarios en la onda larga del capitalismo hispano [1959-2010], Madrid 2010, S. 430; Tobias Haas; Nikolai Huke: Spanien: »Sie wollen mit allem Schluss machen«. In: Hans-Jürgen Bieling; Daniel Buhr (Hg.): Europäische Welten in der Krise, Frankfurt a.M. 2015, S. 165–190, hier: S. 167.

[10] Vgl. Wolfgang Streeck: Gekaufte Zeit, Frankfurt a.M. 2018, S. 106–111; für Spanien siehe López; Rodríguez 2010, S. 251.

trum-Peripherie-Verhältnis in der *Europäischen Union* (EU) strukturell verankert. Die räumliche Desintegration in der EU war indes schon vor 2008 in Form von »ergänzenden Akkumulationsregimen«[11] zu beobachten. Eine Binnenmarkts- und Währungsunion ohne eine fiskal- und arbeitspolitische Harmonisierung trug schließlich zur Heterogenisierung zwischen den Mitgliedsländern bei.[12]

Diese fehlende Kohäsion in der EU spiegelt die Schwierigkeiten wider, eine europäische Zivilgesellschaft zu etablieren, die nur in Ansätzen vorhanden war.[13] Hegemonie setzt allerdings eben diese sowie die Existenz eines Staates voraus. Neben der räumlich fragmentierten Hegemonie hat dies zur Folge, dass Herrschaft im Staatsprojekt Europa einerseits zwar instabil ist. Anderseits ist es aber schwierig, Widerstand jenseits der nationalstaatlichen Vermittlung zu organisieren.

Spanien in der Eurokrise:
Der Aufschwung eines gegenhegemonialen Projekts

Es gibt mehrere Elemente, die deutlich zeigen, dass der schon vor 2008 bestehende »autoritäre Wettbewerbsetatismus«[14] in Spanien während des Krisenmanagements vertieft wurde. Zu nennen wären dabei eine gewisse Abkehr vom Korporatismus,[15] Staatshaushaltskürzungen, die Aberkennung bestimmter zivilgesellschaftlicher Partizipationskanäle[16]

---

[11] Joachim Becker; Johannes Jäger: Integration in Crisis: A Regulationist Perspective of the Interaction of European Varieties of Capitalism. In: Competition and Change 2012, 16(3), S. 169–187, hier: S. 175.

[12] Siehe z. B. Wolfgang Streeck: Warum der Euro Europa spaltet statt es zu einigen. In: Leviathan 2015, 43(3), S. 365–387, hier: S. 378; Hans-Jürgen Bieling: Die Globalisierungs- und Weltordnungspolitik der Europäischen Union, Wiesbaden 2010, S. 87f; Joao Carlos Graca; Rita Gomes Correia: Economical and political aspects of the persisting crisis in southern Europe. In: Revista de Economía crítica 2019, 27(1), S. 70-85, hier: S. 73.

[13] Vgl. Jens Wissel: Staatsprojekt Europa. Grundzüge einer materialistischen Theorie der Europäischen Union, Münster 2015, S. 46.

[14] Lukas Oberndorfer: Zwischen Normal- und Ausnahmestaat. In: Mario Candeias; Alex Demirovic (Hrsg.): Europe – what´s left? Münster 2017, S. 70–92.

[15] Vgl. Angie Gago: Los sindicatos mayoritarios UGT y CCOO ante la crisis. ¿Declive o revitalización? In: Anuario del conflicto social 2012, 2013, S. 1075–1094, hier: S. 1089.

[16] Ein markantes Beispiel dafür war die Ignoranz seitens des Parlaments gegenüber einem Volksbegehren (Iniciativa Legislativa Popular) gegen Zwangsräumungen 2013, das nicht einmal zur Diskussion im Plenum zugelassen wurde.

sowie eine zunehmende Kriminalisierung von Protesten.[17] Diese Entwicklungen waren Teil einer staatlichen Umstrukturierung, welche das neoliberale hegemoniale Projekt trug. Es umfasste die beiden großen politischen Parteien (Konservative und Sozialdemokraten), die sich zur »pluralen Fassung einer Einheitspartei«[18] formierten.[19] Solch eine Situation führte letzten Endes zu einer Hegemoniekrise, die man in Verbindung mit dem oben erwähnten, europäischen (Des)-Integrationsprozess sehen muss.

Die erwähnten Entwicklungen sind schließlich die Grundlage des Wachstums einer immer breiteren sozialen Basis für ein gegenhegemoniales Projekt. Die Staatshaushaltskürzungen im öffentlichen Sektor und die Arbeitsrechtsreformen unterminierten die soziale Basis der sozialdemokratischen PSOE.[20] Die Gewerkschaften verloren an institutioneller Macht, und deren organisatorische und ökonomische Ressourcen schienen aufgrund der wachsenden Arbeitslosigkeit zu schrumpfen.[21] Sie passten sich daran an und reagierten mit einer strategischen Reorientierung in Richtung neuer Mobilisierungspraktiken.[22] Gleichzeitig wurde ein wachsendes junges »Mittelschicht-Prekariat«[23] mit einer generationenbezogenen Angst vor sozialem Abstieg konfrontiert.

---

[17] Vgl. Kerman Calvo; Aitor Romeo Echeverría: 15-M Mobilizations and the penalization of counter-hegemonic protest in contemporary Spain. In: Social Movement Studies 2021, DOI: 10.1080/14742837.2022.2061943, S.8f.

[18] Johannes Agnoli: Die Transformation der Demokratie, Hamburg 2012, S. 47.

[19] Die Einförmigkeit der Parteien wird offensichtlich bei ihrer Einstimmigkeit bezüglich der in dieser Periode zentralsten ökonomischen Maßnahmen wie den Austeritätsmaßnahmen. Die Veränderung des Paragraphs 135 der Verfassung, um die Zahlung der Staatsschulden als Priorität zu konstitutionalisieren, ist ein gutes Beispiel dafür.

[20] Vgl. Paula Kennedy: Back to the Drawing Board. The PSOE after 2011 general election. In: Bailey et al.: European Social Democracy during the global economic crisis. Renovation or Resignation? Manchester 2014, S. 176-192, hier: S. 187.

[21] Vgl. Holm-Detlev Köhler; José Pablo Calleja: Trade unions in Spain. Organisation, Environment, Challenges, Friedrich Ebert Stiftung 2013, S. 4, S. 9.

[22] Vgl. Angie Gago: Crisis, cambio en la UE y estrategias sindicales: el impacto de la condicionalidad en el repertorio estratégico de los sindicatos españoles durante la crisis de la eurozona. In: Revista Española de Ciencia Política 2016, 42, S. 45–68, hier: S. 63; Sergio González Begega; David Luque: ¿Adiós al corporatismo competitivo en España? Pactos sociales y conflicto en la crisis económica. In: Revista Española de Investigaciones Sociológicas 2014, 148, S. 79–102, hier: S. 92.

[23] Diese Bezeichnung zielt darauf ab, soziales und symbolisches Kapital oder die Stärke der familiären Solidaritätsnetzwerke als relevante Faktoren innerhalb eines differenzierten Prekariats mitzudenken. Vgl. dazu Eduardo Romanos; Jorge Sola; César Rendueles: The Political Economy of the Spanish Indignados: political

Außerdem war eine prekarisierte Arbeiterklasse am härtesten von Arbeitslosigkeit und Armut betroffen.[24] Auch wenn die Bündnisse der unterschiedlichen Fraktionen der Lohnabhängigen nicht immer gelungen sind, gab es genauso nennenswerte Beispiele von erfolgreichen Bündnissen.[25] Die *Mareas* waren eben solche, und zwar für die Verteidigung sozialer Daseinsvorsorge wie Gesundheit und Bildung, welche sowohl die Mitarbeiter*innen als auch die Nutzer*innen des öffentlichen Sektors mit einbezogen.[26] Die Reorientierung der Gewerkschaften führte dazu, dass über die korporativ-ökonomischen Interessen partiell hinausgegangen wurde, um größere Sektoren der Gesellschaft zu mobilisieren.[27] Ein anderes Beispiel ist die *Plataforma de Afectados por la Hipoteca* (Plattform der Hypotheken-Betroffenen, PAH), in der viele arbeitslose Lohnabhängige mit Migrationsgeschichte zusammen mit anderen Aktivist*innen, die aus der von einem Mittelschicht-Prekariat dominierten *15-M-Bewegung* stammten, sich gegen Zwangsräumungen wehrten.[28]

Durch die Einpassung von Zielen und Strategien der unterschiedlichen Akteure in eine kohärente Perspektive bildete sich ein Hegemonieprojekt heraus.[29] Das im Zuge der Hegemoniekrise entstandene gegenhegemoniale soziale Projekt charakterisierte sich durch zwei allgemeine Ziele: Erstens die Durchsetzung eines ökonomischen sozialdemokratischen Programms, das unter anderem eine expansive Haushaltspolitik, Umverteilung durch progressive Fiskalpolitik, Verstaatlichung/(Re)Kommunalisierung sozialer Infrastruktur und die Zentralität einer Industriepolitik beinhaltete. Zweitens die Verteidigung/Ausweitung politischer Rechte durch eine effektive Entscheidungsmacht in politischen Pro-

---

opportunities, social conflicts and democratizing impacts. In: Social Movements Studies 2022, DOI: 10.1080/14742837.2022.2061940, S. 9.

[24] Vgl. Romanos et al. 2022, S. 5, S. 9; López; Rodríguez, 2021, S. 431.

[25] Zu nicht gelungenen Bündnisse siehe Romanos et al. 2022, S. 9.

[26] Vgl. Antón Álvarez Ruiz; Patricia Núñez Gómez: Estrategias de comunicación en las movilizaciones ciudadanas: Marea Blanca, Marea Verde y movilización de Telemadrid. In: OBETIS. Revista de Ciencias Sociales 2016, 11(1), S. 53–74, hier: S. 64; Martín Portos: Grievances and Public Protests, Cham 2021, S. 85f; Gago 2016, S. 59.

[27] Vgl. Sergio González Begega; Holm-Detlev Köhler: Workforces and local communities against corporate restructuring: a comparative case study of resistance to plant closures in Northern Spain. In: Social Movements Studies 2021, DOI: 10.1080/14742837.2021.1884975, S. 2.

[28] Vgl. Quentin Ravelli: Debt Struggles: How financial markets gave birth to a working-class movement. In: Socio-Economic Review. 19(2), S. 441–468, hier: S. 443.

[29] Für die Bedeutung der organischen Intellektuellen vgl. Buckel et al. 2014, S. 46.

zessen sowie einer Bewahrung/Verwirklichung der Repräsentation im nationalen Parlament, beziehungsweise in europäischen Institutionen. Dafür setzte das Projekt auf die Strategie, Kontrolle über die Machtbefugnisse des Nationalstaats zu gewinnen und darüber hinaus in einem internationalen/interstaatlichen Bündnis die Kräfteverhältnisse in der EU zu Ungunsten des Austeritätslagers zu verschieben. Die wichtigsten *Akteure* dieses Projekts waren Gewerkschaften, die Parteien *Podemos* und *Izquierda Unida* (Vereinigte Linke, IU), kommunale Plattformen (welche 2015 die Regierung vieler Städte übernehmen konnten), PAH und Nichtregierungsorganisationen wie beispielsweise *Oxfam International* oder auch *Ecologistas en Acción*. Dazu bildeten sich neben etablierten linken Zeitungen wie *Público* weitere wie *elDiario.es* und ganz neue Medien-Akteure wie die Fernsehsendung *La Tuerka* heraus. Dies zeigte, dass die Hegemoniekrise auch die Medien erreicht hatte.[30] Die organischen Intellektuellen dieses gegenhegemonialen Projekts ließen sich insbesondere in den Redaktionen eben jener alternativen Medien finden. Sie nahmen aber genauso Schlüsselpositionen in den Universitäten (wie die *Universidad Complutense de Madrid*), Gewerkschaften (wie *Sindicato Andaluz de Trabajadores*, SAT und *Comisiones Obreras*, CCOO) oder in der politischen Linken ein (wie der ehemalige IU-Vorsitzende Julio Anguita). In diesem Zusammenhang spielten auch Parteien wie *Podemos* und unterschiedliche Wahlplattformen eine bedeutende Rolle. Denn sie intendierten, die unterschiedlichen Strategien der verschiedenen Akteure zu inkorporieren. Schließlich sollte das gegenhegemoniale Projekt auch institutionalisiert werden. Dafür mussten diese Initiativen allerdings auch den Anspruch erfüllen, die unterschiedlichen Klassenfraktionen der Lohnabhängigen anzusprechen. Zum einen das Mittelschicht-Prekariat, das die Reihen der *15-M-Proteste* dominierte und sich durch einen grundlegenden Skeptizismus gegenüber dem politischen Regime (auch gegenüber Gewerkschaften und der linken Partei IU) auszeichnete. Zum anderen die traditionellen fordistischen Arbeiter*innen und jene des öffentlichen Sektors, deren Sympathie unter anderem durch die wachsende Kooperation mit den Gewerkschaften zu-

---

[30] Das Projekt hatte auch Präsenz in traditionelleren Massenmedien wie zum Beispiel in dem Fernsehersender La Sexta, in dem Journalist*innen wie Jordi Évole für eine Zeit als organische Intellektuelle dieses Projekts fungierten und wo viele Akteur*innen des Projekts zu Wort gekommen sind.

nahm.[31] Außerdem erreichte *Podemos* auch die prekarisierten arbeitslosen Arbeiter*innen (die »Ausgegrenzten«).[32]

Die von Brüssel und im Rahmen einer peripheren fragmentierten Hegemonie geforderten Austeritätsmaßnahmen bedeuteten die Neutralisierung der bisher funktionierenden nationalstaatlichen Kompromissstrukturen. Daher war den entsprechenden Akteuren des neuen Projekts von Anfang an klar, dass die neoliberal dominierte EU ihren Zielen klare Grenzen setzen würde, sollte es sich auf die nationale Arena beschränken.[33] Ein Bestandteil der für eine Zeit sehr erfolgreichen »verbindende Klassenpolitik«[34] von *Podemos* war die Offenlegung der Ohnmacht des Nationalstaats. Dies führte nicht nur zur vorübergehenden Vereinigung der national-sozialen und proeuropäisch-sozialen Strategien der verschiedenen Akteure.[35] *Podemos* war auch in der Lage, einen Teil der sozialen Basis der konservativen *Partido Popular* (PP) anzuziehen. Dies erfolgte unter anderem, indem die schon erläuterten Ziele oft in der ambivalenten Art einer polanyschen Gegenbewegung formuliert wurden. Motive wie der Schutz der Gesellschaft gegen äußere marktförmige Kräfte wurden vorrangig, wohingegen Fragen zum Beispiel nach den Rechten von Minderheiten eine nachgeordnete Bedeutung zugeteilt wurde.[36]

---

[31] Vgl. Enrico Padoan: »Part of the Elite?« Anti-Austerity Populism and Trade Unions in Italy and Spain. In: Revista de Estudios Políticos 2019, 186, S. 137–170, hier: S. 150f.

[32] José Fernández-Albertos: Los votantes de Podemos, Madrid 2015, S. 92.

[33] Ein gutes Beispiel dafür sind die Demonstrationen, die in Madrid gegen die europäischen Institutionen organisiert wurden, in den all die genannten Akteure teilgenommen haben. Vgl. Francisco Segura; Ecologistas en Acción; Mareas Ciudadanas, Madrid, 19.12.2022.

[34] Bernd Riexinger: Neue Klassenpolitik, Hamburg 2018, S. 123ff.

[35] Nach Buckel et al. (2014, S. 71-76) folgen die Hegemonieprojekte, die sich für die sozialen Rechte einsetzen, alternativ (oft konkurrierenden) Strategien. Während einige Akteure den nationalen Rahmen als geeignete für die Verteidigung/Ausweitung der sozialen Rechte ansehen, bevorzugen andere die europäische Arena.

[36] Siehe Karl Polanyi: The Great Transformation, Frankfurt a.M. 2015, S. 185; vgl. dazu Klaus Dörre: »Take Back Control!«. Marx, Polanyi and Right-Wing Populist Revolt. In: Österreichische Zeitschrift für Soziologie 2019, 44(2), S. 225–243, hier: S. 228f; zur Frage eines durch Podemos geprägten »linken Populismus« siehe Jorge Sola; César Rendueles: Podemos, the Spanish political upheaval and the challenge of populism. In: Journal of Contemporary European Studies 2018, 26(1), S. 99–116.

Bruch der Widerstandsdynamik in Südeuropa 159

Griechenland und Spanien: Peitsche und Zuckerbrot

Auch wenn die relativ lange Mobilisierungsphase gegen Austerität schon ab 2014 in Spanien stark nachgelassen hatte, wurde das gegenhegemoniale Projekt mitnichten aufgegeben. Es nahm lediglich andere Formen an.[37] So wurde die Demobilisierung durch eine Institutionalisierung kanalisiert, welche aber nicht von Anfang an mit einer Neutralisierung und Abschwächung der gegenhegemonialen Ansprüche einherging.[38]

Die Offensive der politischen und ökonomischen Eliten Spaniens und Europas (in Nationalregierungen und europäischen Institutionen verdichtet) gegen dieses entstehende gegenhegemoniale Projekt stellte sich als wirkmächtig heraus. Es gab sicherlich eine Vielzahl von Gründen, die dazu beigetragen haben, dass das neue Projekt schlussendlich eingedämmt wurde. Meine These ist, dass die Entwicklungen im Jahr 2015 in Griechenland ein entscheidendes Moment bei der Offensive gegen das gegenhegemoniale Projekt darstellten. Oder anders gesagt, die Disziplinierung Griechenlands war zentral für die Neutralisierung des Projekts in Spanien: Es gelang dem europäischen Machtblock öffentlich und für die Allgemeinheit verständlich zu demonstrieren, dass solche Projekte aussichtslos waren. Die Eindämmung/Schwächung erfolgte einerseits durch eine Reorientierung auf die nationalstaatliche Ebene. Anderseits durch die Neu-Einbindung, beziehungsweise Marginalisierung von Akteuren, die sich schließlich nur zeitweise an diesem Hegemonieprojekt beteiligten.

Rückzug auf den nationalen Raum

Als Folge unerfüllter Erwartungen des Möglichen seit dem Sommer 2015 haben sich die Ansprüche gegenüber dem Nationalstaat noch mal verschoben: Von einem zentralen Hebel für die Transformation Europas – im Zusammenspiel mit anderen Mitgliedsländern – wurde der Nationalstaat zum Feld, auf dem die neoliberale EU-Politik zumindest abgeschwächt werden sollte.

---

[37] Zur Demobilisierung siehe Portos 2021, S. 71; zur allgemeinen Dynamik der Demobilisierung vgl. Charles Tilly; Sidney Tarrow 2015: Contentious Politics, New York 2015, S. 127ff.

[38] Vgl. Emmanuel Rodríguez: La política en el ocaso de la clase media, Madrid 2016, S. 111f; zur Institutionalisierung siehe Tiago Carvalho: Contesting Austerity, Amsterdam 2022, S. 15; Portos 2021, S.235ff.

Der Wahlsieg der griechischen *Synaspismós Rizospastikís Aristerás – Proodeftikí Simachía*[39] (SYRIZA) im Januar 2015 und die darauffolgenden Verhandlungen zwischen der SYRIZA-Regierung und den europäischen Institutionen wurden in den linken Organisationen und Parteien Spaniens als eigene Kämpfe angesehen. Sowohl der Sprecher der neuen Partei *Podemos* als auch die Führung der alten IU unterstützen SYRIZA aktiv im Wahlkampf und signalisierten somit, dass sie sich mit ihren Zielen identifizieren.[40] Aber in einer Zeit, in der die Mobilisierung schon stark abgenommen hatte, war diese Identifizierung nicht einfach auf die gesamte soziale Basis des politischen Projekts in Spanien zu übertragen: »Wir versuchten eine gemeinsame *europäische Front* [...], [aber] die Leute verstehen das nicht [...], das wurde nicht verallgemeinert.«[41] Hier scheint sich die Diagnose einer fehlenden aktiven europäischen Zivilgesellschaft zu bestätigen.[42] Dies könnte auch erklären, warum die Mobilisierung in Spanien während des griechischen Referendums im Juli 2015 relativ schwach gewesen war.[43]

Nachdem Griechenland kurz nach dem Referendum die harten Bedingungen (wie eine Rentenreform oder weitere Kürzungen der Staatsausgaben) der europäischen Institutionen akzeptierte, distanzierten sich dieselben spanischen Organisationen relativ zügig, was sich meistens in einer »entschiedenen« Stille äußerte: »Wir kamen von einem Boom der Kampagnen für Griechenland, in der wir SYRIZA öffentlich unterstützten und Veranstaltungen organisierten, um über Griechenland zu reden [...] [abrupt] zum Schweigen. [...] Das war eine bewusste Entscheidung. Niemand wollte sich damit konfrontieren, dass man erklären müsste, warum die griechische Regierung plötzlich [...] Austeritätsmaßnahmen akzeptiert hatte.«[44] Griechenland wandelte sich von einem Vorbild für eine progressive Alternative, welche die vorherrschende europäische Politik im Allgemeinen und zentrale Elemente der EU-Verträge im Besonderen in Frage stellte, zu der Bestätigung einer Sackgasse.

Die Reaktionen innerhalb des gegenhegemonialen Projekts fielen unterschiedlich aus: In gewissen Sektoren der kommunalen Wahlplatt-

---

[39] Engl. Übersetzung: Coalition of the Radical Left – Progressive Alliance.
[40] El Mundo: IU ensalza su »estrecha relación con Syriza y Cayo Lara y Garzón se vuelcan en la campaña griega«, 21. Januar 2015.
[41] Carlos Sánchez Mato, IU-Führung, Finanz-Stadtrat von Madrid 2015-2017, Madrid, 16.09.2022, Min 39, meine Übersetzung.
[42] Siehe 2. Abschnitt in diesem Aufsatz.
[43] Vgl. Segura, 2022, Min 52.
[44] Vanessa Angustia, IU-Führung, Madrid 15.09.2022, Min. 68, eigene Übers.

formen, welche die größten Städte im Sommer 2015 bereits regierten, vertieften sich zum einen schon bestehende Perspektiven, die die kommunale Ebene als privilegierten Hebel einer demokratischen Transformation ansahen.[45] Zum anderen hat sich der bedeutendste Teil des Projekts, den *Podemos* vertrat, auf die Kritik der spanischen Nationalregierung fokussiert: Indem *Podemos* – bei gleichzeitigem Ausklammern der europäischen Ebene und »Amnesie« gegenüber Griechenland – den Fokus auf den Nationalstaat verschob, verursachte dies notwendigerweise eine Abschwächung der gegenhegemonialen Züge ihrer EU-Politik. Zudem haben sich die Gewerkschaften, die zuvor in Europa die Ohnmacht des Nationalstaats umgehen wollten, wieder auf die nationale Ebene konzentriert. Der damalige Generalsekretär der CCOO und Präsident des Europäischen Gewerkschaftsbundes, Ignacio Fernández Toxo, erklärt diesen Schritt folgendermaßen: »Aus der Erfahrung der geringen Fähigkeit, Initiativen in der europäischen Arena in Gang zu setzen, entschieden wir uns dafür, uns auf Spanien zu konzentrieren.«[46]

Neu-Einbindung/Marginalisierung und Wiederherstellung einer (fragmentierten) Hegemonie
Die EU, die seit Beginn der Eurokrise keine Abweichung von ihrem harten Austeritätskurses zugelassen hatte, begann ab dem Jahr 2012 damit, Ventile für den aus Südeuropa anwachsenden politischen Druck zu schaffen. Im selben Jahr kündigte der damalige Präsident der *Europäischen Zentralbank*, Mario Draghi, ein Programm für den Kauf von Staatsschulden an. Das *Quantitative Easing*-Programm erweiterte diesen »geldpolitisch unkonventionellen« Staatsschuldenkauf ab März 2015.[47] Zudem wurden Fristen für die Verminderung des Defizits verlängert.[48] Vor diesem Hintergrund zeichnete sich die Reaktion der europäischen Institutionen auf den südeuropäischen Widerstand sowohl durch Härte, also einer demonstrativen Disziplinierung Griechenlands als auch durch (kleinere) Zugeständnisse gegenüber den Exekutoren der Austerität (wie die

---
[45] Vgl. Joan Subirats: ¿Repartir desde las ciudades? El nuevo municipalismo como alternativa a la austeridad y a los Estados bloqueados. In: Pedro Ibarra Güell et al.: Nuevos movimientos sociales, Barcelona 2018, S. 77–100, hier: S. 99; Xavier Ferrer, PAH-Aktivist, Barcelona en Comú-Mitglied, Berlin 4.9.2022.
[46] Ignacio Fernández Toxo: Generalsekretär von CCOO (2008-2017) und Präsident der EGB (2011-2015), Madrid, 15.2.2023, Min. 100.
[47] Joscha Wullweber: Zentralbankkapitalismus, Frankfurt a.M. 2021, S. 205.
[48] Europäischer Rat: Defizitverfahren gegen Portugal und Spanien: Rat verhängt keine Bußgelder und setzt neue Fristen, Pressemitteilung vom 9. August 2016.

spanische Regierung) aus. Diese Entwicklungen begünstigten sowohl die Neueinbindung als auch die Marginalisierung verschiedener gesellschaftlicher Bereiche. Diese bildeten, wie oben argumentiert, in den Jahren von 2010 bis 2015 – zur Hochphase der Hegemoniekrise – die soziale Basis eines gegenhegemonialen Projekts. Meine These ist jedoch, dass die Reaktion der EU-Institutionen und insbesondere ihre harte Position gegenüber Griechenland im Sommer 2015 die Neueinbindung sogar erheblich beschleunigte und verfestigte. Als Folge des Rückzuges in die nationale Arena wurde das Infragestellen des neoliberalen Rahmens teilweise durch ein Plädoyer für die Erneuerung und Regeneration des bestehenden Regimes ersetzt.

Die PSOE war gezwungen, sich partiell zu erneuern, um ihre Glaubwürdigkeit als ernst zu nehmende Oppositionspartei gegenüber der konservativen PP nicht einzubüßen. Der Versuch des neuen Generalsekretärs Pedro Sánchez, sich vom Austeritätskurs zu distanzieren, ging zum einen mit der Adoption bestimmter Forderungen der sozialen Bewegungen sowie *Podemos* und zum anderen mit einer Annäherung an die Gewerkschaften zum Beispiel durch das Verspechen der Abschaffung der Arbeitsrechtsreformen einher.[49] Die großen Gewerkschaften milderten in dieser Periode ihre Ansprüche und ihre Kritik an der PSOE erheblich ab und bauten damit eine Brücke für ihre erneute Einbindung. Während Ignacio Fernández Toxo 2014 noch über die Notwendigkeit einer »verfassungsgebenden Wahl« sprach und im Folgejahr den einförmigen Konformismus der zwei großen Parteien gegenüber dem europäischen Neoliberalismus betonte, sah er 2017 den wiedergewählten Generalsekretär der PSOE als eine Hoffnung für die Sozialdemokratie an.[50] Dies stand in engem Zusammenhang mit der versprochenen sozialdemokratischen Erneuerung der PSOE, welche in der Debatte um die passive Unterstützung der PP-Regierung und die Verständigung mit *Podemos*, Pedro Sánchez verkörperte. Auf diese Weise ermöglichte Sánchez der PSOE, die Forderungen von UGT und CCOO aufzunehmen.[51]

---

[49] Vgl. El País: El PSOE planea derogar la reforma laboral por decreto, 15. Oktober 2015.

[50] Zu 2014 vgl. Los Desayunos [Fernsehsendung], TVE1, 25.3.2014, Min 72; zu 2015 vgl. Los Desayunos, TVE1, 23.4.2015, Min 81; Fdez Toxo 2023, Min. 111; zu 2017 vgl. El Diario.es: El líder de CCOO en el Congreso de Pedro Sánchez: »Algo está cambiando en nuestro país«, 17. Juni 2017.

[51] EL País: CCOO apuesta por un pacto entre PSOE, Ciudadanos y Podemos, 30. März 2016.

Die Faktoren für das Erodieren des gegenhegemonialen Projekts waren dabei nicht nur außerhalb von *Podemos* zu suchen, sondern auch innerhalb der Partei selbst: Der Sektor um Iñigo Errejón, der stärker von der populistischen Strategielinie überzeugt war, zielte darauf ab, sich als neue PSOE zu profilieren. Dieser Flügel ordnete sich so in den vorhandenen spanischen und innerhalb des neoliberalen europäischen Rahmens verorteten Block an der Macht ein – als Erneuerung einer Staatsverwaltung.[52]

Zudem wurden bestehende gegenhegemoniale Strategien marginalisiert: Carlos Sánchez Mato, Mitglied der IU und Finanzstadtrat in der Regierung von Madrid 2015 bis 2017, konstatiert einen Einfluss der Entwicklungen in Griechenland auf seinen Konflikt mit dem Finanzministerium in Madrid:[53] »Denkt daran, dass wir einen Kampf führten und wir sagten, den können wir gewinnen und viele dachten: ›Ja, klar, wie Tsipras, wie Griechenland‹. Ich dachte, Grenzen testen, auch wenn wir verlieren konnten, war positiv. Wahrscheinlich versuchte ich, diese Organisationen [Podemos, IU] in ein Konfrontationsszenario zu bringen, was sie nicht wollten«.[54]

Die Entwicklungen in Griechenland markierten eine Spaltungslinie innerhalb des neuen Hegemonieprojekts, die sich in der Alternative Einbindung/Marginalisierung materialisierte.

Fazit: nationalstaatliche Subalternität und liberale Demokratie

Ich habe in diesem Artikel die Relevanz der Gegenoffensive der europäischen Institutionen, insbesondere durch die Disziplinierung Griechenlands für die Eindämmung der Herausforderung eines neuen gegenhegemonialen Projekts in Spanien gezeigt. Diese erfolgte in zwei miteinander verbundenen Prozessen: Erstens, einer »Nationalisierung« des sozialen Projekts und, zweitens, mittels der Neu-Einbindung von bestimmten gesellschaftlichen Sektoren wie jene, die die Mehrheitsgewerkschaften repräsentierten. Dies wäre ohne materielle Zugeständ-

---

[52] Vgl. Josep Maria Antentas: Podemos and the Spanish political crisis, in: Labour History 2017, 58(4), S, 468–489, hier: S. 475ff; Rodríguez 2016, S. 106.
[53] Die konservative PP-Regierung verschärfte 2014 die Haushaltskonsolidierungsmaßnahmen auf der kommunalen Ebene und verringerte somit den politischen Spielraum der Kommunen. Dies war im Einklang mit dem EU-Austeritätskurs, ging aber darüber hinaus.
[54] Sánchez Mato 2022, Min. 53, 57, meine Übersetzung.

nisse des neoliberalen hegemonialen Projekts Spaniens an das soziale Projekt nicht möglich gewesen. Die hier erwähnten Phänomene sind zwar nur Indizien der Achsen, entlang derer die Neueinbindung/Marginalisierung gesellschaftlicher Sektoren und somit die Wiederherstellung einer fragmentierten Hegemonie geschehen sind. Es benötigt weitere Untersuchungen für die Darlegung des Prozesses der Eindämmung des gegenhegemonialen Projekts.

Davon abgesehen wurde bereits deutlich, dass die Herrschaftskonstellation in Europa durch eine sozial und räumlich fragmentierte Hegemonie gekennzeichnet ist. Diese begünstigte zwischen 2010 und 2015 die Formation eines sozialen Gegenhegemonieprojekts, welches das vorherrschende neoliberale Modell in Spanien und Europa herausforderte.

Die Eingliederung Spaniens in »Europa« war wie in anderen südeuropäischen Ländern auch mit der Hoffnung einer Modernisierung verbunden.[55] Das heißt mit dem Wunsch einer Entwicklung zum Zentrum hin – und zwar als liberale Demokratie. Allerdings war diese Eingliederung auch wie die allgemeine Konfiguration der internationalen Beziehungen durch Asymmetrie und ungleiche Entwicklung gekennzeichnet.[56] 1975 beschrieb Poulantzas die Europäisierung Südeuropas als eine geopolitische Restrukturierung, die nicht nur mit einer Verschiebung der Kräfteverhältnisse im Block an der Macht, sondern auch mit einer Umwandlung der ökonomischen Funktionen und der politischen Prägung der südeuropäischen Staaten zusammenhing.[57]

Wie weiter oben erläutert, erfolgte die »Europäisierung« Südeuropas durch die Zuweisung seiner Position in der europäischen Arbeitsteilung. Seit der zweiten Hälfte der 1980er-Jahre hat sich aufgrund der Herausbildung eines »passiv-extravertierten Akkumulationsregimes«[58] in Südeuropa die Ausweitung des Finanz- und Immobiliensektors beim gleichzeitigen Bedeutungsverlust des Industriesektors vollzogen. Diese

---

[55] Diese Haltung gegenüber »Europa« ist in der spanischen Ideengeschichte tief verwurzelt. Der berühmte Ausdruck des spanischen Philosophen Ortega y Gasset »Spanien ist das Problem und Europa, die Lösung«, auch wenn unterschiedlich interpretiert, stammt aus dem Denken des spanischen Regeneracionismo des 19. Jahrhunderts und äußert u. a. die Sehnsucht nach der Überwindung einer Rückständigkeit.
[56] Vgl. Thomas Sablowski: Weltmarkt, Nationalstaat und ungleiche Entwicklung. Zur Analyse der Internationalisierung des Kapitals (Teil II), in: PROKLA 2019, 195, 49(1), S. 295–321, hier: S. 318.
[57] Vgl. Poulantzas 2015, S. 42f.
[58] Becker; Jäger 2012, S. 175.

ökonomische Entwicklung war nicht nur der Preis für die Globalisierung, sondern auch Resultat einer entschiedenen Spezialisierungspolitik.[59] Die inhaltliche Prägung des kapitalistischen Staats hängt demzufolge von seiner Position in der internationalen Arbeitsteilung ab und nur in wenigen Fällen lässt sie sich mit einem »Normalzustand« liberaler Demokratien gleichsetzen. Aus dieser Perspektive lassen sich die vielfältigen hybriden Weisen der bürgerlichen Herrschaft im Staatensystem erkennen.

---

[59] Für Spanien siehe López; Rodríguez 2010, S. 265f. Zur aktiven Rolle des Nationalstaates für den Globalisierungsimpuls siehe Jens Wissel: Die Transnationalisierung von Herrschaftsverhältnissen, Baden-Baden 2007; Jens Wissel; Sebastian Wolf: The political Regulation of Space, in: Antipode 2016, DOI: 10.1111/anti.12265, S. 4.

TRANSFORMATION VON STAATLICHKEIT

Kevin Gimper
Whose Democracy?
Gesellschaftliche Ungleichheitsverhältnisse
und die politische Machtfrage

> »Eine lediglich politische Revolution
> kann in wenigen Wochen vollzogen werden.
> Eine soziale und wirtschaftliche Revolution erfordert Jahre.«[1]
> Salvador Allende

Mit dem vorliegenden Beitrag möchte ich den Blick auf mein Dissertationsthema weiten. So liegt der Fokus meiner Doktorarbeit auf der Frage, warum die Interessen einzelner Bevölkerungsgruppen innerhalb von politischen Systemen nicht gleichermaßen berücksichtigt werden. In einen politikwissenschaftlichen Ansatz übersetzt, suche ich dort nach Mechanismen, die zu fehlender Responsivität im Rahmen demokratischer Repräsentation führen. Somit steht die Forschung in meiner Dissertation im Kontext der Frage: *Responsive to whom?*[2]

Hieran schließe ich im nachfolgenden Text insofern an, als ich einen grundsätzlichen Blick auf die Frage politischer Ungleichheit in demokratischen Systemen werfe. Dazu liegt die Konzentration auf jenen Akteur*innen, die über die Ausgestaltung von Demokratien bestimmen und damit (potenziell) für den Ausschluss bestimmter Personengruppen sorgen. Dabei erachte ich nicht nur das Handeln politischer Repräsentant*innen als relevant, sondern auch den gesellschaftspolitischen Kontext insgesamt. Somit geht der nachfolgende Text über die Fragen *Responsive to Whom?* und *Who gets represented?*[3] hinaus und fragt: *Whose Democracy?*[4]

---

[1] Salvador Allende: Chiles Weg zum Sozialismus. In: Joan E. Garcés (Hrsg.): Salvador Allende. Chiles Weg zum Sozialismus, aus dem Spanischen von Franziska Wolf, Wuppertal 1972, S. 26–57, hier: S. 42.

[2] Diese Frage wurde in der Politikwissenschaft bereits mehrfach formuliert. Exemplarisch: Koen Damhuis; Johannes Karremans: Responsive to whom? A comparison of the Mitterrand and Hollande presidencies. In: West European Politics, Jg. 40, Nr. 6, 2017, S. 1267–1287.

[3] Diese Frage wurde am umfassendsten in folgendem Sammelband gestellt: Peter K. Enns; Christopher Wlezien (Hrsg.): Who gets represented?, New York 2011.

[4] Auch diese Frage war schon Bestandteil mehrerer Arbeiten. Exemplarisch: Björn Beckman: Whose Democracy? Bourgeois versus popular democracy. In: Review of African Political Economy, Jg. 16, Nr. 45–46, 1989, S. 84–97.

Das Ziel des Beitrags ist, herauszuarbeiten, welche Antwortmöglichkeiten die (vor allem politikwissenschaftliche) Literatur für diese Frage bietet. Weil der Begriff der Demokratie unterschiedlich konzeptualisiert wird, ist es von Relevanz, inwiefern die Erklärungsansätze generalisierbar sind. Deshalb wird allgemein betrachtet, entlang welcher theoretischen Bezugsgrößen erfasst werden kann, wie sich Akteur*innen in demokratischen Systemen durchsetzen können. Dazu werden zum einen die Wege und Machtressourcen aufgegriffen, auf welche die Akteur*innen Zugriff haben müssen, um die Ausgestaltung eines demokratischen Systems in ihrem Interesse bestimmen zu können. Letzteres adressiert den Kern des politischen Machtbegriffs, wie er einschlägig verwendet wird.[5] Zum anderen wird die sozialstrukturelle Charakterisierung der Akteur*innen berücksichtigt, weil sich politische Macht oftmals im Rahmen von Gruppenbildungen entfaltet. Dies ist relevant, weil in diesem Zuge eine systematische Asymmetrie entsteht, bei der die politische Privilegierung einer Gruppe mit der politischen Benachteiligung einer – oftmals gesellschaftlich diskriminierten – Gruppe einhergeht.[6]

Weil die Mitglieder der privilegierten Gruppen eines Ungleichheitsverhältnisses unabhängig von ihrem eigenen Willen bevorteilt werden[7], geht es mir in der nachfolgenden Diskussion sowohl um deskriptive Aspekte als auch den subjektiven Durchsetzungswillen. Die zugrundeliegenden Ungleichheitsverhältnisse sollen hierbei im Zuge möglicher Generalisierungen nicht entpolitisiert werden. Vielmehr dienen sie als realtypische Ausgangspunkte, um strukturelle Verallgemeinerungen skizzieren zu können.

---

[5] Vgl. Andreas Anter: Theorien der Macht zur Einführung [2012], 5., vollst. überarb. Aufl., Hamburg 2020, S. 14f.

[6] Dazu etwa: Vgl. Waltraud Meints-Stender: Gesellschaftliche und politische Macht. Reflexionen zum Machtbegriff bei Hannah Arendt. In: Mirko Wischke; Georg Zenkert (Hrsg.): Macht und Gewalt. Hannah Arendts »On Violence« neu gelesen, Wiesbaden 2019, S. 77–96, hier: S. 81.

[7] Dazu etwa: Vgl. Tessa L. Dover: Not all inequalities are created equal: Inequality framing and privilege threat for advantaged groups. In: Group Processes & Intergroup Relations, Jg. 25, Nr. 3, 2022, S. 746–767, hier: S. 747f.

Whose Democracy?

Zur Diskussion um die Konzeptualisierung von Demokratie

Die Antwort auf die Frage nach *Whose Democracy?* ist davon abhängig, wie Demokratie definiert wird und welche Akteur*innen betrachtet werden. Dabei sind zwei Dimensionen zu unterscheiden.

Die erste Dimension umfasst die verschiedenen Reichweiten theoretischer Konzepte, mit denen das Bestehen eines demokratischen Systems definiert wird. Wolfgang Merkel reflektiert dies anschaulich und spricht von »the minimalist (electoral) model, the midrange (proceduralist) model, and the maximalist (substantialist) model«[8]. Wie diese Aufführung andeutet, unterscheiden sich die Modelle darin, ob sie Demokratie nur als Wahlsystem begreifen (minimal) oder Gewaltenteilung, Bürger*innenrechte und Partizipation (mittlere Reichweite) zur Definition zählen. Am weitesten gehen hierbei maximalistische Ansätze, wie das Konzept der Sozialen Demokratie. Jene betonen, dass auch die gesellschaftlichen Auswirkungen politischer Beschlüsse für die Gewährleistung politischer Gleichheit relevant sind.[9] Dies ergänzt die bisher implizite Annahme meines Beitrags: Gesellschaftlich wirksame Ungleichheiten übersetzen sich nicht nur in politische Ungleichheiten, sondern werden auch durch letztere (re-)produziert. Politischer Einfluss hängt also von der gesellschaftlichen Stellung ab und umgekehrt. Infolgedessen treiben sich die Sphären gesellschaftlicher und politischer Ungleichheit gegenseitig an.[10]

Aus diesem Grund fokussiere ich mich im Weiteren auf eine maximalistische Definition von Demokratie. Wie diese aufgebaut ist, erkläre ich ausgehend von der Kritik, die unter anderem Vertreter*innen mittlerer Modelle an maximalistischen Ansätzen üben. So wird behauptet, maximalistische Definitionen könnten autoritäre Staaten einschließen, insofern diese gesellschaftliche Gleichheit gewährleisten.[11] Dies unterstellt jedoch, dass maximalistische Ansätze nicht zwischen den politischen Kerninstitutionen, also etwa dem Grundrecht auf politische Beteiligung, und deren gesellschaftlichen Kontext unterscheiden. Parallel

---

[8] Wolfgang Merkel: Challenge or Crisis of Democracy. In: Ders.; Sascha Kneip (Hrsg.): Democracy and Crisis. Challenges in Turbulent Times, Cham 2018, S. 1–28, hier: S. 3.

[9] Vgl. ebd., hier: S. 4–6.

[10] Diese Wechselwirkung wurde etwa bereits für die Wirtschafts- und Sozialpolitik skizziert: Vgl. Lea Elsässer: Wessen Stimme zählt? Soziale und politische Ungleichheit in Deutschland, Frankfurt a.M./New York 2018, S. 18–20.

[11] Vgl. Merkel 2018, hier: S. 6.

zu den Modellen mittlerer Reichweite[12] lege ich diese Unterscheidung jedoch auch meinem Ansatz zugrunde. In Abgrenzung zu den mittleren Modellen betone ich dabei, dass sowohl die politischen Kerninstitutionen als auch deren gesellschaftlicher Kontext zum gesamtgesellschaftlichen System der Demokratie gehören. Insofern wird »der Gleichheitsanspruch von Demokratie«[13] im Folgenden für beide Sphären angewendet.

Aufbauend auf diesen Abwägungen werden die weiteren Betrachtungen konkret anhand des Konzepts der Radikaldemokratie vorgenommen. Denn: »Die Grundidee zeitgenössischer Ansätze radikaler Demokratie besagt, die Bestimmung der Demokratie über ihre vorherrschenden liberalen Formen hinaus zu erweitern (ohne notwendigerweise all ihre Prinzipien über Bord zu werfen), sie möglichst weitreichend zu vertiefen und durch ein gesteigertes Maß an Auseinandersetzung zu politisieren«.[14] Anschließend an die Problematisierung von Ungleichheitsverhältnissen transportiert der Begriff der Demokratie für mich deshalb auch einen normativen Wert. Jenseits der politisch-systemischen Erscheinung definiere ich ihn im radikaldemokratischen Sinne als »name of a process which we could call tautologically the democratization of democracy itself (or of what claims to represent a democratic regime), therefore the name of a struggle«.[15]

Ausgehend von den Spezifizierungen weist dieser radikaldemokratische Ansatz mehrere Schnittstellen zu anderen Demokratietheorien auf. Dies betrifft zum einen die Kritik faktischer Machtverhältnisse und die angestrebte Ausweitung demokratischer Prinzipien innerhalb der Gesellschaft, wie sie in der sozialen Demokratie(-theorie) diskutiert werden.[16] Zum anderen ist der Ansatz parallel zu den kritischen Demokratietheorien offen dafür, auch die Grundlagen demokratischer Systeme

---

[12] Vgl. ebd., hier: S. 7–12.

[13] Markus Linden: Gleichheit und politische Repräsentation. In: Jens Kersten; Stephan Rixen; Berthold Vogel (Hrsg.): Ambivalenzen der Gleichheit. Zwischen Diversität, sozialer Ungleichheit und Repräsentation, Bielefeld 2021, S. 181–198, hier: S. 183.

[14] Ulf Bohmann; Barbara Muraca: Demokratische Transformation als Transformation der Demokratie: Postwachstum und radikale Demokratie. In: AK Postwachstum (Hrsg.): Wachstum — Krise und Kritik. Die Grenzen der kapitalistisch-industriellen Lebensweise, Frankfurt a.M./New York 2016, S. 289–311, hier: S. 296.

[15] Etienne Balibar: Historical dilemmas of democracy and their contemporary relevance for citizenship. In: Rethinking Marxism: A Journal of Economics, Culture & Society, Jg. 20, Nr. 4, 2008, S. 522–538, hier: S. 526.

[16] Vgl. Manfred G. Schmidt: Demokratietheorien. Eine Einführung [1995], 6., erw. u. akt. Aufl., Wiesbaden 2019, S. 217f.

Whose Democracy?

– etwa die Entscheidungsfindung mittels der Mehrheitsregel – auf undemokratische Facetten hin zu prüfen.[17] Das Alleinstellungsmerkmal der radikalen Demokratietheorie besteht hingegen im Verweis darauf, dass die Bezugspunkte demokratischer Systeme in der Realität umkämpft sind: Faktisch kann der Begriff der Demokratie unterschiedlich aufgeladen werden.[18] Letzteres wird mit der zentralen Frage meines Beitrags adressiert: *Whose Democracy?*

Als zweite Dimension zur Konzeptualisierung von Demokratie wird die theoretische Festlegung auf eine bestimmte Ausprägung »real existierender Demokratie«[19] gefasst. So unterscheiden sich die Wege zur eigenen Interessendurchsetzung je nach der konkreten Ausgestaltung demokratischer Strukturen, in denen sich die Akteur*innen bewegen. Hinsichtlich der einschlägigen Diskussionen in der Politikwissenschaft bestehen etwa Unterschiede zwischen direkt- und repräsentativdemokratischen Systemen[20] sowie zwischen Mehrheits- und Konsensdemokratien.[21] Da sich meine Dissertation auf die Bundesrepublik Deutschland konzentriert, wähle ich sie auch hier als (größtenteils impliziten) Bezugspunkt.

Deskriptive Ungleichheiten und (politische) Interessen

Um die Abgrenzung zwischen deskriptiver Ungleichheit und politischer Interessenformulierung herauszustellen, werden im Folgenden die Definitionen ausdifferenziert, die hinter diesen Begriffen stehen. Im Allgemeinen erweist sich dabei das Konzept der Ungleichheitsverhältnisse als nützlich, um den Begriff der Ungleichheit aufzuteilen. Denn wie die einschlägige Forschung betont, kann er sowohl Ungleichartigkeit als auch

---

[17] Vgl. ebd., S. 270.
[18] Vgl. Dagmar Comtesse; Oliver Flügel-Martinsen; Franziska Martinsen; Martin Nonhoff: Einleitung. In: Dies. (Hrsg.): Radikale Demokratietheorie. Ein Handbuch, Berlin 2019, S. 11–21, hier: S. 14.
[19] Diese Bezeichnung wird vor allem in der kritischen Sozialwissenschaft wiederholt verwendet. Exemplarisch: Stephan Lessenich: Grenzen der Demokratie. Teilhabe als Verteilungsproblem, Stuttgart 2019, S. 17.
[20] Dazu etwa: Vgl. Eike-Christian Hornig: Antagonismus vs. Verflechtung. Zum Verhältnis von repräsentativer und direkter Demokratie. In: Rüdiger Voigt (Hrsg.): Repräsentation. Eine Schlüsselkategorie der Demokratie, Baden-Baden 2019, S. 253–269.
[21] Vgl. Arend Lijphart: Democracies. Patterns of Majoritarian and Consensus Government in Twenty-One Countries, New Haven u. a. 1984.

Ungleichwertigkeit implizieren. Während die Ungleichartigkeit vor allem auf die Individualisierung und Ausdifferenzierung einer Gesellschaft beziehungsweise ihrer Akteur*innen rekurriert, bezieht sich die Ungleichwertigkeit auf Hierarchisierungen – unabhängig davon, wie diese im Einzelnen begründet werden.[22] Zwar können beide Formen deskriptiv erfasst werden. Allerdings schwingt bei der letzteren eine Problematisierung mit, die eine normative Betrachtung nahelegt.[23] Für die Frage nach *Whose Democracy?* ist dies relevant, weil damit unterschieden werden kann, ob gewisse Akteur*innen bevorzugt werden und ob sie diese Bevorzugung selbst forcieren. Hierarchisierungen stehen also im Mittelpunkt der weiteren Argumentation des Beitrags. Beispielsweise führen (neo-)koloniale und rassistische Strukturen zwangsläufig dazu, dass weiße Menschen gesellschaftlich privilegiert sind. Davon ausgehend ist jedoch keine Aussage dazu möglich, inwiefern sie die Privilegierung aktiv unterstützen, unbewusst reproduzieren oder explizit abbauen möchten.[24]

Letzteres bedeutet, dass deskriptive Strukturen keine (eindeutigen) Rückschlüsse auf die Interessen einzelner Akteur*innen beziehungsweise die politische Positionierung der Akteur*innen zulassen. Ausgehend davon konzeptualisiere ich Interessen im hier diskutierten Sinne als manifest. Im Anschluss an die Literatur werden damit innerhalb dieses Beitrags nur die formulierten Interessen und ausgeführten Handlungen als gegeben angenommen.[25] Die Berücksichtigung der Handlungen ist hierbei gewichtig, weil privilegierte Menschen es oftmals vermeiden, ihre eigenen Privilegien zu benennen.[26] Alles, was den Akteur*innen darüber hinaus zugeschrieben wird, fällt somit aus der Betrachtung heraus.

---

[22] Vgl. Urs Lindner: Gleichstellungs- und Diversitätspolitik: Demokratische Gleichheit als gemeinsamer Bezugsrahmen. In: Zeitschrift für Diversitätsforschung und -management; Jg. 3, Nr. 2, 2018, S. 178–182, hier: S. 179–181.

[23] Vgl. Thomas Schwinn: Soziale Ungleichheit in differenzierten Ordnungen. Zur Wechselwirkung zweier Strukturprinzipien, Tübingen 2019, S. 3.

[24] Dazu etwa: Vgl. Zeus Leonardo: The Color of Supremacy: Beyond the discourse of ›white privilege‹. In: Educational Philosophy and Theory Volume, Jg. 36, Nr. 2, 2004, S. 137–152, hier: S. 137; Anne Bonds; Joshua Inwood: Beyond white privilege: Geographies of white supremacy and settler colonialism. In: Progress in Human Geography, Jg. 40, Nr. 6, 2016, S. 715–733, hier: S. 717–719.

[25] Vgl. Hartwig Schuck: Wie objektiv sind Interessen? Facetten und Funktionen des Interessenbegriffs in kritischen Analysen sozialer Verhältnisse. In: Zeitschrift für kritische Sozialtheorie und Philosophie, Jg. 41, Nr. 1, 2014, S. 298–324, hier: S. 304f.

[26] Vgl. Dover 2022, hier: S. 747–750.

Im Umkehrschluss bedeutet das nicht, dass eine bestimmte Gruppe von Akteur*innen nicht auch ein gemeinsames Interesse formulieren kann, das ihr zunächst nur zugeschrieben wurde.

Gesellschaftliche Ungleichheitsverhältnisse und politische Interessendurchsetzung

Je nachdem, welches Ungleichheitsverhältnis betrachtet wird, können unterschiedliche Möglichkeiten zur Interessendurchsetzung identifiziert werden. Dies ist mit der jeweils spezifischen Konstellation im gesellschaftspolitischen Kontext verbunden und spiegelt sich in den theoretischen Ausarbeitungen wider. Um diese Aspekte klarer herauszustellen, bedarf es eines weiten Blicks auf Ungleichheitsverhältnisse.

Grundsätzlich kommen Ungleichheitsverhältnisse in allen Kontexten vor, in denen Akteur*innen aufeinandertreffen. Sie reichen von der ökonomischen Klassen- beziehungsweise Schichtenbildung über die Diskriminierungen infolge ableistischer, rassistischer oder sexistischer Strukturen bis hin zur speziesistischen Ungleichgewichtung von Lebewesen.[27] Gerade aus diesen Beispielen geht implizit hervor, dass Ungleichartigkeit mitunter als Begründung für Ungleichwertigkeit herangezogen wird. Dabei ist irrelevant, ob zur kritischen Auseinandersetzung mit diesen Ungleichheiten eine materialistische Argumentation (wie zur Beschreibung von Klassengesellschaften) herangezogen oder die Diskussion (etwa um Geschlechterverhältnisse) aus konstruktivistischer Perspektive geführt wird.[28] Im Anschluss an das Thomas-Theorem ist zentral, dass alle Ungleichheitsverhältnisse reale Formen annehmen: »When people define situations as real they are real in their consequences.«[29] Anschaulich wird

---

[27] Dazu etwa: Vgl. Karin Schachinger: Gender Studies und Feminismus. Von der Befreiung der Frauen zur Befreiung der Tiere. In: Reingard Spannring; Dies.; Gabriela Kompatscher-Gufler; Alejandro Boucabeille (Hrsg.): Disziplinierte Tiere? Perspektiven der Human-Animal Studies für die wissenschaftlichen Perspektiven, Bielefeld 2015, S. 53–74, hier: S. 62.

[28] Beides kann aber auch verbunden werden. Dazu etwa: Vgl. Paula-Irene Villa: Feministischer Guerilla-Krieg oder materialistischer Konstruktivismus? In: Karl-Siegbert Rehberg (Hrsg.): Differenz und Integration: Die Zukunft moderner Gesellschaften; Verhandlungen des 28. Kongresses der Deutschen Gesellschaft für Soziologie im Oktober 1996 in Dresden, Band 2: Sektionen, Arbeitsgruppen, Foren, Fedor-Stepun-Tagung, Opladen 1997, S. 131–136, hier S. 131f.

[29] John Scott: A Dictionary of Sociology. Thomas Theorem [1994], 4. Aufl., Oxford 2015, https://kurzelinks.de/oi7ln (21.09.2023).

das an der Diskussion um die Wirkungsweise von Rassismus. Zwar heißt es beispielsweise im Grundgesetz Art. 3 Abs. 3: »Niemand darf wegen […] seiner Rasse […] benachteiligt oder bevorzugt werden«. Allerdings ist die biologische Einteilung in ›Menschenrassen‹ nicht haltbar, sodass bereits der (sozial konstruierte) Begriff der ›Rasse‹ die Folge von Rassismus ist – nicht umgekehrt.[30]

Unabhängig von der theoretischen beziehungsweise intersubjektiven Konzeptualisierung können hierarchische Ungleichheitsverhältnisse aus zweierlei Perspektiven betrachtet werden: Entweder aus der Sicht der Privilegierten oder aus dem Blickwinkel der Benachteiligten. In der öffentlichen Debatte ist hierbei oftmals jener Bevölkerungsteil der Ausgangspunkt, der im gewählten Rahmen die Mehrheit einnimmt. Auf der einen Seite können etwa die Staaten des globalen Nordens im weltweiten Maßstab als ökonomisch wohlhabend definiert werden, weil die Bevölkerung dort in diesem Maßstab mehrheitlich wohlhabend ist. Auf der anderen Seite kann innerhalb dieser Staaten eine relative Armut definiert werden, von der die Mehrheit der jeweiligen Bevölkerung eines Staates betroffen ist.[31] Dass die Wahrnehmung der Relation zwischen der eigenen Position und der Position anderer Akteur*innen einen großen Einfluss auf die Bewertung des Verhältnisses hat, wird anhand weiterer Beispiele deutlich.

So werden etwa geflüchtete Menschen zum einen durch fremdenfeindliche beziehungsweise rassistische Strukturen in Relation zur Mehrheitsgesellschaft benachteiligt – je nach Aufenthaltsstatus gar von der demokratischen Mitbestimmung ausgeschlossen.[32] Zum anderen folgt aus der Rassifizierung, dass Teile der Mehrheitsgesellschaft eine Bevorzugung von Migrant*innen wahrnehmen beziehungsweise bewusst konstruieren, sobald diese in irgendeiner Form (etwa sozialstaatliche) Unterstützung erhalten.[33] Überlappt werden diese relationalen Perspek-

---

[30] Dazu etwa: Vgl. Martin S. Fischer; Uwe Hoßfeld; Johannes Krause; Stefan Richter: Jenaer Erklärung – Das Konzept der Rasse ist das Ergebnis von Rassismus und nicht dessen Voraussetzung. In: Biologie in unserer Zeit, Jg. 49, Nr. 6, 2019, S. 399–402.

[31] Dazu etwa: Vgl. Anthony B. Atkinson: Measuring Poverty around the World, Princeton/Oxford 2019, S. 52–54.

[32] Vgl. Helge Schwiertz: »Für uns existiert kein Blatt im Gesetzbuch«. Migrantische Kämpfe und der Einsatz der radikalen Demokratie. In: Stefan Rother (Hrsg.): Migration und Demokratie, Wiesbaden 2016, S. 229–254, hier: S. 232–234.

[33] Vgl. Evelyn Sthamer: Die AfD-Wahl als Antwort auf Statusängste? Zum Einfluss ökonomischer Deprivation und Zukunftssorgen auf AfD-Wahlabsichten. In: Zeitschrift für Sozialreform, Jg. 64, Nr. 4, 2018, S. 563–591, hier: S. 567f.

tiven zusätzlich von den Statusinkonsistenzen der Menschen,[34] also ihrer gleichzeitigen Privilegierung und Benachteiligung entlang verschiedener Ungleichheitsverhältnisse. Praktisch führt dies zu Überschneidungen mehrerer Ungleichheitsverhältnisse, was im Falle von Mehrfachdiskriminierungen als Intersektionalität beschrieben wird. Eine solche Intersektionalität spiegelt sich auch theoretisch wider, wie etwa die Abgrenzung zwischen proletarischem und bürgerlichem Feminismus verdeutlicht. Während beide Feminismen beanspruchen, für die Gleichberechtigung der Geschlechter einzutreten, vernachlässigt der bürgerliche Feminismus überwiegend die Klassenposition benachteiligter Geschlechter.[35]

Aus der Vielzahl der Konstellationen zwischen und innerhalb von Ungleichheitsverhältnissen schließe ich, dass die Entwicklung von Theorien zur Erfassung von Interessendurchsetzungen sehr voraussetzungsvoll ist. So bedarf die Beschreibung spezifischer Wege einer Interessendurchsetzung der Annahme, dass die betreffenden Konstellationen zwischen den Akteur*innen sozial wirksam sind. Sie müssen von ihnen als wahr definiert werden und zur Herausbildung manifester Interessen führen. Zudem wird je nach entsprechender Schwerpunktsetzung der Fokus auf bestimmte Akteur*innen eines oder mehrerer Ungleichheitsverhältnisse notwendig.

Forschungsansätze zur Interessendurchsetzung in demokratischen Systemen

Wie im vorigen Kapitel herausgearbeitet, sind gesellschaftliche Ungleichheitsverhältnisse hinsichtlich der politischen Interessendurchsetzung von Antagonismen zwischen Privilegierten und Benachteiligten geprägt. Weil die Theoretisierung von politischer Interessendurchsetzung davon abhängig ist, welche Perspektive sie auf die gesellschaftlichen Ungleichheitsverhältnisse wählt, geht der folgende Abschnitt darauf ein, wie die Antagonismen als der Teil der politischen Auseinandersetzung in der Literatur adressiert werden.

---

[34] Vgl. Stefan Hradil: Soziale Ungleichheit, soziale Schichtung und Mobilität. In: Hermann Korte; Bernhard Schäfers (Hrsg.): Einführung in Hauptbegriffe der Soziologie [1992], 9., überarb. u. akt. Aufl., Wiesbaden 2016, S. 247–275, hier: S. 254.

[35] Vgl. Anne Cress: Feministische Repräsentationskritik: (Dis-)Kontinuitäten von den ersten deutschen Frauenbewegungen bis in die Gegenwart. In: Femina Politica, Jg. 27, Nr. 2, 2018, S. 25–39, hier: S. 29–32.

Um die Antagonismen innerhalb der Ungleichheitsverhältnisse zu rahmen, erweist sich ein Bezug auf die *Cleavage*-Theorie von Seymour Martin Lipset und Stein Rokkan als sinnvoll. Sie konzeptualisieren, dass politische Systeme von gesellschaftsstrukturierenden Konfliktlinien geprägt sind. Besonders einschlägig ist hierbei der Klassenkonflikt. Hinsichtlich der Herausbildung dieser Konfliktlinien heben sie die Position staatenbildender Akteur*innen hervor. So war beispielweise Deutschland bei seiner Entstehung im 19. Jahrhundert stark von kirchlich-ländlichen Interessen geprägt. In diesem Fall setzten sich deshalb konservative Kräfte bei der Nationalstaatsbildung durch. Ihnen gegenüber formierten sich säkular-staatliche sowie städtische Interessen als Gegenpol. Beide Seiten dominierten die gesellschaftspolitische Auseinandersetzung auch während der Gründung erster Parteien, sodass sie den historischen Ausgangspunkt für das heutige Parteiensystem darstellen.[36] An diesen Konfliktgedanken schließt auch die Debatte um die Konsolidierung von Demokratien an – wenngleich die Betrachtung erst nach der Zäsur des Zweiten Weltkriegs beginnt.[37] In diesem Sinne konzeptualisiert die *Cleavage*-Theorie nicht nur die Konflikte innerhalb von (National-)Staaten. Auch kontextualisiert sie den Startpunkt für den Aufbau demokratischer Systeme.

Welchen Akteur*innen innerhalb dieser Konstellationen eine Interessendurchsetzung attestiert wird, hängt also vom (mindestens impliziten) Fokus auf eine oder mehrere Konfliktlinie(n) beziehungsweise dem damit verbundenen Ungleichheitsverhältnis ab. So versucht sich die Forschung zu ungleicher Repräsentation zwar auf verallgemeinerbare Mechanismen, welche die gesellschaftlichen Diskriminierungen in politische Ungleichheit übersetzen, zu fokussieren. Hierbei werden die ungleiche Partizipation, also etwa ungleiche Wahlbeteiligung, sowie ein verzerrtes Abbild der Gesellschaft im Parlament thematisiert – was Mehrheitsentscheidungen zum Beispiel aufgrund der Unterrepräsentation von Arbeiter*innen, Migrant*innen und Frauen unterminiert.[38] Doch auch diese Funde sind immer auf konkrete Konflikte bezogen. Ein wachsender Teil

---

[36] Vgl. Seymour Martin Lipset; Stein Rokkan: Cleavage Structures, Party Systems and Voter Alignments. An Introduction. In: Dies. (Hrsg.): Party Systems and Voter Alignments. Cross-National Perspectives, New York 1967, S. 1–64, hier: S. 47–49.

[37] Exemplarisch: Vgl. Ulrike Liebert: Modelle demokratischer Konsolidierung. Parlamente und organisierte Interessen in der Bundesrepublik Deutschland, Italien und Spanien (1948–1990), Opladen 1995.

[38] Vgl. Yvette Peters: Democratic representation and political inequality: how social differences translate into differential representation. In: French Politics, Jg. 16, Nr. 3, 2018, S. 341–357, hier: S. 350–352.

der Ausarbeitungen berücksichtigt dabei immerhin die Benachteiligungen entlang der prominenten Trias von Klasse, Ethnie und Geschlecht.[39] Der größte Teil der Forschung legt seinen Schwerpunkt allerdings nur auf sozio-ökonomisch begründete Ungleichheiten.[40] In Ergänzung zu den oben genannten Mechanismen werden dabei auch politische Handlungszwänge infolge ökonomischer Macht sowie damit verbundenes Lobbying als Ressourcen zur Interessendurchsetzung benannt.[41]

Der Marxismus sticht in diesem Kontext regelmäßig hervor,[42] da er sich historisch über die Analyse von Klassenkonflikten definiert: Er argumentiert, dass der Staat (und damit die Demokratie) ein Instrument zur Interessendurchsetzung der jeweils hegemonialen Klasse ist.[43] Auf diesen Annahmen bauen zahlreiche weitere Theoriekonstrukte auf. Der Machtressourcenansatz etwa ist in diesem Kontext eine Betrachtungsvariante, welche die sozio-ökonomische Analyse mit der Untersuchung der konkreten Interessendurchsetzung verbindet. Dazu fokussiert er sich auf die Rolle sozialstaatlicher Akteur*innen, vor allem Gewerkschaften.[44] Wenn auch nicht notwendigerweise marxistisch geprägt, fokussieren andere Beiträge auf die gesellschaftspolitischen Mobilisierungen am anderen Ende der sozio-ökonomischen Achse. Sie behandeln zum Beispiel die Wahlkampffinanzierung und das konkrete Lobbying einkommensstarker Akteur*innen.[45]

---

[39] Vgl. ebd; Zur Kritik des Begriffs der Ethnie und von Ethnisierungsprozessen: Vgl. Antonie Schmiz: Ethnizität, https://kurzelinks.de/59fc (21.9.2023).
[40] Vgl. Lindner 2018, hier S. 179f.
[41] Vgl. Ruben Berge Mathisen; Wouter Schakel; Svenja Hense; Lea Elsässer; Mikael Persson; Jonas Pontusson: Unequal Responsiveness and Government Partisanship in Northwest Europe. Unequal Democracies Working Paper, o. Jg., Nr. 31, 2021, S. 23–25.
[42] So etwa in der Argumentation im Beitrag rund um Ruben Berge Mathisen: Vgl. ebd., S. 25. Sie zitieren: Vgl. Fred Block: The Ruling Class Does Not Rule: Notes on the Marxist Theory of the State. In: Socialist Revolution, Jg. 7, Nr. 3, 1977, S. 6–28.
[43] Dazu etwa: Vgl. Joachim Hirsch; John Kannankulam; Jens Wissel: Die Staatstheorie des »westlichen Marxismus«. Gramsci, Althusser, Poulantzas und die so genannte Staatsableitung. In: Dies. (Hrsg.): Der Staat der Bürgerlichen Gesellschaft. Zum Staatsverständnis von Karl Marx [2008], 2., akt. und erw. Aufl., Baden-Baden 2015, S. 93–119, hier: S. 93–95.
[44] Vgl. Stefan Schmalz; Klaus Dörre: Der Machtressourcenansatz: Ein Instrument zur Analyse gewerkschaftlichen Handlungsvermögens. In: Industrielle Beziehungen, Jg. 21, Nr. 3, 2014, S. 217–237, hier: S. 217.
[45] Dazu etwa: Vgl. Christopher J. Ellis; Thomas Groll: Lobbyagenturen: Lobbyismus als Geschäftsmodell. In: Andreas Polk; Karsten Mause (Hrsg.): Handbuch Lobbyismus, Wiesbaden 2023, S. 385–411, hier: S. 392–394.

Dass sozio-ökonomische Ungleichheiten vor allem auch hinsichtlich ihrer Auswirkung auf Wahlkämpfe diskutiert werden, transportiert bereits die Annahme, dass Wahlen in Demokratien eine hervorgehobene Stellung haben. Das liegt darin begründet, dass Wahlen den Anspruch politischer Gleichheit praktisch gewährleisten sollen. Doch während die Stimmabgabe diesen Anspruch erfüllt, finden durch kontextuelle Faktoren des Wahlmodus Verzerrungen statt. So entstehen politische Ungleichheiten nicht nur durch die vorausgehende Wahlkampffinanzierung und die damit verbundenen Chancen der Kandidat*innen, sondern auch durch den grundsätzlichen Modus der Entscheidungsfindung. Letzteres ergibt sich daraus, dass gesellschaftlich privilegierte Mehrheiten ihre manifestierten Interessen im Rahmen dieses Wahlmodus auch politisch mehrheitlich durchsetzen können. Wie theoretisch bereits diskutiert, findet hierdurch eine systematische Benachteiligung gesellschaftlicher Minderheiten statt.[46]

Als Beispiel sei die Volksabstimmung am 4.11.2008 in Kalifornien genannt, in der sich circa 52% der Wählenden für die verfassungsrechtliche Verankerung der heterosexuellen Ehe aussprachen. Jenen Menschen, die in einer anderen Ehekombination zusammenleben wollten, wurde hierdurch eine gesellschaftliche Gleichbehandlung und persönliche Selbstentfaltung verwehrt. Erst 2013 wurde das entsprechende Gesetz infolge der bundespolitischen Entscheidung des Obersten Gerichtshofs außer Kraft gesetzt.[47] Somit beruht die Interessendurchsetzung im Rahmen der Mehrheitsentscheidung auf einer mehr oder weniger direkten Gewaltanwendung.

Weil die Mobilisierung von Mehrheiten innerhalb von Demokratien also ein wesentliches Kriterium für die Durchsetzung von Interessen ist, konzentriert sich die Forschung auf weitere Aspekte, die einen Einfluss auf das Verhältnis von Mehr- und Minderheit haben. Einerseits finden sich historische Beiträge wie von Max Weber, die auf das Charisma politischer Personen abzielen.[48] Andererseits widmen sich aktuelle Beiträge der Massenbeeinflussung über alte beziehungsweise neue Medien – sei

---

[46] Dazu etwa: Vgl. Miriam Hänni: Responsiveness – To Whom? Why the Primacy of the Median Voter Alienates Minorities. In: Political Studies, Jg. 65, Nr. 3, 2017, S. 665–684, hier: S. 665.

[47] Vgl. R. Steven Daniels: The Evolution of Attitudes on Same-Sex Marriage in California and the U.S. In: California Journal of Politics and Policy, Jg. 7, Nr. 4, 2015, S. 1–17, hier: S. 1.

[48] Vgl. Zoltán Hidas: Das »genuine« Charisma. Zur Klärung eines zentralen Begriffs von Max Weber. In: Sociologia Internationalis, Jg. 53, Nr. 2, 2015, S. 199–220.

es durch Parteien oder staatliche Akteur*innen.[49] Zudem werden dem Modus der Mehrheitsentscheidung explizit andere Wege zur Entscheidungsfindung entgegengesetzt. Wie bereits erwähnt, zählen dazu Geschlechter- oder Frauenquoten. Aber auch Quoten für andere Bevölkerungsgruppen, die etwa rassistisch oder ökonomisch benachteiligt werden, sind Teil der Debatte.[50]

Jenseits der prominenten Trias von Klasse, Ethnie und Geschlecht geht die Literatur dabei selten auf Überschneidungen zwischen den Ungleichheitsverhältnissen ein.[51] Als gesellschaftlicher Konflikt um politische Macht, der sich über die einzelnen Ungleichheitsverhältnisse hinweg spannt, werden die Auseinandersetzungen kaum gerahmt. Doch gerade dies könnte als Ausgangspunkt für einen radikaldemokratischen Anspruch auf demokratische Mitsprache im Sinne aller Benachteiligten genutzt werden.[52] Auch jenseits der Radikaldemokratie sind theoretische Ansätze, die sich derart allgemein mit der Interessendurchsetzung innerhalb demokratischer Systeme auseinandersetzen, nicht auffindbar: Dies zeigen die Zusammenfassungen der Literatur zu politischer Macht.[53] Folglich hängt die Antwort auf die Frage *Whose Democracy?* davon ab, welche Ungleichheitsverhältnisse (etwa im Kontext der Ökonomie oder hinsichtlich sozialer Aspekte rund um Feminismus beziehungsweise Antirassismus) und welche gesellschaftspolitischen Sphären (zum Beispiel Nationalstaaten oder einzelne Wahlsysteme) mit den jeweiligen Theorien adressiert werden.

---

[49] Exemplarisch: Vgl. Michael Gurevitch; Stephan Coleman; Jay G. Blumler: Political Communication — Old and New Media Relationships. In: The Annals of the American Academy of Political and Social Science, Jg. 625, Nr. 1, 2009, S. 164–181, hier: S. 175–177.

[50] Vgl. Caroline Hahn: The Voice of the Absent? The Link Between Descriptive and Substantive Representation of the Working Class in Western Europe. In: Political Studies, ahead-of-print, 2022, S. 1–24, hier: S. 2.

[51] Dazu etwa: Vgl. Thomas Schwinn: Komplexe Ungleichheitsverhältnisse: Klasse, Ethnie und Geschlecht. In: Cornelia Klinger; Gudrun-Axeli Knapp; Birgit, Sauer (Hrsg.): Achsen der Ungleichheit. Zum Verhältnis von Klasse, Geschlecht und Ethnizität, Frankfurt a. M./New York 2007, S. 271–286.

[52] Vgl. Amy Bartholomew; Hilary Wainwright: Beyond the ›Barbed-Wire Labyrinth‹: Migrant Spaces of Radical Democracy. In: Socialist Register, Jg. 56, o. Nr., 2020, S. 54–83, hier: S. 73f.

[53] Dazu etwa: Vgl. Anter 2020, S. 14 f.

Abschließende Diskussion und Ausblick

Die Frage danach, wem die Demokratie gehört, transportiert zahlreiche Implikationen. Dementsprechend werden die Antworten auf diese Frage geformt. Im Anschluss an das eingangs aufgegriffene Zitat geht es hierbei um mehr als nur genuin politische Aspekte. Insbesondere die gesellschaftlichen Machtverhältnisse spielen eine hervorgehobene Rolle. Um deren Wirkungsweise auszudifferenzieren, erachte ich auf der Grundlage der bestehenden Forschung drei Theoriestränge als zentral.

Erstens kann die Frage damit beantwortet werden, wer ein demokratisches System eingeführt beziehungsweise zu dessen Konsolidierung beigetragen hat. Je nach Ausprägung der Demokratie rücken damit fallspezifische Aspekte in den Mittelpunkt. Waren es Akteur*innen, die einer bestimmten (innerstaatlichen) Konfliktachse beziehungsweise Konfliktseite gesellschaftspolitischer Auseinandersetzungen zuzuordnen sind? Geht der innergesellschaftlichen Konstituierung gegebenenfalls ein militärischer Konflikt voraus, wie es in der BRD mit dem Siegfrieden über den Nazi-Faschismus war?

Zweitens kann die Frage damit beantwortet werden, wer sich innerhalb der konstituierten Demokratie durchsetzt. Als Bezugspunkte können auch hier gesellschaftspolitische Konfliktachsen dienen, wie der unterschiedliche politische Einfluss sozio-ökonomischer Schichten beziehungsweise Klassen zeigt. Aber auch Ungleichheitsverhältnisse, die sich entlang bestehender Konfliktachsen entfalten, aber nicht zu einem eigenen Konflikt politisiert wurden, sind als Referenz denkbar. So ist zwar bekannt, dass reiche Bevölkerungsteile einen relativ großen Einfluss auf politische Entscheidungen haben und Migrant*innen von staatlicher Teilhabe unter Umständen vollkommen ausgeschlossen werden. Beides wird jedoch entlang der Ungleichheitsverhältnisse von Klasse und Ethnie größtenteils für sich betrachtet. Als gesellschaftlicher Konflikt um politische Mitsprache, bei dem sich einflussreiche und einflussschwache – mitunter mehrfachdiskriminierte – Bevölkerungsteile gegenüberstehen, werden die Verhältnisse kaum verstanden.

Hieran schließt der dritte Strang zur Beantwortung der Frage an: Welche Mittel werden genutzt, um sich durchzusetzen? Diesbezüglich habe ich die Politikfindung über den Modus der Mehrheitsentscheidung ausdifferenziert. In Abhängigkeit von den gesellschaftspolitischen Stärkeverhältnissen produziert dieser mitunter die systematische Benachteiligung von queeren oder migrantischen Menschen. Insofern sind Mehrheitsentscheidungen auch staatliche (Gewalt-)Instrumente und

Whose Democracy?

können je nach Ausgestaltung der verfassungsrechtlichen Schranken die Form einer »Tyrannei der Mehrheit«[54] annehmen. Doch weil in Demokratien auch andere Einflusskanäle bestehen, wie ich anhand des Lobbyings aufgegriffen habe, kann der Mehrheitsentscheid lediglich als Ausprägung eines allgemeineren Modus der Interessendurchsetzung in Demokratien gelten. Dieser Modus könnte aufgrund der Vielzahl unterschiedlicher Machtressourcen als ›Tyrannei der Mächtigen‹ bezeichnet werden. Ausbaufähig und besonders relevant erscheint mir hierbei, Machtressourcen unabhängiger von Akteur*innen zu konzeptualisieren – ohne dabei die zugrundeliegenden Ungleichheitsverhältnisse zu entpolitisieren. Sehr überzeugend wurde dies zwar für Interessengruppen getan. Welche Wege jedoch zur Interessendurchsetzung in demokratischen Systemen generell genutzt werden, bleibt ein Forschungsdesiderat. Verschiedene Ansätze zusammenzuführen ist genauso denkbar, wie Abstrahierungen der Durchsetzungswege vorzunehmen.

Stärker als in meiner Dissertation erlaube ich mir hier eine normative Einordnung dieser theoretischen Abwägungen. Dazu bleibe ich nicht dabei stehen, politische Ungleichheiten zu problematisieren und ihre Ursachen zu ergründen. Stattdessen betone ich das Ziel, politische und damit verbundene soziale Ungleichheitsverhältnisse zu reduzieren. Auf die Frage *Whose Democracy?* antworte ich deshalb im Imperativ: Wir sollten eine Demokratie anstreben, die gesamtgesellschaftlich verankert ist und in der alle existierenden Interessen berücksichtigt werden – solange sie der Entfaltung anderer Mitglieder dieser Demokratie nicht entgegenstehen. Damit beziehe ich mich sowohl auf die räumliche und zeitliche Komponente als auch den Aspekt, welche Akteur*innen überhaupt berücksichtigt werden.

Räumlich begrenze ich Demokratie nicht nur auf einzelne (National-)Staaten, auch wenn jene aktuell die zentralen Bezugsgrößen politischer Systeme sind.[55] Dies erachte ich als notwendig, um zu adressieren, dass undemokratische Machtgefälle – im Sinne ungleicher politischer Durchsetzungsfähigkeit – auch zwischen den Staaten des globalen Nordens und Südens bestehen. Zeitlich sehe ich Demokratie in der Verantwortung, die Interessen zukünftiger Generationen mitzudenken – allem

---

[54] Diese populärwissenschaftliche Beschreibung wird bis heute diskutiert. Exemplarisch: Tom Mannewitz: Warum Konformitätsdruck der Demokratie schadet. Die »Tyrannei der Mehrheit« auf dem Prüfstand. In: Ders. (Hrsg.): Die Demokratie und ihre Defekte. Analysen und Reformvorschläge, Wiesbaden 2018, S. 289–308.

[55] Vgl. Schwiertz 2016, hier: S. 230.

voran bezüglich ökologischer Herausforderungen. In diesem Kontext werden beispielsweise die Verringerung der Biodiversität oder der Klimawandel in der Literatur diskutiert.[56] Was die Berücksichtigung von Akteur*innen betrifft, halte ich es vor dem Hintergrund der philosophisch-ethischen Diskussion für notwendig, beispielsweise auch die Interessen nicht-menschlicher Tiere einzubeziehen. Innerhalb der Sozialwissenschaft klingt diese Diskussion etwa im »Parlament der Dinge« von Bruno Latour an[57] – und wird bis heute geführt.[58]

Diese normativen Antworten auf die Frage erscheinen mir zwar als umfangreich. Doch die zahlreichen sozialen Kämpfe auf dem Globus zeigen, dass alle der benannten Aspekte bereits Teil der gesellschaftspolitischen Auseinandersetzung sind. Wie etwa Klaus Dörre, Sophie Bose, John Lütten und Jakob Köster theoretisiert haben, geht es deshalb vor allem auch aus linker Perspektive darum, die emanzipatorischen Bewegungen zusammenzuführen – auch jenseits von Parteien.[59] Demokratisierend wäre dies dann, wenn der Gleichheitsanspruch der politischen Linken[60] konsistent umgesetzt und demokratische Gleichheitsprinzipien nicht ausgeblendet werden würden – anders als etwa in den ›realsozialistischen‹ Diktaturen oder wie es von Extremismustheoretiker*innen vorgeworfen wird.[61] Eine konsistente Orientierung am Gleichheitsprinzip würde vielmehr eine Ausweitung demokratischer Prinzipien bedeuten – wie es in der radikalen Demokratietheorie schon mit Bezug auf die politische Linke skizziert wurde.[62]

---

[56] Vgl. Barry Smart: An Unsustainable Modernity: democracy, the global climate emergency and environmental ethics. In: Law, Social Justice & Global Development, Jg. 24, Nr. 24, 2019, S. 24–42, hier: S. 36–38.

[57] Vgl. Bruno Latour: Esquisse d'un parlement des choses. In: Écologie & Politique, Jg. 56, Nr. 1, 2018, S. 47–64, hier: S. 57f.

[58] Vgl. Jakob Pallinger: Demokratie für alle: Was wäre, wenn auch Tiere wählen könnten?, https://kurzelinks.de/ru378 (21.9.2023).

[59] Vgl. Klaus Dörre; Sophie Bose; John Lütten; Jakob Köster: Arbeiterbewegung von rechts? Motive und Grenzen einer imaginären Revolte. In: Berliner Journal für Soziologie, Jg. 28, Nr. 1, 2018, S. 55–89, hier: S. 82f.

[60] Vgl. Norberto Bobbio: Destra e sinistra. Ragioni e significati di una distinzione politica [1994], 2., überarb. und erw. Aufl., Rom 1995, S. 105.

[61] Exemplarisch: Vgl. Eckhard Jesse: Extremismus. In: Uwe Andersen; Jörg Bogumil; Stefan Marschall; Wichard Woyke (Hrsg.): Handwörterbuch des politischen Systems der Bundesrepublik Deutschland [1993], 8., überarb. und erw. Aufl., Wiesbaden 2021, S. 279–288, hier: S. 280.

[62] Vgl. Bohmann 2016, hier: S. 296f.

Manuel Lautenbacher
Die plurinationale Arbeiterbewegung im Groß-Rumänien der Zwischenkriegszeit

Groß-Rumänien nach dem Ersten Weltkrieg

Der Erste Weltkrieg und die Pariser Vorortverträge ließen Rumänien mit dem Zugewinn Siebenbürgens, des Banats, der Bukowina und Bessarabiens als Sieger hervorgehen. Diese Phase der Expansion, in rumänischer Gedenkkultur auf einen friedlichen und freiwilligen Anschluss trotz der eingesetzten militärischen Mittel verkürzt, zog sich prozesshaft über die Jahre 1918 und 1919. Die angeschlossenen Territorien und deren Bevölkerung aus dem ungarischen, wie auch dem österreichischen Reichsteil der zerfallenden Habsburgermonarchie sowie dem Zarenreich fanden sich entsprechend in einem, im Vergleich zur Vorkriegszeit, gut doppelt so großen Rumänien wieder. Die neu in den rumänischen Staat gekommenen Gebiete unterschieden sich dabei erheblich vom ehemals osmanischen Altreich.[1] Nicht zuletzt waren in relevanten Teilen der ehemals dem Habsburgerreich zugehörigen Gebieten,[2] die Verkehrsinfrastruktur mit ihren Eisenbahnen erheblich weiter ausgebaut und in einigen städtischen Zentren die Industrialisierung weiter fortgeschritten als selbst in Bukarest, der Hauptstadt des Altreichs. Andere Indikatoren für Unterentwicklung, wie die landesweit hohe Analphabetenrate von etwa 43% (1930)[3] oder die hohe Säuglingssterblichkeit von 17,4%,[4] die höchste Europas, wiesen ebenso erhebliche regionale Differenzen auf.

Die staatliche Expansion war trotz der militärischen Niederlage nach dem ersten Kriegseintritt 1916 mit der Besetzung Bukarests und eines Großteils des Altreiches durch den erneuten Kriegseintritt im November 1918 und dem bis Sommer 1919 gegen die ungarische (Räte-)Repu-

---

[1] Im Prozess der Herausbildung des rumänischen Staates ist die Vereinigung der beiden Fürstentümer Moldau und Wallachei 1859 noch unter Osmanischer Souveränität wichtig. Der 1878 errungene militärische Sieg an der Seite des Zarenreiches, der neben dem Territorialgewinn der Norddobrudscha auch die volle Unabhängigkeit brachte, konstituierte schließlich den Staatsteil der hier und zeitgenössisch als »Altreich« benannt ist.
[2] Für das dem Zarenreich als periphere Region zugehörige Bessarabien traf das nicht zu.
[3] Vgl. Matei Cazacu: România Interbelică, București 2006, S. 46.
[4] Vgl. Armin Heinen: Die Legion ›Erzengel Michael‹ in Rumänien. Soziale Bewegung und politische Organisation, München 1986, S. 40.

blik geführten Krieg gelungen. Dies resultierte in einer starken Rolle des Militärs. Militär und Monarchie bewahrten eine konservative Kontinuität inmitten des europäischen Revolutionszyklus, in den sich auch die steigende gesellschaftliche Unruhe, die starken Wandlungsprozesse und die Streikbewegungen innerhalb Rumäniens als Teil dieser internationalen Entwicklung, wie sie nach den russländischen Revolutionen 1917 in Europa und darüber hinaus stattfanden, einfügten. Gegen die Proteste im dem Belagerungszustand[5] unterworfenen Rumänien, ein je nach Region nahezu kontinuierlicher Zustand während der Zwischenkriegszeit, ging der Staat mit Gewalt vor. Dafür steht zum Beispiel der 13. Dezember 1918, an dem das Militär mit Maschinengewehren gegen republikanisch gesinnte Demonstrant*innen und streikende Arbeiter[6] in Bukarest vorging.[7] Anstelle einer bürgerlichen Regierung verblieb im Rahmen der konstitutionell kaum begrenzten Monarchie und eines kaum funktionsfähigen Parlamentarismus die rumänische Oligarchie an der Macht – ganz wesentlich von der vielleicht 2% umfassenden, schmalen Oberschicht der Bojaren, den Großgrundbesitzern, geprägt.[8] Das parlamentarische System erschien demokratisch gesonnenen Zeitgenoss*innen geradezu als Farce, schließlich beauftragte der König jeweils die von ihm ernannte Regierung mit der Organisation der nächsten Wahlen. Eine Regierung schuf sich somit ihre Parlamentsmehrheiten selbst, anstatt dass die parlamentarische Mehrheit nach durchgeführten Wahlen die Regierung bildete. Die fortgesetzte Repression von Seiten der Obrigkeit mit-

---

[5] Der Staat war also wegen vermeintlicher ausländischer und inländischer Bedrohung unter militärisches Ausnahmerecht gestellt und die zivile Verwaltung dem Primat des Militärs unterworfen.

[6] Hier und im weiteren Verlauf dieses Beitrages erfolgt bewusst die Verwendung der männlichen Form, die die historisch stark eingeschränkten gesellschaftlichen Teilhabemöglichkeiten von Frauen widerspiegeln soll. Dazu zählt in Rumänien vor 1946 nicht nur das nach wie vor fehlende allgemeine Wahlrecht auf Landesebene, sondern auch der fehlende Zugang zu verschiedenen Berufen.

[7] Seit der Rückkehr des Königs am 1.12.1918 nach Bukarest fanden mehrere Streik- und Protestaktionen statt. So streikten am 6.12. die Druckereiarbeiter Bukarests für eine Anerkennung ihrer Organisation, höhere Löhne und den Acht-Stundentag und kündigten für den 13. Dezember die nächste Streikaktion an. Gegen die ca. 15.000 Protestierenden ging das Militär mit Maschinengewehren vor und im Anschluss wurde nahezu die gesamte hauptstädtische Gewerkschafts- und (sozialdemokratische) Parteiführung inhaftiert und die politische Arbeit verunmöglicht. Sowohl zeitgenössisch wie auch nach dem Zweiten Weltkrieg im Realsozialismus verblieb der 13.12. als zentraler Erinnerungstag. Vgl. o.V.: Patruzeci ani luptele. Patruzeci de ani de la luptele din 13 decembrie 1918–1958, București 1958.

[8] Vgl. Heinen 1986, S.51.

Die plurinationale Arbeiterbewegung in Groß-Rumänien

samt der deutlichen Behinderung bei Wahlen und die Zensur in den Publikationen der Arbeiterbewegung brachten die sozialdemokratischen Parteien und die ihnen nahestehenden Gewerkschaften schließlich in die Rolle einer vehementen Opposition gegen das Regime.

Nur wenige Tage vor dem Massaker in Bukarest fand am 1. Dezember 1918 mit einer aktiven Massenbeteiligung eine Versammlung im siebenbürgischen Alba Iulia/Karlsburg statt. Als *Marea Unire* (Große Vereinigung) bildet sie bis heute einen wesentlichen nationalen Geschichtsmythos. Sie verlieh der Hoffnung auf die nationale Befreiung vieler bürgerlicher wie sozialdemokratischer Rumän*innen aus der ungarischen Reichshälfte Ausdruck. In einer gemeinsamen Resolution am Ende der Versammlung wurde die Vereinigung mit Rumänien gefordert. Das von der Arbeiterbewegung kritisierte Königtum als Institution wurde nicht thematisiert. Zumindest fanden aber umfangreiche demokratische Rechte vom Wahlrecht, über Presse-, Versammlungs- und Meinungsfreiheiten sowie eine Agrarreform und Minderheitenrechte Eingang in den Forderungskatalog.[9] Die bürgerlichen Revolutionen in den Nachbarstaaten Polen, Tschechoslowakei, Österreich und Deutschland; also den anderen Nachfolgestaaten der beiden mitteleuropäischen Imperien, dienten dabei weit eher als Orientierungsmodell denn das rumänische Altreich oder die im Bürgerkrieg versinkende russische Revolution.

Die Arbeiterbewegung Rumäniens in der Zwischenkriegszeit

Die zumindest in Teilen anfänglich vorhandenen positiven Hoffnungen zerbrachen nicht alleine mit den Ereignissen in Bukarest, sondern mehr noch mit der Fortführung des Krieges sowie dem fehlenden Umsetzungswillen bei zentralen Forderungen wie dem Frauenwahlrecht oder einem umfassenden Streikrecht, sowie der sozialen Absicherung der Arbeiterschaft oder der Einführung des 8-Stunden-Tages. Das Zwischenziel einer zumindest bürgerlich-demokratischen Ordnung gelangte so bald ins Blickfeld der Arbeiterparteien und ergänzte die Vorstellungen von einer Überwindung der kapitalistischen Ordnung.

Im Gegensatz zur gewerkschaftlichen und politischen Organisation im Altreich, die Sozialistische Partei konnte dort erst 1910 gegründet wer-

---

[9] Digitalisiert auf: http://www.cimec.ro/Istorie/Unire/rezolutia1200.jpg [Letzter Zugriff: 16.10.2023].

den und sich jenseits einiger zentraler Städte kaum organisieren,[10] waren die Banater, Siebenbürger und Bukowiner Sozialist*innen seit dem ausgehenden 19. Jahrhundert durchaus handlungsfähig. Der Anschluss an Großrumänien brachte somit eine sozialistische Parteienlandschaft mit, in der die regionalen Parteien ihre Eigenständigkeit behielten. Neben der 1921 erfolgten Gründung der Kommunistischen Partei aus der weiter fortbestehenden Sozialistischen Partei des Altreiches, aus der sich bereits vorher eine reformorientierte Sozialdemokratie löste, bestanden in Siebenbürgen, dem Banat und der Bukowina regionale sozialdemokratische und sozialistische Parteien bis ins Jahr 1927 fort. Die Sozialdemokratie Rumäniens hatte auch nach der 1927 erfolgten formalen Vereinigung weiterhin starke regionale Strukturen mit sichtbaren Unterschieden in der politischen Praxis und der Organisation.

Nach der Bildung Großrumäniens und einer zeitweiligen Reduktion der repressiven Bedingungen nach dem militärischen Sieg über Ungarn, wuchs die Arbeiterbewegung, deutlich auf etwa 300.000 Mitglieder in den Gewerkschaften und 160.000 in den Parteien an.[11] Am erfolgreichsten waren die Parteien und Gewerkschaften in der Bukowina und im Banat, wo die Banater Sozialistische Partei 25,7% der abgegebenen Stimmen erhielt und im regionalen Zentrum Temesvar mit über 50% der abgegebenen Stimmen ihre Kandidaten Josef Gabriel in den Senat und Franz Geistlinger in das Abgeordnetenhaus gewählt wurden.[12] Dieser Wahlerfolg ging einher mit einer Streikwelle für einen Lohnausgleich in Anbetracht von Inflation und Wirtschaftskrise in ganz Rumänien. Einen Höhepunkt fand dieser Prozess nach einem durch die Regierung erlassenen Gesetz zum Verbot von politischen Streiks und für die Abschaffung der autonomen Arbeiterversicherung. Die von Parteien und Gewerkschaften aufgestellten Forderungen auf Rücknahme des Gesetzes, Beendigung des Belagerungszustandes und Gewerkschaftsfreiheit resultierten schließlich in der Ausrufung des Generalstreiks am 21. Oktober 1920. Der Generalstreik wurde mit militärischer Gewalt niedergeschlagen und endete mit tausenden Verhaftungen.

---

[10] Vgl. Laura Polexe: Netzwerke und Freundschaft. Sozialdemokraten in Rumänien, Russland und der Schweiz an der Schwelle zum 20. Jahrhundert, Göttingen 2010, S. 99.

[11] Vgl. Georges Haupt: Rumänien. In: Georges Haupt (Hrsg.): Karl Kautsky und die Sozialdemokratie Südosteuropas. Korrespondenz 1883–1938, Frankfurt a. M./New York, S. 318–327, hier: S. 322.

[12] Vgl. Josef Gabriel: Fünfzigjährige Geschichte der Banater Arbeiterbewegung. 1870–1920, Temesvar 1928, S. 94.

Die plurinationale Arbeiterbewegung in Groß-Rumänien

Die mit dem gescheiterten Streik einhergehenden Repressionen erschwerten die Diskussion um eine gemeinsame Partei erheblich und führten zu einem Einbruch in der aktiven Mitgliedschaft. So mussten etwa ein Viertel der Gewerkschaften[13] ihre Arbeit einstellen und alle Gewerkschaften verloren etwa zwei Drittel ihrer Mitglieder. Auf die im Mai 1921 erfolgte Gründung der kommunistischen Partei folgte im September 1923 die Spaltung der Gewerkschaften in einen sozialdemokratisch orientierten Amsterdamer Verband und einen ›einheitlichen‹ Verband mit überwiegend kommunistischer Tendenz, was zu einem weiteren Mitglieder- und Bedeutungsverlust führte. Die unter der fortgesetzten Repression leidende Arbeiterbewegung konnte erst gegen Ende der 20er Jahre, rund um die Gründung einer gemeinsamen sozialdemokratischen Partei Rumäniens im Mai 1927 und der eher demokratisch orientierten Regierung der nationalen Bauernpartei ab 1928 stärker legal und öffentlich agieren, sowie auf wachsende Organisationen blicken. Die Weltwirtschaftskrise führte 1930 auch in Rumänien zu massiver Arbeitslosigkeit ohne nennenswerte Arbeitslosenunterstützung und sinkenden Löhnen. Das führte in den Jahren bis 1932 zu einem erneuten Einbruch der Mitgliederzahlen. Begleitet wurde dies von Verboten des als kommunistische Vorfeld- und Ersatzorganisation verstandenen *Blocul Muncitoresc-Țărănesc* (Arbeiter- und Bauernblock), unitarischer und linkssozialistischer Gewerkschaften und einigen Publikationsorganen der Arbeiterbewegung.

Die Jahre bis etwa 1936/1937 waren daher nur für die sozialdemokratischen Organisationen, von den nahestehenden Arbeitersportvereinen, den Gewerkschaften Amsterdamer Richtung bis zu den Kulturvereinen und der Partei, erneute Phasen der Rekonsolidierung. Der stärker werdende Faschismus sowohl in Deutschland und Österreich, aber auch in Rumänien machte die politische Arbeit schrittweise nahezu unmöglich. Verschiedene faschistische Gruppen in Rumänien, darunter die Legionärsbewegung, mit bis zu 250.000 Mitgliedern die drittgrößte faschistische Organisation Europas, erhielten großen Zulauf. Unter der von den faschistischen Gruppierungen zunächst unterstützten Königsdiktatur erfolgte im Februar 1938 schließlich die Auflösung aller noch bestehenden Parteien, auch der Sozialdemokratie, und bald darauf die

---

[13] Gewerkschaft (sindicat) bezeichnet im Rumänischen die branchengebundene lokale Gewerkschaft. Diese können sich ortsübergreifend zu Unionen (uniunea) zusammenschließen und bilden somit die Branchengewerkschaften.

Gleichschaltung der Gewerkschaften im Geiste des ständestaatlichen Korporatismus.

Ein Blick allein auf den Gesamtstaat verkennt die regionalen Stärken wie Schwächen in der Arbeiterbewegung Rumäniens. In eher peripheren Orten ohne starke Verankerung der Arbeiterbewegung war die staatliche Repressionspolitik deutlich stärker als in Regionen und Orten mit starker Verankerung. So konnten in der Peripherie Kandidaturen für die Wahlen willkürlich abgelehnt werden und, in Verbindung mit den hohen Kosten für die Teilnahme an den Wahlen in den einzelnen Wahlkreisen, bestand staatlicherseits die Möglichkeit, eine flächendeckende Aufstellung sozialistischer Kandidaten zu verhindern. So konnten sich die sozialdemokratischen Parteien 1926 nur einen Wahlantritt in 23 von insgesamt 71 Kreisen leisten. Das traf vor allem auf das Altreich zu. Dort konnte nur in sechs Kreisen angetreten werden, während alleine im Banat, mit nur drei Kreisen, ein vollständiger Wahlantritt finanziert und organisiert wurde.[14] Noch deutlicher wird die unterschiedliche Stärke, bei der Betrachtung der Ergebnisse der lokal vergleichsweise demokratisch stattfindenden Kommunalwahlen, bei denen in Steierdorf-Anina die sozialistische Liste über 80% der Stimmen erhielt und auch in kleineren Städten wie Hatzfeld oder Reschitza die absolute Mehrheit erreichte.[15]

Die Mehrsprachigkeit der Arbeiterbewegung

Bei einer ohnehin großen Anzahl an nationalen Minderheiten waren diese in den neuen Provinzen überproportional stark vertreten. Die durchaus kritisch zu betrachtende Volkszählung 1930 zählte statistisch 27% der Bevölkerung in Gesamtrumänien mit einer anderen Muttersprache und in den neuen Provinzen zwischen 58,9% in der Bukowina und 39,6% in der Crisana-Maramures Region im Norden Siebenbürgens.[16] Dies verdeutlichte die Notwendigkeit, die Arbeiterbewegung

---

[14] Vgl. Arbeiter-Zeitung, 26.5.1926, S. 1f.
[15] Vgl. ebd., 1.2.1927, S. 2.
[16] Vgl. Recensământul general al populației României din 29 decemvrie 1930, Vol. II, S. XXIV–XXVII. Die erheblichen Unterschiede zwischen den ungarischen Volkszählungen und den rumänischen basieren nicht alleine auf Migration, sondern auf gesellschaftlichen Anreizen, unter anderem für berufliche Perspektiven, sich zur Mehrheitsnation zu bekennen und unter Umständen auch direktem Druck bei der Befragung sich für eine Option zu äußern. Verfälschend ist auch, dass das Feld weder leer gelassen, noch mehr als eine Nationalität angegeben werden konnte.

in mehr als nur einer Sprache zu organisieren. Dieses internationalistische Selbstverständnis trug dazu bei, dass die Sprachen ungeachtet der staatlichen Vorgaben grundsätzlich als gleichberechtigt angesehen wurden. Spracherwerb und Mehrsprachigkeit wurden in der Arbeiterbewegung als notwendig betrachtet. Annoncierte Sprachkurse in den Zeitungen entsprachen ebenso diesem Selbstverständnis wie die von Gewerkschaftssekretären eingeforderte Mehrsprachigkeit. So wurde für die Ausschreibung des Bukarester Zentralsekretariats ein Minimum von zwei Sprachen, also Rumänisch und entweder Ungarisch oder Deutsch, gefordert[17] und für den regionalen Sekretär der Gewerkschaft der Lederarbeiter waren alle drei genannten Sprachen eine verpflichtende Voraussetzung.[18] Diese Mehrsprachigkeit zeigte sich auch auf Partei- und Gewerkschaftskongressen. Von der Banater Regionalgewerkschaftskonferenz Ende November 1922 wurde ein stenografisches Protokoll mindestens auf Deutsch publiziert.[19] Dort illustrierten allein die Debatte um die Tagesordnung und die Berichte am Anfang der Konferenz die Mehrsprachigkeit. So übersetzte Gen[osse] Müller den Antrag des Gen[osse] Reiter ins Ungarische, danach redete Gen[osse] Geistlinger auf Ungarisch dazu. Gen[osse] Gherman sprach zur Tagesordnung zuerst auf Rumänisch dann auf Deutsch. Gen[osse] Gruia wünschte zu Beginn der Tagesordnung das Wort auf Rumänisch und sprach anschließend selbst auf Ungarisch, um anlässlich des Arader Streiks in den ›Astra‹ -Werken eine Initiativresolution einzubringen. Die Redebeiträge in den drei gängigen Sprachen wurden über die gesamte Versammlung hinweg einmal übersetzt und somit wurden viele und besonders längere Diskussionsbeiträge in zwei Sprachen geäußert, um, so scheint es jedenfalls, eine der beiden Sprachen zu treffen die alle Konferenzteilnehmer*innen beherrschten. Mehrsprachigkeit in ein und derselben Veranstaltung war aber auch im Vorfeld von Partei und Gewerkschaft gängig, wenn zum Beispiel anlässlich des fünfzigjährigen Jubiläums eines Buchdruckergenossen der gewerkschaftliche Chor ›Typographie‹ zunächst *Gutenberg emlény* und danach *Der Lindenbaum* sang[20] oder auf dem Kulturabend der Frauensektion in Reschitza das rumänische Volkslied *Trandafir de pe*

---

[17] Vgl. Arbeiter-Zeitung, 9.7.1921, S.3.
[18] Vgl. ebd., 26.7.1921, S. 4.
[19] Vgl. o.V.: Protokoll der am 26. und 27. November 1922 in Timisoara abgehaltenen Banater Regional. Gewerkschaftskonferenz. Timişoara 1923. S. 19f. In dem hier paraphrasierten Protokoll zur Sitzung werden nur die jeweiligen Nachnamen der Beteiligten mit dem Zusatz »Gen« für Genosse oder Genossin verwendet.
[20] Volkswille, 22.9.1931, S.2.

cetate von der einen und *Die Arbeit* von einer anderen Gesangsgruppe intoniert wurde.[21] In der nach außen gerichteten politischen Arbeit zeigte sich Mehrsprachigkeit auf Versammlungen, Kundgebungen, Festen oder Demonstrationen. Unterschiedliche Referent*innen trugen zum gleichen Thema in unterschiedlichen Sprachen vor. Auf den Maikundgebungen, zumindest in den Zeiträumen, in denen sie legal durchgeführt werden konnten, wurde die Sprachvielfalt gegenüber den geschilderten Veranstaltungen noch übertroffen. In den Zentren der Arbeiterbewegung wie Czernowitz oder Temesvar wurden die Reden in vier oder fünf Sprachen gehalten.

Die nach der Parteivereinigung 1927 anerkannten Zeitungen waren eine Rumänische, der *Socialismul* aus Bukarest, eine Ungarische, die *Munkás Ujság* aus Klausenburg und zwei Deutsche, die Temesvarer *Arbeiter-Zeitung* und der Czernowitzer *Vorwärts*. Daneben existierten eine parteioffizielle kleinere jiddische und eine ukrainische Zeitung, die jeweils von der jüdischen beziehungsweise bundistischen und der ukrainischen Parteisektion in der Bukowina herausgegeben wurden. Beide wurden wiederholt verboten und mussten mehrmals den Namen wechseln. Daneben bestand vor allem während der Umbruchphase 1919–1921 eine Vielfalt an temporär erscheinenden kleineren, regionalen Parteiorganen, vor allem auf Rumänisch, Ungarisch und Deutsch, aber mitunter auch auf Russisch (für Ismail oder Cetatea Albă in der heutigen Ukraine), oder Bulgarisch (für den Cadrilater oder Süddobrudscha im heutigen Bulgarien). Neben diesen einsprachig erscheinenden Parteizeitungen, erschienen vor allem die von den Gewerkschaftföderationen herausgegebenen Zeitungen mehrsprachig. Neben Rumänisch wurden sie auch auf Ungarisch und Deutsch, als den Sprachen von überregionaler, landesweiter Bedeutung publiziert.

Die verschiedenen Sprachen der Arbeiterbewegung Rumäniens wirkten sich auf einen individuellen Sprachgebrauch und auf das politische Selbstverständnis aus, wie es sich in hybrider Namensverwendung widerspiegelte. So hatte der Temesvarer Senator und leitende Redakteur der *Arbeiter-Zeitung* Josef Gabriel nicht nur eine ungarische Frau, sondern wurde von »Temeswarer Mitbürger[n] [...] häufig Józsi-Bácsi oder unser Josef«[22] gerufen, oder im Nachruf für den verstorbenen Aktivis-

---

[21] Vgl. Neue Zeitung, 11.12.1936, S. 3.
[22] William Marin: Josef Gabriel. Leben und Werk in Wort und Bild, Bukarest 1988, S.22. Der 1862 in Temesvar geborene und 1950 eben dort verstorbene Josef Gabriel war gelernter Buchdrucker, gut 60 Jahre in der Temesvarer Arbeiter-

ten und Kellner Anton Zeisel, dieser mit seinem Kosenamen »Tonibacsi« verabschiedet wurde.[23] Die Außendarstellung auf mehrsprachigen Flugblättern der Banater Sozialistischen Partei bekräftigt dies, was ein zur Parlamentswahl 1927 entworfenes Flugblatt verdeutlicht: Im rumänischen Teil waren die Kandidaten als Francisc Geistlinger und Iosif Gabriel, im deutschen Teil als Franz Geistlinger und Josef Gabriel und im ungarischen Teil, in der üblichen Reihenfolge der Nennung ungarischer Namen als Geistlinger Ferenc und Gabriel József aufgeführt.[24] Zwischen den Sprachen bewegte sich auch die Berichterstattung über die Ausrufung der Republik in Temesvar. Die Rede des Volkskommissars Otto Roth endete mit »langanhaltenden Eljenrufe[n]«.[25] In einem anderen Fall schickte ein Reschitzaer Arbeiter eine kritische Anmerkung über einen örtlichen Gewerkschaftsfunktionär an die Parteizeitung, in der er berichtet, dass dieser, statt seiner Tätigkeit nachzukommen bis morgens um 9 Uhr auf einer »Pezsgős mulatság« [Champagner-Party][26] gewesen sei. In einem Bericht über den Generaldirektor der staatlichen Eisenbahngesellschaft und dessen Betriebsverständnis wurde konstatiert, dass es keine Überraschung wäre, wenn er »die bei der CFR robotenden Parias eines Tages als Soldaten deklarieren und dazu zwingen würde, für eine Tschaika Menage im Tage zu arbeiten.«[27] Ohnehin scheint auch der von *robot* abgeleitete Roboter[28] in ein Arbeiterdeutsch Rumäniens eingegangen zu sein.

Nationalität und Mehrsprachigkeit

Manche der Formen der Mehrsprachigkeit zeigten bereits, dass Nationalität[29] entgegen der gängigen Vorstellung, nicht nur singulär denkbar

---

bewegung aktiv und ab 1893 führendes Mitglied der dortigen Sozialdemokratie sowie langjähriger Redakteur des Volkswille. Von 1920–22 war er für den Wahlkreis Temesvar Mitglied des Senats.

[23] Arbeiter-Zeitung, 10.7.1928, S. 3.
[24] Arhivele Naționale [Nationalarchiv], Fond Partidul Social-Democrat [Fond Sozialdemokratische Partei], Rolo 283, Flugblatt, 1927.
[25] Volkswille, 2.11.1918, S. 1. Von ungarisch Éljen! Zu Deutsch: Er lebe hoch!
[26] Ebd., 31.3.1919, S. 3.
[27] Ebd., 13.11.1931, S. 1.
[28] Vgl. Bauarbeiter, 9/1929, S.1 und die ungarische Ausgabe Epitömunkás, 9/1929, S.1.
[29] Nationalität ist hier als kulturelle Kategorie der nationalen Identität zu verstehen, die von der Staatsangehörigkeit und Bürgerschaft zu unterscheiden ist.

ist. Übergänge und Ambivalenzen, wie sie sich in der fehlenden Selbstzuordnung und Zuschreibung zu einer Nationalität zeigten, scheinen gerade im Umfeld der Arbeiterbewegung reichlich vorhanden, wenn auch schwer greifbar gewesen zu sein. Eine Plurinationalität, die Mehrsprachigkeit ist ein Hinweis darauf, lässt sich so auf individueller Ebene kaum fassen. Nationalitätszuschreibungen in Polizeiberichten, in nationalistischen Diskursen und auch in Forschungsarbeiten deren unhinterfragte Prämisse Ethnifizierung und Nationalisierung von Akteur*innen ist, ordnen oftmals anhand externer Quellen eine Nationalität zu.

Das Selbstbild der Arbeiterbewegung als eine bereits innerparteilich hergestellte Internationale greift dabei weiter zurück und verweist auf ein Selbstbild in dem die Nationalität als Kategorie kollektiv durchaus vorhanden ist. So formulierte es Friedrich Engels in einem Grußwort an den 1890 stattfindenden Parteitag der ungarländischen Sozialdemokratie, wonach diese ganz automatisch »den Vorteil hat, von vornherein international zu sein, Magyaren, Deutsche, Rumänen, Serben und Slowaken zu umfassen«.[30] Auch im Begriff der Völker, der Vielheit an Nationalitäten im regionalen Kontext, finden sich das Nebeneinander und die Internationalität wieder, wenn »die Sozialdemokratie, als Verfechterin der nationalen, kulturellen und wirtschaftlichen Interessen aller Völker«[31] zu gelten hat.

In der Habsburgermonarchie wurden die potentiellen Konflikte mit Blick auf die stärker werdenden, auch von Sozialist*innen unterstützten, nationalen Unabhängigkeitsbewegungen, dadurch zu befrieden versucht, in dem nach nationalen Kriterien organisierte Parteisektionen gegründet wurden. Die Sozialdemokratie der Bukowina hatte dieses Modell übernommen und in der Zeit Groß-Rumäniens fortgeführt. Der *Vorwärts* als zentrale Publikation führte im Untertitel im Sinne des Selbstverständnisses der eigenen Pluralität »Organ der internationalen sozialdemokratischen Organisation in der Bukowina«. Für die Zeit vor dem 1. Weltkrieg der Normalfall, erschien das in Anbetracht der in den Nachbarstaaten Tschechoslowakei und Polen sich in unabhängige, nach Nationalität organisierten, sozialistische Parteien trennenden Arbeiter-

---

In der Volkszählung wurde sie neben Religion und Muttersprache als eigenständige Kategorie erfasst.

[30] Friedrich Engels: »An die Redaktionen der ›Arbeiter-Wochen-Chronik‹ und der ›Népszava‹ in Budapest.« In: MEW, Bd. 22, S. 88f.

[31] Volkswille, 12.12.1918, S.1.

bewegung[32], in Rumänien auf dieser Ebene weitgehend die Ausnahme zu sein. Allerdings unterschied sich die internationale Orientierung der nationalen Sektionen ein wenig, so wenn die jüdische Sozialdemokratie in der Bukowina sich stark am jüdischen Arbeiterbund in Polen orientierte, diesen zu Kongressen einlud oder Gedenkveranstaltungen für so prominente Sozialisten wie Wladimir Medem durchführte. Ebenso solidarisierte sie sich mit dem *Bund* gegenüber der *Polska Partia Socjalistyczna* und kritisierte deren in Teilen antisemitische Tendenzen. Ähnlich verhielt sich die deutsche Sektion mit Bezug auf die Sozialdemokratie Deutschlands oder die ukrainische mit Bezug auf ihre Bruderorganisationen. Dieses Modell der Bukowina war allerdings in der Arbeiterbewegung Rumäniens einzigartig. Besonders deutlich zeigte sich das im Vergleich mit dem anderen Zentrum der Arbeiterbewegung Rumäniens, dem Banat. Dort verweigerte sich die regionale Partei der Schaffung von Nationalitätensektionen. Erst nach geänderter Beschlusslage in der Gesamtpartei und mit der Argumentation der besseren Agitation wurde schließlich, sicher nicht zufällig in Bezug auf die Ereignisse im deutschen Reich, Mitte Juni 1933 eine deutsche Sektion in Temesvar konstituiert.[33] In dessen Arbeitsgremien waren allerdings keine prominenten Sozialist*innen der Region vertreten.

Für die antisozialistischen Bürgerlichen, wie den in der sozialdemokratischen Presse als »schwäbischer Mussolini«[34] bezeichneten Karl von Möller, Politiker der deutsch-schwäbischen Volksgemeinschaft, war das Denken und Einteilen in nationale Kategorien wesentlich eindeutiger. Für ihn gehörte in Temesvar »ein erheblicher Teil [...] der Arbeiterschaft dem deutschen Volkstume an [...]. Die sozialistische Parteileitung befindet sich in Temeschwar, Deutsche spielen in ihr die erste Geige; auch der Führer der Gewerkschaften ist ein Deutscher.«[35] Dem vergleichbar waren auch die Zuschreibungen innerhalb der staatlichen Sicherheits-

---

[32] Das steht in engem Zusammenhang mit der Verzahnung von sozialistischer und nationaler Politik zumindest relevanter Flügel innerhalb der Partei, wie bei den ukrainischen Sozialist*innen in Polen oder auch der deutsch-tschechischen Sozialdemokratie. Vgl. Mads Ole Balling: Von Reval bis Bukarest. Statistisch-biographisches Handbuch der Parlamentarier der deutschen Minderheiten in Ostmittel- und Südosteuropa 1919–1945, 2 Bde, Kopenhagen 1991.
[33] Vgl. Volkswille, 25.6.1933, S. 4.
[34] Arbeiter-Zeitung, 12.12.1923, S. 1.
[35] Karl von Möller: Vergangenheit und Gegenwart. In: Karl Bell (Hrsg.): Das Deutschtum im Ausland. Banat. Das Deutschtum im rumänischen Banat, Dresden 1926, S. 13–80, Hier: S. 76f.

organe. Bei der Überwachung des Lugoscher Arbeitersportvereines waren die Beobachtungsakten der Polizei so detailliert, dass einzelne Leitungsmitglieder mit ihrer nationalen Herkunft, Religion und mehreren weiteren persönlichen Daten wie Beruf oder der Nationalität des Ehepartners beschrieben wurden. Im für die Bukarester Zentrale angefertigten Dossier, wurde der Ehrenpräsident Robert Schwertner als deutsch und sein Vize Fried Mauriciu als jüdisch benannt. Der aktive Präsident Jianu Partheniu sei rumänisch, sein Vizepräsident Stefan Varga ungarisch, ebenso der erste Sekretär Ladislau Darvasy, während der zweite Sekretär Emanuel Mailänder jüdisch und der Kassierer Mihai Filipaky wiederum deutsch gewesen sei.[36]

Konflikte um Nationalität

Für die Sozialist*innen und Antifaschist*innen der Arbeiterbewegung fand ein Großteil des Selbstbezuges auf Nation in Auseinandersetzung mit den konservativen und nationalistischen Bürgerlichen, wie dem genannten Karl von Möller, statt. Das zeigte sich in den deutschsprachigen Zeitungen, besonders deutlich in den Zuschriften aus der Provinz. In der oftmals polemischen Auseinandersetzung wurde die Begriffswelt bis zu den Ethnizitätsbegriffen wie ›Banater Schwaben‹ abgelehnt. Die gleichzeitige Mitgliedschaft in nationalen Vereinigungen und der Sozialdemokratie war konsequenterweise miteinander unvereinbar und die wenigen Mitglieder, die in den Landstädten und Dörfern gelegentlich in solche Vereinigungen eintraten, wurden aus den Organisationen der Arbeiterbewegung ausgeschlossen. Die bürgerlich orientierten Deutschen der Volksgruppenorganisationen betrieben ihren Wahlkampf und Stimmgewinn gegen die Arbeiterbewegung, so die sozialistische Kritik, über »Schwartelwurst und Trinkgelage«, womit sie zwar nicht die prinzipientreuen Männer, sondern nur »Lumpenproletarierstimmen« gewinnen könnten.[37] Die Auseinandersetzung mit den bürgerlichen, jüdischen Politikern fand vorrangig in den jiddischen Organen und im Bukowiner Vorwärts statt, dort wurde kritisiert, dass diese mit der Regierung kollaborierten, obgleich diese eine antisemitische und minderheitenfeindliche Politik betrieb. Gleiches galt für die in der *Munkas Ujság* geführte

---

[36] Vgl. Arhivele Naționale, Directia Generala a Politiei, 38/1924, Raport 15.10.1925.
[37] Volkswille, 20.12.1930, S. 3.

Die plurinationale Arbeiterbewegung in Groß-Rumänien

Auseinandersetzung um die *Magyar Part* und deren Arbeiterfeindlichkeit.[38] Der rumänische Nationalismus als herrschende Form inklusive seiner radikalen antisemitischen Ausläufer dagegen zeigte sich als politischer Gegner der gesamten Arbeiterbewegung über alle Nationalitäten hinweg. Die Gegnerschaft war dabei keineswegs gegen »die Rumän*innen« gerichtet, als vielmehr auf eine rumänisch-nationalistische Dominanz und Macht im Staate. Politische Forderungen, wie nach Minderheitenschulen und dem Recht in der eigenen Muttersprache beschult zu werden, gehörten dagegen zu den wenigen, bei denen sich im Zuge gemeinsamer Positionen in der Minderheitenfrage vereinzelt gemeinsame Initiativen mit bürgerlichen Minderheitenpolitikern ergaben.

Der Diskurs innerhalb von Partei und Gewerkschaften zeigte sich für Fragen der nationalen Zuschreibung sensibel. So wurde aufgrund einer Stellenausschreibung, in der der neue Redakteur des Typographen, der dreisprachigen offiziellen Zeitung des Verbandes der graphischen Arbeiter, gesucht wurde, von Kollegen kritisiert, dass als Einstellungskriterium »rumänische Nationalität«[39] nicht zulässig sei, denn »von selbst drängte sich in unserm Innern die Frage auf, wie es wohl möglich sein konnte, dass ein Verband, der auf eine halbhundertjährige Vergangenheit stolz zurückblicken kann und auf internationaler Basis aufgebaut ist, von seinen Mitgliedern, die ihr Können und Wissen zum Wohle der Allgemeinheit entfalten sollen, als Hauptbedingung die Nationalität fordert«. Legitim stattdessen sei, so der anonym bleibende Zusender, die Beherrschung der rumänischen Sprache als notwendige Bedingung die Gewerkschaftszeitung zu edieren.

Eine Arbeiterbewegung der Minderheiten?

Die regional starke Position der Arbeiterbewegung Rumäniens ging einher mit einer sichtbaren Organisierung nicht nur, aber auch innerhalb der Minderheiten. Damit gelang es, dass die Unterzentren der neuen Provinzen gegenüber dem Druck des Zentralismus und der Unifizierung, also der Ausrichtung allen wirtschaftlichen und kulturellen Lebens auf das Altreich und ganz besonders Bukarest, eine gewisse Resilienz beibehielten. Die Arbeiterbewegung zeichnete sich somit im Kontrast zur staatlichen Organisation als polyzentrisch ausgerichtet ab und schuf

---

[38] Vgl. Munkás Ujság, 25.6.1929, S. 5.
[39] Typograph 18.2.1928, S. 3f.

darüber eine, in ihrem Selbstverständnis besonders ausgeprägte, demokratische Alternative zum oligarchisch beherrschten, vordemokratischen nationalen Staat.

Eine der sozialistisch orientierten Zeitschriften aus dem Umfeld der Arbeiterbewegung fasste das Richtung Ende der 30er Jahre so zusammen, dass in der Provinz ein paar besser organisierte Widerstandspunkte waren, wie: »Brasov, Cluj, Timisoara, Arad, Sibiu, Oradea-Mare, Cernauti, die trotz der Macht der Hauptstadt ein blühendes wirtschaftliches und kulturelles Leben aufrechterhalten können. Das seien aber nur die Städte, in denen regionalistische Tendenzen vorhanden sind und [in denen] vor allem das Leben der Minderheiten organisiert wurde. Diese Zentren repräsentieren die Wirtschaft und Kultur der Minderheiten und nicht die rumänische; denn die Provinz, welche integraler Bestandteil der rumänischen Wirtschaft war, ist dem Einfluss der Hauptstadt erlegen.«[40]

Ganz wesentlicher Bestandteil von Wirtschaft und Kultur in diesen Städten, in den regionalen Zentren, war die hier skizzierte Arbeiterbewegung Rumäniens. Dies verdeutlicht, dass sich gerade in den neuen Provinzen und ihren städtischen Zentren, ungeachtet der landesweit überschaubaren Wahlerfolge der Arbeiterparteien, in einem kaum demokratisch zu nennenden Staat, eine sichtbare Teilkultur der Gesellschaft bilden konnte. Die Arbeiterbewegung Rumäniens konnte somit über die gesamte Zwischenkriegszeit hinweg in ihrer plurinationalen Breite und mit einer Vielfalt an Organisationen, die trotz ihrer geringeren zahlenmäßigen Gesamtgröße das vergleichbare Spektrum an sozialen, kulturellen, Bildungs- und Sportorganisationen wie in Mitteleuropa umfasste, präsent sein. Deutlich wurde hier, dass ihr erfolgreiches Bestehen, aber auch ihre gesamtgesellschaftliche Marginalisierung dabei gleichermaßen mit ihrer Praxis und Handlungsfähigkeit jenseits enger nationalistischer Politiken zusammenhingen.

---

[40] Eigene Übersetzung aus dem Rumänischen: Vgl. Mihai Uța: Viața Capitalei. In: Gândul vremii, 1–2/1936, S. 27–33, hier: S. 27.

Melek Zorlu
Simultaneous Tragedies and Farces
Political Regime Modifications and Hegemony Debates, Cultural Politics in the 1950s and 2000s in Turkey

This article was written right after the election victory of the *Adalet ve Kalkınma Partisi* (AKP – Justice and Development Party) and its leader, Recep Tayyip Erdoğan, in the 2023 May elections. In some ways, this feat can be considered unexpected. Given the economic conditions and the massive opposition to the party's repressive policies, it would not be surprising if the party suffered a surprise electoral result as it did when AKP ousted all power-center-right parties in the 2002 elections.[1] Indeed, AKP was not a well-established political party when it came to power, but as time passed, it enhanced its political power, established its hegemony and then became more authoritarian. Also, nowadays it should be viewed in the context of a political regime transformation that can also be described as neo-fascism.[2] Within this frame of reference, the key issue in this situation is whether the concept of hegemony still serves as a viable explanation for Turkey's political situation. Appropriately, in order to address this, it is necessary to first clarify what hegemony is and how it is established, maintained, and reproduced.

Incidentally, a historical comparison will assist in placing this query within the context of structural transformations and political regime debates. It would not be incorrect to assert that the direction and major trends of Turkey's central politics were mainly established after the Second World War (1939-1945). During this time period a new political party the *Demokrat Parti* (DP – Democrat Party) with a religiously con-

---

[1] Even though it is quite early to make comprehensive explanations of the election results, two criticisms can be raised about the opposition's electoral strategy. The first is the opposition's over-reliance on the economic situation: Ignoring the effects of unemployment rates or minimum wage regulations, which are just as crucial as inflation rates. The second, and perhaps more significant one, is the inability of the opposition to present itself as an alternative. Also, especially, in the second round of the elections, entering the right-wing aura and turning towards more racist and anti-immigrant political discourses can also be described as a symptom of this inability.

[2] Cf. Şebnem Oğuz, AKP'li Yıllarda Siyasal Rejimin Dönüşümü. Çelişkili Bir Süreç Olarak Yeni Faşizm (Transformation of the Political Regime during the AKP Years. New Fascism as a Contradictory Process). In: Toplum ve Hekim, 2023, S. 106–125.

servative agenda came to power in 1950.[3] At a time of remarkable social transformations, the Kemalist single-party *Cumhuriyet Halk Partisi* (CHP – Republican People's Party) fell into opposition. On top of that, DP, like AKP, used democratic discourses to gain power before gradually transforming into an authoritarian form and attempting major political interventions.

In this article, first and foremost, I examine the relationship between global structural transformations and Turkey's political regime. In that sense, I identify three major turning points: The process of establishing the nation-state after World War I (1914–1918); the post-World War II period, the cold war concept and US hegemony, and, finally, neoliberalism and its global impact in the post-1980s period. Following that, focusing on the last two periods, I analyze the process of establishing and maintaining hegemony through a historical comparison of major cultural politics and discourses, which DP and AKP governments conducted. So initially, it is necessary to take into account what the terms hegemony and hegemony analysis mean.

From Theory to Praxis: Hegemony Analysis

Hegemony can be defined broadly as »the varied techniques by which ruling classes secure the consent of their subordinates to be ruled.«[4] Even if Gramsci's contribution to the concept of hegemony forms the basis of this definition, Gramsci's *Prison Notebooks* do not include a precise definition of hegemony. As in the case of his other concepts, Gramsci utilizes the concept of hegemony broadly and in multiple contexts.[5] Essentially, unlike the power obtained by violence, hegemony takes its

---

[3] DP, which was a political party founded by an opposition clique within the Cumhuriyet Halk Partisi (Republican People's Party, CHP), participated in the first multiparty elections in 1946. The result of this election was a victory for the CHP. DP won 64 seats out of 465, with a 13.1 percent voting rate. In the national elections of 1950, DP became the first opposition party to gain power, by de-seating the CHP. The DP also won both elections in 1954 (58.4 voting rate and 503 deputies out of 541) and 1957 (48.6 voting rate and 424 deputies out of 602). It was overthrown by the military coup of May 27, 1960 and was closed on September 29, 1960.

[4] Terry Eagleton (Hrsg.): Ideology. New York 2006, S. 13

[5] Gramsci utilizes concepts in his Prison Notebooks in a different or broader sense than usual. For example, he uses the philosophy of praxis instead of Marxism or he uses the concepts of police and law in a broad sense. Cf. Perry Anderson: The Antinomies of Antonio Gramsci. In: New Left Review, Jg. I, Nr. 100, 1976, S. 5–78.

meaning in terms of consent. The struggle for hegemony is both about political power and the field of daily life and social relations called civil society. The hegemonic power can correspond to civil society or to political society in that respect Gramsci states the distinction between them is only methodological in some cases.[6] »The ideas of the Free Trade movement are based on a theoretical error whose practical origin is not hard to identify; they are based on a distinction between political society and civil society which is made into and presented as an organic one, whereas in fact it is merely methodological. Thus it is asserted that economic activity belongs to civil society, and that the State must not intervene to regulate it. But since in actual reality civil society and State are one and the same, it must be made clear that laissez-faire too is a form of State ›regulation‹, introduced and maintained by legislative and coercive means.«[7]

Additionally, different interpretations of state-civil society relations can be found in Gramsci's *Prison Notebooks* because, in general, they can change from time to time and mean different things in different societies. As an outcome, hegemony requires being considered holistically in relation to civil society and political society. It is critical to focus on where and by which mechanisms political power is obtained and maintained rather than what goes into civil society versus what goes into political society. In this context, political parties are regarded as a part of both political society and civil society in this article. For instance, political parties should be considered not only in terms of practices such as seizing power or governing, but also in terms of their relationships with capital, non-governmental organizations, intellectuals, and so forth.

Accordingly, a hegemony analysis is an examination of the links between social relations and political organizations.[8] For instance, a he-

---

[6] This emphasis is of vital significance. As Descartes' methodological doubt is not a literal distinction, just a methodological or analytical tool; he employs doubt as a tool to eliminate all room for doubt. Gramsci's distinction has the same aim; it is a methodological tool of his analysis. Critique of dichotomies like public and private is used as a methodological tool. Cf. Alex Demirovic: Hegemony and the Paradox of Public and Private. In: transversal texts, Nr. 06, 2004,: https://transversal.at/transversal/0605/demirovic/en.

[7] Antonio Gramsci: Selection from the Prison Notebooks, London 1999, S. 371.

[8] »Hegemony analysis is a three-dimensional method; it requires focusing on the social orders established and reproduced by some institutions and groups that use violence and domination to maintain social boundaries and rules (i.e. military, or police); or it pays attention to other institutions that attempt to induce consent to the dominant order by establishing hegemony (i.e. religion or the media);

gemony analysis of an ideology has to consider how these groups gained dominance through control of the state, and how these ideas became dominant in the media, schools, and culture at large. The hegemony analysis in this article will focus on how governments' cultural policies have changed over time, as well as in this process what values have emerged and been conceptualized in their discourses and actions.

Another important aspect of how hegemony operates is how it broadens its scope by relating to dominant ideas of the time.[9] Neo-Gramscian theorist Robert Cox examines the connection between social forces, dominant ideas, and world orders.[10] His analysis primarily focuses on the adaptation of nation-state structures to the form required by international accumulation regimes, in other words, the transformation of nation-state structures. In this regard, another important aspect of this analysis is the material conditions of the periods, the existing institutions, and the dominant ideas that interact with them, as well as the position of intellectuals. Cox places a premium on the post-World War II period, claiming that it was during this time that the transnationalization of the state began, and he focuses on how the dominant institutionalism and ideas of the time were transformed. These transformations and adjustment processes, while contradictory, complex, as well as unique to each territory, still possess an explanatory power.

In this regard, three significant historical transformations in the context of Turkey's state regime must be considered: The early republican establishment period in the 1920s and 1930s; followed by the postwar period and thereby the beginning of national state trans-nationaliza-

---

or it finally pays attention to institutionalism that works to promote consent to the dominant order by establishing hegemony (i.e. market capitalism or conservatism).« M.G. Durham; D.M. Kellner (Hrsg.): Media and Cultural Studies Keyworks, Oxford 2006, S. 16.

[9] The ideas of the ruling class of a particular period often become the prevailing views of that period. The scheme of production and distribution frequently determines who will be the hegemon. As Marx emphasized, the point is not to try to change ideas by proposing new ones. Changing dominant ideas requires intervening in the domain of social relations. Marx's emphasis on the question that theory's being a material force – its possibilities, limits, effects, and consequences – is related to this discussion. Cf. Karl Marx: Critique of Hegel's Philosophy of Right [1843], Cambridge 1970, https://www.marxists.org/archive/marx/works/1843/critique-hpr/ and Karl Marx: The Eighteenth Brumaire of Louis Bonaparte [1852], https://www.marxists.org/archive/marx/works/1852/18th-brumaire/

[10] Cf. Robert W. Cox: Production, Power and World Order: Social Forces in the Making of History, New York 1987.

tion, and thirdly, the adaptation of neoliberal world order by the 1980s. These significant turning points can be identified in the context of adjusting to the world order as well as in the axis of the periods' shifting dominant ideas. The primary focus of this article will be on the political regime's evolution, and these three key turning points are considered in this context. On top of that, the main emphasis is on how these transformations manifest themselves in the cultural sphere.

Continuity and Ruptures: Cultural Policies from 1950s to 2000s

Ideological interventions are basically implemented in two ways: promotions and prohibitions, which can be called force and consent mechanisms in the Gramscian sense. When it comes to cultural policies discourse and political solutions alternately come to the fore. It is a complex process in which contradictions and coherence, or continuity and ruptures can follow each other. However, general trends and common grounds can still be observed.

The establishment of the Republic of Turkey, which in every way represents the disengagement from the Ottoman Empire, also established the central axis of the political polarization that has remained debated in the intervening century. Especially, the autonomy that the cultural field has attained during this process must be taken into account.[11] Also, one of the founder's primary goals in the national building process was to organize the cultural sphere. The main areas that were rebuilt were language, history, education, women's rights, and the public role of religion. The interventions aimed to build ›a national culture‹ that was appropriate for the national identity, which was commonly imagined to be created from scratch. However, from another standpoint, this social engineering is a fiction that seeks to ignore, even obliterate, ethnic and cultural diversity in order to advance the idea of unity. In the republican period, the cultural area gained autonomy and determined the further debates of Turkey's political climate. Indeed, debates over secularism and religiosity are still important in contemporary Turkish society, and poli-

---

[11] Pierre Bourdieu contends that while the cultural field functions similarly to other fields, it also has its own logic, which he refers to as autonomy. Cf. Pierre Bourdieu: In Other Words. Essays towards a Reflexive Sociology, California 1990.

tics continues to be embedded in this cultural dichotomy.[12] Military interventions and authoritarian tendencies also play an important role in Turkish political culture. In the ordinary course of parliamentary politics, coups in 1960 and 1980, as well as military interventions in 1971 and 1997, are comprehensive and repressive interventions. Therefore, for political analysis, two major factors must be considered together: The main tendencies of Turkish politics as well as the adaptation to the world order.

Within this frame of reference, the first notable trend in the comparison of the DP and AKP periods, which is the main focus of this article, is the general shift away from democratic and unifying discourses and towards anti-democratic practices and divisive discourses. In this regard, the use of religion as a political tool and interventions in the press and media are the main areas of ideological policies of these parties. Additionally, not during the DP era, but during the period of AKP, family and gender politics come to the fore as one of the distinguishing policies that should be focused on and considered.

In the context of religion-politics relationship when it comes to the practices of DP, one of the first actions was to abolish the Turkish adhan (call to prayer) and return to the Arabic adhan. Apart from this, the start of broadcasting the Qur'an on the radio by the mid-1950s; putting compulsory religion courses in primary schools and elective religion courses in secondary schools; amending the first article of the Law on Closure of Lodges and allowing nineteen tombs to be opened as well as reopening *Imam Hatip* schools are the main examples of the resolutions during the DP period.

In AKP period in that sense, the status and effectiveness of the Presidency of Religious Affairs (*Diyanet İşleri Başkanlığı*) in the state bureaucracy; as well as the prominence of religious education should be evaluated. The position of the Presidency of Religious Affairs in the state bureaucracy was raised, and its budget and number of personnel were gradually increased over the years. The institution's authority and responsibilities were redefined, and its functions were expanded, by the

---

[12] It is necessary to draw attention to a critical point in this context. The limitations of evaluating Turkey's history in terms of debates between reformist elites and religious masses, or between the center and the periphery, must be reconsidered. For the critique of center-periphery dichotomy compare Galip L. Yalman: Crises as Driving Forces of Neoliberal ›Trasformismo‹: The Contours of the Turkish Political Economy since the 2000s. In: Cafruny, A.; Talani, L.; Pozo Martin, G. (eds.): The Palgrave Handbook of Critical International Political Economy, London 2016.

same law.[13] The gradual change in the context of interventions in the field of education, particularly after 2011, is significant in the use of religion as an ideological-political tool. In this regard, abolishing of laws restricting religious education; the addition of religion-based optional courses at the secondary level in 2012; lifting the ban on headscarves first at universities and then allowing headscarves in all schools starting with the fifth grade in 2014; the introduction of voucher schemes in order to support private education sector financially; and the second and more extensive revision of curriculum and textbooks in 2017 to 2018.[14]

It is clear that the main line is an active intervention in the press and media. This area has been used as an effective ideological tool by periodically controlling it with incentives and, at times, censorship, and prohibitive policies. The similarity between the DP propaganda made through the radio broadcast that harassed the public in the 1957 elections, which caused the establishment of *the Association of Those Who Don't Listen to Agency News and Partisan Publications from Radio Stations*;[15] and during the 2023 general election period, the broadcasting of Recep Tayyip Erdoğan's election propaganda simultaneously on 36 different TV channels is noteworthy. Incidentally, it is necessary to give priority to the process of acquiring this power. The comparison of the 1950s and 2000s makes it clear that there is a significant difference in the context of gender policies: in the 2000s, a radical and active policy of intervention replaced the silence of the 1950s. The removal of the word ›women‹ from the name of the State Ministry of Women and Family and the establishment of the Ministry of Family and Social Policies in 2011 was one of the most visible manifestations of this situation. In 2014, Prime Minister Erdoğan stated that he did not believe in gender equality and thus preferred the term »equality of opportunity«.[16] According to this viewpoint, men and women are »complemen-

---

[13] The budget allocated to the Presidency of Religious Affairs increased eightfold between 2003 and 2017, and the number of personnel increased from 74.114 to 112.724 between 2003 and 2018, cf. Oğuz 2023.

[14] Cf. Funda Karapehlivan: Constructing a »New Turkey« through Education, 2019, https://tr.boell.org/en/2019/10/01/constructing-new-turkey-through-education.

[15] Radyo İstasyonlarından Ajans Haberlerini ve Partizanca Neşriyatı Dinlemeyenler Cemiyeti. This act of civil disobedience was effective, and many people became a member of this association in a very short time. Following this unexpected attention, the government shut down this association a few months later.

[16] Recep Tayyip Erdoğan: Kadın-erkek eşitliği fıtrata ters, 2014, https://www.bbc.com/turkce/haberler/2014/11/141124_kadininfitrati_erdogan

tary to each other«. This complementarity discourse of religiosity as a sexist approach envisages the perpetuation of the traditional roles of men and women. Femicides have become commonplace in Turkey today.[17] However, the Istanbul Convention, which is based on the prevention of violence against women, has been withdrawn. March 8 marches are prohibited, and those that do take place face intense police repression. Of course, this situation is directly related to the rise of feminism and the Islamist women's movement in Turkey. In this regard, considering the position and roles of religious institutions, regulations in the educational domain, promotions and prohibitions in press and media, and lately gender and family politics, the policy changes for DP especially after the 1957 elections, for AKP after the Gezi protest is noteworthy. Their politics and discourses shifted authoritarian configurations.

Also, Ottomanism and neo-Ottomanism discourses, which are basically produced in the axis of the Ankara-Istanbul dichotomy, is a great illustration of the continuity between the DP and AKP periods, but more importantly, to see how discourse and policy are intertwined. There is no doubt that the DP's Ottomanist discourse includes the Ankara-Istanbul dichotomy and focuses on reviving Istanbul. Ankara was the symbol of the new republic, in the establishment process Istanbul is linked with Ottoman period and ›ignored‹. For conservatives, Istanbul and its re-conquest symbolized the glorious past and roots. AKP's neo-Ottomanism with a ›re-conquest‹ axis shares common denominators with DP; it is also necessary to distinguish the elements added to this discourse in the process.

The 1950s marked a milestone as the years when the conquest of Istanbul by the Turks and the glorification of the Ottoman identity began.[18] Behind the significance attributed to its conquest of Istanbul in 1453 is the idea that with the establishment of the republic, the Ottoman Empire's victory over the Byzantine Roman Empire and Islam's victory over Christianity were symbolically ignored. Ottomanism in this period became a tool against the Kemalist modernization project and it is also a part of national-religious identity.

---

[17] Cf. this database that records women who have been murdered in Turkey since 2008, http://anitsayac.com/ (17.11.2023).

[18] The works and conferences of the period's leading intellectual figures (Necip Fazıl Kısakürek, Sezai Karakoç, Münevver Ayaşlı, Nurettin Topçu and Cemil Meriç, amongst others) bring Islamic-Ottoman thought to the fore, cf. Hakan Ovunc Ongur: Identifying Ottomanisms. The Discursive Evolution of Ottomans Pasts in the Turkish Presents. In: Middle Eastern Studies, Jg. 51, Nr. 3, 2015, S. 416–432.

Simultaneous Tragedies and Farces

Apart from the glorious celebrations of Istanbul's conquest, one of Prime Minister Adnan Menderes' and thus the DP's main cases during this period were zoning activities for Istanbul. Menderes declared in his speeches that the reconstruction program would be the second conquest of Istanbul and that the religious texture and traces of the Ottoman Empire would become visible. The DP Government intends to embrace Istanbul, which has been neglected since the proclamation of the Republic, and to make the city, which can be said to be the de facto capital for a long time, the representative of the Republic of Turkey in terms of municipal services. In this context, as a quality reflecting the spirit of the period, it is also a remarkable phenomenon that there was an identification of *Beyoğlu* with Hollywood;[19] and this time not Ankara but Istanbul marked as a center and symbol of US-American rather than European modernization.

Since 2002, mostly in 2009 and beyond, AKP has been establishing and circulating the Neo-Ottomanist discourse. However, the political figure who used this discourse after DP leader Menderes was Turgut Özal, and it is closer to the AKP's discourse than the DP's. Özal used the Ottomanist narrative of the past, characterized by power and magnificence, as a tool to revive the post-coup collective memory and collective self-confidence.[20]

In the AKP era, the desire to return to an Istanbul-based Turkey remains. Ottomanism is constructed as an expansionist discourse in foreign policy during the AKP period, as part of a new integrative identity in the homeland.[21] In its establishment period, AKP, which embraced

---

[19] Istanbul's Beyoğlu district which conservative writers see as the source of corruption, is being affirmed in the mainstream press as a symbol of ›a new modernization‹. As well as Hilton Hotel which was opened in this district in 1955, is seen as an indication that the country is on the brink of a new world. For instance, Istanbul Governor Fahrettin Kerim Gökay interpreted the opening of the Hilton Hotel as »Today, Turkey's moon and sun and America's stars coexist. The old world embraces the new world.« Funda Şenol Cantek: Ellili Yıllar Türkiye'sinde Basın. In: Mete K. Kaynar (ed.): Türkiye'nin 1950li Yılları, Istanbul 2015, S. 423–450.

[20] Cf. Şaban H. Çalış: Hayaletbilimi ve Hayali Kimlikler. Özal, Balkanlar ve Neo-Osmanlılık. In: İ. Sezai; İ Dağı (ed.): Kim Bu Özal? Siyaset İktisat Zihniyet, Istanbul 2001, S. 385–423.

[21] This discourse comes to the fore again as a result of the acquisition of the Istanbul metropolitan municipality by the RP (Welfare Party), the glorious anniversary of the conquest of Istanbul, together with the concept of ›re-conquest‹ cf. Nagehan Tokdoğan; Yeni- Osmanlıcılık. Hınç, Nostalji, Narsizm (Neo-Ottomanism: Resentment, Nostalgia, Narcissism), Istanbul 2018, S. 70. Unlike Özal, Erbakan's

the legacy of the Turkish right by breaking away from the National Vision Movement (*Milli Görüş Hareketi*), adopts the Menderes-Özal line.[22]

Therefore, when it diverges from Necmettin Erbakan's anti-capitalist Islamism and approaches Özal, it is purified from its ›radicalism‹ and becomes ›acceptable‹. Ottomanism is not only used in discourse; for instance, numerous studies on the spread of learning Ottoman Turkish have been done.[23] Additionally, since 2011, when the AKP heavily implemented the Neo-Ottoman narrative with tangible steps taken in the field of popular culture, symbols evoking the Ottoman Empire have been widely circulated in the media, from advertisements to news, from serials to entertainment programs.[24]

In addition, zoning activities, especially for Istanbul, are one of the important fields of activity that symbolize the AKP period.[25] In general, Ankara emerged as the Republic's cultural and intellectual hub while Istanbul continued to hold the top spot in terms of commerce. The Republic's hegemonic power and the centralization of inherited cultural institutions play a significant role in this regard.[26] One of the developments that triggered the *Gezi resistance* in 2013 was the AKP's attempts

---

Neo-Ottomanism in the foreign policy context is characterized as a movement that »is not part of global strategy, but tries to oppose neoliberal globalization«; cf. İlhan Uzgel ve; Volkan Yaramış: Özal'dan Davutoğlu'na Türkiye'de Yeni Osmanlıcı Arayışlar. In: Doğudan, Nr. 16, 2010, S. 37–49.

[22] However, there is a difference between the nationalism based on Turkish-Islamic synthesis in Özal's period and Turkish and Islamic emphasis in the nationalism of AKP's period along with the Neo-Ottomanism emphasis. In the AKP period, these elements do not necessarily need to be synthesized or combined with the idea of Turkishness. Cf. Cenk Saraçoğlu; Özhan Demirkol: Nationalism and Foreign Policy Discourse in Turkey Under the AKP Rule. Geography, History and National Identity. In: British Journal of Middle Eastern Studies, Jg. 42, Nr. 3, S. 301–319.

[23] For example, in 2014, at the National Education Council, the highest advisory board of the Ministry of National Education, the proposal to make Ottoman Turkish a compulsory subject in Anatolian İmam Hatip High Schools and an elective subject in other state schools, cf. Tokdoğan 2018.

[24] Some of the examples of television shows and films which are based on the theme of Ottoman: Muhteşem Yüzyıl (2011), Fetih 1453 (2012), Bir Zamanlar Osmanlı (2012), Osmanlı Tokadı (2013), Fatih (2013), Çırağan Baskını (2014), Kuruluş: Osman (2019), Diriliş Ertuğrul (2012) Erdoğan visited the set of this TV series broadcast on TRT screens.

[25] Major architectural projects aiming to make Istanbul a magnificent showcase again: construction of Marmaray, Kanal Istanbul Project, construction of the third bridge and third airport, et cetera, cf. Ongur 2015, S. 427.

[26] In the establishment of the Republic, many institutions were established, or their foundations were laid to teach and spread Western music and art. State the-

to cut state support for arts such as theater, opera, and ballet, under the slogan ›there will be no paid art‹ and attempting to close these institutions associated with the republican era. The days-long uprising began with protests against the cutting of trees for the reconstruction of the Artillery Barracks (*Topçu Kışlası*) in order to protect the Ottoman heritage in *Taksim Square*. However, this is just the last straw. This intense reaction was triggered by previous cultural interventions such as closure attempts. In many ways, the suppression of the post-2013 uprising has marked the beginning of a new era for both the AKP and Turkey. This period, especially after the 2015 elections in which the AKP did not win a majority in parliament, can be characterized by not only pressure but also violence, such as IS (Islamic State) attacks or the siege on Kurdish cities between December 2015 and March 2016. Simply put, following the confirmation of the loss of its hegemony by the 2015 elections which began after the *Gezi resistance*, the AKP consolidated its power through repression and violence. The passage of time suggests reshuffling the cards for political analysis: It is undeniable that a new phase has begun in the AKP's adventure, which was able to achieve success in the 2023 elections despite the great economic crisis, from establishing hegemony to authoritarianism.

Conclusion

This article, with the help of the Gramscian approach, analyzing the cultural policies, shows how the ideological transformation has proceeded. The main concern of this analysis is which ideological tools have been applied and how they are utilized in the practice of establishing hegemony and how these policies change authoritarian processes.

In this context, the comparison of the two right-wing conservative parties with their periodic differences and interventions in the cultural field, first and foremost, it can be recognized that they both try to implement the dominant views in their era. DP should be considered in the context of the cold war concept, and AKP in the context of neoliberalism. For instance, changes in the interpretation and use of Ottomanism during the DP and AKP period can be acknowledged within this framework. In the DP period, it was not a part of a global vision, it was more

---

atres, State Opera and Ballet, Conservatories, and so on. In the AKP era discourses against these state-supported institutional structures identified with the republic.

of a modest response to the contradictions within the country, but during the AKP period, it has been constructed as an expansionist discourse in foreign policy. Another striking result is the similarity in the nature of ideological intervention in authoritarian processes. Indeed, the public role of religion, education, press and media, and family policies are the main intervened areas. In this context, the second remarkable outcome of this comparison is that the political forces that succeed in establishing hegemony tend to become authoritarian over time. This is valid for both DP and AKP periods. »If all great world-historic facts and personages appear, so to speak, twice and the first time as tragedy, the second time as farce«; in this historical comparison, the only certainty is that the end of DP was tragic.

GEWALT UND ERINNERUNG

Laura Rosengarten
Freiheit
Die moderne Form als Entlastungsmaschine

Mitte April 2019 wurde im Hamburger Bahnhof in Berlin eine Ausstellung eröffnet, in der die Biografie eines der bekanntesten deutschen Künstler des 20. Jahrhunderts einer kritischen Revision unterzogen wurde. Wenige Tage zuvor ließ die damalige Bundeskanzlerin, Angela Merkel (CDU), zwei Gemälde desselben Malers kurzerhand aus ihrem Arbeitszimmer im Kanzleramt entfernen.[1] Denn mehr als sechs Jahrzehnte nach dessen Tod sollten die Besucher*innen der Ausstellung *Emil Nolde – Eine deutsche Legende. Der Künstler im Nationalsozialismus* erfahren, dass *ihr* Nolde (1867–1956) nicht nur zutiefst antisemitisch und nationalsozialistisch gedacht hatte. Vor allem belegten die Forschungen von Aya Soika und Bernhard Fulda unmissverständlich, dass der Maler seine Biografie in der unmittelbaren Nachkriegszeit so umsortieren, glätten und umschreiben konnte, dass er vom Anhänger und Profiteur zu einem der prominentesten Opfer des NS werden konnte. Das Herz der Mythenbildung, die Legende von den »Ungemalten Bildern«, formulierte Nolde selbst, bevor sie zunächst von männlichen Kunsthistorikern erfolgreich aufgegriffen wurde.[2]

Zwar war Noldes Gesinnung auch vor 2019 durchaus bekannt,[3] jedoch war weder seine politische Überzeugung im Detail noch das Ausmaß, in dem sich der Künstler nach 1945 Erlebnisse von tatsächlich Verfolgten angeeignet hatte, bis dahin wissenschaftlich untersucht worden. Die neue Noldebiografie sollte aber nicht nur dazu führen, dass zwei seiner Werke aus dem Bundeskanzleramt verschwanden, sondern auch am Kunstmarkt ließ sich eine Verunsicherung feststellen. Die ge-

---
[1] Vgl. Stefan Dege: Merkel tauscht Nolde-Bilder aus. In: DW vom 05.04.2019, https://p.dw.com/p/3GMB3 (22.09.2023).

[2] Mit »Ungemalte Bilder« bezeichnete der Künstler zumeist kleinformatige Aquarelle auf Papier, die er angeblich wegen der Verfemung durch die Nazis und ein Berufsverbot ab 1941 im Verborgenen schuf. Erst nach Kriegsende habe er einzelne der heimlichen Kompositionen in Gemälde überführen können, was ihm aufgrund der angeblichen Bespitzelung durch die Gestapo und den verräterischen Geruch der Ölfarbe zuvor nicht möglich gewesen sei. Ausführlich in: Bernhard Fulda; Christian Ring; Aya Soika (Hrsg.): Emil Nolde - eine deutsche Legende. Der Künstler im Nationalsozialismus, Ausst.-Kat., 2 Bde., Neue Galerie im Hamburger Bahnhof, Berlin, München 2019.

[3] Verwiesen sei u.a. auf Eduard Beaucamp: Der verstrickte Künstler. Wider die Legende von der unbefleckten Avantgarde, Köln 1998, S. 16.

sunkene Kauflaune wurde jedoch bereits nach wenigen Monaten von neuen Rekorderlösen über mehrere Millionen Euro für einzelne Nolde-Gemälde abgelöst.[4]

Maßgeblich beteiligt am Erfolg des Nolde-Mythos sowie an der Verbreitung der Legende von den ›Ungemalten Bildern‹[5] war der mittlerweile umstrittene Kunsthistoriker und Publizist, Werner Haftmann (1912–1999).[6] Zum einen verantwortete er gemeinsam mit dem Maler und Gestalter Arnold Bode (1900–1977) ab 1955 die ersten drei Ausgaben der internationalen Kunstausstellung *documenta* in Kassel, wo bis Mitte der 1960er Jahre regelmäßig Werke von Nolde präsentiert wurden. Zum anderen publizierte Haftmann seit den späten 1940er Jahren zu Noldes Kunst. Ähnlich glücklich wie Haftmann ein Jahr vor der ersten *documenta* seine einflussreiche kunsthistorische Abhandlung *Malerei im 20. Jahrhundert*[7] publizieren konnte, verbanden sich mit der *documenta 3* (1964) für ihn Ausstellungstätigkeit und Publikationsprojekte erneut besonders eng. Diesmal präsentierte Haftmann eine Auswahl von Noldes ›Ungemalten Bilder‹ in einem eigenen Raum, während seine Nolde-Monografie, in der er die Geschichte der ›Ungemalten Bil-

---

[4] Vgl. Aya Soika; Bernhard Fulda: Emil Nolde und der Kunstmarkt. In: Forum Kunst und Markt – Lectures, TU Berlin, https://fokum.org/soika-fulda/ (22.09.2021).

[5] Noch 2013 wurde die Legende der ›Ungemalten Bilder‹ anlässlich der Ausstellung Emil Nolde. Maler-Grafik und Ungemalte Bilder in der Kunsthalle Emden aktualisiert. 2009 fand in der 2007 eröffneten Berliner Dependance der Nolde-Stiftung *Seebüll* eine Ausstellung mit dem suggestiven Titel *Mit verschnürten Händen – ungemalte Bilder von Emil Nolde* statt, vgl. Manfred Reuther (Hrsg.): Emil Nolde. Die ungemalten Bilder, Ausst.-Kat., Stiftung Seebüll Ada und Emil Nolde, Dependance Berlin, Köln 2009. Darin schreibt Reuther zur Einordnung, Noldes ›Ungemalte Bilder‹ seien ab 1941 »unter starker äußerer Bedrängnis, doch ebenso großer innerer Freiheit« heimlich entstanden, (S. 10). Ein Überblick über die aktuelle Forschung findet sich in: Christian Philipsen; Thomas Bauer-Friedrich; Lina Aßmann (Hrsg.): Emil Nolde. Mythos und Wirklichkeit. Die Ungemalten Bilder, Ausst.-Kat., Museum Lyonel Feininger, Quedlinburg, Dresden 2023.

[6] Auch Haftmann blickte auf eine SA- und NSDAP-Mitgliedschaft zurück, schwieg sich dazu jedoch zeitlebens aus, vgl. hierzu Heinz Bude; Karin Wieland: Kompromisslos und gewaltbereit. In: ZEIT, 11.03.2021, S. 48 sowie Julia Voss: Das Werner-Haftmann-Modell. Wie die documenta zur Bühne der Erinnerungspolitik wurde. In: Raphael Gross; Lars Bang Larsen et al. (Hrsg.): documenta. Politik und Kunst, Ausst.-Kat., Deutsches Historisches Museum, Berlin; München; London; New York 2021, S. 68–77.

[7] Vgl. Werner Haftmann: Malerei im 20. Jahrhundert, München 1954, bis heute in mindestens neunter Auflage erhältlich.

Freiheit

der‹ erstmalig ausformulierte sowie ein Bildband zum Thema in den Buchläden bereitlagen.[8]

Ausgehend vom Phänomen Nolde soll im Folgenden die Beschaffenheit des bundesrepublikanischen Kunstdiskurses in den 1950er Jahren in Auszügen nachgezeichnet werden. Im Fokus der Untersuchung steht die ausführlich erforschte internationale Kunstausstellung *documenta*, die ab 1955 regelmäßig im grenznahen Kassel stattfand. Bis heute wird der ersten Ausgabe nachgesagt, sie habe sich die Aufgabe gestellt, die von den Nazis verfemte Moderne zu rehabilitieren. Allerdings lohnt sich noch immer die bereits 1989 von Walter Grasskamp gestellte Frage, welche Künstler*innen und welche Werke tatsächlich rehabilitiert wurden und welche nicht.[9] Mittlerweile ist es in der kunsthistorischen Forschung durchaus Konsens, dass es sich um eine offensichtlich *selektive* Rehabilitierung handelte. Während auf der ersten *documenta* überwiegend Werke gezeigt wurden, in denen Farbe, Form und Komposition eine vordergründige Rolle spielten, wurde beispielsweise politisch engagierte Kunst ausgegrenzt. Diese Werkauswahl erlaubte eine begriffliche Verknüpfung von Kunst und Freiheit, den Brückenschlag zur zeitgenössischen und internationalen Kunstentwicklung sowie nicht zuletzt vor dem Hintergrund zunehmender Spannungen im sogenannten ›Kalten Krieg‹ die Abgrenzung gegen die Kulturpolitik im sozialistischen Deutschland und die Negierung der *Internationalen Kunstausstellung* 1951 in Ost-Berlin. Im Folgenden versuche ich nachzuzeichnen, inwiefern die komplexen Auswirkungen dieses selektiven Anknüpfens keine vorübergehende Phase der geschichtlichen Entwicklung darstellten, sondern bis heute als eine Art kollektive Amnesie nachwirken.

Moderne Kunst, Abstraktion und Realismus in der frühen Bundesrepublik

Die erste *documenta* fand zehn Jahre nach Kriegsende im nach wie vor stark zerstörten Kassel in der Ruine des Museum Fridericianum statt. Die Kunstausstellung war als Retrospektive angelegt und trat mit dem

---

[8] Vgl. Werner Haftmann: Emil Nolde, Köln 1958; Ders.: Ungemalte Bilder. Aquarelle und Worte am Rande, Köln 1963.

[9] Vgl. Walter Grasskamp: Die unbewältigte Moderne. Kunst und Öffentlichkeit, München 1989, S. 76f.

Anspruch an, Kunstwerke zu präsentierten, die in der Zeit des NS konfisziert, verfemt und teilweise zerstört worden waren.

Zur Erinnerung: Ab 1937 hatten die Nazis mit der Wanderausstellung *Entartete Kunst* öffentlichkeitswirksam gezeigt, dass die internationale Moderne aus öffentlichen Institutionen zu verschwinden habe. Die Nazis beschlagnahmten künstlerische Werke von jüdischen, internationalen und kommunistischen Künstler*innen sowie Arbeiten, in denen die menschliche Figur verfremdet dargestellt war. Daher fielen auch zahlreiche Arbeiten von Nolde der Säuberungsaktion zum Opfer. Zuvor hatte ein jahrelanger Machtkampf um die Deutungs- und Geschmackshoheit über die bildende Kunst zu Hoffnungen bei vielen deutschen beziehungsweise deutschsprachigen Künstler*innen geführt, der Expressionismus oder das Bauhaus könnte nach dem Vorbild des italienischen Futurismus als deutsche Moderne anerkannt werden.[10] Zu den Kontrahenten der Auseinandersetzung gehörten der Rassenideologe und direkte Beauftragte Hitlers, Alfred Rosenberg, sowie der Präsident der Reichskulturkammer, Joseph Goebbels. Während Goebbels ein Anhänger des ›nordischen Expressionismus‹ – speziell Emil Noldes – war, trat Rosenberg für eine konservative akademische Kunstauffassung ein. Zweitere sollte sich durchsetzen, pflegte sich die anatomisch korrekte sowie idealisierende Darstellung des Menschen doch beinah nahtlos in das völkische Weltbild der Deutschen ein.

An ihrem ersten Standort in den Räumen der Gipsabgusssammlung des Archäologischen Instituts in München repräsentierte die Ausstellung *Entartete Kunst* im Sommer 1937 gewissermaßen den negativen Teil der nun entschiedenen Kulturpolitik. Die ›gute‹ deutsche Kunst wurde nur fünf Gehminuten entfernt im neu eröffneten Haus der Deutschen Kunst präsentiert. Während die überproportionalen Räume des Museumsneubaus an der Prinzregentenstraße eine luftige Präsentation erlaubten, in der Heldenplastiken, Hitlerportraits, Frauenakte und Landschaftsdarstellungen gleichermaßen zur Geltung kamen, hingen internationale Spitzenwerke von Künstlern wie Lyonel Feininger, Wassily Kandinsky, Paul Klee, Laszlo Moholy-Nagy sowie Emil Nolde in der Gipsabgusssammlung an niedrigen Wänden dicht gedrängt.

---

[10] Eine aktuelle Hinführung zum Thema der Verstrickungen von künstlerischer Moderne und NS, vgl. Meike Hoffmann; Dieter Scholz (Hrsg.): Unbewältigt? Ästhetische Moderne und Nationalsozialismus. Kunst, Kunsthandel, Ausstellungspraxis, Berlin 2020.

Rehabilitation: Verfemte Moderne

Diese Geringschätzung und Verächtlichmachung der künstlerischen Moderne sowie der Verlust unzähliger Werke sollte mit der ersten *documenta* überwunden werden. Die Ausstellung diente als Wiedergutmachung und als Anknüpfungspunkt sowohl an die Kunstentwicklung innerhalb Deutschlands bis 1933 als auch an die internationale Kunst. Allerdings finden sich in der von Werner Haftmann verfassten Einleitung im Ausstellungskatalog einige Passagen, die auf ein damals übliches und fragwürdiges Geschichtsbild verweisen. So trennt er den NS als unmodern aus der geschichtlichen Entwicklung heraus und verharmlost die Kulturpolitik der Nazis als einen »seltsam anmutenden Anfall von Bilderstürmerei«, bevor er auf die zu rehabilitierenden Künstler*innen zu sprechen kommt.[11] Gleich darauf behauptet er, entgegen damaliger Erkenntnisse über den Holocaust, »die Verfemung der modernen Kunst [habe] den Künstlern selbst« nicht geschadet.

Zwar gibt Haftmann vage zu erkennen, dass Menschen »äußerstes Unrecht« geschehen sei, beteuert jedoch, dass Verfolgung und Zerstörung »die innere Substanz gar nicht berühren« konnten.[12] Haftmann löste sich mit seinen Formulierungen also vom konkreten Leben einzelner Künstler*innen und verschleierte, dass einige sehr wohl verfolgt und ermordet wurden. Vielmehr meinte er, abstrakt von ›der modernen Kunst‹ sprechen zu können, die in zwölf Jahren deutschem Faschismus gewissermaßen unbeschadet geblieben sei und sich nun wieder wie zuvor frei entfalten könne. Oberstes Prinzip müsse nur sein, dass die Autonomie künstlerischer Praxis gewährleistet sei, damit ihrer Entfaltung nichts im Wege stehe. Mit dieser Agenda grenzte sich die *documenta* explizit von der ›unmodernen‹ Kulturpolitik im NS ab. Zudem ließen sich die Vorstellungen vom NS als überwundenem Sonderfall der Geschichte sowie von der Unfehlbarkeit modernen künstlerischen Wollens wirksam

---

[11] Werner Haftmann: Einleitung. In: documenta. Kunst des XX. Jahrhunderts, Ausst.-Kat., Museum Fridericianum, Kassel, München 1955, S. 15–25, hier: S. 16. Über Jahrzehnte hat die Forschung den NS fast ausschließlich als Gegensatz zur Moderne, als Rückfall in die Barbarei begriffen, was eine tatsächliche Analyse und das Erkennen der Ursachen, Ambivalenzen und Kontinuitäten verhinderte, vgl. Riccardo Bavaj: Die Ambivalenz der Moderne im Nationalsozialismus. Eine Bilanz der Forschung, München 2003. Des Weiteren hat schon Walter Grasskamp darauf hingewiesen, dass die Verfemung der klassischen Moderne durch die Nazis durchdacht, medial geschickt inszeniert und nachhaltig einflussreich war, vgl. Grasskamp 1989, S. 76.
[12] Haftmann 1955, S. 16.

mit Begriffen wie Demokratie und Menschlichkeit verknüpfen. Auch die Betrachter*innen wähnten sich mit dem Bekenntnis zu diesem freiheitlichen und »selektiven Moderne-Verständnis«[13] in Opposition zum NS. So konnten sie sich gewissermaßen selbst entlasten und demonstrativ (wieder) demokratisch und humanistisch werden – ganz so, als strahle die angebliche Unbestechlichkeit der modernen Form auf ihre Anhänger*innen und Verfechter*innen ab.

Beim Blick auf die Details zeigt sich deutlich, dass nicht nur Haftmanns einleitende Worte teilweise fragwürdig und vage blieben, sondern dass es sich auch bei der konkreten Künstler*innenauswahl um ein enorm selektives Rehabilitieren handelte.[14] Insbesondere bei den deutschsprachigen Künstler*innen verzichteten die Ausstellungsmacher darauf, verfemte und teilweise von den Nazis verfolgte oder ermordete Vertreter*innen jüdischer Herkunft auszustellen. Haftmann beschrieb den Antisemitismus in der NS-Kulturpolitik ohnehin als vorgeschoben, denn seiner Meinung nach war »nicht ein einziger der deutschen modernen Maler Jude« gewesen.[15] Vor dem Hintergrund dieser Falschbehauptung sollte auch nicht weiter verwundern, dass beispielsweise Werke von Otto Freundlich (1878–1943), Rudolf Levy (1875–1944), Max Liebermann (1847–1935) oder Felix Nussbaum (1904–1944) auf der ersten *documenta* fehlten. Aber auch dezidiert sozialkritische Künstler*innen wie George Grosz, Sella Hasse, Käthe Kollwitz oder Rudi Lesser waren nicht vertreten.[16] Mit diesen Leerstellen blieben indirekt gleich zwei Säulen der NS-Kulturpolitik unangetastet, und zwar ihr Antisemitismus und Antikommunismus. Haftmann setzte vielmehr auf eine Auswahl inhaltlich gemäßigter Werke von international anerkannten Namen wie Pablo Picasso, Henry Matisse, Joan Miró sowie Marc Chagall. Aus Deutschland waren neben Nolde zahlreiche Vertreter*innen zu sehen, die Teil des Bauhauses gewesen waren, wie Lyonel Feininger und Georg Muche, oder die im Umfeld des *Blauen Reiter* oder der *Brücke* den deutschen Expressionismus maßgeblich geprägt hatten, wie Gabriele Münter, Ernst Ludwig Kirchner und Erich Heckel.

---

[13] Vgl. Christian Fuhrmeister: Statt eines Nachworts: Zwei Thesen zu deutschen Museen nach 1945. In: Julia Friedrich; Andreas Prinzing (Hrsg.): »So fing man einfach an, ohne viele Worte«. Ausstellungswesen und Sammlungspolitik in den ersten Jahren nach dem Zweiten Weltkrieg, Berlin 2013, S. 234–239, hier: S. 234–237.

[14] Vgl. u.a. Grasskamp 1989, S. 95–97.

[15] Haftmann 1954, S. 424.

[16] Vgl. Julia Friedrich: Kunst als Kitt. Spuren des Nationalsozialismus in der ersten documenta. In: Raphael Gross; Lars Bang Larsen et al. 2021, S. 60–65, hier: S. 61.

Freiheit 219

Wiederanknüpfen: Abstraktion

Die Aussparung realistischer sowie sozialkritischer Positionen erlaubte eine Schau, in der die Figur zugunsten von Form, Farbe und Komposition in den Hintergrund trat. Auf diese Weise wurde formal und damit für die Besucher*innen visuell erfassbar eine Brücke zur zeitgenössischen Abstraktion gebildet, die sich dem freien künstlerischen Ausdruck verschrieb. Genau dort setzte die zweite Zielsetzung der ersten *documenta* an. Es ging um nicht weniger als die Wiedereingliederung der zeitgenössischen deutschen Kunst in die internationale Kunstentwicklung.[17] Diese Agenda manifestierte sich in der vielzitierten kuratorischen Inszenierung im sogenannten Großen Malereisaal im ersten Stock des Museum Fridericianum. Hier wurde Pablo Picassos (1881–1973) *Jeune fille devant un miroir* (Junges Mädchen vor einem Spiegel)[18] von 1932 zur Ikone der Modernen Kunst erhoben. Gegenüber setzte – gewissermaßen als aktuelle Antwort und Weiterführung – eine eigens für die Ausstellung entstandene abstrakte Arbeit des Malers und ehemaligen Bauhaus-Schülers Fritz Winter (1905–1976) das historische Erbe fort. Während sich die weibliche Figur in Picassos farbenfrohem Gemälde spätestens mithilfe des Titels von ihrem Spiegelbild und dem gemusterten Hintergrund abhebt, ist die Rückbindung an den konkreten Gegenstand in Winters monumentalem Bild *Komposition vor Blau und Gelb*[19] zugunsten von Farbe, Form und Ausdruck aufgehoben.

Des Weiteren war die Auswahl der künstlerischen Positionen nicht nur gemessen an einer heutigen Perspektive, sondern auch an den zeitgenössischen Biennalen in Venedig, São Paulo (ab 1951) und Alexandria (ab 1955) eindeutig auf Westeuropa und die USA beschränkt. Zwar lautete der komplette Titel *Documenta. Kunst des 20. Jahrhunderts. Internationale Ausstellung*, jedoch operierten die Ausstellungsmacher[20] mit einem zumindest fragwürdigen Begriff von Internationalität. Zu der auf mehreren Ebenen selektiven Künstler*innenauswahl kam hinzu, dass den Kapiteln zu Rehabilitation und Wiedereingliederung ein *Pro-*

---

[17] Vgl. Haftmann 1955, S. 23–24.
[18] Vgl. Pablo Picasso: Jeune fille devant un miroir, 1932, Öl auf Leinwand, 162,3 x 130,2 cm, Museum of Modern Art, New York City.
[19] Vgl. Fritz Winter: Komposition vor Blau und Gelb, 1955, Öl auf Leinwand, 381 x 615 cm, Neue Galerie, Kassel.
[20] Zum Arbeitsausschuss der ersten documenta gehörten neben Bode und Haftmann auch die Kunsthistoriker Alfred Hentzen und Kurt Martin sowie der Bildhauer Hans Mettel.

log aus schwarz-weiß Fotografien vorangestellt war. In der Eingangshalle des Hauptgebäudes kamen die Besucher*innen zunächst an einer Fotowand vorbei, die Aufnahmen von Höhlenmalerei und frühchristlichem Mosaik neben Masken aus dem Kongo sowie Plastiken aus Nigeria oder Mexiko zeigte.[21] Das heißt, die Fotografien präsentierten Artefakte aus unterschiedlichen Zeiten und Regionen, die allerdings zumindest im Fall der afrikanischen Objekte in westeuropäischen Sammlungen lagerten. Diese Inszenierung, die auf jegliche Erklärung verzichtete, sollte jedoch nicht auf die Frage verweisen, wie die Objekte in den Besitz europäischer Museen gelangt waren. Die kontextlosen Abbilder von Masken, Figuren und Malerei dienten vielmehr als Fingerzeig auf eine überregionale und Jahrtausende zurückreichende Entwicklungsgeschichte hin zur Abstraktion. So als bewiesen die abgebildeten Objekte das Spiel mit der Form als eine Art urmenschliches und überzeitliches Streben.

Ein zeitgenössischer Kommentar des Kunsthistorikers und Chefredakteurs der Fachzeitschrift *Das Kunstwerk* Leopold Zahn (1890–1970) fasste den Einfall im Sinne der Ausstellungsmacher und mit damals gängigen rassistischen Stereotypen folgendermaßen zusammen: »In der Eingangshalle weisen Fotovergrößerungen, schachbrettartig angeordnet, auf exotische und archaische Kunstwerke hin, die, oft tausende von Jahren von uns getrennt, der modernen Kunst geistig und formal näher stehen als Werke viel jüngeren Datums.«[22] Diese Präsentation, die Zahn 1955 offenbar als weltoffen las, war in gleich mehreren Punkten merkwürdig. Zum einen fiel das anthropologische Deutungsmuster auf, das erlaubte, eine Verbindung abstrakter Kunst mit verschiedenen Objekten aus unterschiedlichen Zeiten und Regionen anhand formaler Analogien zu behaupten. Demnach traten Fragen nach Funktion und Inhalt in den Hintergrund, viel wichtiger schien die Vorstellung, es gebe eine Art Essenz des künstlerischen Schaffens. Mit diesem Fokus lässt sich auch erklären, dass die Ausstellungsmacher den jeweiligen Kontext der im *Prolog* gezeigten Werke, wie unter anderem Entstehungsjahr und Ort, nicht kommunizierten. Offenbar sollten die Betrachter*innen anhand der kopierten Fotos nur grob erkennen, dass es sich hier um einen überzeitlichen und überregionalen »Weltkunstzusammenhang«[23] handelte.

---

[21] Vgl. u.a. Grasskamp 1989, S. 82–89.
[22] Leopold Zahn: documenta. In: Das Kunstwerk, Jg. IX, Nr. 2, 1955/56, S. 15–16, hier: S. 15.
[23] Susanne Leeb: Die Kunst der Anderen. »Weltkunst« und die anthropologische Konfiguration der Moderne, Berlin 2015, S. 256.

Freiheit

Eine ähnlich gelagerte »Weltkunst-Ideologie«[24] findet sich auch in Werner Haftmanns zeitgenössischer Publizistik sowie in den theoretischen Schriften des Malers und Grafikers Willi Baumeister (1889–1955). Dieser konnte nach einer Zeit der ›inneren Emigration‹ an vergangene Erfolge wieder anknüpfen und stellte wie Nolde auf den ersten drei *documenta*-Schauen aus. In seiner vielbeachteten Schrift *Das unbekannte in der Kunst* von 1947 warb Baumeister nicht nur für die Abstraktion, sondern verknüpfte seine Ausführungen mit der positiv besetzten Charakterisierung des (männlichen) Künstlers als autonomer Sonderling. Diese Form der Geniekonzeption verband Baumeister mit der Annahme, der zeitgenössische Künstler stünde mit dem urzeitlichen Künstler und angeblichen ›Urkräften‹ in Verbindung und könne eine Ursprünglichkeit in der künstlerischen Praxis erreichen, die sich nur in vorzivilisatorischen Zuständen finde. Durch dieses Anknüpfen, In-Beziehung-Treten oder Über-sich-Hinausweisen erhalte die auf diese Weise entstehende Kunst universelle Geltung.[25] Derartige Einbettungen der künstlerischen Moderne in humanistisch wirkende Erzählungen von Ursprung, Urkraft und Universalität wirkten vor allem als verbale Nebel- und komplexe Entlastungsmaschine. Ziel dieser Erzählmuster von der angeblichen »Menschlichkeit der Kunst« war es, die künstlerische Moderne »außerhalb der Wechselfälle der Geschichte« zu verorten.[26] Die Argumentation lief also ähnlich wie wenige Jahre später bei Haftmann darauf hinaus, dass die Kunst außerhalb der Geschichte stünde und so vom NS nicht betroffen sei. Zudem resultierte daraus der Effekt, dass das Bekenntnis zur modernen Form eine demokratische Gesinnung und humanistische Einstellung unter Beweis zu stellen schien.

Vor diesem Hintergrund erscheinen der Fokus der ersten *documenta* auf Westeuropa sowie die USA und der *Prolog* aus schwarz-weiß Fotos nicht mehr als Details, die womöglich wegen begrenzter finanzieller Mittel oder unter Zeitdruck nicht sorgfältig genug durchdacht und organisiert werden konnten. Im Kontext von Baumeisters zeitgenössischer Prosa wirken sie vielmehr wie bewusste Setzungen. Mit der ersten *documenta* wurde eine Jahrtausende alte ›Weltkunstgeschichte‹ behauptet, die angeblich in der zeitgenössischen Abstraktion gipfelte. Gleichzeitig fügte sich diese Programmatik in altbekannte Erzählungen von der Überlegenheit und Fortschrittlichkeit europäischer Zivilisatio-

---

[24] Harald Kimpel: Documenta. Mythos und Wirklichkeit, Köln 1997, S. 258.
[25] Vgl. Leeb 2015, S. 263f.
[26] Ebd., S. 259.

nen nahtlos ein: Ganz so, als sei die Abstraktion nicht eine mögliche Strömung, sondern Summe und Höhepunkt allen bisherigen Kunstschaffens.

Die erste *documenta* während des ›Kalten Kriegs‹ und im Jahr des NATO-Beitritts der Bundesrepublik liest sich als kulturpolitische Parallelisierung diplomatischer Entwicklungen. So besiegelten die Aufnahme in das westliche Militärbündnis und die Ausrichtung der *documenta* die Rückkehr Westdeutschlands auf die internationale Bühne sowie den Eintritt in die europäische Staatengemeinschaft an der Seite der USA. Herleiten, vermitteln und bewerben ließ sich der erneuerte Führungsanspruch des ›Westens‹ nach zwei Weltkriegen und in Konkurrenz zum ›Osten‹ nicht allein mit wirtschaftlicher und militärischer Stärke – auch Kunst und Kultur waren gefragt. So präsentierte die *documenta* eine geradlinige Kunstauffassung, die – ganz im Sinne des Zeitgeistes – vergangene Katastrophen zu überbrücken half und gleichzeitig alten Überlegenheitsgedanken schmeichelte.

Vier Jahre später setzte die zweite *documenta* dieser linearen, sich ›weltmännisch‹ gebenden Kunstauffassung ein weiteres Denkmal. Im Katalog zur Malereiausstellung erklärte Haftmann die moderne Kunst zunächst zum »Modellfall von Menschheitskultur«, um einige Seiten später mit dem Satz »Die Kunst ist abstrakt geworden« zu verdeutlichen, dass ausschließlich von der Abstraktion die Rede war.[27] Dementsprechend sollte auch die Werkauswahl der *documenta II* die abstrakte Kunst als ›Weltsprache‹ präsentieren. Aber auch diesmal verbarg sich hinter dem Begriff ›Welt‹ die Vorstellung von der Überlegenheit Westeuropas, nun unter Führung der USA. In seiner *Einführung* verdeutlichte Haftmann die neue Hierarchie beziehungsweise die Verschiebung des Kunstzentrums an das nordwestliche Ufer des Atlantiks: Die wichtigsten Impulse seien zwar von Europa ausgegangen, jedoch finde sich die »ganz neue Kunst von ganz spezifischem Stilausdruck«[28] in den USA. So wurden 1959 US-amerikanische Künstler wie Jackson Pollock (1912–1956) und Mark Rothko (1903–1970) prominent inszeniert. Pollocks monumentale Leinwände hingen im ersten Stock des Fridericianum in einem eigenen Raum. Allerdings waren seine sogenannten *drippings* damals keine Neuheit mehr, sondern zum Teil bereits zehn Jahre alt. Doch Haftmann schien unbeirrbar in seinen Plänen, die US-amerikanische Kunstentwicklung ins Zentrum zu rücken, die Abstraktion zum Nonplusultra

---

[27] Werner Haftmann: Malerei nach 1945. In: II documenta '59. Malerei, Köln 1959, S. 14, 17.
[28] Ebd., S. 14.

Freiheit

zu erklären und den Künstler als ahistorischen und genialen Einzelgänger zu präsentieren.[29]

Abgrenzung: Realismus

Der zwangsläufige Weg vom Expressionismus der Klassischen Moderne zum abstrakten Expressionismus eines Jackson Pollock, den Haftmann mit den ersten beiden *documenta* Ausstellungen zeichnete, wirkte nicht nur als demonstrative Abgrenzung von der Kulturpolitik des NS, sondern die *documenta* sollte auch als strahlendes Gegenbild zur Kunstentwicklung in der DDR wahrgenommen werden. Bei Gerhard Richter, der 1959 als junger Mann aus Dresden nach Kassel reiste, um die zweite *documenta* zu besuchen, verfing diese Zielsetzung offenbar nachhaltig. Angeblich war er von Pollocks Bildern so begeistert, dass er sie rückblickend als Grund für seine Übersiedlung in die Bundesrepublik zwei Jahre später anführte.[30]

Zum anderen nahm Haftmann den Begriff ›Totalitarismus‹ zu Hilfe, um die Kunstpolitik des deutschen sowie italienischen Faschismus mit dem realexistierenden Sozialismus in der UdSSR und der DDR gleichzusetzen. Diesen »scheinbar so gegensätzlichen Bewegungen« attestierte er gleichermaßen eine »gegen die menschliche Freiheit« gerichtete »Übereinstimmung« und eine »exakt [...] gleiche Kunstanschauung«.[31] Gleich im Anschluss stellt Haftmann fest: »Der offizielle Kunststil totalitärer Länder ist überall der gleiche«.[32] Darin war die noch heute verbreitete Annahme enthalten, dass ohne Freiheit nur Propaganda, aber keine Kunst entstehen könne. Dieser Beweisführung folgend, dürften die Kunsttheo-

---

[29] Haftmann setzte auch später, als Gründungsdirektor der Nationalgalerie in West-Berlin auf Präsentationen mit bereits anerkannten Namen, vgl. Vincenza Benedettino: Werner Haftmann as the Director of the Neue Nationalgalerie in Berlin (1967–1974). Survey of the Curatorial Concept in the West German National Modern Art Gallery during the Cold War. In: Actual Problems of Theory and History of Art, Nr. 10, 2020, S. 692–702, hier: S. 696f.

[30] Vgl. Ralf Michael Fischer: »... einem Cowboy vergleichbar, der sein Lasso wirbelt«. Jackson Pollock, die kulturelle Frontier in Europa und Möglichkeiten seiner Rezeption in der DDR. In: Sigrid Hofer (Hrsg.): Gegenwelten. Informelle Malerei in der DDR. Das Beispiel Dresden, Ausst.-Kat., Marburger Kunstverein, Marburg an der Lahn; Kunstverein Talstraße, Halle an der Saale; Städtische Galerie Dresden, Frankfurt a.M.; Basel 2006, S. 85–98, hier: S. 92.

[31] Haftmann 1954, S. 421.

[32] Ebd.

rien von Haftmann oder Baumeister wie glänzende Gegenbilder gewirkt haben, ging es doch zuvorderst um die Autonomie des (männlichen) Künstlers und den freien Ausdruck, um Kunst in Reinform.

Die von Haftmann und seinen Zeitgenossen immer wieder bemühte Betonung von Autonomie und Freiheit als Grundvoraussetzung künstlerischen Schaffens sollte die Kulturpolitik der DDR allerdings weniger kontrastieren als vielmehr negieren. So wurde in der Bundesrepublik der 1950er Jahre beispielsweise offiziell auch nur das aus der DDR registriert, was der zeitgeistigen Gleichsetzung von Faschismus und Sozialismus entsprach. Gegenläufige Tendenzen erfuhren meist keinerlei Aufmerksamkeit. Ein Beispiel dafür ist die bundesrepublikanische Berichterstattung rund um die *Weltfestspiele der Jugend und Studenten*, die im Sommer 1951 in Ost-Berlin stattfanden. So wechselten sich in der *ZEIT* und im *Spiegel* Stimmen ab, die die Großveranstaltung als (militaristische) rote Gefahr beschrieben, ins Lächerliche zogen, oder als unfreiwilligen Ausweis für das Scheitern der DDR ansahen, weil angeblich weder ausreichend Verpflegung, Unterbringung noch Transport für die zahlreichen Teilnehmer*innen gewährleistet wurden.[33] Teil der Großveranstaltungen waren jedoch nicht nur politische Propaganda in Form von Massenaufmärschen und Kundgebungen, sondern auch Sport und Freizeitaktivitäten sowie ein internationales Kulturprogramm, das von Konzerten über Theater, Tanz, Film bis zu Kunstausstellungen reichte.[34] Davon war in der Berichterstattung in Westdeutschland allerdings wenig bis nichts zu hören und zu lesen, so wurde auch die *Internationale Kunstausstellung* nicht erwähnt.

Vor dem Hintergrund bewusst selektiver Wahrnehmung sowie dem inflationären Gebrauch der Totalitarismusthese in der BRD überrascht es kaum, dass zwar die *documenta* in der DDR thematisiert wurde,[35] die *Internationale Kunstausstellung*, die 1951 in Ost-Berlin stattfand, in der Bundesrepublik hingegen ›inexistent‹ blieb. Im *documenta*-Katalog von 1955 behauptete Haftmann indes, »eine internationale Ausstellung der Kunst des 20. Jahrhunderts« habe es in Deutschland seit »der Dresd-

---

[33] Vgl. N. N.: Festspiel-Sitten. Glanzäugig und blaublusig. In: Der Spiegel, Nr. 34, 1951; K. W.: Der blaue Marsch auf Berlin. In: ZEIT, Nr. 31, 1951; M. T.: Sie rasseln mit der Friedenspalme. In: ZEIT, Nr. 32, 1951.

[34] Ausführlicher zu den Vorbildern und zum Charakter der Weltfestspiele vgl. Pia Koivunen: Performing peace and friendship. The World Youth Festivals and Soviet cultural diplomacy, Berlin; Boston 2023.

[35] Vgl. Fischer 2006, S. 92.

ner Ausstellung von 1927« nicht mehr gegeben.[36] Tatsächlich bezog er sich auf die Schau von 1926, die circa 1000 Werke aus 20 Ländern Europas und den USA umfasst hatte.[37] Mit dem Verschweigen der *Internationalen Kunstausstellung* von 1951 entsprach Haftmann zum einen der zeitgenössischen Außenpolitik einer CDU-geführten Bundesrepublik und der 1955 ratifizierten Hallstein-Doktrin. Diese fungierte als Werkzeug, die DDR »durch internationale Isolierung [...] in ihrer Existenz« zu gefährden.[38] Zum anderen schrieb Haftmann mit der Bezugnahme auf die Schau von 1926 aktiv Ausstellungsgeschichte. Ihre Vorbildlichkeit beschrieb er ganz in weiter oben bereits ausgeführter Manier. So sei dem »breiten Publikum« schon damals klar geworden, »daß es sich bei der modernen Kunst um eine Stilbewegung europäischen, ja universalen Ausmaßes handelte«.[39]

Kollektive Amnesie: Internationale Kunstausstellung – 1951

Der Anspruch der *Internationalen Kunstausstellung* von 1951 war selbstverständlich anders gelagert als die Idee der ersten *documenta*. Im Fokus stand nicht die Rehabilitierung einer europäisch-abendländischen Moderne, sondern der Nachweis der Verbreitung des Realismus im globalen Maßstab und die Ehrung der UdSSR als Vorbild. Das heißt, in Ost-Berlin sollte junge und realistische Kunst von allen Kontinenten der Welt zusammenkommen, ganz gleich, ob aus sozialistischen, kapitalistischen oder kolonisierten Regionen und Ländern. Diese Zielsetzung war in einer Welt, die durch den ›Kalten Krieg‹ sowie durch Kolonialismus und Imperialismus geprägt war, eine kommunikative, administrative und logistische Herausforderung. So gelangten zahlreiche Kunstwerke verspätet oder gar nicht in die DDR und die Vorbereitungen liefen, wie ein interner Bericht der veranstaltenden Deutschen Akademie der Künste dokumentiert, denkbar chaotisch ab.

---

[36] Haftmann 1955, S. 15.
[37] Vgl. Birgit Dalbajewa; Andreas Dehmer; Hilke Wagner (Hrsg.): Die Internationale Kunstausstellung Dresden 1926 in historischen Aufnahmen von Alexander Paul Walther, Heidelberg 2020, https://tinyurl.com/wa9wx23a (26.09.2023), books.ub.uni-heidelberg.de.
[38] Kimpel 1997, S. 131. Die Hallstein-Doktrin untersagte anderen Ländern, die diplomatische Beziehungen zur BRD unterhalten wollten, dieselben mit der DDR zu pflegen bzw. aufzunehmen.
[39] Haftmann 1954, S. 420f.

Von den insgesamt 38 angemeldeten Ländern hatten zwei Tage nach dem eigentlichen Eröffnungstermin am 3. August gerade einmal sechs Länder ihre Exponate eingereicht. In den darauffolgenden beiden Tagen erreichten Werke aus Spanien, Italien, der Tschechoslowakei, Finnland, Chile und Indonesien Ost-Berlin, so dass die Veranstalter*innen, »nachdem Tag und Nacht vom technischen Personal gehängt und gestellt worden war«, entschieden, die Ausstellung zu eröffnen.[40] Aber auch nach der Ausstellungseröffnung »kamen aus den verschiedenen Ländern noch Ausstellungsstücke hinzu, die zum größten Teil von den Delegierten ungerahmt« mitgebracht wurden.[41] Trotz dieser Schwierigkeiten konnten die Veranstalter*innen am Ende ein beachtliches Resümee ziehen: »Insgesamt hatten 32 Länder ausgestellt«,[42] darunter 14 aus Asien, Afrika und Lateinamerika, zwölf aus dem ›Westen‹ (darunter Japan, Kanada und die USA) sowie sieben aus der sowjetischen Einflusssphäre.[43]

Abgesehen von diesen Zahlen ist die Ausstellung auch aufgrund der Heterogenität der ausgestellten Kunstwerke bemerkenswert. Zwar entsprachen beispielsweise die Präsentationen der Sowjetunion und die gesamtdeutsche Schau engen, am sozialistischen Realismus orientierten, kulturpolitischen Vorgaben. Die Positionen aus den nicht-sozialistischen Teilen der Welt mischten die Ausstellung jedoch formal und inhaltlich auf. Verwiesen sei an dieser Stelle nur auf einige wenige Beispiele: Die Gemälde des 1947 aus Südafrika nach Frankreich geflohenen Gerard Sekoto (1913–1993) gaben eindringliche Einblicke in das alltägliche Leben Schwarzer Menschen in Apartheid; Charles White (1918–1979) legte mit seinen Arbeiten Zeugnis vom Kampf der schwarzen Bevölkerung in den USA gegen Rassismus ab. Zudem setzte der chilenische Künstler José Venturelli (1924–1988) den Kampf der chilenischen Arbeiter*innen gegen Ausbeutung und Unterdrückung, unter anderem in den Nitrat-Minen Chiles ins Bild. Besonders zahlreich vertreten waren Positionen aus Italien, die sich ebenfalls mit politischen Kämpfen der Gegenwart auseinandersetzten und ebenso Wege zu einem an der künstlerischen Moderne orientierten Realismus aufzeigten.[44]

In den offiziellen Stimmen zur *Internationalen Kunstausstellung* aus der DDR tauchte in den Tageszeitungen neben ausführlichem Lob der

---

[40] Akademie der Künste, Berlin, Akademie der Künste (Ost), Nr. 0177.
[41] Ebd.
[42] Ebd.
[43] Vgl. Internationale Kunstausstellung. Berlin 1951, Ausst.-Kat., hrsg. von der Deutschen Akademie der Künste, Berlin 1951.
[44] Ebd.

sowjetischen Werke auch immer wieder verhaltene Kritik an den ›formalistischen‹ italienischen Positionen auf.[45] Insgesamt wurde jedoch betont, wie bereichernd die vielfältigen Einblicke seien – war es doch vorrangiges Ziel der Ausstellung, ein möglichst breites Panorama zu bieten und mit möglichst vielen Ländern in Kontakt zu treten.[46] Diese Kontaktaufnahme war für Bonn und die Westalliierten allerdings ein Problem, stellten sie die östliche Einflusssphäre doch als hinter dem ›Eisernen Vorhang‹ abgeschottete, doktrinäre Welt dar. Mit verschiedenen Mitteln wurde versucht, die Weltfestspiele zu stören oder Delegationen auf dem Weg in die DDR aufzuhalten.[47]

Neben einer entsprechend abschreckenden Berichterstattung, veranstaltete West-Berlin ein kulturelles Gegenprogramm, das nicht zuletzt im östlichen Berlin wahrgenommen werden sollte. So ordnete der Theaterkritiker Friedrich Luft (1911–1990) in der internationalen Kulturzeitschrift *Der Monat*[48] die Veranstaltungen »in der Zone der kulturellen Verdorrung« unter der Kategorie »Der geballte politische Klamauk« ein.[49] Das westliche Kulturprogramm im Rahmen der Berliner Festwochen erhob er hingegen folgendermaßen zur Antithese: »Kunst als Diskussionsbasis, Theater als Entzündung zu freier Kritik und zum Weiterdenken, neue Musik als Fragestellung und Tasten nach Ausdruck«.[50] Für den Bereich der bildenden Kunst bedeutete dies konkret: Ausstellungen im Rathaus Schöneberg sowie im Schloss Charlottenburg zu US-amerikanischer Malerei, darunter Werke von Jackson Pollock, Robert Motherwell und Marc Rothko. Zudem waren Fritz Winter in der Galerie Schlüter und Henry Moore im Haus am Waldsee zu sehen.[51] So ist bereits mit diesem kleinen Ausstellungsüberblick angedeutet, wie Ereignisse im West-

---

[45] Vgl. Heinz Lüdecke: »Unsere« Kunstanschauung muß revidiert werden. In: ND vom 16.08.1951, S. 3 sowie Ders.: Malerei und Plastik im Zeichen des Friedens. In: ND vom 19.08.1951, S. 3.
[46] Vgl. Feli Eick: Volkskunst aus allen Erdteilen. In: BZ vom 14.08.1951, S. 5.
[47] Vgl. hierzu bspw. Koivunen 2023, S. 46.
[48] Der Monat war ein u.a. von der CIA finanziertes Organ, das deutsche und US-amerikanische Intellektuelle verbinden und US-amerikanische außenpolitische Interessen in Europa befördern sollte. Vgl. Frances Stonor Saunders: Wer die Zeche zahlt. Der CIA und die Kultur im Kalten Krieg, Berlin 2001, S. 41.
[49] Friedrich Luft: Musenkongreß auf der Insel. Ein Abgesang auf die Berliner Festwochen. In: Der Monat, Nr. 38, 1951, S. 186–197, hier: S. 187.
[50] Ebd.
[51] Vgl. Beatrice Vierneisel: Berliner Ausstellungschronologie 1945–1951. In: Eckhart Gillen; Diether Schmidt (Hrsg.): Zone 5. Kunst in der Viersektorenstadt 1945–1951, Berlin 1989, S. 269.

teil der Stadt instrumentalisiert wurden, um Veranstaltungen in Ost-Berlin zu überschreiben und Vergessen zu machen. Andererseits zeigen sich Überschneidungen zwischen dem Programm der Gegen-Festspiele 1951 in West-Berlin und der Werkauswahl der documenta der 1950er Jahre. Auch Werner Haftmann war 1951 nicht unbeteiligt am Kultursommer in West-Berlin. Er hatte für die vom italienischen Außenministerium geförderte Wanderausstellung *Italienische Kunst der Gegenwart*, die ab Juni im Schloss Charlottenburg gezeigt wurde, die Malereiabteilung kuratiert. Tatsächlich stellte die Ausstellung indirekt eine Verbindung zur *Internationalen Kunstausstellung* her. So war der Maler Renato Guttuso (1911–1987) in beiden Schauen mit Gemälden vertreten. Allerdings wurden für die Ausstellung in Charlottenburg gemäßigte Motive wie Landschaftsdarstellungen, Szenen mit spielenden Kindern oder einem schlafenden Fischer gewählt,[52] während der bekennende Kommunist in Ost-Berlin mit *Occupazione delle terre incolte* (Besetzung des unbebauten Landes) von 1949–1950 zu sehen war,[53] einem dezidiert politisch engagierten Werk, mit dem der Künstler die Landbesetzungen in Süditalien, die prägendes Element der italienischen Nachkriegsordnung waren, thematisierte. In den personellen Überschneidungen, die es auch über Guttuso hinaus gab, spiegelte sich, wie beredt das Schweigen aus Westdeutschland über die *Internationale Kunstausstellung* war.

Resümee

Mit der frühen *documenta* wurden Aspekte des westdeutschen Kunstdiskurses festgeschrieben und deutliche Setzungen vorgenommen, die das bundesrepublikanische Kunstverständnis bis heute prägen. So war Haftmann und Bode zehn Jahre nach dem Zweiten Weltkrieg nicht daran gelegen, die Ausstellung *Entartete Kunst* zu erforschen, aufzuarbeiten und die verfemte Künstler*innenschaft umfassend zu rehabilitieren. Die *documenta* sollte vielmehr vom Akt des Wiedergutmachens profitieren, gleichzeitig aber nur einen aus dem Zeitgeist der Bundesrepublik destillierten Ausschnitt einer vielfältigen und widersprüchlichen euro-

---

[52] Vgl. Italienische Kunst der Gegenwart. Ausstellung 1950/51, Ausst.-Kat., München; Mannheim; Hamburg; Bremen; Berlin; München 1950, S. 34–35.

[53] Vgl. Renato Guttuso: Occupazione delle terre incolte (in Sicilia), 1949/1950, Öl auf Leinwand, 265 x 344 cm, Akademie der Künste, Berlin, Kunstsammlung, Inventar-Nr.: E 11.

Freiheit

päisch-US-amerikanischen Kunstlandschaft präsentieren. Vor allem an der Auswahl der deutschen beziehungsweise deutschsprachigen Künstler*innen werden die bewussten Lücken deutlich. Der Verzicht auf jüdische, kommunistische und sozialistische Positionen war offensichtlich politisch motiviert. Denn auf diese Weise wurde die künstlerische Moderne ihrer gesellschaftspolitischen Inhalte entledigt und die Gruppierungen, die besonders von Verfolgung, Haft und Massenmord betroffen waren, ausgeblendet. So griff dieser verengte Kanon die deutsche, postnazistische Gesellschaft nicht an, er war leicht bekömmlich und überdeckte den massiven kulturellen und künstlerischen Verlust, den NS und Holocaust verschuldet hatten. Die Betrachter*innen wurden also davor bewahrt, sich jüngst begangener Verbrechen bewusst zu werden und diese aufarbeiten zu müssen.

Gepaart wurde diese selektive und ausgesprochen bekömmliche Rehabilitierung der künstlerischen Moderne mit dem Brückenschlag hin zur Abstraktion. So sollte das demonstrative Wiederanknüpfen an die internationale Kunstentwicklung als Garant für die Wiedergutwerdung der Deutschen verstanden werden. Gewissermaßen beseelt von einer anthropologischen Kulturauffassung war die auf Westeuropa und die USA beschränkte *documenta* von 1955 zudem in einen altbekannten Überlegenheitsgestus eingebettet, der die Abstraktion als überzeitlichen Ausdruck maximaler künstlerischer aber auch ästhetischer Autonomie und Freiheit zu einem zwangsläufigen Höhepunkt europäisch und US-amerikanischer Kunstproduktion erhob.

Die Abstraktion sowie das Grundprinzip der Freiheit dienten ebenfalls als Abgrenzungsfiguren gegen das andere, das sozialistische Deutschland und die künstlerische Praxis vor Ort. Mit Hilfe der Totalitarismusformel wurde nicht nur die Regierung der DDR abgewertet, sondern mit ihr alles, was in ihrem Einflussgebiet stattfand. Künstler*innen wurden pauschal als unfrei, ihre Kunst als ›Nicht-Kunst‹ angesehen und so musste von der *Internationalen Kunstausstellung* 1951 in Berlin keine Notiz genommen werden.

Ein Löschvorgang, den beispielsweise Haftmann in seiner Katalogeinführung von 1955 festschrieb und der über Jahrzehnte das kollektive Gedächtnis der Westdeutschen prägen sollte. So zeigte sich im deutschdeutschen Bilderstreit der 1990er Jahre deutlich, wie verbreitet die Meinung in den alten Bundesländern war, Kunst habe es in der DDR nicht gegeben, vielmehr Doktrin, Propaganda und ›Nicht-Kunst‹. Bis heute ist die Kunstgeschichte damit beschäftigt, dieser kollektiven Amnesie zu begegnen.

Ähnlich wie die Forschungen der letzten Jahre zu Akteuren wie Nolde und Haftmann verdeutlichen, wie sehr die Betonung der künstlerischen Freiheit und Autonomie in der Nachkriegszeit dazu diente, von einer widersprüchlichen und unerträglichen Realität schweigen zu können. So stellt die *Internationale Kunstausstellung* von 1951 einen entscheidenden Forschungsgegenstand dar, um die Analyse des Kunstdiskurses dieser Jahre um weitere verdeckte und vergessene Aspekte ergänzen zu können. Denn während der Nolde-Mythos, Haftmanns Kunsttheorie sowie Baumeisters Kunstprosa, in denen die moderne Form mit moralisch-ethischen Attributen wie widerständig, demokratisch und humanistisch aufgeladen wurde, als Bausteine einer bis heute wirksamen Selbstaufwertungs- und Entlastungsmaschine verfingen. So deutet der zeitgenössische Umgang mit und die fehlende Forschung zur *Internationalen Kunstausstellung* nicht nur auf konkurrierende Gesellschaftsmodelle und Gegensatzspannungen[54] hin, sondern auf weitere Bausteine einer komplexen und kollektiven Amnesie.

---

[54] Karl-Siegbert Rehberg: Der doppelte Ausstieg aus der Geschichte. In: Gert Melville (Hrsg.): Geltungsgeschichten. Über die Stabilisierung und Legitimierung institutioneller Ordnungen, Köln; Weimar; Wien 2002, S. 319–348, hier: S. 326.

Johanna Bröse
Erinnern von unten
Vergangenheit und Gegenwart in Solidaritätsstrukturen

> »Der Engel der Geschichte [...] hat das Antlitz der Vergangenheit zugewendet. Wo eine Kette von Begebenheiten vor uns erscheint, da sieht er eine einzige Katastrophe, die unablässig Trümmer auf Trümmer häuft und sie ihm vor die Füße schleudert. Er möchte wohl verweilen, die Toten wecken und das Zerschlagene zusammenfügen. Aber ein Sturm weht vom Paradiese her, der sich in seinen Flügeln verfangen hat und so stark ist, daß der Engel sie nicht mehr schließen kann. Dieser Sturm treibt ihn unaufhaltsam in die Zukunft, der er den Rücken kehrt, während der Trümmerhaufen vor ihm zum Himmel wächst. Das, was wir den Fortschritt nennen, ist *dieser* Sturm.«[1]

Um Gegenwärtiges einzuordnen, bedienen wir Menschen uns unterschiedlichen zeitlichen Hilfslinien: Wir wenden uns der Zukunft zu, einem utopischen Ideal, dem wir im Jetzt zuarbeiten, oder, wie der Benjamin'sche Engel, der Vergangenheit, einem »Trümmerhaufen«, der beständig vor unseren Augen anwächst und den es nach »Überresten«[2] zu durchforsten gilt.[3] In sozialen Bewegungen wird bei letzterem insbesondere an vergangene Kämpfe erinnert – an Proteste, Platzbesetzungen, Aufstände, Revolutionen. Rückblickend werden diese oft auch als ›verlorene‹ Kämpfe eingeordnet, mit vermissten, ermordeten, verhafteten Angehörigen und Genoss*innen, mit Repression, Gewalt und kollektivem Verlust.

Der Beitrag verbindet die beiden Blickrichtungen, um davon ausgehend Potenziale für Solidaritätsprozesse in der Gegenwart herauszuarbeiten. Erinnerung wird als umkämpfter Begriff[4] und machtdurchzoge-

---
[1] Walter Benjamin: Über den Begriff der Geschichte. Gesammelte Schriften, Band I.2: Abhandlungen, Frankfurt a.M. 1980, S. 697f.
[2] Yael Navaro(-Yashin) nutzt in ihren Arbeiten die Begriffe »ruins« und »ruination«, um den Aspekt der Überreste von Erinnerung, nicht nur auf Objekte bezogen, hervorzuheben. vgl. Yael Navaro-Yashin: Affective spaces, melancholic objects: ruination and the production of anthropological knowledge. In: Journal of the Royal Anthropological Institute (N.S.), Jg. 5, 2009, S. 1–18.
[3] Alle Übersetzungen, soweit nicht anders angegeben, sind von der Autorin.
[4] Einem Erinnerungsdiskurs gegenüber steht unter anderem der Diskurs über eine »Politik des Vergessens«, wie sie in einem Interview mit zwei Aktivist*innen aus Bosnien und Herzegowina problematisiert wird: Mit der Auslöschung von Leben, Orten und Zukunft erfolge auch eine Auslöschung der Erinnerung an eine Viel-

nene Praxis kontextualisiert und danach gefragt, welche Widersprüche es zwischen hegemonialer Erinnerungspolitik und popularer Erinnerungspraxis von unten gibt. Daran anknüpfend wird versucht, das Konzept für eine politische Perspektive zu schärfen. Im popularen Erinnerungsaktivismus, so meine Argumentation, liegt das Potenzial, für Solidaritätsprozesse anschlussfähig zu sein – es ist ein *unabgegoltenes* Erinnern, was zugleich bis in die Zukunft hineinreicht.[5] Der vorliegende Beitrag untersucht das Potenzial und die Möglichkeiten von Erinnerungsaktivismus für die Stärkung von Solidaritätsstrukturen und die Partizipation an gesellschaftlichen Transformationsprozessen.

Ich beginne mit einem kurzen Überblick über die zentralen Diskurse zum Thema Erinnern. Hierbei hebe ich insbesondere die Ausarbeitungen der *Popular Memory Group* zum »populären Erinnern«, das melancholische, fragmentierte Erinnern von Yael Navaro(-Yashin), Timothy Gongawares Überlegungen zu »kollektiver Erinnerung« sowie das von Yifat Gutman und Jenny Wüstenberg erarbeitete Konzept des »Erinnerungsaktivismus« hervor, welche meines Erachtens für die Betrachtung von widerständigem, marginalisiertem Erinnern weiterführende Anknüpfungspunkte bieten. Bei der Übertragung der theoretischen Überlegungen auf Bewegungen in der Türkei ist die Annahme leitend, dass Solidarität unter widrigen Bedingungen durch den Rückbezug auf kollektiv angerufene Erinnerung in besonderer Form gestärkt und geformt werden kann. Zusammenführen möchte ich dies mit einer Darstellung von kollektiven Erinnerungspraxen in der Region Antakya im Südosten der Türkei.

---

falt von Vergangenheiten. Vgl. Johanna Bröse, Johanna Tirnthal: »Nostalgie ist Zeitverschwendung«. Interview mit Nidžara Ahmetašević und Gorana Mlinarević. In: kritisch-lesen.de, Jg. 59, Nr. 2, 2021. Online: https://kritisch-lesen.de/interview/nostalgie-ist-zeitverschwendung [Zugriff: 23.5.2023].

[5] Als Redaktionskollektiv kritisch-lesen.de formulierten wir in einem Essay: »Es geht um die Frage nach Vergangenheitsanerkennung, Gegenwartsbewältigung, Zukunftsperspektiven. Um die Auseinandersetzung mit der Möglichkeit, sich nicht nur alternative Zukünfte, sondern auch verborgene, subalterne Vergangenheit(en) vorzustellen.« Redaktion kritisch-lesen.de: Eine erinnerte Zukunft, Jg. 66, Nr. 1, 2023. Online: https://kritisch-lesen.de/essay/eine-erinnerte-zukunft [Zugriff 23.4.2023].

Erinnern von unten

Erinnerung – ja, aber wer und was wird erinnert?

»Wer einmal den Fächer der Erinnerung aufzuklappen begonnen hat, der findet immer neue Glieder, neue Stäbe, kein Bild genügt ihm, denn er hat erkannt: es ließe sich entfalten, in den Falten erst sitzt das Eigentliche [...] und nun geht die Erinnerung vom Kleinen ins Kleinste, von Kleinsten ins Winzigste und immer gewaltiger wird, was ihr in diesen Mikrokosmen entgegentritt.«[6]

Erinnerung ist ein allgegenwärtiges temporales Konstrukt, ist zentral für Bildungs- und Erkenntnisprozesse und auch materiell an Objekte, Orte, Wahrnehmbares gebunden. Im englischsprachigen Raum wird Erinnerung im Kontext der *Memory Studies* beforscht und ermöglicht dabei einen kritischen Blick auf (staatliche, nationale) Erinnerungspolitiken.[7] In der deutschsprachigen Forschungslandschaft ist die Disziplin »eher ein transdisziplinärer Zusammenfluss von Ansätzen und Konzepten«.[8] Im wissenschaftlichen Diskurs werden teilweise Begriffe synonym verwendet. Mal geht es um Erinnerungspolitik, mal um Erinnerungskultur, um ein gesellschaftliches Gedächtnis, Gedenken und vieles mehr. Zentral für den derzeitigen bundesdeutschen fachlichen und politischen Kontext ist die Auseinandersetzung mit postnazistischer und postsozialistischer Erinnerungspolitik. Hier wird auch der kritisch diskutierte Begriff der Vergangenheitsbewältigung relevant: Das (oft als abgeschlossen markierte) Aufarbeiten der Geschichte, insbesondere des Deutschen Faschismus und des Holocaust. Andere Erinnerungsanlässe – etwa die Anerkennung des Völkermords in ehemaligen Kolonialgebieten des Deutschen Reichs, Mitverantwortung für den armenischen Genozid in der Türkei Anfang des 20. Jahrhunderts oder auch die andauernde Geschichte rassistischer und faschistischer Gewalttaten in Deutschland, Rostock-Lichtenhagen, Solingen, der sogenannte Nationalsozialistische Untergrund (NSU-Komplex), Hanau und so weiter – fallen, so die postkoloniale und antirassistische Kritik daran, oft dahinter zurück.[9]

---

[6] Walter Benjamin: Berliner Chronik. Gesammelte Schriften VI, Frankfurt a.M. 1974, S. 467f.

[7] Vgl. etwa Michael Rothberg: Multidirektionale Erinnerung. Holocaustgedenken im Zeitalter der Dekolonialisierung, Berlin 2021.

[8] Christian Pentzold; Christine Lohmeier; Anne Kaun: Was will, was kann, was soll eine kommunikationswissenschaftliche Erinnerungsforschung? Arbeitspapier des Media and Memory Research Network, 2018, S. 6.

[9] In den letzten Jahren wird das Feld jedoch zunehmend mit Ansätzen multidirektionaler Erinnerung (Rothberg 2021), praxisorientierter Erinnerung (Fabian Vir-

Im Kontext der Bewegungsforschung wird das Zusammenspiel von Erinnerungspraxen und sozialen Bewegungen untersucht. Priska Daphi and Lorenzo Zamponi machen dabei drei Schwerpunkte aus: Der erste, »memories of movements«, fokussiert auf die Eingebundenheit des Erinnerns (oder das Fehlen derselben) an vergangene soziale Bewegungen im gesellschaftlichen Gedächtnis insgesamt. Sie fragen: An welche sozialen Bewegungen wird erinnert, an welche nicht?[10] Der zweite Strang »memories in movements« untersucht, in welcher Form Erinnerungen die Dynamiken und den *inneren* Zusammenhalt von sozialen Bewegungen beeinflussen. Hierbei geht es auch um den Aufbau einer kollektiven Bewegungsidentität, die inhaltliche Ausgestaltung und mögliche symbolische Ressourcen für die Stärkung und die Kohärenz einer Bewegung. Die Überlegungen zur kollektiven Identität werden unter anderem auch von Timothy Gongaware aufgeworfen.[11] Er konzipiert Erinnerung als Ressource, aus der Aktivist*innen Ideen und Symboliken für ihre Praxis entwickeln können. Und nicht nur das: »Kollektive Erinnerung ist [...] ein dialektisches Zusammenspiel, in dem Akteur*innen gleichzeitig die Vergangenheit nutzen, um die Gegenwart zu interpretieren, und die Gegenwart, um die Vergangenheit zu interpretieren. Als solches existiert die kollektive Erinnerung als etwas in ständiger interaktiver Entwicklung; als ein Prozess der Interpretation und Neuinterpretation durch Interaktion.«[12] Dabei handelt es sich nicht um einen individuellen Prozess, sondern um eine aktive Beziehung zwischen Akteur*innen. Und obgleich dem Erinnern von Kollektiven an stark symbolgeladene Kämpfe – etwa die Stonewall Riots, die Gezi-Proteste und so weiter – eine hohe Bedeutung beigemessen wird, läuft Gongaware zufolge der Fokus darauf auch Gefahr, andere, alltäglichere Formen von kollektiven Erinnerungspraxen in den Hintergrund zu rücken.[13] Daphi und Zamponi verorten in ihrem

---

chow; Tanja Thomas: Doing Memory und Rechte Gewalt. Erinnern und Vergessen als Praxis und Ausgangspunkt für postmigrantisches Zusammenleben. In: Jalta – Positionen zur jüdischen Gegenwart, Jg. 4, 2018, S. 60–64) oder subalternen Archiven (etwa die Projekte »ver/sammeln antirassistischer Kämpfe«.Online https://versammeln-antirassismus.org oder Trans.Arch, online https://trans-arch.org) erweitert.

[10] Vgl. Priska Daphi; Lorenzo Zamponi: Exploring the movement-memory nexus: insights and ways forward. In: Mobilization. An International Quarterly, Jg. 24, Nr. 4, San Diego 2019, S. 399–417.

[11] Vgl. Timothy B. Gongaware: Collective Memory Anchors. Collective Identity and Continuity in Social Movements. In: Sociological Focus, Jg. 43, Nr. 3, 2010, S. 214–240.

[12] Ebd., S. 216.
[13] Ebd., S. 217.

dritten Strang, »movements about memory«, Erinnerung als zentralen Motor von Bewegungen. Erinnerung verschreibt sich hierbei dem größeren Ziel einer gesellschaftlichen Veränderung von Politiken und Normen. Die Autor*innen stellen heraus, dass die drei Schwerpunkte sich in der konkreten Praxis überlappen und miteinander interagieren. Erinnern besitzt also das Potenzial, solidarische Beziehungsweisen zwischen Akteur*innen und *zugleich* eine politische (Re-)Organisierung von öffentlichem Erinnern voranzutreiben.

Yifat Gutman und Jenny Wüstenberg (2021) sprechen im Kontext kollektiver Erinnerung von Erinnerungsaktivist*innen. Sie betonen die Wichtigkeit von Kämpfen über Erinnerung(en) in Zeiten erhöhter politischer und gesellschaftlicher Mobilisierung.[14] Gutman und Wüstenberg beziehen sich dabei auf Ann Rigney, der zufolge der Zusammenhang von Erinnerung und Aktivismus, »ein Strudel aus Wiederverwertung, Erinnerung und politischem Handeln [ist], der sich als ›zivilgesellschaftliche Erinnerung‹ zusammenfassen lässt«.[15] Wenn das Erinnern an Protestaktionen als Momente der Hoffnung gesehen werden, die den gegenwärtigen Kampf für ein gutes Leben prägen, macht die Betonung der zivilgesellschaftlichen Rolle von Erinnerung Sinn. Anschließend an diese kursorischen Überlegungen erfolgt hier eine Diskussion aus marxistischer Perspektive, um die Rolle des subalternen Erinnerns und des Erinnerns von unten zu betonen.

In den 1980er Jahren setzte sich die Popular Memory Group am *Centre for Contemporary Cultural Studies* (CCCS) in Birmingham mit dem Thema der popularen Erinnerung auseinander. Ihr Anliegen: Über Geschichte schreiben und dabei »auch Geschichtsschreiber*innen der Gegenwart«[16] werden. Populares Erinnern, so argumentieren sie, dient als solidarischer Anker und ist für die Dauer und Kontinuität sozialer und politischer Bewegungen von immenser Bedeutung; sie ist »Dimension

---

[14] Die beiden Forscher*innen behalten sich explizit eine ›neutrale‹ Sichtweise vor: Erinnerungsaktivist*innen »erinnern strategisch an die Vergangenheit, um die vorherrschenden Ansichten über die Vergangenheit und die Institutionen, die sie repräsentieren, in Frage zu stellen (oder zu schützen).« Yifat Gutman; Jenny Wüstenberg: Challenging the meaning of the past from below: A typology for comparative research on memory activists. Memory Studies, Jg. 15, Nr. 5, 2021, S. 1070–1086. https://doi.org/10.1177/17506980211044696 [Zugriff 29.4.2023].

[15] Anne Rigney, zit. in Gutman; Wüstenberg 2021, S. 1074.

[16] Popular Memory Group: Popular memory: theory, politics, method. In: Richard Johnson et al. (Hrsg.): Making Histories. CCCS Classic Texts, Birmingham 2006 [1982], S. 205–252, hier: S. 205.

der politischen Praxis«.[17] Der Ansatz der Popular Memory Group schließt Klassendimensionen, geschlechtsspezifische Erinnerungsarbeit, feministische und sozialistische Theorie und so weiter ein und hob sich damit vom hegemonialen geschichtswissenschaftlichen Vorgehen der Zeit ab. Die Gruppe arbeitete an einem Erinnerungsbegriff »der Anerkennung eines größeren sozialen Prozesses, in dem ›wir selbst von der Vergangenheit geformt werden‹, aber auch die Vergangenheit, die uns formt, ständig überarbeiten«.[18] Im Mittelpunkt des Ansatzes steht ein Verständnis von erinnerungspolitischen Mechanismen, in der auch konkurrierende (und korrumpierende) Narrative präsent sind. Während der Fokus auf vorherrschende Erinnerung Prozesse der Unterordnung und Marginalisierung – etwa in Bezug auf Klasse, Geschlecht, ethnische Zugehörigkeit oder Nationalität – des Schweigens und Vergessens beinhaltet, bestehen populare Erinnerungen auch in Zeiten autoritärer Politik und Kämpfe verschiedener Fraktionen um die mnemonische[19] Hegemonie fort. Die kollektiven Anstrengungen von unten sind darauf aus, die verborgenen, unterdrückten, überschriebenen Erinnerungen freizulegen: »Erinnerungen der Vergangenheit sind […] seltsam zusammengesetzte Konstruktionen, die selbst einer Art Geologie ähneln, der selektiven Sedimentation vergangener Spuren.«[20] Die Erforschung der popularen Erinnerung ist notwendigerweise relational: Sie stellt Beziehungen her zwischen den dominanten Repräsentationen, den kollektiven wie subjektiven Erinnerungen, sowie den Bemühungen, die marginalisierten Narrative zu stärken. Populares Erinnern ist als aktiver Prozess, als politische (Alltags-)Praxis zu begreifen. Erinnerungen fungieren als Lektion, die als Ressourcen für aktuelle Kämpfe gesehen werden. Daraus wird eine Art solidarisches Rüstzeug für populare demokratische Bewegungen abgeleitet: »Die Wiederaneignung der popularen Kämpfe zeigt uns, dass trotz Rückzügen und Niederlagen ›die Bevölkerung‹, ›die Arbeiter*innenklasse‹ oder das weibliche* Geschlecht selbst unter den Bedingungen von Unterdrückung oder Ausbeutung ›Geschichte schrei-

---

[17] Ebd.
[18] Ebd.
[19] Der Begriff mnemonisch wird verwendet, um etwas zu beschreiben, das sich auf das Gedächtnis oder die Erinnerung bezieht.
[20] Popular Memory Group 2006 [1982], S. 211. Die Gruppe verweist auf ihr Ziel, Gramscis Ansatz der Bewusstseinsbildung weiterzudenken: »›Erkenne dich selbst‹ als Produkt des bislang abgelaufenen Geschichtsprozesses, der in einem selbst eine Unendlichkeit von Spuren hinterlassen hat, übernommen ohne Inventarvorbehalt.« (Aus: Antonio Gramsci: Gefängnishefte, Hamburg 2012, S. 1376).

ben«».[21] Es ist kaum denkbar ohne Ambivalenzen, auch innerhalb der marginalisierten Gemeinschaften, da in ihnen auch politische Interessen und spezifische Erfahrungen sichtbar werden, die jeweils aus unterschiedlichen Machtpositionen heraus formuliert werden.[22] Nicht zuletzt darf es sich nicht alleine am Altbekannten orientieren: »Das sozialistische populare Erinnern muss heute neu aufgebaut werden; eine bloße Wiederherstellung oder Neuschöpfung wird nicht ausreichen. Andernfalls werden wir feststellen, dass die Nostalgie lediglich den Konservatismus reproduziert.«[23]

Diese Anforderung an Erinnerung muss sich also notwendigerweise aus dem Bekannten bedienen, es aber anders zusammensetzen und erweitern. Es sind die »Spuren« ohne Inventar, die Wiederverwertung, die »Trümmerhaufen«, das Gehen »vom Kleinen ins Kleinste, von Kleinsten ins Winzigste«, was hier angerufen wird. All diese Beschreibungen heben den brüchigen Charakter der Erinnerung hervor. Die Anthropologin Yael Navaro geht in ihren Überlegungen zu »ruination« genauer darauf ein. Sie untersucht »Abwesenheiten, Auslöschungen, Spuren, Fragmente, Ruinen, Überbleibsel, Schweigen, Lücken und Leerstellen«[24] als Orte für Erinnerung. Diese in Bezug auf Vergänglichkeit und Unverfügbarkeit zu denken, habe, so Navaro, ein »enormes Potenzial, das ethnografische Forschungsdenken weiter zu tragen als nur faktenbasiertes Wissen zu erlangen«,[25] insbesondere, wenn es um das Erinnern an gewaltvolle Geschehnisse geht. Anstatt zu versuchen, die Scherben wieder zu einem kohärenten Material zusammenzusetzen und damit die Welt, die vorausging, vollständig zu rekonstruieren, gehe es mit Rückgriff auf Benjamins Geschichtsverständnis darum, »die Überreste selbst« als konzeptionellen Ausgangspunkt zu nutzen. Von diesem aus gesehen lasse sich »das Puzzle niemals vollständig wieder zusammensetzen«,[26] aber es ermögliche andere Formen der Aneignung.

---

[21] Ebd.
[22] In einem Gespräch am Rande der Historical Materialism Conference Athens 2023 kam die Frage auf, ob das Feld nicht auch so umkämpft sein kann, dass Erinnerungspraxen gar keinen Raum finden; etwa, weil diese an grundlegende Zugänge zu gesellschaftlicher Partizipation geknüpft seien. Danke an meine Mitdiskutant*innen, allen voran Leila Haghighat und Alp Kayserilioğlu.
[23] Popular Memory Group 2006 [1982], S. 215.
[24] Yael Navaro: The Aftermath of Mass Violence: A Negative Methodology. In: Annual Review of Anthropology, Jg. 49, Nr. 1, 2020, S. 162.
[25] Ebd.
[26] Ebd., S. 163.

Erinnerung ist, wie in der vorangegangenen Diskussion gezeigt wurde, als Motor zu begreifen, der kollektive Prozesse, Aktivismus und Solidarisierung antreibt. Diese entwickeln sich nicht *nur* im subjektiven Erinnern, und auch nicht *nur* in Bezug auf gemeinsames, geteiltes Erinnern. Bei letzterem können auch die jeweilig erinnerten Ereignisse andere sein, sie eint, das Erinnern als politisch durchdrungenen Prozess und Anknüpfungspunkt für erweiterte Beziehungsweisen zu nutzen. Die Art der Mobilisierung, die sich daraus ergibt, dass die Erinnerung an und für sich als transformativ angesehen wird, kann als popularer Erinnerungsaktivismus bezeichnet werden und ist weit weniger erforscht und theoretisiert. Das Konzept des Erinnerungsaktivismus ist zugleich ein relationales und fragmentarisches: Es ist weder statisch noch zeitlos, sondern steht vielmehr in Beziehung zu sich verändernden Konstellationen von Akteur*innen und Räumen und den symbolischen Bedeutungen über die Vergangenheit(en), auf die sie sich beziehen. Solidaritätsstrukturen, die sich auch durch Erinnerungsaktivismus konstituieren, können im Alltäglichen entstehen, im Dazwischen, im Reziproken, sie nutzen neben dem Fragmentarischen der Erinnerung zugleich ihre Transformationsfähigkeit. Im Folgenden werden diese Annahmen anhand eines Beispiels konkretisiert.

Erinnerungspolitik in der Türkei

Die Gründung und der Aufbau eines Nationalstaates oder eines politischen Regimes sowie die Bezüge zu dessen Geschichte sind als vergangener und andauernder Kampf um das kollektive Gedächtnis und damit verbunden als (gewaltsame) Reformulierung der Vergangenheit zu sehen.[27] Das Narrativ des ›Türkisch-Seins‹ bei der Gründung der türkischen Republik 1923 ist ein Beispiel für die Übernahme von Erinnerung als Teil einer nationalen Identitätsbildung. Im Zuge dessen ging es darum, die Bevölkerung mittels nationaler Erzählungen und neuer Erinnerung in einem neuen Projekt zu vereinen. Vor diesem Hintergrund sprechen Rosa Burç und Mahir Tokatlı in ihrer Arbeit zur kurdischen Frage von einem *social engineering* der Erinnerung: Die Etablierung eines neuen nationalen Narrativs der Republik – ein Staat, eine Nation, eine Flagge, eine Sprache – erforderte dabei die Delegitimierung, Marginalisierung und

---

[27] Vgl. Gutman; Wüstenberg 2021, S. 1073.

Auslöschung bestimmter Erfahrungen.[28] Diese Politik des Vergessens, Verdrängens und Ausschließens war nicht nur auf den konkreten Zeitraum der Staatsgründung bezogen. Ein solches *engineering* erfordert bis heute ein enormes Maß an Um-Schreiben, Neu-Schreiben und Un-Schreiben von Geschichte, Erinnerungen, kulturellen Traditionen, politischer Vergangenheit.[29] »*Vergangenheitsbewältigung*«, so schreibt auch Alice von Bieberstein, »ist [...] immer auch [...] Mittel zum Ausschluss besonders geschlechtlicher, klassifizierter und rassifizierter Subjekte.«[30]

Der ideologische Rahmen dafür wird unter anderem durch exzessive Medienpropaganda, durch Kultur- und Bildungspolitik, populistische Phrasen und nationalistische Rhetorik gebildet. Damit ist Erinnerung ein wirksames Instrument des politischen Manövers und der Legitimierung bestehender Machtverhältnisse. Führung und politische Kontrolle über Erinnerung reartikulieren das nationale Selbstverständnis, vermitteln das Gefühl einer historisch gewachsenen Teilhabe und weisen mögliche Krisen nationalen Zusammenhalts zurück. Diese Form der Erinnerungspolitik ist Teil politischer Hegemonieprojekte: Sie baut auf Zustimmung und (restriktive) Subjektivierungsmechanismen, ohne progressive Reflexionsprozesse oder reale Teilhabe an struktureller Veränderung anzustoßen. Und dennoch begegnet ihnen Gegenwehr. In einer Reihe ethnographischer Reflexionen zu den Gezi-Protesten in der Türkei heißt es dazu: »[I]n response to the government's breaking of memory, with its bulldozers, tear gas tanks, and plastic bullets, the protesters spoiled memorization. Spoiling memorization (*ezberi bozmak*) is a Turkish idiom. It refers to redoing that which is taken-for-granted. It implies creativity, innovation.«[31]

---

[28] Rosa Burç; Mahir Tokatlı: Becoming an autocracy under (un)democratic circumstances: Regime change under AKP rule. In: Nikos Christofis (Hrsg.), Erdoğan's »new« Turkey: Attempted coup d'état and the acceleration of political crisis, London; Routledge 2019, S. 75–94.

[29] Hierzu gibt es wichtige Arbeiten, darunter etwa Burç & Tokatlı 2019; Seyhan Bayraktar: Politik und Erinnerung. Der Diskurs über den Armeniermord in der Türkei zwischen Nationalismus und Europäisierung. Münster 2010; Ismail Küpeli: Die kurdische Frage in der Türkei. Über die gewaltsame Durchsetzung von Nationalstaatlichkeit, Münster 2022.

[30] Alice von Bieberstein: Memorial Miracle: Inspiring Vergangenheitsbewältigung between Berlin and Istanbul. In: Mischa Gabowitsch (Hrsg.): Replicating Atonement, Basingstoke 2017, S. 238 (Herv. i.O.).

[31] Yael Navaro-Yashin: Editorial – Breaking Memory, Spoiling Memorization: The Taksim Protests in Istanbul. In: Hot Spots, Fieldsights 2013. Online: https://cu-

Mit der Betonung der popularen Erinnerung können wir den kollektiven, aktiven, interaktiven und progressiven Aspekt der Erinnerungs-Fragmente analysieren. Denn im selben Maße wie hegemoniale Erinnerungspolitiken sowohl auf das kollektive Gedächtnis als auch die subjektive Erinnerung der Menschen abzielen, so schaffen sich diese auch eigene Praktiken, mit denen sie sich diesen Zugriffen entziehen.

In der Türkei gibt es eine starke Erinnerungstradition in der politischen Linken und in den Kämpfen von Minderheiten um Anerkennung. Ein Beispiel für Erinnerungsaktivist*innen, die zugleich Opfer und Widerständige sind, wären die Samstagsmütter, *cumatesi anneleri*. Für sie ist der Kampf um die Erinnerung noch nicht abgeschlossen. Ihre wöchentlichen Zusammenkünfte sind vielmehr als strategisches Handeln zu sehen, »das explizit auf das öffentliche Gedächtnis abzielt, weil die Aktivist:innen es als eine einzigartige Plattform sehen, um die gegenwärtige Sicht auf die Vergangenheit zu verändern.«[32] Auch die 2022 organisierte Konferenz »*Hafıza – Hakikat – Hesaplaşma*« (Erinnerung – Wahrheit/Gerechtigkeit – Abrechnung) betonte eine Form Erinnerungsaktivismus von unten: Das erste Drittel der Konferenz war verschiedenen Erinnerungsinitiativen vorbehalten, die sich über ihre gemeinsamen Kämpfe austauschten und dabei über ihre eigenen Erzählungen hinaus Schlagkraft entwickelten.[33] Die Verknüpfung verschiedener Fragmente der politischen Erinnerungsarbeit lässt sich als ein Weg zur Stärkung der Solidaritätsstrukturen lesen, wie an einem Beispiel aus der eigenen Forschung dargestellt wird.

Erinnerungsbezüge in Antakya/Hatay

Die Region Antakya/Hatay befindet sich auf einem Ausläufer des türkischen Staatsgebiets. Entlang von Bergketten erstreckt sie sich zwischen dem Levantischen Meer und der nordsyrischen Hochebene. Erst 1939 wurde die Provinz von der türkischen Republik annektiert. »Mit der Republiksgründung begann die Türkisierung der Alewiten, davor ging es nur

---

lanth.org/fieldsights/editorial-breaking-memory-spoiling-memorization-the-taksim-protests-in-istanbul [Zugriff 23.5.2023].
[32] Gutman; Wüstenberg 2021, S. 1073.
[33] »Hafıza, Hakikat ve Hesaplaşma Konferansı« sonuç bildirgesi yayınlandı. In: Bianet, 2022. Online https://m.bianet.org/bianet/siyaset/262908-hafiza-hakikat-ve-hesaplasma-konferansi-sonuc-bildirgesi-yayinlandi [Zugriff 20.05.2023].

um ihre Sunnitisierung.«[34] Arabische Alevit*innen machen einen relativ großen Teil der Bevölkerung aus, zudem leben Armenier*innen, Kurd*innen und weitere Minderheiten dort.[35] Die Region ist zudem für Religionsvielfalt bekannt, durch seine jahrtausendalte Geschichte leben dort unter anderem sunnitische und (säkulare) Shia Muslim*innen, Jüd*innen, Alevit*innen, orthodoxe und arabische Christen.

Im Sommer 2022 fand in der Region ein zweiwöchiges Festival anlässlich Evvel Temmuz statt, eine der wichtigsten kommunalen Traditionen der arabisch-alevitischen Bevölkerung.[36] Evvel Temmuz hat zudem eine politische Geschichte, auch weil sich viele der in der Region lebenden arabischen Alevit*innen links verorten.[37] Als arabischsprachige Minderheit (mit eigenem arabischen Dialekt) erlebten sie tiefgreifende Repressionen und Versuche, ihre kommunalen Traditionen zu verdrängen. »Nach dem Putsch von 1980 wurde das Arabische in der Schule verboten, selbst bei Hochzeiten durften keine arabischen Lieder mehr gesungen werden.«[38] Auch das Evvel-Temmuz-Fest war viele Jahre lang verboten. Nach seiner Wiederbelebung vor einigen Jahren wurde es schnell mit wirtschaftlichen und politischen Interessen in der Region verknüpft; eine kleine Gruppe aktiver Menschen und Initiativen organisierte daher ab 2022 ein unabhängiges politisches Festival. Dutzende von Freiwilligen aus der ganzen Türkei halfen beim Aufbau, bereiteten Workshops für Kinder und Erwachsene, Theateraufführungen, Räume für gemeinschaftliche Beziehungen und politischen Austausch vor. Das Festival thematisiert daher auch die Eingebundenheit des popularen Erinnerns im

---

[34] Hannah Schultes: Willkommen in Fakiristan. Interview mit Hasan Özgün. In: analyse & kritik – Zeitung für linke Debatte und Praxis, Jg. 626, 2017. Online: https://archiv.akweb.de/ak_s/ak626/19.htm [Zugriff 23.05.2023].

[35] Zu einer ethnischen Zugehörigkeit der Bewohner*innen werden seit den 1970er Jahren keine offiziellen Zahlen mehr erhoben; in meiner Forschung wird dabei auf die Berichte und Selbstverortungen meiner Gesprächspartner*innen zurückgegriffen.

[36] Traditionen innerhalb der arabisch-alewitischen Bevölkerung können als pluralisierte »performative mnemonic practices« gesehen werden, wie sie z.B. Gutman und Wüstenberg (2021) im Kontext ihrer Analyse zu Formen von Erinnerungsaktivismus in Canada herausarbeiten.

[37] Exemplarisch sind hier die drei aus Antakya stammenden Jugendlichen zu erwähnen, die während der Gezi-Proteste 2013 ums Leben kamen, sowie die starken Widerstände gegen Repressionspolitiken in Hatay selbst (vgl. Schultes 2017). Auch die hohen Wahlergebnisse linker und sozialdemokratischer Parteien in den Orten mit hoher arabisch-alevitischer Bevölkerungsdichte (etwa in Defne oder Samandağ bei den Wahlen 2023) zeugen davon.

[38] Vgl. Schultes 2017, o.S.

gesellschaftlichen Gedächtnis, sowie die Bestrebungen, diese wiederaufleben zu lassen.

Mit einem Beispiel aus meinen ethnographischen Feldnotizen möchte ich diesen Aspekt abschließend genauer beleuchten. Hasan Özgün ist Mitte 40, arabischer Alevit und politischer Aktivist. Seit Jahren hat er sich vor allem der Organisierung seiner Community verschrieben. Er führt Theater- und Kulturworkshops mit Kindern und Jugendlichen durch und ist auch mit einer eigenen Performance als *Farfur* (ein bäuerlicher Bühnen-Charakter, der auf Arabisch politische Entwicklungen kommentiert und entlarvt) einem größeren Publikum bekannt. Özgün hebt in einem Gespräch hervor, wie Erinnerung durch das Aufrufen gemeinsam geteilter vergangener Kämpfe zur kollektiven Praxis wird: »Ja, es gibt historische und gemeinschaftliche Bezüge, wir betonen sie sehr. Aber wir versuchen, diese historischen, gemeinschaftlichen Werte mit dem Kampf um Freiheit [...] der heutigen Bevölkerung zu verbinden.« Er spricht dabei auch von vergangenen Kämpfen, die in Antakya etwa im Kontext der Gezi-Proteste im Jahr 2013 entstanden und die eine Rolle für das Festival spielen. Über den Rahmen als Kulturfestival ist Evvel Temmuz damit als kollektiver Erinnerungsanker und Erinnerungsaktivismus begreifbar.

Die verheerenden Erdbeben im Februar 2023 zerstörten große Teile Antakyas, hunderttausende von Menschen verloren Familie, Freund*innen, Kolleg*innen, Genoss*innen, Wohnorte, ihre Heimat oder gar ihr Leben. Erinnerung, mit Navaro gesprochen, ist etwas, das sich in Stein, Erde und Beton, in alltägliche Gegenstände einprägt – eine Stadt in Trümmern ist damit auch ganz materiell eine Stadt der fragmentierten Erinnerungen, der gekappten Traditionen. Diese können aber auch kollektiv angerufen werden: Dutzende von Organisator*innen des letztjährigen Festivals kamen unmittelbar nach dem Erdbeben in Antakya zusammen. Sie bauten Solidaritätsstrukturen im Stadtzentrum Antakyas, sowie in Harbiye/Defne, Serinyol und Samandağ auf und schufen damit Räume, in denen auch das gemeinsame Erinnern einen Platz fand.[39] Mit Bezug auf Karl Marx[40] formulierte Özgün im Sommer 2022: »Wir versuchen, die Poesie aus der Zukunft heraus aufzubauen, indem wir uns auf die

---

[39] Vgl. Johanna Bröse; Svenja Huck: Solidarität in einer verwüsteten Stadt. WOZ – Die Wochenzeitung, 13, 2023. Online: https://www.woz.ch/2313/die-tuerkei-nach-dem-erdbeben/solidaritaet-in-einer-verwuesteten-stadt/!4JY55PE6RJQQ [Zugriff 01.06.2023].

[40] Marx spricht davon, dass »die soziale Revolution des neunzehnten Jahrhunderts [...] ihre Poesie nicht aus der Vergangenheit schöpfen [kann], sondern nur aus der Zukunft. Sie kann nicht mit sich selbst beginnen, bevor sie allen Aberglau-

gemeinschaftlichen Werte stützen, die die Menschen aus der Vergangenheit angesammelt und in die Gegenwart gebracht haben – und diese mit einer Haltung kombinieren, die auf den konkreten Bedürfnissen der Menschen von heute basiert.« Özgün bezieht sich damit auf Erinnerung als kollektiven Identitätsanker *sowie* auf einen damit verbundenen Erinnerungsaktivismus, der auf eine aktive Veränderung hin zu einer gerecht gestalteten Zukunft für alle abzielt. Dieses Anliegen wird auch in der politischen Alltagspraxis der Menschen vor Ort nach den Erdbeben sichtbar: Zwischen den eingestürzten Gebäuden und Trümmern forderten die Überlebenden nicht allein die Umsetzung ihrer Rechte und umfassende staatliche Unterstützung, sondern rufen auch *»Unutmak yok, helalleşmek yok«* (Kein Vergessen, kein Vergeben). Das Vergangene ist nicht vergangen, sondern vorausgegangen. Solidarisch sein heißt also auch, erinnern an eine gemeinsame Verantwortung. Der Bezug auf Evvel Temmuz im Jahr 2023 erhält damit eine erweiterte Bedeutung: eine Perspektive für den kollektiven Aufbau einer demokratischen und solidarischen Zukunft.

---

ben an die Vergangenheit abgestreift hat.« In: Karl Marx: Der achtzehnte Brumaire des Louis Bonaparte, MEW Bd. 8, Berlin 1988 [1852], S. 111–207.

BILDUNG

Theresa M. Straub
Subjekte der Universität zwischen Ableismus, Offenbarungsdilemma und (Un-)Sichtbarkeit
Erfahrungen behinderter Studierender
und ihre individuelle Verhandlung institutioneller Veranderung an tertiären Bildungsorten

Das Dissertationsprojekt, welches diesem Beitrag zu Grunde liegt, untersucht Lebens- und Bildungswege behinderter Menschen,[1] denen der Zugang zu und der Verbleib in einem Universitätsstudium gelungen ist. Es geht unter anderem der Frage nach, welche Inklusions- und Exklusionserfahrungen in biografischen Narrationen dargestellt werden, die Rückschlüsse auf die Position der veranderten Subjekte in Bildungsinstitutionen zulassen. Es wird dabei auch untersucht, wie die betroffenen Personen in spezifisch handelnder Weise auf institutionelle Veranderung (Othering) antworten. Die länderübergreifende Studie, welche durch *Narrativ Biografische Interviews*[2] mit Studierenden an Universitäten in Deutschland und Österreich einen besonderen Feldzugang nutzt, will zeigen, wie ein Studium gelingen kann und wo sich für bestimmte Menschen durch ableistische Strukturen Barrieren an tertiären Bildungsorten verdeutlichen lassen. Wie können behinderte Menschen ihr Menschenrecht auf Bildung an Universitäten umsetzen, genauer: welche Subjektpositionen zwischen Offenbarungsdilemma, (Un-)Sichtbarkeit und Ableismus können sie einnehmen, und auf welche Erfahrungen verweisen sie? Dieser Beitrag zeigt auf, dass die strukturellen Bedingungen eines universitären Studiums auf spezifische Weise eine Beeinträchtigung hervorbringen, die alle Studierenden im Bildungsverlauf erfahren kön-

---

[1] Die Autorin selbst geht davon aus, dass eine Behinderung erst durch strukturelle Benachteiligung bzw. aus der Kombination einer Beeinträchtigung in Wechselwirkungen mit gesellschaftlichen Barrieren entsteht. Insofern wird die Behinderung als gesellschaftlich hergestellt verstanden, das heißt, Menschen werden erst behindert, bzw. an Teilhabe gehindert. So wird hier die begriffliche Wahl »Behinderte Menschen« getroffen, denn erst, wenn sich eine Person selbst als behindert wahrnimmt und sich mit ihrer zugeschriebenen Situation auseinandersetzt, greift diese Formulierung.

[2] Vgl. Fritz Schütze: Biografieforschung und narratives Interview. In: Werner Fiedler; Heinz-Hermann Krüger; Fritz Schütze (Hrsg.): Sozialwissenschaftliche Prozessanalyse. Grundlagen der qualitativen Sozialforschung, Opladen/Berlin/Toronto 2016, S. 54–73.

nen, abhängig davon, mit welcher biografischen (Vor-)Erfahrung sie eine Veranderung verhandeln müssen.

Das Recht behinderter Menschen auf Bildung und ihre Bildungswege zur Hochschulreife

Dem menschenrechtlichen Verständnis von Behinderung[3] zufolge sind alle Menschen Träger*innen von Rechten, wobei beeinträchtigte Menschen durch ihre Einschränkung in Wechselwirkung mit Barrieren der Umwelt im Lebensverlauf eine Behinderung erfahren können. In Umgebungen ohne bestimmte Barrieren, die über bauliche Bedingungen hinausgehen können, also auch einstellungsbedingte Interaktionen in Institutionen einschließen, müssen Menschen keine Behinderung erfahren. Stoßen sie jedoch auf Barrieren, werden sie beeinträchtigt, woraus für sie eine Behinderung folgen kann. Die Behindertenrechtskonvention der Vereinigten Nationen (UN-BRK) sieht vor, »dass Menschen mit Behinderungen ohne Diskriminierung und gleichberechtigt mit Anderen Zugang zu allgemeiner Hochschulbildung, Berufsausbildung, Erwachsenenbildung und lebenslangem Lernen haben. Zu diesem Zweck stellen die Vertragsstaaten sicher, dass für Menschen mit Behinderungen angemessene Vorkehrungen getroffen werden.«[4] Bildungsbiografien behinderter Menschen zeigen allerdings, dass ein Studium für viele nicht gleichberechtigt zugänglich ist.

Eine Ursache für ungleiche Chancen auf Bildung in Deutschland findet sich in der Ordnung des deutschen Schulsystems, welches bereits in frühen Jahren durch die Zuschreibung von sonderpädagogischem Förderbedarf Kinder in behinderte Kinder und nicht behinderte Kinder kategorisiert und damit jeder Person ein bestimmtes Set an (Un-)Fähigkeiten zuweist.[5] In Deutschland sind die Bildungsorte und Lernwelten, die im Bildungs- und Lebensverlauf aufeinander aufbauend konzipiert

---

[3] Vgl. Theresia Degener: Die UN-Behindertenrechtskonvention – ein neues Verständnis von Behinderung. In: Dies.; Elke Diehl (Hrsg.): Handbuch Behindertenrechtskonvention, Bonn 2015, S. 55–74.

[4] Deutscher Bundestag: Gesetz zum Übereinkommen der Vereinigten Nationen vom 13. Dezember 2006 über die Rechte von Menschen mit Behinderungen. In: Bundesgesetzblatt, 2008, Teil II Nr. 35, S. 1419–1452 [Art24, Abs. 5].

[5] Tobias Buchner: Ableism-kritische Professionalisierung als Beitrag für Transformationsprozesse in Zielperspektive Inklusiver Bildung. In: Oliver König (Hrsg.): Inklusion und Transformation in Organisationen, Bad Heilbrunn 2022, S. 65–76.

Subjekte der Universität ...

sind, nur teildurchlässig. Dabei gilt der Elementarbereich (Kinderkrippe, Kindergarten und Grundschule) als allgemeinbildend. Anschließend, je nach Bundesland zeitlich versetzt, beginnt die Teilung in Haupt- und Realschule beziehungsweise Gymnasium oder der Schulbesuch einer Gesamtschule mit zwei oder drei differenzierten Abschlussmöglichkeiten nach der 10 Klasse.[6] Die Absolvierung der gymnasialen Oberstufe führt zum Abitur, der vollumfänglichen Hochschulreife mit Universitätszugangsberechtigung. Letztere kann aber auch über den sogenannten zweiten Bildungsweg auf andere spezifische Weise erlangt werden. So ist die fachgebundene Hochschulreife über Berufsoberschulen oder Fachoberschulen mit zwei Schuljahren, aufbauend auf die Mittlere Reife, erreichbar. Analog dazu ist die allgemeine Hochschulreife nach drei Jahren eine Abschlussmöglichkeit, um Zugang zur Universität zu erlangen.[7]

Daneben gibt es ein breites Angebot von Förderschulen, welche überwiegend nicht zu einem anerkannten Schulabschluss führen, und dadurch auch den Weg zur Hochschulreife versperren.[8] Seit der Anerkennung der UN-BRK als geltendes Recht im Jahr 2009 besteht ein Rechtsanspruch auf Teilhabe in der allgemeinbildenden Regelschule, welcher in den einzelnen Bundesländern unterschiedlich umgesetzt wird. Im Zuge der Umsetzung des Artikels 24 UN-BRK haben Menschen mit Behinderungen ein Recht auf diskriminierungsfreie, inklusive Bildung von der Krippeneinrichtung bis zur Berufsaus- und Weiterbildung sowie auf ›Lebenslanges Lernen‹. Das bedeutet, dass der Besuch einer Regelschule geltendes Menschenrecht ist. Alle Kinder haben demnach ein Recht darauf, dass ihnen angemessene Vorkehrungen zum Schulbesuch zugutekommen. Um solche angemessenen Vorkehrungen rechtlich in Anspruch zu nehmen, bedarf es der Feststellung eines Sonderpädagogischen Förderbedarfes (SPF). »Sonderpädagogischer Förderbedarf kann geltend gemacht werden, wenn die Entwicklungs- und Lernmöglichkeiten eines Kindes so beeinträchtigt sind, dass es dem Unterricht nur mit besonderer Unterstützung folgen kann.«[9]

Die Diagnose ›Sonderpädagogischer Förderbedarf‹ nimmt in den letzten Jahren zu. 7,4% aller Schüler*innen in Deutschland haben einen

---

[6] Vgl. Autorengruppe Bildungsberichterstattung (Hrsg.): Bildung in Deutschland 2020, Bielefeld 2020, S. XX.
[7] Vgl. ebd.
[8] Vgl. ebd., S. 118.
[9] Vgl. Autorengruppe Bildungsberichterstattung (Hrsg.): Bildung in Deutschland 2018, Bielefeld 2018, S. 102.

solchen (mit steigender Tendenz).[10] Dabei ist die Entwicklung zu beobachten, dass die meisten Kinder dem Förderschwerpunkt ›Lernen‹[11] zugeordnet werden, obwohl hier die absoluten Zahlen gegenüber 2001 um zirka 68.000 Kinder zurückgingen.[12] Die Zuordnung im Bereich ›emotionale und soziale Entwicklung‹[13] hat sich demgegenüber auf 87.000 Kinder und Jugendliche mehr als verdoppelt. Von den 550.000 Kindern und Jugendlichen mit Sonderpädagogischem Förderbedarf (SPF) in ganz Deutschland wurden im Jahr 2018 mit circa 60% die Mehrheit in Förderschulen unterrichtet. Das Recht, auf einer Regelschule unterrichtet zu werden, wird in den Bundesländern sehr unterschiedlich umgesetzt. Während beispielsweise in Bremen 82% der Schüler*innen mit SPF zumindest räumlich an Regelschulen unterrichtet werden, werden in Bayern 75% dieser Schüler*innen an Förderschulen beschult.[14]

Die Position von behinderten Menschen im Schulsystem beeinflusst maßgeblich ihre (Un-)Möglichkeit, die Hochschulreife und damit Zugang zum Studium zu erlangen. Von allen behinderten Menschen in Deutschland haben nur 17,1% die Hochschulzugangsberechtigung in Form von Abitur, Menschen ohne Behinderung dagegen erlangen zu über 40% das Abitur.[15]

Die Studierendenbefragung in Deutschland (22. Sozialerhebung des Bundesministeriums für Bildung und Forschung), welche im Jahr 2021 erstmals repräsentative Daten zu allen Studierenden in Deutschland erheben und zugleich die Situationen bestimmter vulnerabler Gruppen wie Studierenden mit Beeinträchtigung erfassen konnte, gibt in ihrer Veröffentlichung 2023 an, dass 16% aller Studierenden mit einer oder mehreren studienerschwerenden Beeinträchtigung studieren. Die erfassten Beeinträchtigungsformen sind Bewegungsbeeinträchtigung, Sehbeeinträchtigung, Hörbeeinträchtigung oder Gehörlosigkeit, psychische Erkrankung, körperlich länger andauernde Krankheit, Teilleistungsstörung oder andere Beeinträchtigungen durch Tumore und Leben mit Autis-

---

[10] Vgl. Vgl. Autorengruppe Bildungsberichterstattung 2020, S. 139.
[11] Förderung für Menschen, denen kognitive Einschränkungen oder Lernschwierigkeiten durch ihren Förderbedarf attestiert werden.
[12] Vgl. Autorengruppe Bildungsberichterstattung 2018, S. 102.
[13] Förderung von Menschen, die im emotionalen sozialen Bereich in bestimmten Kontexten auffälliges Verhalten zeigen, welches zur Zuweisung des Förderbedarfes führt.
[14] Vgl. Autorengruppe Bildungsberichterstattung 2020, S. 139.
[15] Vgl. ebd.

Subjekte der Universität ...

musspektumsstörung.[16] Der überwiegende Teil beeinträchtigter Studierender gibt eine psychische Erkrankung als Erschwernis an (65%), etwa 13% eine chronische Erkrankung, nur 1% eine Hörbeeinträchtigung, 2% eine Sehbeeinträchtigung und 3% eine Bewegungseinschränkung.[17] Etwa 60% beeinträchtigter Studierender geben die Erschwernis im Studium als stark an. Bei Studierenden mit mehreren schweren Beeinträchtigungen sind es etwa 72% mit sehr starker Erschwernis, bei einer psychischen Erkrankung geben zwei Drittel eine sehr starke Erschwernis an.[18] Die *Studie beeinträchtigt studieren BEST 2* stellte fest, dass 89% der im Jahr 2018 befragten Studierenden (21.000 Personen mit festgestellter Behinderung oder medizinisch belegter Beeinträchtigung) Schwierigkeiten bei der Durchführung eines Studiums haben, Nachteilsausgleiche allerdings selten bekannt sind (17%) und noch seltener genutzt werden (von diesen 17 nur 30%).[19]

Umgekehrt bedeutet dies, dass auch den Universitäten die Hilfebedarfe vieler Studierender unbekannt bleiben, da das Wissen darüber nur zugänglich wird, wenn Nachteilsausgleiche persönlich beantragt werden. Parallel dazu organisieren sich die Hälfte aller Betroffenen ihre benötigten Hilfen privat. Eine besondere Herausforderung stellt sich für Menschen, die pflegerisch auf Hilfe angewiesen sind und im Alltag Persönliche Assistenz nutzen.[20] Unter anderem zeigt sich eine Erschwernis im Studium darin, im zwischenmenschlichen Bereich zu zeigen, dass die assistierenden Personen zwar da sind, die assistierte Person aber dennoch auf der Suche nach Kontakt zu Mitstudierenden ist.[21]

---

[16] Vgl. Bundesministerium für Bildung und Forschung (Hrsg.): Die Studierendenbefragung in Deutschland, 22. Sozialerhebung. Die wirtschaftliche und soziale Lage der Studierenden in Deutschland 2021, Berlin 2023, S. 43.
[17] Vgl. ebd. S. 44.
[18] Vgl. ebd. S. 45.
[19] Vgl. Deutsches Studentenwerk (Hrsg.): beeinträchtigt studieren BEST2, Berlin 2018, S. 2-3.
[20] Vgl. Lisa Pfahl; Theresa M. Straub: Subjekt der Bildung und Partizipation. Erfahrungen der Behinderung von Studierenden. In: Diversität, Magazin der Pädagogischen Hochschule Oberösterreich, Jg. 6, Nr. 1, 2022, S. 12. Online abrufbar: https://ph-ooe.at/fileadmin/Daten_PHOOE/PH-Magazine/Magazin_1_22.pdf (25.08.2023).
[21] Vgl. Theresa M. Straub: Studieren mit Persönlicher Assistenz: Biografische Erfahrungen von behinderten Frauen – ein individueller Weg in der Hochschule. In: Hildegardis-Verein (Hrsg.): Fachkolleg Inklusion an Hochschulen - gendergerecht. Hochschule ohne Hindernisse. Projektdokumentation, Bonn 2022, S. 52–55.

Die empirischen Daten[22] der diesem Beitrag zu Grunde liegenden Studie zeigen bereits auf, dass der Zeitpunkt des Auftretens einer Veranderung – also einer Zuordnung zu behinderten Menschen, unabhängig davon, ob sie selbst vollzogen geschieht oder institutionell durch Schule oder Hochschule zugewiesen wird – im Lebensverlauf maßgeblich beeinflusst, welche Erfahrungen die Personen machen können und ob sie, mit der Veranderung lebend, diese positiv oder negativ für sich deuten können. Dabei hat sich gezeigt, dass Studierende, die geburtbehindert leben oder eine Behinderung im frühen Kindesalter erfahren haben, in ihrem biografischen Schulweg früher oder später eine Regelschule besucht haben müssen, um die Hochschulreife zu erlangen.

Der überwiegende Teil der beeinträchtigt Studierenden (die also in Wechselwirkung mit den Barrieren im Studium eine Behinderung erfahren und in diesem Sinne behindert werden) erfährt eine Veranderung im Studium und muss deshalb diese individuell (neue) Subjektposition in der Universität aktiv selbst verhandeln. Durch diese Aufgabe des Verhandelns einer anderen Position müssen Studierende ihre Einschränkungen offenbaren, medizinisch nachweisen und sich, mit ableistischen Reaktionen auf sie und ihre Fähigkeiten konfrontiert, positionieren. Dabei können ihre spezifischen Barrieren im Eintritt in die Universität, im Raum der Universität selbst oder beim Abschluss des Studiums – also im gesamten Verlauf der Prägung durch die Universität als Institution – auftreten.[23]

Neben der Notwendigkeit, medizinische Nachweise für bestimmte Erschwernisse zu erwirken, kommt es auf das Selbstverständnis der betroffenen Person an, ob sie für sich Nachteilsausgleiche und andere angemessene Vorkehrungen geltend machen kann und wird, das heißt, ob die eigene Einstellung zur Einschränkung durch Selbstachtung und ein Wissen über Bildung als Menschenrecht geprägt ist. Denn wenn die Universität als Ort der Selbst-Achtung erlebt werden kann, führt die Ermöglichung von Selbstachtung zur Minderung von Beeinträchtigung und in der Folge zu mehr Teilhabe. Wird die Universität hingegen als Ort von

---

[22] Derzeit 13 ausgewertete von 20 geplanten Interviews und biografische Erfahrungsaufschichtungen.

[23] Vgl. Theresa M. Straub: Unsichtbare Studierende – Strukturelle Behinderungen im Lebensverlauf: institutionelle und gesellschaftlich kulturelle Bildungserfahrungen unsichtbar behinderter Frauen* in Schule und Hochschule. Beitrag zu einem Symposium der 36. Jahrestagung der Inklusionsforscher*innen, Interkantonale Hochschule für Heilpädagogik Zürich, 8.2.2023.

aktiver Veranderung und (Selbst-)Ausschluss erlebt, verstärkt sich die Studienerschwernis, wodurch die Beeinträchtigung zu Exklusion führt.

Das Verständnis von Behinderung als Hinderung an Selbstachtung

Die möglichen Selbstverständnisse sind bereits biografisch-gesellschaftlich-kulturell vorgeprägt und individuell von Bedeutung. Die Auseinandersetzung mit der eigenen Subjektposition als veranderte Person ist, wenn eine Beeinträchtigung auftritt, also in Verbindung damit zu sehen, zu welchem Zeitpunkt in der Bildungsbiografie die Veranderung auftritt und wie diese auch in der jeweiligen Institution bewertet wird. Ist die Bewertung eher negativ konnotiert, so kann sie eine Hinderung der Selbstachtung auslösen, zum Beispiel durch den Druck, anders zu sein, Erwartungen und Leistungen oder andere Normen erfüllen zu müssen. Um diese Anrufungen[24] zu benennen, die erst zu einer Veranderung führen und jeweils mit bestimmten (Un-)Sichtbarkeiten verhandelt werden müssen, wird im Folgenden das Modell der kulturell-biografischen Hinderung an Selbstachtung durch gesellschaftliche Normen und Ordnungen vorgestellt[25], das zunächst kein Defizit am Körper des Individuums als determiniert voraussetzt und die Überlegungen aus dem menschenrechtlichen Verständnis von Behinderung mit dem kulturellen Modell einer solchen verbindet.

Jeder Mensch wird in seinem Körper geboren und hat dadurch ein gewisses Maß an Fähigkeiten und körperlichen Grenzen, mit denen er leben kann. Sein gegebener Körper wird im Verständnis von ›Behinderung‹ der kulturell-biografischen Hinderung an Selbstachtung zunächst nicht bewertet (weder positiv noch negativ, weder pränatal noch bei Geburt). Durch sein Handeln agiert er während seines Lebens, jedoch immer nur mit seinem eigenen Körper. Körperlichkeit wird hier als ein Produkt der Gesellschaft verstanden, in der wir leben. Was wir als Körper wahrnehmen, als Leib erfahren sowie in und durch unser Handeln als wahr wirksam werden lassen, gründet sich also auch auf unsere Wahrnehmung, diese wird wiederum beeinflusst von diskursiven (ge-

---

[24] Im Sinne von Erwartungen, die strukturell von Seiten der Institution Universität an ›verandererte‹ Studierende herangetragen werden.
[25] Vgl. Straub 2019, S. 218.

sellschaftlichen) Prozessen der jeweiligen (Lebens-)Zeit.[26] Kurz gesagt: Unser Körper ist für uns die Voraussetzung, uns selbst in einer Gesellschaft und deren Ordnung wahrzunehmen. Verschiedene Erfahrungen im Lebensverlauf rufen entweder eine Hinderung hervor, sich als positiv zu erleben und nach den eigenen Vorstellungen zu handeln, oder geben den Menschen die Möglichkeit, ihren Körper als positiv anzunehmen. Der Körper wird so zu einer möglichen Komponente einer Hinderung daran, sich selbst als handelndes, fähiges Subjekt zu erleben und sich somit selbst zu achten.[27] Biografisch-kulturell-gesellschaftlich prägend sind für die Erfahrung von (Nicht-)Behinderung die gesellschaftliche Deutung des eigenen Körpers, familiäre Wertschätzung oder Geringschätzung, inhärente gesellschaftliche Erwartungen, Körpererfahrung im Sinne des eigenen Handelns oder Erfahrung von Gewalt und Differenzen zwischen Selbst- und Fremdbildern.[28] Zum Zeitpunkt der Veranderung muss das Set an Vorerfahrungen aktiv ver- und bearbeitet werden, um sich den behinderten Menschen zuzuordnen – oder die eigenen Bedingungen so zu nutzen, dass das Individuum selbst in bestimmten Umgebungen keine Behinderung erlebt. Welche individuelle Umgebung eine Universität sein kann, hängt also erstens davon ab, wie sich die Personen selbst positionieren können. Zweitens ist bedeutsam, wie barrierefrei für sie ein Studium ist. Drittens zeigt sich weiter, welche Wege der Anerkennung sowie Möglichkeiten der Selbstachtung die Universität stellt oder verwehren kann, indem ableistische Strukturen und (schulische) Erfahrungen wiederholt werden, die die Situation reproduzieren, in der Menschen ihre persönlichen Bedingungen offenbaren müssen, um Nachteilsausgleiche zu erwirken.

Mögliche Subjektpositionen behinderter Studierender zu Beginn des Universitätsstudiums

Zur thematischen Einordnung möglicher Positionen behinderter Menschen am Beginn (oder bei einem späteren Auftreten der Veranderung im Verlauf) des Studiums dient das Modell der trilemmatischen Inklu-

---

[26] Vgl. Robert Gugutzer; Werner Schneider: Der ›behinderte‹ Körper in den Disability Studies. Eine körpersoziologische Grundlegung. In: Anne Waldschmidt; Werner Schneider (Hrsg.): Kultursoziologie und Soziologie der Behinderung – Erkundungen in einem neuen Forschungsfeld, Bielefeld 2007, S. 31–54.
[27] Vgl. Straub 2019, S. 218.
[28] Vgl. ebd.

Subjekte der Universität ...

sion, welches sich als typographische Karte möglicher Subjektpositionen behinderter Individuen versteht.[29] Aussagen über sich selbst können diskriminierte, stigmatisierte Subjekte diesem Modell zufolge nur zwischen den drei Punkten ›Normalität‹, ›Empowerment‹ und ›Dekonstruktion‹ vollziehen, jedoch nie alle drei Teile des Dilemmas gleichzeitig benennen.

A) Strategisch-essentialistische Andersheit, anhand der Punkte Normalität und Empowerment. Dabei geht es um das Recht auf Teilhabe an Normalität und barrierefreie Zugänge, welches vorrangig thematisiert wird. B) Dekategorisierende Individualität, anhand der Punkte Normalität und Dekonstruktion. Dabei zeigen Individuen sprachlich auf, wie sie behindert werden, nicht jedoch, wie sie behindert sind. Der Fokus liegt dabei also auf Barrieren; eine individuelle Zuschreibung der negativ konnotiert Andersartigkeit wird abgelehnt. C) Widerständige fundamentale Andersheit, anhand der Punkte Dekonstruktion und Empowerment. Hier wird eine kollektive Erfahrung des Andersseins, der Behinderung, betont, welche als positiv verstanden wird. Diese Blickrichtung auf die Möglichkeiten, sich selbst sprachlich zu positionieren ist gerade bei der Nutzung von Narrationen als Material von Bedeutung, um die Ausgangssituationen behinderter Menschen, die an Universitäten agieren, deutlicher zu beachten – und ihnen so passgenauen Zugang zu ermöglichen der auch strukturelle Erfahrungen mit einbezieht. Die Positionen im Trilemma führen dazu, ein anderes oder verändertes Subjekt in der Universität darzustellen, sofern der Zugang dorthin und der Verbleib darin gelingt.

Die Aufgabe der Universität muss deshalb sein, Studierenden stärkere Teilhabe zu ermöglichen. Teilhabe wird dabei unabhängig von der Zugehörigkeit zu bestimmten Gruppen als Möglichkeit der biografischen Selbstachtung im Studium verstanden. Konkrete Handlungsaufgaben für die Universitäten zur Umsetzung vom Recht auf Teilhabe an Bildung sind die unmittelbare Folge. Teilhabe braucht Werkzeuge, die individuellen Bedarfe der Studierenden mit Beginn des Studiums für die Bereiche Lehre, Prüfungen und Studienalltag zu erfassen sowie barrierefreie, individuelle Peer-Beratung, die strukturell vernetzt sein muss mit Ent-

---

[29] Vgl. Mai-Ahn Boger: Subjekte der Inklusion. Die Theorie der trilemmatischen Inklusion zum Mitfühlen, Münster 2019, S. 6f. sowie Dies.: Mad Studies und/in/als Disability Studies. Eine Verhältnisbestimmung. In: David Brehme; Swantje Köbsell; Petra Fuchs; Carla Wesselmann (Hrsg.): Disability Studies im deutschsprachigen Raum, Weinheim/Basel 2020, S. 41–55.

scheidungsträger*innen der Hochschulverwaltung. Anerkennung von Diversität im Raum Universität und eine Kultur der offenen Kommunikation über Bedarfe wie Nachteilsausgleiche in der Lehre sowie die Gewährung dieser sind Voraussetzungen für eine Teilhabe aller. Darüber hinaus sind barrierefrei zugängliche Informationen zu Möglichkeiten, den Studienverlauf jenseits von Modul-Plänen freier zu gestalten, um Abbrüche zu vermeiden und das Studium weiter zu ermöglichen, für beeinträchtigte Studierende sehr bedeutsam.

Die individuelle Subjektwerdung durch Verhandlung von (Un-)Sichtbarkeiten an der Universität

Je nach individuellen Ausgangssituationen und in Abhängigkeit von der Sichtbarkeit der Beeinträchtigung ist es Aufgabe aller Studierenden, sich im System Hochschule handelnd zu bewegen, also die Anrufungen als Studierende aktiv zu gestalten. In einigen Auszügen soll nun narrationsanalytisch gezeigt werden, welche Möglichkeitsräume sich die Befragten zu Nutze gemacht haben.

Narrationsfigur 1: Universität als Ort von Exklusion
Der Student Robert positioniert sich als gehörloser Mensch, der im Laufe seiner schulischen Erfahrung zunächst auf einer Förderschule für Hörgeschädigte unterrichtet wurde und nach einer Implantatsoperation mit der Hilfe seiner hörenden Großeltern Lautsprache sprechen lernte. Anschließend hätte er, so führt er aus, mit ein paar Freund*innen ein Regel-Gymnasium besucht, wo er das Abitur erlangte. Um Medizin studieren zu können, nahm er an einem Aufnahmetest einer österreichischen Universität teil und bestand diesen. So war ihm der Zugang zur Universität möglich. Zunächst betonte er im Interview, seine Muttersprache sei die Gebärdensprache und seine Familie sei immer sehr unterstützend. Beide Voraussetzungen seien für ihn ausschlaggebend gewesen, das Studium zu beginnen und zu lernen, unter welchen Bedingungen – speziell Medizin – studieren gelingen kann, sowie sein Studium fortzuführen. Er beschreibt, dass er in den ersten fünf Semestern alleine zu Hause studierte und die Hörhilfen, mit denen er an der Lehre im Hörsaal teilhaben kann, erst später einsetzte: »Ich hab am Anfang, zumindest die ersten fünf Semester hab ich das ohne (...) weil es gibt beim [Cochlea Implantat] so ein Mikrofon, das dem Vortragenden anklippen kann, das dann die Stimme direkt auf mein Implantat, ohne Umwege

Subjekte der Universität ... 257

über Lautsprecher oder über die schlechte Akustik manchmal in den Hörsälen. Das habe ich jetzt erst seit diesem Semester benutzt, läuft super. Davor war es natürlich, davor habe ich es nicht benutzt, weil es ist sehr anstrengend für die Konzentration, wo ich dann auch mir immer gedacht habe, nee ich geh nicht mehr in die Vorlesung ich lerne alles alleine daheim.«[30] Robert macht hier deutlich, dass es zwar technische Werkzeuge gibt, um an der Vorlesung teilzunehmen, diese aber mit großer Anstrengung verbunden sind und er selbst erst in den höheren Semestern darauf zurückgreift, um gegen die erlebte Exklusion zu wirken und dem Hörsaal nicht mehr fern zu bleiben.

Narrationsfigur 2: Universität als Ort der biografischen Fortführung von Angst
Lara, zum Zeitpunkt des Interviews 24 Jahre alt, macht zunächst deutlich, dass sie sich im beginnenden Prozess befindet, ihre Lernangst und Panikattacken als Einschränkung im Studium anerkennen zu lassen. Damit einher geht eine Auseinandersetzung mit der schulischen Vorerfahrung sowie den familiären Erwartungen an Lara, eine gute Schülerin zu sein. Sie führt aus: »Und meine Eltern wollten, dass ich gut in der Schule bin (...), aber konnten nicht so recht unterstützen. Das heißt, die hatten dieses Bild von dem fleißigen Kind, was gute Noten hat und was das auch braucht, um später einen guten Job zu haben. Aber wie das Schulsystem läuft und was man braucht, um dort auch gut zu sein, das haben sie mir irgendwie nicht so mitgegeben.«[31] Fehlende eigene Erfahrung der Eltern im Gymnasium wird als behindernder Moment beschrieben. Sie beschreibt weiter, ihre in der Grundschule beginnenden Gefühle des Andersseins nicht verstanden zu haben und in Folge dessen ihren Leidensdruck in einen Kampf gewandelt zu haben. Dabei ging es darum, andere Menschen nicht merken zu lassen, wie es ihr geht: »Ich hab dann gekämpft, weil ich diesen Perfektionismus, diesen Anspruch, auch an mich selbst hatte, aber irgendwie hab ich gemerkt (lacht), ›ok, irgendwas fehlt hier‹ und ich fühl mich gar nicht so gut, also in der Grundschule fing es dann schon an, dass ich schon gestresst war und es mir nicht gut ging.«[32] Ihre Erfahrungen in der Universität bauen auf diese erlernte Angst auf, wandeln sich jedoch mit der neu eröffneten Möglichkeit durch eine Diagnose und des Nutzens von Nachteilsausgleichen,

---
[30] Interview 3, 2019, Robert, 24, gehörlos.
[31] Interview 11, 2022: Lara, 24, Panikattacken.
[32] Ebd.

welche zunächst Prüfungssituationen erträglicher gestalten, womit ein Verbleib in der Prüfungssituation erst ermöglicht wird. Zwar setzt sich die Angst fort, doch durch die Erfahrung der Anerkennung der Beeinträchtigung erhält Lara erstmals im letzten Semester Unterstützung. So hat sie die Möglichkeit, sich selbst stärker zu achten.

Narrationsfigur 3: Universität als Weg zu persönlichem Verständnis
Susan, zum Zeitpunkt des Interviews 39 Jahre alt, durchlief auf ihrem Bildungsweg zunächst die Regel-Grundschule und sammelte durch die Migration ihrer Familie in die USA später Erfahrungen in der High-School. Ihre Studienerfahrungen in Österreich begannen anfangs mit einer Studieneingangsprüfung, die ihr das Studium einer bestimmten Fachrichtung ermöglichte, welche sie erst später wechselte. Im Zusammenhang mit der Online-Lehre während der Corona-Pandemie traten in ihrem Alltag Schwierigkeiten auf, die sie sehr stark einschränken. So kann sie die menschlichen Interaktionen schwerer einschätzen, ihre sozialen Erschwernisse nehmen deutlich zu. Diese beschreibt sie als Auslöser, sich mit einem möglichen Diagnoseverfahren zu befassen und in diesem Prozess erst im letzten Studienabschnitt einen Nachteilsausgleich zu erwirken. Damit kann das Erleben einer spezifischen universitären Situation als Weg gelesen werden, die eigenen Lebensbedingungen in der biografischen Rückschau besser zu verstehen. Susan evaluiert:»[Z]um Beispiel seit ich verstehe, dass ich unter quasi sensorischem Overload leide, weil es zu hell ist, weil es zu laut ist, weil zu viele Gespräche irgendwie gleichzeitig abgehen und nicht dem Professor oder dem Gespräch, dem der Gruppenarbeit, an der ich teilnehmen soll oder sonst was einfach nicht mehr folgen kann und dann drei Tage einfach nichts tun kann, weil ich komplett überfordert bin, weil ich halt auch drei Stunden in einem Raum mit Leuten, die durcheinander reden, quasi arbeiten musste irgendwie. Und seit ich verstehe, dass das Sensory Overload ist, fühle ich mich nicht mehr verrückt und habe ich diese Kontrollverlustsachen einfach nicht mehr, weil ich einfach weiß, was abgeht mit mir.«[33] Die erlebten sozialen Beeinträchtigungen, welche Susan, die sich seit ihrer Kindheit als anders wahrnimmt, benennen und dem Autismusspektrum zuordnen zu können, gelang erst durch den studentischen Bildungsweg und durch ein verändertes Selbstverständnis in Kombination mit einem erhöhten Leidensdruck. Dadurch wird höhere Selbstachtung ermöglicht, die dazu

---

[33] Susan, 39, Autismusspektrumsstörung.

führt, dass Susan konsequent für ihre eigenen besseren Studienbedingungen eintreten kann.

Narrationsfigur 4: Universität als Weg der Selbstachtung

Anna, zum Zeitpunkt des Interviews 28, erlebte in der Schulzeit ein traumatisches Ereignis und entwickelte schulische Auffälligkeiten. Durch die Pädagog*innen erhielt sie keine Empfehlung für eine höhere Schule. So erfuhr sie die Veranderung als andere, unfähige Schüler*in, der das Studieren auf Grund ihrer psychischen Erkrankung nicht zugetraut wurde, bereits vor dem Eintritt in die Universität, welchen sie sich erst nach der Lehre selbst erarbeitete. Nach einer bestandenen externen Mathematikprüfung wurde sie für eine höhere Schule zugelassen.[34] Dem gegenüber beschreibt sie nun anfänglich die universitäre Erfahrung als positiv und als eine Möglichkeit, sich und ihre Fähigkeiten selbst anzuerkennen: »[D]as lief die ersten zwei Semester unheimlich gut (...), war tatsächlich leicht manisch, also war ich total übermotiviert und hab zum Teil vierzehn Vorlesungen in einer Woche gehabt. Also (...) war zwei Semester früher fertig in beiden Fächern, hab damals die Bachelorarbeit noch nicht starten können (...) ja war total super - und vor ungefähr einem Jahr bin ich wieder eben in die Depression abgerutscht, tatsächlich relativ extrem.«[35] Die Modulisierung des Studiums führt, wie es Anna beschreibt, zur Verwehrung, die Abschlussarbeit zu beginnen. Diese Barriere löst weiter einen Selbstausschluss aus, mit dem Anna therapeutisch umgehen lernt, um ihr Studium (wieder) sich selbst achtend zu beenden.[36]

Fazit: Ein langer Weg vom individuellen Nachteilsausgleich zur offenen gleichberechtigten Bildung für alle Studienreden

Universität als Raum muss von allen Studierenden durch die eigene Position darin erst eingenommen werden. Die kurzen Narrationsausschnitte konnten aufzeigen, dass, wenn eine Beeinträchtigung vorliegt, unabhängig davon, wann sie in der Schul- und Bildungsbiografie auftritt, behinderte Menschen ihre Situation offenlegen und mit der Uni-

---

[34] Abitur auf dem zweiten Bildungsweg an einer Berufsoberschule.
[35] Anna, 28, Posttraumatische Belastungsstörung.
[36] Vgl. Theresa M. Straub: Inklusions-, Exklusions- und Behinderungserfahrung Studierender zwischen Familie, Schule und Hochschule. In: Mirjam Hoffman et. al., (Hrsg): Raum. Macht. Inklusion, Bad Heilbrunn, 2023, S. 147–156.

versität als Institution ihren Einzelfall verhandeln müssen, um (weiter) studieren zu können.

Gerade Laras Aussagen zeigen, dass es eine Voraussetzung ist, die eigene Situation als eine Beeinträchtigung zu erkennen, welche dann als eine Situation anerkannt werden muss, die angemessener Vorkehrungen zur Umsetzung der Teilhabe an Bildung bedarf.

Der Weg zu einer offenen Universität, die gleichberechtigte Bildung als Ziel umsetzt, ist noch lang. Bedingungen, die als Bedarfe deutlich werden, um eine Veranderung bestimmter Menschen in der Institution Universität zu mindern und nach Vorbildern wie der Technischen Universität Dortmund[37] Strukturen für alle Studierende zu verbessern, können bei der Untersuchung von Inklusions- und Exklusionsmechanismen im Lebensverlauf behinderter Menschen wie folgt angeführt werden.

Erstens: Ein Möglichkeitsraum der Teilhabe ergibt sich durch Anerkennung. Denn Bedarfe müssen zunächst für unsichtbar beeinträchtigte Studierende passgenau sichtbar und sagbar werden, bevor die Universitäten angemessene Vorkehrungen anbieten. Dafür gibt es weitere Faktoren des Gelingens auf der persönlichen Ebene, wie zweitens die Achtung der verschiedenen Bildungswege und familiärer Erfahrung aller Studierender. Drittens braucht es ein Verständnis der Studierenden als Expert*innen ihrer individuellen Studienbedingungen sowie, auf der strukturellen Ebene, viertens ein aktives Gestalten einer Lehr-Lern-Beziehung am Ort der Universität beziehungsweise in der Lehre und schließlich eine institutionelle Offenheit für Vielfalt.

---

[37] Vgl. Birgit Rothenberg: Der Arbeitsansatz des Dortmunder Zentrums für Behinderung und Studium als übertragbarer Weg zu einer ‚Hochschule für Alle'. In: Theresia Degener; Elke Diehl (Hrsg.): Handbuch Behindertenrechtskonvention, Bonn 2015, S. 162–179.

Thomas Beineke
Die Problematik der Wahrheit und das Experiment mit sich selbst
Die Rezeption der Ödipus-Tragödie bei Michel Foucault

Der antike Ödipus-Mythos ist in seinen Grundzügen wohlbekannt. Der König von Theben, Laios, lässt seinen Sohn Ödipus aufgrund eines Fluchs und Orakelspruchs – der besagt, dass er von seinem Sohn getötet werden würde – kurz nach der Geburt aussetzen. Das Kind wird aber von Hirten gerettet und als Adoptivsohn in Korinth von dem kinderlosen Königspaar Polybos und Merope aufgenommen. Als bei einem Umtrunk Andeutungen die Runde machen, Ödipus sei nicht der leibliche Sohn des Königspaars, befragt Ödipus ebenfalls das Orakel und erfährt von seinem Schicksal als Vatermörder und Ehemann seiner eigenen Mutter. Er verlässt Korinth und trifft an einer Weggabelung auf dem Weg nach Theben auf einen Wagen, dessen Passagier er in einem Streit tötet, ohne zu wissen, dass es sein Vater Laios ist. Vor den Toren Thebens begegnet er anschließend der todbringenden Sphinx, deren Rätsel er lösen kann, sie damit besiegt, und als Rätsellöser sowie Retter zu Thebens neuem König ernannt wird. Seine Mutter, die verwitwete Königin Iokaste, nimmt er als Frau und zeugt mit ihr die Töchter Antigone und Ismene sowie die Zwillinge Eteokles und Polyneikes. Nachdem wiederum das Orakel eine ursächliche Verbindung der in Theben wütenden Pest mit der Vergangenheit des Ödipus andeutet, setzt dieser eine Ermittlung in Gang um Aufklärung zu schaffen. Am Ende dieses, von ihm selbst in Gang gebrachten, juristischen Verfahrens kann er durch Zeugenbefragung die Wahrheit von Vatermord und Inzest hervorbringen. Iokaste begeht daraufhin Selbstmord und Ödipus sticht sich, obwohl er die Taten unwissentlich begangen hat, als Urteil über sich selbst die Augen aus.[1]

Michel Foucault hat sich in seinen Vorlesungen zwischen 1971 und 1984 wiederholt mit dem Ödipus-Mythos beschäftigt.[2] Dabei legt er, an-

---

[1] Die Frage nach der Schuld von Ödipus stand im Zentrum der Interpretationen dieses Mythos im 18. und 19. Jahrhundert. Bereits der Kyniker Diogenes hält Ödipus Selbstverurteilung für übertrieben, die unwissentlich begangenen Taten stehen für ihn in keinem Verhältnis zu dem Exzess des Urteils. Vgl. hierzu Christoph Menke: Die Gegenwart der Tragödie. Versuch über Urteil und Spiel, Frankfurt a.M. 2005, S. 20.

[2] Für einen Überblick siehe etwa Ulrich J. Schneider: Foucault im Hörsaal. Über das mündliche Philosophieren, Wien 2022, S. 169ff.

ders als Sigmund Freud, das Augenmerk nicht auf den Inzest und die in dessen Lesart im Mythos enthaltene emblematische frühkindliche Begehrenskonstellation zwischen Vater, Mutter und Kind.[3] Ödipus interessiert Foucault vielmehr als schillernde Figur, aus deren Geschichte sich ein nicht-essentialistischer Wahrheitsbegriff destillieren lässt. Anhand der nuancierten Verschiebungen in der Ödipus-Rezeption von Foucault – so meine These – kann ein Perspektivwechsel in seinem Werk nachvollzogen werden. Steht Anfang der 1970er Jahre noch der Macht-Wissen-Komplex, seine objektiven gesellschaftlichen Verkörperungen und institutionellen Vollzüge im Zentrum, verlagert sich sein Interesse Ende der 1970 Jahre, im Rahmen seiner Lektüre zur *Geschichte der Sexualität*, hin zum Subjekt, zu den antiken Selbsttechniken und den Praktiken des Wahrsprechens.[4] Das Ödipus-Drama enthält in den mäandernden Auslegungen von Foucault, wie wir sehen werden, sowohl die tyrannisch-juristische Praxis einer Amalgamierung von Wissen und Macht als auch den Entwurf einer neuen experimentellen Subjektivität, in der Philosophie und Aufklärung als Lebensform praktiziert wird.[5]

Vor der Vertiefung dieser beiden Ödipus-Perspektivierungen bei Foucault soll ein kursorischer Überblick auf nicht- und präfreudianische philosophische Ödipus-Rezeptionen verweisen, die den Resonanzraum der Überlegungen von Foucault darstellen. Zudem bleiben sowohl die Persistenz des Mythos als auch seine bereits antike Interpretation in Form der Tragödie überhaupt klärungsbedürftige Phänomene, die einleitend zumindest erwähnt werden möchten.

Der Ödipus-Mythos in der Philosophie

Schon die eingangs versuchte komprimierte Darstellung des Ödipus-Mythos lässt die Unbestimmtheit der griechischen Mythologie durchscheinen, ihre Porosität und Deutungsoffenheit, kurzum ihre Nähe zur Poe-

---

[3] Vgl. hierzu Jean Laplanche: Das Vokabular der Psychoanalyse, Frankfurt a.M. 1973, S. 351ff.

[4] Vgl. einführend hierzu: Wolfgang Detel: Schriften zu Ethik – Entstehung und Umfang der ethischen Schriften Foucaults. In: Ulrich J. Schneider; Rolf Parr; Clemens Kammler (Hrsg.): Foucault Handbuch. Leben – Werk – Wirkung, Berlin 2020, S. 131–140.

[5] Vgl. hierzu Pierre Hadot: Philosophie als Lebensform. Antike und moderne Exerzitien der Weisheit, Frankfurt a.M. 2002, bes. S. 177ff.

Die Wahrheit und das Experiment mit sich selbst 263

sie, die seit jeher zu Neuinterpretationen und -auslegungen einlädt.[6] In der Geschichte neuzeitlicher Philosophie wurde der Ödipus als »Konzentrat von Mythologie«[7] schon vor Freuds Lektüre wiederholt kommentiert und figuriert, etwa bei Georg Wilhelm Friedrich Hegel, bereits als Symbol für einen epochalen Übergang von einem Stadium der Bewusstlosigkeit zur Ausbildung von Wissen und Selbstbewusstsein.[8] Bei Hegel steht die Entzifferung des Rätsels der Sphinx im Mittelpunkt seiner Betrachtung. Die Lösung des Rätsels gibt gleichsam den Blick auf und für den Menschen frei, das ›Erkenne dich Selbst!‹ wird beim Ödipus als Ideal vorgeführt, dessen wirkliche Realisierung gleichwohl noch aussteht.[9] Das Wissen des Ödipus bleibe aber mit den »Greueln aus Unwissenheit«[10] verknüpft, da er seinem eigenen Tun gegenüber blind sei. Diese Dialektik vorzuführen, ist Hegel zufolge der entscheidende Verdienst der Tragödie des Sophokles. Ödipus markiert in seinen Augen den »Gründungsheros« einer aufgeklärten Moderne, er stellt »eine vollkommene Figur in der vollkommenen Tragödie dar, in der nichts dunkel und unbestimmt bleibt«.[11] Das Bild von Ödipus als Motor des Aufklärungsprozesses zeichnet freilich schon Francis Bacon im 17. Jahrhundert. Bei Bacon ist Ödipus eine Allegorie des idealen Wissenschaftlers, der furchtlos und mutig den Erkenntnisprozess in Gang setzt. Zugleich symbolisiert der Sieg über die Sphinx in der Lesart von Bacon die Möglichkeit und Utopie einer egalitären, aufklärerischen Wissenschaft, die nicht Sache der Weisen gegenüber einem unwissenden Volk ist, sondern allgemeines, für jeden verständliches und zugängliches Wissen darstellen könne.[12]

Friedrich Nietzsche wendet sich indessen gegen die Hybris von Aufklärung und Wissenschaft und stellt zu Beginn von *Jenseits von Gut und Böse* die Frage, welchen Wert Wahrheit überhaupt haben kann und wo-

---

[6] Zu der Diskussion um Unbestimmtheit und Überbestimmtheit des Mythos vgl. Hans Blumenberg: Wirklichkeitsbegriff und Wirkungspotential des Mythos. In: Manfred Fuhrmann (Hrsg.): Terror und Spiel. Probleme der Mythenrezeption, München 1974, S. 11–67, hier: S. 25.
[7] Klaus Heinrich: arbeiten mit ödipus. Begriff der Verdrängung in der Religionswissenschaft (Dahlemer Vorlesungen), Freiburg 2021, S. 208.
[8] Georg Friedrich Wilhelm Hegel: Vorlesungen über die Philosophie der Religion II. In: Ders.: Werke Bd. 17, Frankfurt a.M. 1986, S. 134
[9] Georg Friedrich Wilhelm Hegel: Vorlesungen über die Ästhetik I. In: Ders: Werke Bd. 13, Frankfurt a.M. 1986, S. 472.
[10] Georg Friedrich Wilhelm Hegel: Vorlesungen über die Philosophie der Geschichte. In: Ders.: Werke Bd. 12, Frankfurt a.M. 1986, S. 270.
[11] Vgl.: Heinrich 2021, S. 107.
[12] Ebd., S. 149.

her eigentlich der Wille zu Wahrheit, Wissen und Wahrhaftigkeit rührt, warum wir also annehmen könnten, es gäbe überhaupt eine letzte Instanz der Prüfung und Verifikation. »Wer von uns ist hier Ödipus? Wer Sphinx?«[13] Dies ist seine erkenntniskritische Frage, die die scheinbar naturgegebene Konfiguration des Mythos unterminieren möchte, um die Axiome und unhinterfragten Selbstverständlichkeiten neuzeitlicher Philosophie zu delegitimieren. Nietzsches Affinität zum Mythos ist letztlich in dem Umstand begründet, dass in seinen Augen die Norm der Wahrheit problematisch geworden ist.[14]

Claude Lévis-Strauss entwickelt anhand der Ödipus-Geschichte Mitte des 20. Jahrhunderts ein strukturalistisches Schema der Mythenbetrachtung. Er möchte damit über die Struktur der Mythen allgemein etwas aussagen. Zu diesem Zweck geht Lévis-Strauss davon aus, dass jeder Mythos aus einem festen Ensemble mythologischer Elemente zusammengesetzt ist, ähnlich einer »Orchesterpartitur«.[15] Mit einer solchen strukturalen Interpretation beansprucht er, eine universale Deutungsschablone für Mythen gefunden zu haben. Das »archaische, wilde Denken«[16] gehorche demnach strukturalistisch aufgeschlüsselt einer eigenen besonderen Logik, die der Struktur des menschlichen Denkens selbst analog sei. Aus dem Nachweis einer analogen, proto-mythischen Struktur, meint Levis-Strauss also über die Verfasstheit menschlichen Denkens allgemein etwas aussagen zu können.[17] Diese simplifizierende, auf strukturellen Analogien basierende Ableitung stellt in den Augen von Klaus Heinrich eine Ablehnung kulturgeschichtlicher Entwicklungsmodelle dar, indem sie Mythos und Logos einfach gleichsetzt und den historischen Charakter des Mythos als »Geschichte im doppelten Sinne« ausblendet.[18]

Die Kritik einer derartigen Ent-Historisierung des Mythos ist unter anderem das Programm seines Vorlesungszyklus *arbeiten mit ödipus* –

---

[13] Friedrich Nietzsche: Jenseits von Gut und Böse. In: Giorgio Colli; Mazzino Montinari (Hrsg.): KSA Bd. 5, München 1999, S. 15.
[14] Vgl. hierzu Eric Blondel: Ödipus bei Nietzsche. Genealogie, Wahrheit und Geschlechtlichkeit, In: Rudolph Berlinger; Eugen Fink u.a. (Hrsg.): Perspektiven der Philosophie Bd. 1, Amsterdam 1975, S. 179–191.
[15] Claude Lévis-Strauss: Strukturale Anthropologie I. Frankfurt a.M. 1967, S. 234.
[16] Vgl. hierzu Claude Lévis-Strauss: Das Wilde Denken, Frankfurt a.M. 1973.
[17] Vgl. hierzu Herwig Gottwald: Spuren des Mythos in deutschsprachiger Literatur. Theoretische Modelle und Fallstudien, Würzburg 2007, S. 51ff.
[18] Vgl. hierzu Heinrich 2021, S. 192ff.

Begriff der Verdrängung in der Religionswissenschaft, gehalten an der Technischen Universität Berlin im Jahre 1972. Diese fast zeitgleich mit Michel Foucaults frühen Einlassungen zu Ödipus[19] stattgefundenen Universitätsvorlesungen, führen eine großangelegte Diskussion des Ödipus-Mythos, der Geschichte seiner philosophischen Rezeption, seiner Wirkungen und seines kritischen Potentials in der Gegenwart. Heinrich unternimmt darin anhand der Ödipus-Figur eine dialektische Bestandsaufnahme moderner Verdrängungs- und Re-Mythisierungsmechanismen, unter der mit Theodor W. Adorno und Max Horkheimer geteilten, geschichtsphilosophischen Prämisse, dass in der durchrationalisierten Moderne der Mythos in veränderter Form fortlebe, der ›Bann‹ (Adorno) also nicht gebrochen sei.[20] Der Mythos weise mit Freud auf etwas Verdrängtes hin, »das dem aufgeklärten Bewusstseinsprimat der Moderne entgeht«.[21] Die Beschäftigung mit dem Mythos und mythischen Figuren birgt Heinrich zufolge das Potential, die Persistenz von Herrschaft und blinder Verfügungsgewalt über die stofflichen Qualitäten der Welt im Ausgang der aufklärerischen bürgerlichen Philosophie seit Immanuel Kant offenzulegen, und gleichzeitig auf die unabgegoltenen Fragen und historischen Konflikte hinzuweisen, von denen der Mythos eben auch spricht.[22] Auf diese Offenheit und Empfänglichkeit des Mythos für eine aufklärerische, moderne Rezeption macht auch Hans Blumenberg aufmerksam, denn »nicht seine Antworten, sondern die Implizität der Fragen, die in der Rezeption entdeckt werden, machen das Wirkungspotential des Mythos aus«.[23] In der Deutung von Heinrich haben die Mythen eine doppelte Struktur: Sie legen Zeugnis ab über Geschichte, sind selbst sedimentierte Realgeschichte und zugleich Erzählung derselben. Diese dem Mythos eigene, besondere Verfasstheit mitzudenken sei notwendig, um mit dem Mythos darüber zu reflektieren, was in der Moderne verdrängt und ideologisch verstellt ist.

---

[19] Vorlesung vom 17. März 1971, in: Michel Foucault: Über den Willen zum Wissen, Frankfurt a.M. 2012; außerdem die Vortragsreihe in Rio de Janeiro im Frühjahr 1973: Michel Foucault: Die Wahrheit und die juristischen Formen. In: Ders.: Dits et Ecrits – Schriften Bd. II, Frankfurt a.M. 2002, S. 669–792.
[20] Zur Mythenrezeption der Frankfurter Schule vgl. etwa Rolf Tiedemann: »Gegenwärtige Vorwelt«. Zu Adornos Begriff des Mythischen, In: Ders. (Hrsg.): *Frankfurter Adorno Blätter* Bd. V, München 1998, S. 9–36.
[21] Heinrich 2021, S. 150.
[22] Vgl. hierzu ebd., S. 255f.
[23] Blumenberg 1974, S. 34.

Foucaults Ödipus

Einen Fluchtpunkt der Rezeption antiker Autoren stellt auch bei Michel Foucault die Tragödie von König Ödipus in der Übertragung von Sophokles dar. Bemerkenswert ist auf den ersten Blick, dass er sich nicht mit einer Kritik der Freud'schen Lesart – dessen Konstruktion einer triangulären kindlichen Begehrenskonstellation – aufhält, sondern unterschiedliche alternative Interpretationen anbietet. Nicht der Inzest steht demnach im Zentrum, sondern wichtig scheint für Foucault vor allem die ›zornige Neugier‹ (Hölderlin) des Ödipus zu sein, der Gestus des unbedingt Wissen-Wollens und die detektivische Suche, die Praxis der Fahndung nach der Wahrheit als solcher. Die Figur des Ödipus ist bei aller interpretatorischen Variabilität eine ständige Wiedergängerin in den Vorlesungen Foucaults, ohne freilich eine endgültige Auslegung zu präsentieren. Anhand der unterschiedlichen Perspektivierungen dieses Dramas von Sophokles lassen sich, meiner These nach, Verschiebungen und Modifikationen der zentralen Denkbewegungen von Foucault nachvollziehen, die auf disparate Weise das vielschichtige Problem der Wahrheit umkreisen.[24] In der antiken Ödipus-Geschichte stehen demnach – in der Lektüre von Foucault – die Wahrheit und die Möglichkeiten ihrer diskursiven Ermittlung im Mittelpunkt. Zentral für Foucault ist diese Fahndungsbewegung, die Praxis des nimmermüden Fragens des Ödipus.[25] Wahrheit interessiert also gewissermaßen im Modus ihrer Produktion, in der Art und Weise ihrer Hervorbringung durch die Subjekte selbst.

Es ist freilich nicht erst Foucault, der den Fokus auf das Subjekt und seine Praktiken der Wahrheitsfindung lenkt. Bereits die Übertragung der mythischen Ödipus-Erzählung in eine Tragödie durch Sophokles im fünften Jahrhundert legt diese neue Perspektive nah.[26] In der Reflexion auf das Individuum, sein Vermögen, seinen Schmerz, seinen Willen und

---

[24] Eine Übersicht bietet Ulrich J. Schneider. Er unterscheidet drei Perspektiven der Foucault'schen Ödipus-Thematisierung: 1. Entstehung des Wissen-Macht-Komplexes, 2. Geltung der Wahrheit, 3. Transformative Kraft des Wahrsprechens (Schneider 2022, S. 169–184).

[25] Für Christoph Menke steht nicht die Ermittlung im Zentrum der Tragödie, sondern das Urteil als Konsequenz aus dem neu gewonnenen Wissen. Vgl. Menke 2005, bes. S. 19ff.

[26] Die älteste bekannte Quelle ist das elfte Buch der Odyssee von Homer (um 700 v. Chr.), in der die Szene mit der Sphinx gar nicht vor kommt. Zur Überlieferungsgeschichte vgl. Kurt Steinmann: Nachwort. In: Sophokles: König Ödipus, Stuttgart 1989, S. 77ff.

Die Wahrheit und das Experiment mit sich selbst 267

seine Grenzen, ist nach Hans-Thies Lehmann nämlich die Signatur der neuen dramatischen und theatralen Form der Tragödie im fünften Jahrhundert auszumachen, in der das in den Mythen überlieferte Universelle und Göttliche eine Problematisierung erfährt und das Subjekt in einer temporären Theaterwirklichkeit gewissermaßen freigestellt wird. Die Tragödie ist also selbst schon eine Auseinandersetzung mit dem Mythos, sie beschwört ihn und wird damit zur »Erinnerungskunst«.[27] In der Lesart von Walter Benjamin wird dieser Bruch zwischen Mythos und Tragödie dergestalt vollzogen, dass die tragische Theaterszene durch das Schweigen des Helden »den Verdacht auf die Instanz der Verfolger«[28] zurückwerfe, sie also als eine Inszenierung der Rat- und Sprachlosigkeit zu verstehen sei. In der Tragödie besinnt sich der Mensch darauf, »dass er besser ist als seine Götter, aber diese Erkenntnis verschlägt ihm die Sprache, sie bleibt dumpf«.[29]

Das Interesse von Foucault richtet sich zwar ebenfalls auf dieses gleichsam entkoppelte Subjekt, das die Wahrheitsfindung in die eigene Hand nimmt und mit Verstandeskraft die Autorität der Götter und ihren Wahrheitsanspruch herausfordert. Aber nicht die Passivität und Sprachlosigkeit ist das, was zum Vorschein kommt, sondern das Augenmerk liegt zunächst auf den mutigen Anstrengungen der rationalen Ermittlung.

In seinem Vortrag *Das Wissen des Ödipus* von 1972[30] macht Foucault einleitend auf den quasi tautologischen Charakter der Ermittlung aufmerksam, denn »der Suchende ist das Objekt der Suche« und »der die Hunde losgelassen hat, ist selbst die Beute«.[31] Im Weiteren schlüsselt er die unterschiedlichen Wissensformen auf, die zur Sicherung ›der Beute Wahrheit‹ im Drama aufgeboten werden. Ödipus firmiert hier als eine Schwellenfigur, die den Prozess des Übergangs vom göttlich-mantischen Wissen zur empirischen menschlichen Zeugenschaft indiziert. Bemer-

---

[27] Vgl. hierzu Hans-Thies Lehmann: Theater und Mythos. Konstitution des Subjekts im Diskurs der antiken Tragödie, Stuttgart 1991, S. 12.
[28] Walter Benjamin: Ursprung des deutschen Trauerspiels. In: Ders: GS I.1, Frankfurt a.M. 1991, S. 288.
[29] Benjamin 1991, S. 288.
[30] Dieser Vortrag ist eine Ausarbeitung der Vorlesung vom 17. März 1971 und wurde zuerst gehalten im März 1972 an der State University in Buffalo. Zur Situierung und den unterschiedlichen Ausarbeitungen vgl. Daniel Defert: Situierung der Vorlesungen. In: Michel Foucault: Über den Willen zum Wissen, Frankfurt a.M. 2012, S. 330–360, hier: S. 356f.
[31] Michel Foucault: Das Wissen des Ödipus, in: Ders. 2012, S. 288–330, hier S. 288.

kenswert ist dabei, dass die Suchbewegungen nach der Wahrheit keine Einheit oder Identität stiften können, sondern vielmehr einen gleichsam dekonstruktiven Effekt zeitigen. Ödipus entpuppt sich Foucault zufolge sukzessive als eine »monströse Doppelgestalt«,[32] als Suchender und Gesuchter, Königsmörder und König, Gatte und Sohn, Vater und Bruder – Subjekt und Objekt der Erkenntnis. Er sei dabei nicht einfach jemand, der gar nichts weiß, sondern verkörpert das Wissen des Tyrannen.[33] Er steht auf der Schwelle zwischen dem Wissen der Götter und der Sklaven. Seine Praxis der Untersuchung indiziert eine neue Konstellation von Macht und Wissen[34] und stellt zugleich den Versuch dar, mit der »Vielfalt der Wissensformen«[35] zu spielen. Nicht Unwissenheit und Unbewusstes stehen demnach im Zentrum des Dramas um König Ödipus, sondern ein »zu viel Wissen«[36] und damit die Fragen nach der Art des Erwerbs, der Gültigkeit und den Konsequenzen des Wissens – der Praxis der Gerichtsbarkeit also.[37]

In dem dreiteiligen Vortragszyklus *Die Wahrheit und die juristischen Formen*, gehalten in Rio de Janeiro im Mai 1973, setzt Foucault mit einer erkenntniskritischen Programmatik im Ausgang von Nietzsche ein. Im Grunde formuliert er hier im Rekurs auf Nietzsche ein Motiv, das Horkheimer programmatisch für die Kritische Theorie bereits 1933 einmal so formuliert hatte: »Die Tatsachen, welche die Sinne uns zuführen, sind in doppelter Weise gesellschaftlich präformiert: durch den geschichtlichen Charakter des wahrgenommenen Gegenstands und den geschichtlichen Charakter des wahrnehmenden Organs«.[38] In diesem nicht-essentialistischen Subjektverständnis korrespondieren Horkheimer und Foucault. Das erkennende Subjekt kann demnach nicht als fix, vorgängig oder transzendental gedacht, sondern muss als geschichtliches, durch soziale Praktiken gewordenes, in politische Kämpfe verwickeltes, in ständiger Veränderung begriffenes verstanden werden. Interessant für Foucault ist daran anschließend die Frage, »wie es möglich ist, dass soziale Praktiken Wissensbereiche erzeugen, die nicht nur neue Objekte, neue

---

[32] Ebd., S. 297; vgl. auch Michel Foucault: Die Regierung der Lebenden, Frankfurt a.M. 2014, S. 56.
[33] Ebd., S. 301.
[34] Ebd., S. 302.
[35] Ebd., S. 318.
[36] Ebd.
[37] Ebd., S. 322 u. 324.
[38] Max Horkheimer: Traditionelle und kritische Theorie. In: Ders.: Vier Aufsätze, Frankfurt a.M. 1971, S. 12–65, hier: S. 22.

Die Wahrheit und das Experiment mit sich selbst

Konzepte, neue Techniken hervorbringen, sondern auch gänzlich neue Formen von Subjekten und Erkenntnissubjekten. Auch das Erkenntnissubjekt hat eine Geschichte; auch die Beziehung zwischen Subjekt und Objekt, also die Wahrheit, hat eine Geschichte.«[39]

Dieser Umstand, dass auch die Wahrheit von dieser Welt und damit nur historisch als Konstellation von Subjekt und Objekt zu verstehen ist, sie also – wiederum in der Sprache der Frankfurter Schule – einen ›Zeitkern‹ (Walter Benjamin) hat, bestimmt für Foucault die Interpretation des Ödipus-Dramas.

Die Freud'sche Leseart hat sich für Foucault – wie oben angedeutet – seit dem Erscheinen des *Anti-Ödipus* von Gilles Deleuze und Felix Guattari 1971 schlichtweg erledigt, sie wurde ihrer normierenden und beschränkenden Ansprüche für das Begehren und das Unbewusste sowie ihrer Komplizenschaft mit den Mächten der Normierung und Kontrolle in Gestalt der Ärzte und Psychoanalytiker überführt.[40] Die Ödipus-Tragödie wird von Foucault vor dem Hintergrund dieser Desavouierung auf ganz andere Weise gelesen: »Ich möchte zeigen, dass die Tragödie des Ödipus, wie man sie bei Sophokles nachlesen kann – die Frage nach dem mythischen Ursprung lasse ich beiseite – repräsentativ und in gewisser Weise auch grundlegend für eine bestimmte Beziehung zwischen Macht und Wissen, zwischen politischer Macht und Erkenntnis ist, von der unsere Gesellschaft sich bis heute noch nicht befreit hat. Mir scheint es, es gibt tatsächlich einen Ödipuskomplex in unserer Gesellschaft. Aber er betrifft nicht unser Unbewusstes und unser Begehren und auch nicht das Verhältnis zwischen Begehren und dem Unbewussten. Wenn es einen Ödipuskomplex gibt, so entfaltet sich seine Wirkung nicht auf individueller, sondern auf kollektiver Ebene; nicht im Blick auf Begehren und Unbewusstes, sondern auf Macht und Wissen.«[41]

Das Ödipus-Drama ist in der neuen Lektüre durch Foucault also die Geschichte einer Wahrheitssuche, eine Interpretation, die mit Paul Veynes Charakterisierung des antiken Wahrheitsprogramms korrespondiert, in dem »Geschichte nicht wie bei uns aus der Kontroverse, sondern aus der Ermittlung geboren wird (denn das ist genau der Sinn des griechischen Wortes *Historia*)«.[42] Foucaults Vortragsreihe in Rio de Janeiro

---

[39] Foucault 2002, S. 670.
[40] Ebd., S. 686f.
[41] Ebd., S. 688.
[42] Paul Veyne: Glaubten die Griechen ihre Mythen. Versuch über konstitutionelle Einbildungskraft, Frankfurt a.M. 1987, S. 20.

fällt in die Zeit einer intensiven Beschäftigung Foucaults mit Fragen des Rechts und der Gerichtsbarkeit, einem Forschungskomplex, im Ausgang dessen *Überwachen und Strafen* entstand und sein politisches Engagement gegen Gefängnisse und Strafpraktiken verortet ist.[43]

Die Tragödie des Ödipus figuriert zu dieser Zeit der frühen 1970er Jahre als »das erste Zeugnis griechischer Gerichtspraktiken, das wir besitzen«.[44] Die Wahrheit, die es zu ermitteln gilt, erscheint als Ergebnis einer suchenden und fragenden Praxis der Menschen und bekommt dadurch profanen Charakter. Die eine Hälfte der Wahrheit ist zwar noch die der Götter und Prophetie, sie muss sich aber zur Vergegenwärtigung und für die Entfaltung einer konkreten Wirkmächtigkeit mit einem »Zeugnis über die Vergangenheit«[45] ausweisen. Diese zweite Hälfte erhält König Ödipus demnach durch seine Zeugenbefragungen, deren Protagonisten Menschen des einfachen Volkes sind. Nur die Befragung der Hirten mit ihrem »empirisch-alltäglichen Blick«[46] kann eine wirkliche Fundierung der Wahrheit leisten. Die Tragödie des Ödipus stiftet also in der Rekonstruktion von Foucault einen neuen Zusammenhang zwischen Hirten und Göttern, zwischen den Erinnerungen der Menschen und den göttlichen Prophezeiungen. »Diese Übereinstimmungen definiert die Tragödie und schafft eine symbolische Welt, in der Erinnerung und Diskurs der Menschen gleichsam den empirischen Rand der großen Prophezeiung der Götter bilden. Ödipus ist ein Tyrann, sein Wissen und Verstand ermöglichte es ihm, das Rätsel der Sphinx zu lösen und dadurch, durch dieses besondere Wissen die Macht zu ergreifen.«[47]

In der Interpretation von Foucault wird Ödipus damit zu einer Figur, die an der Schwelle der Idee einer Entkoppelung von Wissen und Macht steht. Er erscheint einerseits zwar als Rätsellöser für die Macht autorisiert und verkörpert das überlegene Herrscherwissen des autokratischen Tyrannen, macht sich andererseits aber durch das Zusammenfügen der beiden Hälften der Wahrheit selbst überflüssig. Er ist die »Verdopplung, die ein Zuviel darstellt gegenüber der symbolischen Transparenz dessen, was die Hirten wussten und die Götter gesagt ha-

---

[43] Zur Diskussion um die Aktualität von Überwachen und Strafen vgl. etwa Roberto Nigro: Marc Rölli (Hrsg.): Vierzig Jahre »Überwachen und Strafen«. Zur Aktualität der Foucault'schen Machtanalyse, Bielefeld 2017.
[44] Foucault, 2002, S. 688.
[45] Ebd., S. 692.
[46] Ebd., S. 696.
[47] Ebd.

ben«.[48] Damit hält, Foucault zufolge, mit der Ödipus-Geschichte im fünften Jahrhundert ein solches Motiv Einzug in den abendländischen Kanon, das sich Wissen und politische Macht als entzweit vorstellt; mit Platon beginne ein Mythos, wonach es »einen unüberbrückbaren Gegensatz zwischen Macht und Wissen gibt«.[49] Gegen eine solche in der Antike initiierte Gegenüberstellung von Wissen und Wissenschaft, mit ihrem privilegierten Zugang zu Wahrheit und politischer Macht – die wie Ödipus blind bleiben muss – opponiert Foucault wiederum im Ausgang von Nietzsche: »Wissen ist nicht frei von politischer Macht, sondern eng mit ihr verwoben.«[50] Diese Komplizenschaft von Wissen und Macht ist das Desiderat der frühen Beschäftigung Foucaults mit der Tragödie des Ödipus in den frühen 1970er-Jahren.

Neben der Frage nach dem Verhältnis von Wissen und Macht, nach der diskursiven Hervorbringung von Wahrheit und dem Ringen um ihre politische Geltung, entwickelt Foucault in seinen Vorlesungen *Die Regierung der Lebenden* 1980/81, fast zehn Jahre später, anhand des Ödipus die Frage nach den Konsequenzen der ›alethurgischen‹ Wahrheitssuche und des aufrichtigen Wahrsprechens, des Transparent-Machens und Aufdeckens für den Menschen selbst, denn »diese ganze Geschichte der Beziehungen zwischen [...] dem Ich-selbst und dem Wahrsprechen, ist das, was mich an der Geschichte der Wahrheit im Okzident interessiert.«[51] Der Kern der Problematik des Ödipus besteht Foucault zufolge nun darin, sich verwandeln zu wollen von einem Unwissenden in einen Wissenden.[52] Die genealogische Ermittlung, die diese Verwandlung initiieren soll, ist eine, die Ödipus selbst vornehmen muss. Er kann sich dabei auf niemand anderes verlassen, er wird also selbst zu »einem Operator der Wahrheit«.[53] Damit verändert sich die Foucault'sche Ödipus-Lektüre in diesen späten Vorlesungen entscheidend. Er wird von einem listigen Tyrannen zu einem Leidenden, »der die Wahrheit an sich selbst erkennt«.[54]

Die Götter haben Ödipus in dieser neuen Perspektive gleichsam übel mitgespielt, er erscheint als unschuldig und mutig zugleich. Die in der Ermittlung seiner Herkunft gewonnenen Einsichten über den wahren

---
[48] Ebd., S. 703.
[49] Ebd., S. 705.
[50] Ebd., S. 706.
[51] Foucault 2014, S. 77.
[52] Ebd., S. 86.
[53] Ebd., S. 89.
[54] Schneider 2022, S. 181.

Charakter und das Ausmaß seines Handelns (Vatermord, Inzest), haben nun eine schockhafte, transformative Qualität für das forschende und fragende Subjekt selbst. Denn nicht so sehr sind die Ergebnisse von Bedeutung, sondern allein schon der kühne Fahndungsprozess stellt eine asketische und konzentrierte Übung dar. In diesem Bilde wird der Ödipus durch seine bestandenen Prüfungen und seinen Mut zur Wahrheit zu einem Vorbild für eine selbstbewusste Gestaltung des Lebens und eine Emanzipation von (göttlichen) Autoritäten.[55]

Was Foucault hier also in einer neuerlichen Sophokles-Lektüre herausarbeitet, ist ein dynamisches, prozessuales und transformatives Forschungsethos, das er auch für seine eigenen philosophischen Unternehmungen in Anspruch nimmt: »Mein Problem oder die einzige Möglichkeit theoretischer Arbeit, zu der ich mich in der Lage fühle, wäre getreu einem Aufriss, der so nachvollziehbar wie irgend möglich ist, die Spur der Bewegungen aufzunehmen, durch die ich nicht mehr an dem Ort bin, an dem ich zuvor war.«[56]

Indem Foucault mit dem Ödipus die Praxis des Wissen-Wollens in den Vordergrund rückt, ist es ihm möglich, eine Brücke zu schlagen zwischen den objektiven (den Wissensordnungen) und subjektiven (Praxis der Wahrheitsfindung und des Wahrsprechens) Aspekten der Wahrheitsproblematik. Eine Perspektive, die er in seinen folgenden Vorlesungen zur »kritischen Praxis«[57] der *parrhesia* weiterverfolgt und damit zugleich eine neue intellektuelle Standortbestimmung für sich selbst entwirft.[58] Gegen die ›Ausweglosigkeiten‹[59] akademischer Philosophie rückt der späte Foucault also im Rekurs auf antike Praktiken die Verbindung von Wahrheit, Lebensführung und Kritik in Erinnerung, die als eine selbstexperimentelle Übung ›im Handgemenge‹ (Karl Marx) konzeptualisiert wird und damit ein alternatives Forschungsethos begründet.

---

[55] Vgl. hierzu den Vortrag von Phillip Sarasin: Foucaults Antike und das Ödipus Problem https://www.youtube.com/watch?v=DM3YbEfIwCk (letzter Zugriff: 01.09.2023).

[56] Foucault 2014, S. 112.

[57] Ruth Sonderegger: Vom Leben der Kritik – kritische Praktiken und der Versuch ihrer geopolitischen Situierung, Wien 2019, S. 23.

[58] Eine solche starke Auslegung der späten Vorlesungen von Foucault bietet Ruth Sonderegger 2019.

[59] Foucault hat sich wiederholt kritisch mit einer auf die Universität und Fachdisziplin beschränkten Philosophie auseinandergesetzt. Zur veränderten Sicht auf die Aufgabe der Intellektuellen vgl. etwa Michel Foucault: Die politische Funktion des Intellektuellen, in: Ders.: Dits et Ecrits – Schriften Bd. III, Frankfurt a.M. 2003, S. 145–152.

Selbstexperiment als philosophisches Ethos

Bei Foucault stellt sich der Zusammenhang zwischen seinen Ödipus-Interpretationen und seinem Entwurf eines philosophischen Ethos als Experimentator durch seine späte Modellierung von Ödipus als Figur her, die stets mutig die Wahrheit sucht und dabei keine Scheu vor den Konsequenzen hat. Zentral ist für Foucault insbesondere die Verwandlung, welche die Initiierung einer Ermittlung und Forschung nach der Wahrheit einleitet und die ein neues Wissen bedeuten kann. Einen solchen Prozess der ständigen Transformation in und durch die intellektuelle Arbeit ist es auch, der den Schreibenden und Denkenden als Forscher-Subjekt miteinbezieht. »Eine Erfahrung ist etwas«, erläutert Foucault in einem Interview, »aus der man verändert hervorgeht. Wenn ich ein Buch schreiben sollte, um das mitzuteilen, was ich schon gedacht habe, ehe ich zu schreiben begann, hätte ich niemals die Courage, es in Angriff zu nehmen.«[60] Foucault sieht sich deswegen gerade nicht als Theoretiker mit einem starren deduktiven oder analytischen System. Vielmehr ist er ein »Experimentator in dem Sinne, dass [er] schreibe, um [sich] selbst zu verändern und nicht mehr dasselbe zu denken wie zuvor«.[61] Diese konzise Selbst-Charakterisierung erläutert Foucault in der kurzen Abhandlung *Was ist Aufklärung?*,[62] einem der wenigen Texte, in denen Foucault explizit einen Dialog mit anderen Denkern des modernen philosophischen Kanons führt, zur Entwicklung seiner eigenen Position.[63] In Auseinandersetzung mit der philosophischen (Immanuel Kant) und künstlerischen (Charles Baudelaire) Tradition erweitert und transponiert er seine intellektuelle Herangehensweise zu einem modernen, philosophischen *ethos*, dessen Inhalt und Aufgabe in der »permanente(n) Kritik unseres geschichtlichen Seins«[64] besteht und somit zugleich als Haltung und *raison d'être* als experimentierender Intellektueller gelesen werden kann.[65]

---

[60] Michel Foucault: Gespräch mit Ducio Trombadori. In: Ders.: Dits et Ecrit – Schriften Bd. IV, Frankfurt a.M. 2005a, S. 51–119, hier: S. 52.
[61] Ebd.
[62] Michel Foucault: Was ist Aufklärung? In: Ders.: Dits et Ecrits – Schriften Bd. IV, Frankfurt a.M. 2005b, S. 687–707.
[63] Zur Abstinenz Foucaults von expliziten Dialogen mit anderen Philosophen vgl. zuletzt Schneider 2022, S. 31ff.
[64] Foucault 2005b, S. 699.
[65] Vgl. hierzu Christian Schmidt: Kritik als Lebensform. Foucaults Studien zu Kant und revolutionärer Subjektivität, in: Ders. (Hrsg.): Können wir der Geschichte

Das Besondere an dem gleichnamigen Text Kants *Beantwortung der Frage: Was ist Aufklärung?* aus dem Jahre 1784, ist nach der Lektüre Foucaults der unmittelbare Gegenwartsbezug, der von Kant reklamiert wird. Es sei »das erste Mal, dass ein Philosoph die Gründe angibt, die er hat, sein Werk in diesem oder jenem Moment zu unternehmen«.[66] Mit einer solchen Reflexion auf die historische Situation des Denkens, auf das »›heute‹ als Differenz in der Geschichte«[67] stehe Kant auf der Schwelle zu einer »Haltung der Modernität«.[68] In den einleitenden Passagen interpretiert Foucault Kants Begriff von Aufklärung in der Hinsicht, dass diese sich vor allem in individueller und kollektiver Praxis durchsetze, sie also nur als Prozess zu verstehen sei, »an dem Menschen kollektiv beteiligt sind, und [als] ein Akt des Mutes, den jeder persönlich vollbringen muss«.[69] Eine solche Anforderung, die das Subjekt zu einer aktiven Selbst-Bildung – im doppelten Sinne einer ästhetisch-aufklärerischen Bildung und der Ausbildung eines Selbst – verpflichtet, korrespondiert nach Foucault mit Charles Baudelaires Entwürfen einer »ästhetischen Subjektivität«.[70] Für Baudelaire, eine Ikone der Pariser Bohème des 19. Jahrhunderts, sei der Mensch »nicht derjenige, der zur Entdeckung seiner selbst, seiner Geheimnisse und seiner verborgenen Wahrheit aufbricht; er ist derjenige, der sich selbst zu erfinden sucht. Diese Modernität befreit nicht den Menschen in seinem eigenen Sein; sie nötigt ihn zu der Aufgabe, sich selbst auszuarbeiten.«[71] Bei Baudelaire bleibe diese asketische Ausarbeitung«[72] des Subjekts freilich auf den Ort der Kunst

---

entkommen? Geschichtsphilosophie am Beginn des 21. Jahrhunderts, Frankfurt a.M. 2013, S. 106–133.

[66] Foucault 2005b, S. 694.

[67] Ebd.

[68] Ebd. Zur Verschränkung von Aufklärung, Kritik und Geschichtlichkeit bei Foucault vgl. auch Joseph Vogl: Der historische Kreis. Michel Foucault. In: Christoph Jamme (Hrsg.): Grundlinien der Vernunftkritik, Frankfurt a.M. 1997, S. 550–568.

[69] Foucault diskutiert freilich die Unterscheidung, die Kant einführt zwischen dem gehorsamen Privatgebrauch und dem kritischen öffentlichen Gebrauch der Vernunft. In seiner Lesart liegen in Kants Aufklärungsbegriff zwei unterschiedliche philosophische Projekte: Dem ersten Projekt einer transzendentalen Kritik gehe es um die Grundlegung einer allgemeingültigen Normativität, dem zweiten Projekt, das Foucault an der hier besprochenen Stelle interessiert, geht es um einen kritischen und aufklärerischen Aktivismus. Vgl. hierzu auch: Sonderegger 2019, S. 40ff.

[70] Vgl. hierzu auch Andreas Reckwitz: Das hybride Subjekt. Eine Theorie der Subjektkulturen von der bürgerlichen Moderne zur Postmoderne, Weilerswist 2006, bes. S. 289ff.

[71] Foucault 2005b, S. 698.

[72] Ebd.

Die Wahrheit und das Experiment mit sich selbst

beschränkt und könne nicht universalisierbar sein für eine gesamtgesellschaftliche neue Subjektivität.

Was Foucault also aus Kant und Baudelaire destilliert, ist eine »vollständige philosophische Reflexionsform«,[73] die die eigene gesellschaftliche Situiertheit und die Historizität der subjektiven Arbeitssituation eingedenken könne. Eine derartige Mitverhandlung der diskursiven Aktualität begründet nach Foucault das Kritik-Projekt einer kritischen »Ontologie unserer selbst«.[74] Diese Konzeption von aufklärerischer Kritik und kritischer Aufklärung muss man »als eine Haltung, als ein *ethos*, als ein philosophisches Leben begreifen, bei dem die Kritik dessen, was wir sind, zugleich historische Analyse der uns gesetzten Grenzen und Probe auf ihre mögliche Überschreitung ist«.[75] Ein solcher kritischer Aktivismus, der sowohl genealogische Analysen erfordert als auch die »Arbeit von uns selbst, an uns selbst«[76] bedeuten muss, operiere dabei notwendig im Modus des *Experimentellen*. Er ist nur als eine Erprobung von Möglichkeiten, von »Grenzen, die wir überschreiten können«,[77] denkbar und er erfordert eine beständige Korrektur durch die eigene Erfahrung, sowie Bescheidenheit im Hinblick auf seine Reichweite. Als Reaktion auf die Anmaßungen und das Scheitern von vorgefertigten revolutionären Programmen[78] für eine zukünftige Gesellschaft solle sich diese »kritische Ontologie unserer selbst von allen Projekten abwenden, die global und radikal sein wollen«.[79] Die historische Erfahrung mahnt zur Vorsicht gegenüber selbstgewissen Alternativen, »die in Wirklichkeit nur zur Fortführung der schädlichsten Traditionen geführt«[80] haben.

---

[73] Ebd., S. 700.
[74] Ebd., S. 706.
[75] Ebd., S. 707.
[76] Ebd., S. 704.
[77] Ebd., S. 703.
[78] Prominent ist Foucaults historisierende Polemik gegen den Marxismus, der »wie ein Fisch im Wasser« des 19. Jahrhunderts schwimme und überall sonst aufhören würde zu atmen. Vgl.: Foucault, Die Ordnung der Dinge, Frankfurt a.M. 1975, S. 320. Gleichzeitig bleibt Marx für Foucault ein ständiger, obschon untergründiger Dialogpartner. Vgl. auch: Ulrich Brieler: Marx-Kritik. In: Ulrich J. Schneider; Rolf Parr; Clemens Kammler (Hrsg.) 2020, S. 192f. Zum Verhältnis Foucaults zu Marx und der Frankfurter Schule vgl. auch Michel Foucault: Strukturalismus und Poststrukturalismus. In: Ders.: Dits et Ecrits – Schriften Bd. IV, Frankfurt a.M. 2005c, S. 521–555.
[79] Foucault 2005b, S. 703.
[80] Ebd. Foucault erläutert seine Ablehnung der hegelianischen Philosophie und sein Verhältnis zum Marxismus im Interview mit Ducio Trombadri, siehe Foucault 2005a, S. 62ff.

Im Kontext einer solchen Abkehr von großen gesamtgesellschaftlichen gedachten Realisierungen eines schönen Lebens und einer schönen Existenz,[81] die Foucault hier vornimmt, kann das Experiment mit sich selbst auch als »Übung«[82] einer ästhetischen Existenz verstanden werden. Christoph Menke diskutiert den Begriff der Übung als Scharnierstelle der scheinbar diametralen Perspektiven im Werk von Foucault: Zum einen die (Ein-)Übung (*exercise*) zum Zwecke einer Disziplinierung und Kontrolle des Subjekts, wie sie etwa in *Überwachen und Strafen* untersucht wird, zum anderen die Übung (*apprentisage*) im Sinne einer ästhetisch-existentiellen Selbstführung, die Foucault im Rahmen seiner Studien der griechischen Antike zur *Geschichte der Sexualität* konzeptualisiert. Menke zeigt, dass sowohl dem disziplinären als auch dem ästhetisch-existentiellen Subjekt ein antiessentialistisches und nicht teleologisches Verständnis von Subjektivität zugrunde liegt, das den Fokus auf die Praktiken legt, in denen sich Subjektivität erst herstellt. Der Unterschied bestehe darin, dass durch »disziplinierende Übungen Subjekte hervorgebracht werden [sollen], die Normen oder Normalitätsgrade einhalten können, in ästhetisch-existentiellen Übungen dagegen bilden sich Subjekte heraus, die ihr Leben in Autonomie oder persönlicher Entscheidung führen können«.[83] Ohne freilich eigene normative Maßstäbe auszuweisen, wird das Konzept einer ästhetisch-existentiellen Subjektivität, wie sie Foucault entwirft, vor allem in seiner Opposition zu sozialen Disziplinierungsprozessen und damit sozialer Heteronomie bedeutsam: Sie greift »in Sorge um das Gute des eigenen Lebens in den disziplinär produzierten Bestand an Möglichkeiten und Fähigkeiten ein, die das Subjekt bestimmen«.[84] Zentral ist dabei die selbstexperimentelle Dimension dieser explorativen Praxis. Diese ist vorstellbar als eine »Ent-|Übung«,[85] als eine tentative Erweiterung von Fähigkeiten und selbstbestimmte Erkundung von Möglichkeiten, angefangen bei der elemen-

---

[81] Michel Foucault: Genealogie der Ethik. Ein Überblick über die laufende Arbeit. In: Ders: Dits et Ecrits – Schriften Bd. IV, Frankfurt a.M. 2005d, S. 491–498, hier: S. 497.

[82] Vgl. hierzu Christoph Menke: Zweierlei Übung. Zum Verhältnis von sozialer Disziplinierung und ästhetischer Existenz. In: Axel Honneth; Martin Saar (Hrsg.): Michel Foucault. Zwischenbilanz einer Rezeption, Frankfurt a.M. 2003, S. 283–300, hier: S. 283.

[83] Ebd., S. 291.

[84] Ebd., S. 295.

[85] Den Begriff führt Ruth Sonderegger ein, um das Austesten der Veränderbarkeit naturalisierter und habitualisierter Praktiken im Anschluss an Foucaults Lektüre der Kyniker zu beschreiben. Vgl. Sonderegger 2019, S. 137ff.

Die Wahrheit und das Experiment mit sich selbst

taren Ebene »der Führung des Körpers«,[86] eine Dimension, die Richard Shusterman als »Somaästhetik«[87] benannt hat.[88] Es ist mithin die experimentelle »Haltung«,[89] die entscheidend für das Gelingen einer ästhetischen Existenz ist, »es ist die Art und Weise des Umgangs mit Tätigkeiten und Erfahrungen«,[90] die sich als eine Offenheit für und »Freiheit zur Selbstüberschreitung«[91] präzisieren lässt. Den Mut, den eine schonungslose Wahrheitssuche und experimentelle Transgression seiner selbst erfordern, sieht Foucault bei Ödipus vorgebildet.

Ohne freilich einer simplifizierenden Idealisierung oder rückprojizierenden Beschlagnahmung für die Gegenwart das Wort zu reden, kann Foucault mit der Diskussion antiker Figuren, Praktiken und Ideen eine Verfremdung und damit De-Essentialisierung moderner westlicher Subjektivität evozieren und zugleich experimentelle intellektuelle Lockerungsübungen vorführen. Nicht zuletzt offenbart der Nachvollzug von Foucaults Ödipus-Lektüren, dass die Suche nach ›der Wahrheit‹ eine Bewegung ist, die nicht bloß kritische Reflexion auf gesellschaftliche Verhältnisse und Durchdringung von Ideologien bedeutet, sondern damit gleichzeitig auch transformativ auf das forschende, denkende und schreibende Subjekt wirken kann.

---

[86] Menke 2003, S. 295.
[87] Vgl. hierzu Shustermann, Richard: Somaesthetics and the Care of the Self – The Case of Foucault, in: The Monist # 83 No. 4, London 2000, S. 530–551.
[88] Zur Bedeutung des Körpers im Werk Foucaults vgl. Ulrich J. Schneider: Der Körper und die Körper. In: Emmanuel Alloa; Thomas Bedorf (Hrsg.): Leiblichkeit – Geschichte und Aktualität eines Konzepts, Tübingen 2019, S. 294–306.
[89] Michel Foucault: Was ist Kritik?, Berlin 1992, S. 9 u. 41.
[90] Menke 2003, S. 299.
[91] Ebd.

NACHWORT

Marcus Hawel/Sara Khorshidi
Die Krise der Erfahrung
Zur schwierigen Aufgabe einer linken Partei
in Zeiten von Erfahrungsmüdigkeit

> »Jede Erfahrung ist nichts anderes als eine gewisse ärgerliche Geisteshaltung, auf Grund derer man vorwiegend den unglücklichen Ausgang der Ereignisse ins Auge fasst.«
> Louis Aragon: Die Abenteuer des Telemach

Begriff der Erfahrung und die Geschichtlichkeit der Wahrnehmung(smuster)

Erfahren zu sein heißt nicht automatisch klug zu sein. Erfahren wird jemand etwa durch den Wind, der stets aus derselben Richtung weht, und wenn bestimmte Bedingungen, die erfüllt sein müssen, um sich vor dem Wind zu schützen, reflektiert werden. Der Wissensvorrat, der hinsichtlich des wehenden Windes entsteht, gilt, solange der Wind unablässig aus derselben Richtung weht. Was aber, wenn – was möglich ist – sich einmal der Wind dreht? Dann geschieht etwas Neues fernab der Erfahrung, das erst noch verarbeitet werden muss, um Erfahrung zu sein. Die bisherige Erfahrung nützt also in diesem Augenblick nicht viel, denn sie hatte bisher noch nicht erlebt, dass der Wind auch einmal aus einer anderen Richtung wehen kann. Im Gegenteil: Die bisherige Erfahrung könnte zu falschen Schlüssen verleiten, auf die sich die Wahrnehmungsmuster eingestellt haben.

Erfahrung ist ein Sediment aus verarbeiteten, sich gleichenden und verallgemeinerbaren Erlebnissen und Ereignissen. Sie ist ein Wissensvorrat, der zugleich individuell und als Kultur, also ontogenetisch und philogenetisch angelegt und abgerufen werden kann. Jedem Augenblick der Gegenwart sind die der Gegenwart eigentümlichen Muster der Wahrnehmung eingeschrieben. Auch deshalb besitzen die Dinge in unserer Wahrnehmung einen *Zeitkern der Wahrheit*. Im Passagen-Werk heißt es daher bei Walter Benjamin: »jedes Jetzt ist das Jetzt einer bestimmten Erkennbarkeit. In ihm ist die Wahrheit mit Zeit bis zum Zerspringen geladen. (Dies Zerspringen, nichts anderes, ist der Tod der Intentio, der also mit der Geburt der echten historischen Zeit, der Zeit der Wahrheit, zusammenfällt.)«[1]

---

[1] Walter Benjamin: Das Passagen-Werk [1928/29, 1934–1940]. In: Ders.: Gesammelte Schriften (GS), Bd. V/1, hrsg. von Rolf Tiedemann; Hermann Schweppenhäuser, Frankfurt a.M. 1991, S. 578.

Die Wahrnehmungsmuster sind selbst historisch. Die Wahrnehmung gesellschaftlicher Phänomene ist abhängig von der spezifischen Gewordenheit und Entwicklung dieser Phänomene. Dies hatte Immanuel Kant hinsichtlich der Verstandes- und Sinneskategorien, die ahistorisch und *apriori*, also bereits vor und unabhängig von jedweder Erfahrung vorhanden seien, noch nicht im Blick.[2] Erst Karl Marx hat mit einer »Theorie der Sinne«, die er in den *ökonomisch-philosophischen Manuskripten* skizzenhaft entworfen hat, auf die Historizität der Sinnes- und Verstandeskategorien reflektiert.[3]

In die Wahrnehmung geht also stets konkrete Erfahrung der Wirklichkeit ein, die »als verarbeitetes Bündel von Wahrnehmungen und Reflexionen [...] wieder in die Lebenspraxis zurückübersetzt werden kann«.[4] Erfahrung und Wahrnehmung sind demnach bereits Lebenspraxis; sie sind nichts bloß Unmittelbares. Man sagt zwar umgangssprachlich, man habe diese oder jene unmittelbare Erfahrung gemacht. Doch Derartiges ist gar nicht möglich. Man kann nicht einmal ein unmittelbares Erlebnis haben, weil die Wahrnehmung des Erlebnisses (das Erleben) ein Sediment vorangegangenen Erlebens, mithin von Erfahrung ist. Erfahrungen sind immer schon Vermitteltes, das heißt tradiertes Wissen: durch geschliffene Muster der Wahrnehmung hindurch Wahrgenommenes, niemals bloßes Erleben.

Die Wahrnehmungsmuster sind Sedimente von vorangegangenen Erfahrungen vermittels derer neue Erlebnisse zu weiteren Erfahrungen verarbeitet werden. Diese Wahrnehmungsschemata unterliegen dem Subjekt der Wahrnehmung, beziehungsweise das Subjekt unterliegt diesen zugleich als »Sohn seiner Zeit«[5] und als »ensemble der gesellschaftlichen Verhältnisse«.[6] Mit anderen Worten: Die Wahrnehmungsschemata sind nicht nur historisch, sondern auch sozial bedingt, zum Beispiel abhängig vom eigenen Herkunftsmilieu oder der Klasse.

---

[2] Siehe Immanuel Kant: Kritik der reinen Vernunft, Hamburg 1998.

[3] Vgl. Karl Marx: Ökonomisch-philosophische Manuskripte aus dem Jahre 1844, drittes Manuskript, in: Marx-Engels-Werke (MEW), Bd. 40, S. 533–546.

[4] Peter Bürger: Der französische Surrealismus, Frankfurt a.M. 1996, S. 184f.

[5] Georg W. F. Hegel: Grundlinien der Philosophie des Rechts [1820]. In: Ders.: Werke, Bd. 7, S. 26ff.

[6] Karl Marx: Thesen über Feuerbach [1845/46]. In: Ders.; Friedrich Engels: MEW, Bd. 3, S. 6.

Die Krise der Erfahrung

Der Alp der toten Geschlechter
und der Umgang mit Erfahrung in der Öffentlichkeit

Kapitalistische Gesellschaften befinden sich in einer ständigen reflexiven Auseinandersetzung mit sich selbst. Ihre Dynamiken sind von starken zentrifugalen Kräften geprägt, die durch den Klassenantagonismus genährt werden. Für die eigene Reproduktion als bürgerliche Gesellschaft bedarf es dieser permanenten Selbstverständigung über den sozialen und politischen Zusammenhalt im staatlichen Gesamtzusammenhang.

Die Stabilität antagonistischer Gesellschaften hängt folglich wesentlich von öffentlichen Auseinandersetzungen über unterschiedliche politisch-ökonomische Interessen und Positionen ab und wie diese, beziehungsweise welche von diesen in der Gesellschaft realisiert werden sollen.

Bei alledem spielt *Erfahrung* in der Gesellschaft: deren kollektive Verarbeitung und die Verständigung über diese in der gesellschaftlichen Öffentlichkeit eine wesentliche Rolle. Zum Zwecke der Verständigung werden mithin auch immer wieder Bezüge zur Vergangenheit hergestellt, um sedimentierte Erfahrung abzurufen, das heißt aus der Geschichte zu lernen oder politische Einstellungen in der Gegenwart zu legitimieren. In diesem Sinne heißt es bei Karl Marx, dass die »Tradition aller toten Geschlechter [...] wie ein Alp auf dem Gehirne der Lebenden« lastet: »Die Menschen machen ihre eigene Geschichte, aber sie machen sie nicht aus freien Stücken, nicht unter selbstgewählten, sondern unter unmittelbar vorgefundenen, gegebenen und überlieferten Umständen.«[7]

Organisationsstrukturen bürgerlicher
und proletarischer Öffentlichkeiten

Erfahrung und *Öffentlichkeit* sind zentrale Begriffe in der Sozialtheorie von Oskar Negt und Alexander Kluge. In ihrem Werk »Öffentlichkeit und Erfahrung. Zur Organisationsanalyse von bürgerlicher und proletarischer Öffentlichkeit«[8] untersuchen die beiden das dialektische Verhältnis von individueller und kollektiver Erfahrung in der öffentlichen Sphäre.

---

[7] Karl Marx; Friedrich Engels: »Der achtzehnte Brumaire des Louis Bonaparte«, MEW, Bd. 8, Berlin 1972, S. 115–123.

[8] Oskar Negt; Alexander Kluge: Öffentlichkeit und Erfahrung. Zur Organisationsanalyse von bürgerlicher und proletarischer Öffentlichkeit, Frankfurt a.M. 1972.

Was heißt *Öffentlichkeit*? Das Alltagsbewusstsein hält sich nicht lange mit dieser Frage auf und ist schnell mit einer Definition zur Hand. Doch zumeist kommt man auf diese Weise nicht viel weiter als bis zu Allgemeinplätzen, Beschreibungen und Aufzählungen von *bestimmten* Öffentlichkeiten: Es geht um *Informationen*, die *öffentlich* zugänglich gemacht werden. Damit sie Verbreitung finden, brauchen sie ein Kommunikationsmittel, ein *Massenmedium*: Zeitung, Zeitschrift, Radio, Fernsehen oder das Internet. In der Öffentlichkeit kommen Personen zu Wort: Journalist*innen, Politiker*innen, Intellektuelle, Wissenschaftler*innen und auch die Bürger*innen zumeist aus betreffenden und einschlägigen Institutionen, Organisationen oder Vereinen und oft auch zufällig direkt von der Straße. Alle vertreten sie ihre persönliche Meinung oder vertreten die Interessen eines Verbandes, den sie repräsentieren, und produzieren somit eine sogenannte *öffentliche Meinung*. Es wird auch fleißig kritisiert, denn natürlich stehen auch hinter den privaten Meinungen politische oder ökonomische Interessen. Es geht also auch konträr zu – es steht Meinung gegen Meinung, das entspricht dem demokratischen Ideal – man nennt es *Meinungsfreiheit* und *Meinungspluralismus*. Aber es wird auch *kontrolliert*: Dient jemand, der ein öffentliches Amt bekleidet, der Allgemeinheit oder den eigenen privaten Interessen?

Was Öffentlichkeit ist, scheint recht leicht geklärt zu sein. Aber damit ist noch nicht erschlossen, wie Öffentlichkeit funktioniert, nach welchen Prinzipien sie organisiert wird. Gleiches gilt für die Funktionsweise und Organisierung von *gesellschaftlicher* Erfahrung. Für gewöhnlich wird bei dem Begriff der Erfahrung auf die subjektive Seite, beziehungsweise auf das Individuum, gleichsam auf das Subjekt der Erfahrung geschaut, eher selten aber auf die objektiven Bedingungen, also die materiellen Voraussetzungen oder Möglichkeiten von Erfahrung im gesellschaftlichen Zusammenhang.

Negt/Kluge betrachten Erfahrung als das Ergebnis von individuellen und kollektiven Interaktionen in der Gesellschaft. Sie argumentieren, dass Erfahrung von sozialen Bedingungen abhängig ist und durch die Gesellschaft oder durch einen untergeordneten Zusammenhang wie Klasse, Milieu, Gruppe geprägt wird. Erfahrung ist also kein rein subjektiver Zusammenhang, sondern wird durch gesellschaftliche und herrschaftliche Strukturen und Prozesse beeinflusst.

Öffentlichkeit ist der Raum, in dem Menschen ihre Erfahrungen miteinander kommunizieren und kollektiv verarbeiten, um gemeinsam Bedeutungen und Sinnzusammenhänge zu schaffen, politische Prozesse zu beeinflussen. Das Ergebnis von kollektiver Erfahrung sedimentiert

Die Krise der Erfahrung

sich als gemeinsame Kultur. Diese Kultur ist allerdings nicht überall und von jedem Menschen gleichermaßen erfahrbar, weil die bürgerliche Öffentlichkeit den Raum parzelliert und gruppenbezogene oder klassenspezifische Organisationsmuster ausbildet und nach bestimmten (Herrschafts-)Prinzipien strukturiert.

Die bürgerliche Öffentlichkeit in der kapitalistischen Gesellschaft entfremdet die Erfahrungen der Individuen, beziehungsweise diese von den Produktions- und Machtverhältnissen, so dass der Erfahrungszusammenhang als Ganzes nur im Sinne und aus der Perspektive der Herrschaftsinteressen funktional und höchst effizient, aber aus der Perspektive emanzipatorischer Zielsetzungen dysfunktional und beschädigt erscheint.

Öffentlichkeit als Organisationsform gesellschaftlicher Erfahrung
Öffentlichkeit kann man mit Negt/Kluge als eine *Organisationsform gesellschaftlicher Erfahrung* verstehen, in der es um allgemeine und besondere, ganz spezifische und miteinander konkurrierende Interessen geht, sowie auch um eine Unterschlagung von besonderer Erfahrung, die etwaigen Interessen widerspricht.[9]

Öffentlichkeit ist in ihrem Entstehungszusammenhang von der Emanzipation des Bürgertums historisch nicht zu trennen – und auch heute hat sie ihren explizit bürgerlichen Charakter behalten. Mit dem emphatisch verstandenen Begriff der *öffentlichen Meinung* versuchte das revolutionäre Bürgertum die Gesellschaft, die Interessen des Dritten Standes zu einer Einheit zusammenzufassen und damit Öffentlichkeit überhaupt erst einmal herzustellen (politische Klubs, Zeitschriften und so weiter). Das, was den Charakter eines politischen Programms erhielt, um so etwas wie bürgerliches Klassenbewusstsein zur politischen Emanzipation gegen Adel und Klerus zu schaffen, ist aber eine ideologische Illusion gewesen, die bis heute den Charakter der bürgerlichen Öffentlichkeit kennzeichnet und den wirklichen Zusammenhang verschleiert. Denn die Einheit der Gesellschaft wird nicht über Öffentlichkeit hergestellt, sondern durch die arbeitsteilig organisierte Produktion und Zirkulation von Waren. Vielmehr sind auch die Gesetzmäßigkeiten der Öffentlichkeit durch die politische Ökonomie bestimmt.

Die bürgerliche Öffentlichkeit leistet geradezu das Gegenteil von dem, was sie zu leisten vorgibt und beansprucht. Sie organisiert Erfahrungs-

---
[9] Vgl. Negt; Kluge 1972.

zusammenhänge als nicht-einheitliche Teilöffentlichkeiten:[10] Fernsehen, Presse, Verbände, Parteien, Bundestag, Schule, Universitäten, Justiz, Kirchen, Vereine, Konzerne und so weiter. In der bürgerlichen Öffentlichkeit werden diese Teilöffentlichkeiten nicht aufeinander bezogen – sie bleiben gerade aus Prinzip partikular. Systematisch werden dabei die substanziellen Lebensinteressen der in subalternen Lebenswelten existierenden Menschen ausgegrenzt, indem die Orientierung auf das kapitalistische Produktionsinteresse, also auf ein Herrschaftsinteresse gerichtet ist. Die Bildung von Zusammenhängen wird systematisch blockiert.[11]

Es erscheint die Öffentlichkeit als bloße Summe ihrer Teile. – Konträre Partikularinteressen werden organisiert und nach dem Prinzip der Konkurrenz ausgerichtet, orientiert an einem partikularen und besonderen, das heißt privaten Produktionsinteresse, durch welches die Organisation der bürgerlichen Öffentlichkeit der Idee von Öffentlichkeit widerspricht: denn was privat ist, kann nicht öffentlich sein – es kann nur öffentlich gemacht werden. Schon im Begriff der Öffentlichkeit als Gegensatz zur Privatheit ist ein zentraler Bestandteil des gesellschaftlichen Lebens ausgeblendet: alles das, was nicht öffentlich ist, vereinzelte, das heißt an sich entfremdete Privatheit: individuell materielles Leiden auf der einen und das Privateigentum auf der anderen Seite. Legitimation (Anerkennung) erfahren diese partikularen Teilöffentlichkeiten durch ihre je eigenen Interessensgruppe (Lobby) und durch ein dem ganzen übergeordnetes abstrakt Allgemeines, den Staat als ideelle Gesamtöffentlichkeit, zu dem die Massenmedien als sogenannte vierte Gewalt oftmals hinzugezählt werden.

Mit anderen Worten, das Prinzip der bürgerlichen Öffentlichkeit besteht aus: Parzellierung, Lobbyismus und Orientierung am kapitalistischen Produktionsinteresse (Herrschaftsinteresse), Konkurrenz zwischen den einzelnen Partikularinteressen und –öffentlichkeiten, Beeinflussung der öffentlichen Meinung und der Ausgrenzung substanzieller Lebensinteressen der Subalternen. Das Leben der Subalternen ist zwar durch einen einheitlichen Erfahrungszusammenhang gekennzeichnet, erscheint aber in der bürgerlichen Öffentlichkeit vom Gesamtzusammenhang isoliert, nicht-zusammenhängend. Der Herrschaft kommt gesellschaftliche Unbewusstheit zugute, die durch Parzellierung des Zusammenhangs wenigstens fortbesteht, wenn nicht sogar mit produziert wird.

---

[10] Vgl. ebd., S. 15.
[11] Vgl. ebd., S. 10.

Die Krise der Erfahrung

Die Darstellung von Zusammenhängen ist die Bedingung der Möglichkeit für die Entstehung von Klassenbewusstsein sowie einer gegenseitigen Solidarisierung. So können sich Klassenkämpfe überhaupt erst vereinheitlichen und einen Charakter annehmen, der die bestehende Ordnung mindestens irritiert. Oder anders ausgedrückt: Der Zusammenhang ist die Bedingung der Möglichkeit für einheitliches, solidarisches (emanzipatives) Bewusstsein, das der Herrschaft ihre Legitimation entziehen kann und also für den Fortbestand der Herrschaft gefährlich ist.

In der bürgerlichen Öffentlichkeit sorgen die kapitalistischen Mechanismen dafür, dass solch ein Zusammenhang nicht zustande kommt. Öffentlichkeit wird so organisiert, dass ein Entzug der Anerkennung von Herrschaft in der Regel nicht gleichzeitig in mehreren der parzellierten Teilöffentlichkeiten stattfindet. Aus der Organisation von Ungleichzeitigkeit und Konkurrenz zwischen ihnen resultieren die Verteilungskämpfe zwischen den Subalternen – zum Beispiel Lohnkämpfe, Studierendenstreiks, Proteste von Berufsgruppen, -verbänden, Eltern gegen die Streichung der Mittel für Kitas und so weiter.

Subalterne Gegenöffentlichkeit

Wenn Öffentlichkeit ihrem Prinzip nach bürgerlich ist, so versteht sich Gegenöffentlichkeit ihrem eigenen Anspruch nach als nicht-bürgerlich, mehr noch: Negt und Kluge nennen das Prinzip der Gegenöffentlichkeit *proletarisch*, also proletarische Öffentlichkeit, und stellen dieses der *bürgerlichen Öffentlichkeit* gegenüber – nicht aber ihr entgegen. Stattdessen schließt es nach Negt und Kluge »an diesem vom Kapitalinteresse substanziell ausgefüllten Öffentlichkeiten«[12] an.

Der Begriff des Proletarischen ist bei Marx von umfassendem Bedeutungsgehalt, welcher in soziologischen Bestimmungen nicht aufgeht. Es heißt in der »Kritik zur Hegelschen Rechtsphilosophie«: »Wenn das Proletariat die Auflösung der bisherigen Weltordnung verkündet, so spricht es nur das Geheimnis seines eigenen Daseins aus, denn es ist die faktische Auflösung dieser Weltordnung. Wenn das Proletariat die Negation des Privateigentums verlangt, so erhebt es nur zum Prinzip der Gesellschaft, was die Gesellschaft zu seinem Prinzip erhoben hat, was in ihm als negatives Resultat der Gesellschaft schon ohne sein Zutun verkörpert ist.«[13]

---

[12] Ebd., S. 12.
[13] MEW, Bd. 1, S. 391.

Auch wenn es heute keine einheitliche Klasse des Proletariates als politisches Subjekt mehr gibt, weil ihre Einheit in verschiedene Subkulturen zerfallen ist, denen es kaum mehr möglich ist, sich als einheitliche Klasse zu erfahren, so sind diese geprägt von der allgemeinen und abstrakt einheitlichen Erfahrung von Unterdrückung und Ausbeutung und könnten sich durchaus zu einer selbstbewussten, vereinten Klasse reorganisieren. Solange aber dies nicht der Fall ist, wäre es zutreffender, statt von *proletarischer* von *subalterner* Öffentlichkeit zu sprechen: Die Gegenöffentlichkeit ist die Öffentlichkeit der Subalternen.

Das Prinzip der Gegenöffentlichkeit lässt sich in drei Punkten zusammenfassen: Erstens die Herstellung von Zusammenhängen, also die Vereinheitlichung der Erfahrungszusammenhänge als Allgemeinheit der Unterdrückung. Zweitens die Betonung substanzieller Lebensinteressen gegen das kapitalistische Produktionsinteresse, Ausdrucksformen der Existenzweise der Subalternen und drittens die Produktion von gegenseitiger Solidarisierung als Akt der Vereinheitlichung der Emanzipationsinteressen, beziehungsweise die Transformation der auf Konkurrenz basierenden Verteilungskämpfe in einheitlichen Klassenkampf. Negt/Kluge bringen mithin eine plebejische oder *proletarische Öffentlichkeit* gegen die Organisationsprinzipien und Wirkungsweise der bürgerlichen Öffentlichkeit in Anschlag. Sie soll die herrschaftlichen Prinzipien umdrehen zu emanzipatorischen Prinzipien: Zusammenhang schaffend als *kulturelle Hegemonie*,[14] das heißt: verbindend, Gleichzeitigkeit organisierend, solidarisierend, mobilisierend.

Den Menschen soll es in den subalternen Öffentlichkeiten ermöglicht werden, ihre in der bürgerlichen Öffentlichkeit unterschlagenen Erfahrungen zu teilen und gemeinsam soziale Veränderungen anzustreben, das heißt ihre gemeinsamen Interessen zu erkennen und Handlungsstrukturen aufzubauen. Hierzu benötigen sie ihre eigenen Organisationen, Verbände, Vereine und sozialen Bewegungen, die den linken Teil der Zivilgesellschaft ausmachen, vor allem Gewerkschaften und linke politische Parteien zählen hier zu den großen politisch-ökonomischen Akteuren, die den Erfahrungsraum in der Öffentlichkeit entscheidend und maßgeblich organisieren.

---

[14] Siehe Mario Candeias; Florian Becker; Janek Niggemann; Anne Steckner (Hrsg.): Gramsci lesen! Einstieg in die Gefängnishefte, Hamburg 2013.

Die Krise der Erfahrung

Zum Wandel der Parteiensysteme in Europa

Parteien, so steht es im Grundgesetz, »wirken bei der politischen Willensbildung des Volkes mit«.[15] Ihre Aufgabe besteht unter anderem darin, den Bürger*innen auf der Basis der »freiheitlich-demokratischen Grundordnung« einen politischen Raum im Sinne einer Teilöffentlichkeit zu ermöglichen, in dem – ihrer politischen Orientierung gemäß – Erfahrungen geteilt werden können und in dem eine gemeinsame soziale und politische Entwicklung auch als Opposition organisiert werden kann.

So viel Umsicht hat es in der Geschichte der Parteiensysteme nicht von Anfang an gegeben. Um einen Überblick über die Erscheinungsformen und den Wandel der Parteiensysteme in Europa zu ermöglichen, müssen einige allgemeine Erläuterungen zur Geschichte des Parteiensystems angestellt werden.

Das Parteiensystem hat in Europa in den vergangenen 200 Jahren mehrfach eine Entwicklung durchlaufen. In ihrer ursprünglichen Form waren die Parteien vor allem Klassenparteien, basierend auf dem Gegensatz von Lohnarbeit *versus* Kapital in Form von proletarischen Massenparteien auf der einen und Patronageparteien ohne Mitglieder auf der anderen Seite. Eine Zeitlang, in der nur wenige Menschen wahlberechtigt waren, wurden politische Netzwerke unter gleichgesinnten, wohlhabenden Männern gebildet, um regionale und nationale Interessen bei der Gesetzgebung zu vertreten.

Allmählich entwickelten sich in Europa Mehrparteiensysteme, in denen vor allem auch konfessionelle Richtungen und wirtschaftspolitische Orientierungen wie der Liberalismus abgebildet wurden. In den 1930er-Jahren entwickelte sich schließlich eine Konfrontation zwischen faschistischen Massenbewegungen und -parteien auf der einen Seite und kommunistischen Widerstandsparteien auf der anderen Seite. Beide sprachen überwiegend die proletarischen und kleinbürgerlichen Klassen an. In ganz Europa traten die Kommunistischen Parteien als Organisatorinnen des nationalen Widerstandes gegen die deutsche Okkupation auf. Das Programm der sozialistischen Revolution trat zugunsten des Kampfes für eine antifaschistische Demokratie in den Hintergrund.

Nach dem Zweiten Weltkrieg gab es hauptsächlich zwei Einflüsse auf Parteien. Zum einen das Nachleben des Widerstands gegen den Faschismus und zum anderen das durch den *New Deal* geprägte Konzept der Volksparteien und der *Catch-all-Mentalität*. Sergio Bologna ver-

---

[15] Artikel 21, Absatz 1, GG.

folgte diese Entwicklung in Italien zwischen 1945–46, nach dem bewaffneten Kampf gegen den Faschismus. Die Widerstandsbewegung und das darauffolgende Regime erbten vom Faschismus, so Bologna, mächtige Instrumente zur Regulierung der Klassen: den Kredit, die staatlich-kontrollierten Industrien und die öffentlichen/sozialen Ausgaben. Das Parteiensystem kontrollierte somit die grundlegenden Sektoren der Wirtschaft und die wichtigen Dienstleistungssektoren. Die *Democrazia Cristiana* (DC), die wichtigste Volkspartei Italiens zwischen 1945 und 1993, war durch diese Kontrolle in der Lage, mit den USA und den multinationalen Unternehmen im In- und Ausland über die internationale Arbeitsteilung, allgemeine Wachstumsraten und die Art des staatlichen Eingriffs in die Ökonomie zu verhandeln. In diesem Prozess wurde die Dynamik der Klassenbeziehungen so organisiert, dass sie den Plänen für politische Stabilität entsprach.[16]

Nach dem antifaschistischen Widerstand in Europa entschieden sich die Parteien ferner dafür, ihre klassenspezifischen und klassenkämpferischen Beziehungen zu politischen und sozialen Akteuren und zu den Massen durch gegenseitige Beziehungen untereinander zu ersetzen. Demzufolge priorisierten auch die Kommunistischen Parteien den Kontakt zu den jeweils regierenden Parteien statt bloß zu den subalternen Klassen und der bewaffneten Bewegung. Bologna betrachtet die Intensivierung der Beziehungen der Kommunistischen Parteien zu anderen Parteien, insbesondere zu den Christdemokraten als ein Versuch, »die Krise des Staates zu lösen« und das Parteiensystem im Sinne von Konsens statt Konflikt neu zu definieren. Das Parteiensystem zielte nicht mehr darauf ab, Konflikte zu repräsentieren, sie zu vermitteln oder zu organisieren.[17]

Diese Entscheidungen führten zu einem beispiellosen Umbruch im Parteiensystem. Der traditionelle Klassenantagonismus spielte bei der Wahl von Parteien und in der Parteienprogrammatik zunehmend kaum noch eine Rolle. Dies ist folglich zum einen das Ergebnis eines subjektiven Erfahrungsverlusts, nämlich des Klassenbewusstseins. Zum anderen ist aber der Klassenantagonismus in der Gesellschaft nicht mehr auf die ursprüngliche Weise objektiv erfahrbar gewesen. Das Proletariat hat seinen objektiven Status als Negation zum Bestehenden verlo-

---

[16] Vgl. Sergio Bologna: Die Zerstörung der Mittelschichten. Thesen zur neuen Selbständigkeit, Graz 2006.
[17] Sergio Bologna: https://autonomies.org/2023/02/italy-autonomia-10-sergio-bologna/ (30.10.2023).

Die Krise der Erfahrung

ren, weil es sukzessive mehr zu verlieren hatte als seine Ketten. Es ist zum integrativen Bestandteil des Bestehenden geworden und hat daher auch materielle wie ideologische Interessen am Fortbestand des Bestehenden entwickelt.

Seit den 1980- bis 1990er-Jahren wurde eine Wandlung hin zum Mehrparteiensystem immer sichtbarer: Nicht nur die Anzahl der im Parlament vertretenen Parteien ist gestiegen, sondern die Mobilisierungs- und Integrationskraft der Volksparteien ist gesunken. Der Neoliberalismus hat den Wertewandel und den Trend zur Individualisierung in der Gesellschaft verschärft. Die Volksparteien stehen als kollektive Organisationen, die programmatisch auf den Gesamtnutzen abzielen, den individualisierten Sozialmilieus entgegen. Demzufolge kann die heutige Parteienlandschaft kaum eine Polarisierung auf Klassenbasis reflektieren. Auf der einen Seite spielt der Klassenantagonismus bei der Wahl von Parteien, beziehungsweise der Ausrichtung der Parteienprogrammatik, kaum noch eine Rolle. Auf der anderen Seite wandeln sich die Parteien von einem Kollektivmodel zu organisierten Erfahrungsräumen: Jede Partei versucht, die Menschen mehr oder weniger über Lebensstilfragen und Milieus anzusprechen. Die das Wahlverhalten beeinflussenden Faktoren gleichen mitunter eher den Angeboten für Vergünstigungen, ähnlich wie Rabatte im Handel, durch bis zur Unkenntlichkeit sich einander in der Mitte angeglichenen Parteien, die kaum noch qualitative, sondern nur quantitative Unterschiede in ihrer Programmatik aufweisen.

Diese Änderung des Parteiensystems beruht nicht nur auf der Anzahl der in einem bestimmten Land tätigen Parteien, sondern auf einer unabhängigen politischen Regulierung in den Nicht-Reproduktionsprozessen der Klassen. Zwei- und Mehrparteiensysteme, als Mittel zur Organisation politischer Konflikte in pluralistischen Gesellschaften und zur Vertretung von Konflikten und neuen Bewegungen, haben sich mehr und mehr verdichtet und Bewegungen in der Zivilgesellschaft und neue Klassenzusammensetzungen teilweise verhindert.

Ein aktuelles Problem in der politischen Linken ist angesichts dessen die mangelnde klare Vision der Überwindung des globalen flexibilisierten Kapitalismus als langfristiges Ziel, das als Orientierung für konkrete Schritte in der Gegenwart dienen könnte.[18] Dies steht im absoluten Kontrast zur zweiten Hälfte des 19. und 20. Jahrhunderts, als die Arbeiter-

---

[18] Siehe Frank Deppe: Überlegungen zur Sozialismusdebatte im 21. Jahrhundert, in: Kim Lucht; Frank Deppe; Klaus Dörre (Hrsg.): Sozialismus im 21. Jahrhundert?, Hamburg 2023, S. 11–30.

klasse und die sozialistische Politik noch miteinander verbunden waren und kampffähige, international orientierte proletarische Klassenparteien existierten.[19]

Eine solche klare Zielvorstellung als ein sozialistisches Projekt aus Bewegung und Partei scheint angesichts der vorangegangenen Entwicklungen nicht mehr anschlussfähig zu sein. Das Gegenteil aber dürfte der Fall sein, wenn die Zielvorstellungen schonungslos mit den Problemen und Konflikten der nahenden Zukunft, insbesondere des Klimawandels reflektiert werden. Ohne eine fundierte Theorie und eine klare Orientierung für die Politik wird die Linke es aber schwer haben, sich zusammenzuhalten.[20]

Eine linke Partei muss auch in diesen Zeiten versuchen, ein dezidiert sozialistisches Fernziel mit sozialen, ökologischen und friedenspolitischen Programmen und gleichzeitig realpolitische Anliegen zu verbinden. Dadurch könnte sie verschiedene subalterne Milieus der Gesellschaft ansprechen und in einer vielfältigen und handlungsfähigen Klasse zusammenführen. Der Erfolg einer solchen Strategie hängt jedoch davon ab, ob es gelingt, das eigene politische Klientel in den anomischen Zeiten einer dauerhaften Mehrfachkrise zu politisieren und für ein gesellschaftliches Zukunftsprojekt, allgemeinen Ermüdungserscheinungen zum Trotz, zu begeistern.

Zeitenwende? Anomie! Erfahrungsmüdigkeit!

Bürgerliche Gesellschaften sehen sich immer wieder mit Konstellationen oder historischen Ereignissen katalytischer Tragweite konfrontiert, die den Phänomenen des *Erfahrungsverlustes* und der *Erfahrungsarmut* Vorschub leisten. Beides sind komplexe Phänomene, die eng mit politischen und ökonomischen Entwicklungen, psychischen Reaktionen und der Veränderung der sinnlichen und kognitiven Wahrnehmungsmuster zusammenhängen.

---

[19] Siehe Janis Ehling: Verlieren linke Parteien ihre Bedeutung? Aufstieg und Niedergang linker Parteien vom Industriekapitalismus zum späten Neoliberalismus, in: Lucht; Deppe; Dörre 2023, S. 165–180.

[20] Siehe Ingar Solty: Sozialismus als Ausgang der Menschheit aus ihrer selbstverschuldeten Unmündigkeit, in: Lucht; Deppe; Dörre 2023, S. 65–82.

Die Krise der Erfahrung

Brüchige Bezugssysteme
Bei den katalytischen Situationen handelt es sich meistens um gesellschaftliche *Anomien*[21] oder plötzliche Ereignisse, die die Wahrnehmungskategorien durcheinanderwirbeln und Verwirrung stiften, sogar eine Erfahrungskrise auslösen können. Anomien sind nach Émile Durkheim Situationen, in denen sich die Umstände radikal zu ändern beginnen, und infolgedessen die alten Bezugssysteme zwar noch gelten, aber nicht mehr vollständig, und neue Bezugssysteme entstehen, die sich noch nicht vollumfänglich durchgesetzt haben, aber beinahe gleichberechtigt neben den alten stehen. Dies führt zu Verwirrung, Unsicherheit, zu Orientierungskrisen und Polarisierung, aber unter Umständen auch zu einer gesellschaftlichen Erosion, zu Brüchen und zum Verlust dieser Koordinaten- oder Bezugssysteme der Erfahrung.

Ebenso können Ortswechsel eine derartige Wirkung auf die rezeptive Wahrnehmung eines Subjekts haben. Insofern haben die Dinge nicht nur einen Zeit-, sondern auch einen *Ortskern der Wahrheit*, da sich mit der Änderung des Bezugssystems auch die Sicht auf die Dinge und ihre Bedeutung für Vergangenheit, Gegenwart und Zukunft zeit- und raumabhängig ändern.

Brüchige Bezugssysteme können folglich zu Missverständnissen in der Wahrnehmung von Phänomenen führen, die aber durchaus produktiv sein können und möglicherweise zu »Wahrheiten« führen, die zwar nicht falsch sind, aber nicht mehr viel mit den herkömmlichen Erfahrungen zu tun haben und auf die man folglich nicht mehr vertrauen kann. Häufig werden schockartige Ängste und Hysterien durch brüchige Bezugssysteme ausgelöst. Die Verhaltensmuster beinhalten dann oft die individuelle Suche nach Surrogaten für die durcheinandergewirbelten Wahrnehmungskategorien. In solchen Situationen finden viele Menschen Trost im »Aberglauben aus zweiter Hand«:[22] in Religion, Astrologie, Metapsychologie, Esoterik, Verschwörungsfantasien und so weiter. Insbesondere werden auch *Ideologien gruppenbezogener Menschenfeindlichkeit*[23] als Halt in Anspruch genommen, um beispielsweise Schuldige für das eigene Unglück ausfindig zu machen.[24]

---

[21] Vgl. Émile Durkheim: Der Selbstmord [frz. 1897], Neuwied/Berlin 1973.
[22] Theodor W. Adorno: »Aberglaube aus zweiter Hand«, in: Ders.: Soziologische Schriften I, hrsg. von Rolf Tiedemann, Frankfurt a.M. 1973, S. 147–176.
[23] Wilhelm Heitmeyer: Gruppenbezogene Menschenfeindlichkeit, in: Ders. (Hrsg.): Deutsche Zustände. Folge 1, Frankfurt a.M. 2002.
[24] Vgl. Marcus Hawel: Politische Bildung und der Blick auf das gesellschaftliche Ganze. Zu den zentrifugalen Kräften des Kapitalismus und den Ideologien der Un-

Konkrete Konstellationen katalytischer Tragweite
In unserer Gegenwart und jüngsten Vergangenheit haben wir mehrfach solche Konstellationen mit katalytischer Tragweite erlebt:

Die Anschläge vom 11. September 2001 haben den Traum von Francis Fukuyama vom »Ende der Geschichte«[25] abrupt begraben und stattdessen den Alptraum eines globalen Krieges gegen den Terrorismus und die Verwirklichung eines »Kampfes der Kulturen«,[26] wie ihn Samuel P. Huntington vorhergesagt hatte, in den Raum gestellt.

Die anhaltende Mehrfachkrise, die 2007 als globale Finanz- und Kapitalkrise begann und schließlich Griechenland und später das Vereinigte Königreich (Brexit) erfasste und sich zu einer Krise der Europäischen Union ausweitete, stellt die lange Phase eines *Interregnums* (Gramsci) dar, die die soziale Anomie ausgelöst hat.

Die COVID-19-Pandemie, insbesondere in den ersten beiden Jahren ab März 2020, hat in der Gesellschaft immer wieder einen Schock ausgelöst und eine sehr von Angst geprägte Politik bewirkt. Aber vor allem verstärkt der immer deutlicher spürbare Klimawandel die soziale Anomie, bei der die COVID-19-Pandemie nur wie ein Vorspiel oder eine Entelechie erscheint. Der Klimawandel polarisiert die Gesellschaften in zwei Lager: diejenigen, die bereit zu sein scheinen, viele Privilegien aufzugeben, um eine sozialökologische Transformation mit Umgestaltung der Wirtschaft zu verbinden, und diejenigen, die den Klimawandel ignorieren oder leugnen, um an ihren Privilegien festzuhalten. Die beiden Lager stehen zunehmend sich unversöhnlich gegenüber.

Der Angriffskrieg Russlands gegen die Ukraine, der im Februar 2022 begann, hat eine sogenannte Zeitenwende ausgelöst, die vorübergehend die Dramatik des Klimawandels in den Hintergrund rücken ließ, möglicherweise nur deshalb, weil jener noch im Gewand der alten imperialistischen Logik daherkam und noch nicht im Zusammenhang mit einer *neuen* Geopolitik gedeutet wurde, die durch den Klimawandel bestimmt sein wird.

Nicht zuletzt haben die Massaker der islamistischen Terrororganisation Hamas an jüdisch-israelischen Zivilist*innen im Oktober 2023 den jüngsten Schock ausgelöst und das übliche Spektrum der Deutungen

---

gleichwertigkeit. In: Marcus Hawel; Stefan Kalmring (Hrsg.): (Ohn-)Macht überwinden! Politische Bildung in einer zerrissenen Gesellschaft, Berlin 2024 (im Erscheinen).

[25] Francis Fukuyama: Das Ende der Geschichte, München 1992.

[26] Samuel P. Huntington: Kampf der Kulturen. Die Neugestaltung der Weltpolitik im 21. Jahrhundert, München/Wien 1996.

Die Krise der Erfahrung

des Nahostkonflikts radikal verschoben. Die Massaker werden als das größte Pogrom gegen Jüdinnen und Juden seit Auschwitz oder als Israels »11. September« gelesen oder mit dem Jom-Kippur-Krieg von 1973 verglichen.

Diskursmigräne

Insbesondere die Corona-Pandemie, der Angriffskrieg auf die Ukraine und die Massaker gegen jüdisch-israelische Zivilist*innen zeigen, wie sich schlagartig der jeweilige Diskursraum entzündet und das Sagbare auf ein schmales Spektrum verengt hat. Diskursräume entzünden und verengen sich wie bei einem Migräneanfall. Eine Aura bildet sich im Seefeld. Es kann nur mit Verzerrung noch gesehen, unter Schmerzen gedacht werden, die Wahrnehmung ist lichtempfindlich, und das Wahrgenommene ist überbelichtet.

Das Sagbare wird eingegrenzt auf *verdinglichte Grundpositionen*[27] oder auf akzeptierte, *konformistische Sprachspiele*[28] reduziert, hinter denen sich die öffentliche und veröffentlichte Meinung verschanzt wie hinter einer Wagenburg. Hysterisch anmutende *Shitstorms* brechen zuweilen über diejenigen herein, die gegen die konformistische Wagenburgmentalität verengter Diskursräume kritisch argumentieren und die Diskurse wieder auszuweiten versuchen.

Erfahrungsarmut und Müdigkeit

Zu viele schlechte Erfahrungen mit multiplen Krisen, die über viele Jahre, jedenfalls einen langen Zeitraum andauern und nicht enden zu wollen scheinen, – wie die multiple Dauerkrise seit 2007 – können ferner zu einer sogenannten *Erfahrungsarmut* führen.

Der Begriff geht auf Walter Benjamin zurück.[29] Erfahrungsarmut entsteht durch zu viele und zu lange Krisen: Geraten die Verhältnisse in eine krisengeschüttelte Unordnung und erheben sich jene übermächtig über die Menschen, als Dauerkrise und Anomie, ist das individuelle Subjekt der Wahrnehmung dazu verleitet, mit jeder weiteren Erfahrung

---

[27] Vgl. Jürgen Seifert: »Verfassungsgerichtliche Selbstbeschränkung«. In: M. Tohidipur (Hrsg.): Verfassung, Verfassungsgerichtsbarkeit, Politik. Zur verfassungsrechtlichen und politischen Stellung und Funktion des Bundesverfassungsgerichts, Frankfurt a.M. 1976, S. 116-135.

[28] Alfred Lorenzer: Sprachspiel und Interaktionsformen, Frankfurt a.M. 1977.

[29] Vgl. Walter Benjamin: »Erfahrung und Armut«, in: Ders.: Sprache und Geschichte. Philosophische Essays, Auswahl von Rolf Tiedemann, Stuttgart 1992, S. 134–140.

nur ein Scheitern wahrzunehmen. Denn Erfahrung wird in und durch »haltbare Worte«,[30] denen man trauen und nach denen man sich richten können möchte, auf die Verlass sein muss, transportiert. Aber die Erfahrung kann dies gar nicht mehr leisten, weil sich Neuerungen radikal und *ad hoc* durchgesetzt haben, die in Erfahrungen noch nicht reflexiv eingegangen sind.

In der Folge sind die Worte auch nicht mehr so »haltbar«. Die Erlebnisse des Stellungskrieges und der Materialschlachten des Ersten Weltkrieges zum Beispiel, so Benjamin, spotteten jeder Erfahrung, jedem kanonischen Wissen über strategische Kriegsführung der vorangegangenen Zeit. So auch die Inflation der erfahrenen Volkswirtschaftslehre. Es war damals folglich eine Zeitenwende mit mehreren Dimensionen und in jeglicher Hinsicht grundlegend und radikal für die Menschen, die der Generation angehörten, die sich damals am Scheideweg befand: »Eine Generation, die noch mit der Pferdebahn zur Schule gefahren war, stand unter freiem Himmel in einer Landschaft, in der nichts unverändert geblieben war als die Wolken, und in der Mitte, in einem Kraftfeld zerstörender Ströme und Explosionen, der winzige gebrechliche Menschenkörper.«[31]

Der gewiss noch bestirnte, aber von Pulverrauchschwaden bedeckte Himmel über dem Menschen und das moralisch verkommene Gesetz in ihm, – so könnte man in Anlehnung an Kant die Situation auch beschreiben. In dieser *transzendentalen Obdachlosigkeit*[32] dürstet dem Menschen nach der *Notbremse*, nach *Stillstand*[33] und Ereignislosigkeit, nach wirklichem, wahren Inhalt, also nach einem Halt, der von innen kommt.

Die Wahrnehmung des dauerhaften Scheiterns unter einem verfinsterten Sternenhimmel macht das Subjekt den Verhältnissen nur noch unterlegener und damit pessimistischer in seiner Grundeinstellung zum Leben. Pessimismus, Müdigkeit und Verdruss bestimmen dann zunehmend die verdinglichten Grundpositionen in der Gesellschaft, die sich gegen jede Erfahrung gepanzert haben, die zur Veränderung der Verhältnisse politisch in Anschlag gebracht werden. Auf ähnliche Weise erklärte Max Horkheimer eine in vielen Menschen tief verankerte Abneigung gegen Kritik und eine grundlegende Feindschaft gegenüber dem

---

[30] Benjamin, a.a.O., S. 134.
[31] Ebd., S. 135.
[32] Georg Lukács: Die Theorie des Romans [1920], Bielefeld 2009.
[33] Siehe Walter Benjamin: Über den Begriff der Geschichte. In: Ders.: Werke und Nachlass – Kritische Gesamtausgabe, Bd. 19. Hrsg. von Gérard Raulet, Berlin 2010.

Die Krise der Erfahrung

Theoretischen, die schließlich in einem Antiintellektualismus münden, weil mit der Emanzipation von Herrschaft und der Veränderung von Gesellschaft, die aus der kritischen Gesellschaftstheorie abgeleitet werden, auch vom Individuum Veränderung abverlangt wird, die in Zeiten einer Dauerkrise als Überforderung und Nötigung empfunden werde.[34]

Ein numerisch bedeutsamer Teil der Gesellschaft, insbesondere die untere, allmählich verarmende Mittelschicht, scheint in unseren Tagen in jenem Sinne abermals satt und überdrüssig geworden zu sein von Erfahrungen, die nicht mehr richtig funktionieren, das soll heißen: auf die kein Verlass mehr ist, weil der Wind sich gedreht hat und die Zeiten sich gewandelt haben. Dieser Teil wandert offenbar nach rechts und stellt sich als rechtsradikal wählende Blockade gesellschaftlichen Fortschritts zunehmend renitent in den Weg, weil er das Gefühl hat, dass gesellschaftliche Transformationskonzepte zu sehr auf seine Kosten gehen. Im ersten Drittel des 20. Jahrhundert wuchs aus diesem Teil eine faschistische Massenbasis heran.

Das Phänomen (a)politisierten und (a)pathischen Überdrusses, der sich politisch von rechts instrumentalisieren lässt, ist also nicht neu. Eine Zeitenwende mit besonderer katalytischer Kraft war – wie bereits angedeutet – paradigmatisch die Phase ab Ende des Ersten Weltkrieges. Diese Phase war nicht nur durch einen Schub an Erfahrungsschwund gekennzeichnet, sondern auch durch jenes damals neuerliche Phänomen, das Benjamin 1933 in seinem Aufsatz »Erfahrung und Armut« mit dem Begriff der *Erfahrungsarmut* beschrieb. Darin geht Benjamin auf den Zeitgeist dieser Phase mit einer sehr präzisen Beobachtung ein, die womöglich auch für die gegenwärtige krisendurchschüttelte Zeit gelten mag. Die gesellschaftliche Konstellation war damals wie heute von einer multiplen Dauerkrise geprägt, die Benjamin derart umreißt: »In der Tür steht die Wirtschaftskrise, hinter ihr ein Schatten, der kommende Krieg.«[35]

Die Menschen waren damals und sind heute müde und erschöpft von den Erfahrungen, die sie in permanenten Krisenzeiten machen müssen. Der Begriff der Erfahrungsarmut erklärt sich allerdings nicht von selbst, beziehungsweise erscheint irreführend, wenn man ihn der Selbsterklärung überlässt. Denn es ging Benjamin in jener gesellschaftlichen Konstellation nicht um einen Mangel an Erfahrung, sondern um das Gegenteil, ein Zuviel an Erfahrung: »Erfahrungsarmut: das muß man nicht

---

[34] Vgl. Max Horkheimer: Traditionelle und kritische Theorie [1942], Frankfurt a.M. 1992.
[35] Walter Benjamin: »Erfahrung und Armut«, a.a.O., S. 140.

so verstehen, als ob die Menschen sich nach neuer Erfahrung sehnten. Nein, sie sehnen sich von Erfahrungen freizukommen, sie sehnen sich nach einer Umwelt, in der sie ihre Armut, die äußere und schließlich auch die innere, so rein und deutlich zur Geltung bringen können, dass etwas Anständiges dabei herauskommt. Sie sind auch nicht immer unwissend oder unerfahren. Oft kann man das Umgekehrte sagen: Sie haben das alles ›gefressen‹, die ›Kultur‹ und den ›Menschen‹ und sie sind übersatt daran geworden und müde.«[36] Und weiter: »Auf Müdigkeit folgt Schlaf, und da ist es dann gar nichts Seltenes, dass der Traum für die Traurigkeit und Mutlosigkeit des Tages entschädigt und das ganz einfache aber ganz großartige Dasein, zu dem im Wachen die Kraft fehlt, verwirklicht zeigt.«[37]

Liebe und Pornographie

Selbsterklärender wäre es, von einer *Erfahrungsmüdigkeit* statt von einer *Erfahrungsarmut* zu sprechen, etwa in dem Sinne, wie Byung-Chul Han in seinem Essay »Agonie des Eros« von einer »Müdigkeitsgesellschaft«[38] oder Alain Ehrenberg vom »erschöpften Selbst«[39] sprechen. Beide Autoren haben die im Neoliberalismus jeweils »für sich isolierte[n] Leistungssubjekte«[40] im Blick und problematisieren die offenbare Überforderung und Erschöpfung durch die individuelle Freiheit zur neoliberalen Selbstausbeutung. Ehrenberg sieht darin ein Paradoxon, während Han kritisch die Verdinglichung als Ursache betrachtet und daraus einen Verlust erotischer Erfahrungen ableitet, weil Menschen im Kapitalismus zu Waren gemacht werden und sich der Dingwelt angleichen. Diese Verdinglichung steht in Verbindung mit Erfahrungsverlust oder der Unmöglichkeit von Erfahrung. Han erklärt: »In der Hölle des Gleichen, der die heutige Gesellschaft immer mehr ähnelt, gibt es [...] keine erotische Erfahrung.«[41]

Dies steht im deutlichen Gegensatz zu Georges Batailles *Erotik* der Transgression als »das Ja-sagen zum Leben bis in den Tod«.[42] Die Quelle lebendiger Erfahrung als erotische Anziehungskraft liegt vor allem in un-

---

[36] Ebd., S. 139.
[37] Ebd.
[38] Byung-Chul Han: Agonie des Eros, Berlin 2012, S. 76.
[39] Alain Ehrenberg: Das erschöpfte Selbst. Depression und Gesellschaft in der Gegenwart, Frankfurt a.M. 2004.
[40] Han, a.a.O., S. 76.
[41] Ebd., S. 18.
[42] Bataille zit. nach Han. Vgl. ebd., S. 10.

Die Krise der Erfahrung

erfüllten Sehnsüchten nach einer enthemmten, orgiastischen Sexualität ohne Scham. Erotik umfasst Geheimnis, Schleier und Phantasie, während Pornografie Ausleuchtung, Dokumentation und Zurschaustellung bedeutet. Verdinglichung hat Auswirkungen auf die Erfahrung von Erotik. Han merkt an: »Die zur Schau gestellte Nacktheit ohne Geheimnis und Ausdruck nähert sich der pornografischen Nacktheit.«[43]

Der Kapitalismus verschärft die Pornographisierung der Gesellschaft, indem er alles als Ware ausstellt und zur Schau stellt. »Er kennt keinen anderen Gebrauch der Sexualität. Er profanisiert den Eros zum Porno.«[44] Diese kommodifizierende Tendenz durchzieht die gesamte Gesellschaft und ist ein zentrales Element des kapitalistischen Prinzips.[45] Aber auch in der Pornographie, der verdinglichten Form von Sexualität, liegt offensichtlich eine Anziehungskraft, vermutlich weil die Liebe in unserer Gesellschaft nicht mehr ihre Versprechen zu halten vermag: »Die Liebe wird heute zu einer Genussformel positiviert. Sie hat vor allem angenehme Gefühle zu erzeugen. Sie ist keine Handlung, keine Narration, kein Drama mehr, sondern eine folgenlose Emotion und Erregung. Sie ist frei von der Negativität der Verletzung, des Überfalls oder des Absturzes.«[46]

Die Liebe wird von ökonomischen Zumutungen bedroht und hat sich vom Eros entfernt und auf sicheres Terrain zurückgezogen, das abgeschmackt wirkt. Es ist wie bei Benjamin allgemein mit der Erfahrung und einer Armut, die in alle Poren der Zeit eindringt und ihre Spuren hinterlässt. Bei Benjamin möchten die Menschen keine Erfahrungen jener Art mehr machen, die sie überfordern. Könnte es mit der Liebe nicht ganz ähnlich sein? Ist sie nicht von allen Seiten bedrängt und kann nicht mehr einlösen, was von ihr erwartet wird? Sie ist reglementiert von der Arbeit, den Regeln des Miteinanders, den Geschlechterrollen, dem neoliberalen Leistungsdiktat und dem pornographischen Charakter ihrer Erfahrungsarmut sowie der ökonomischen Gleichmacherei. Daher hat sie sich normalisiert und domestiziert, das heißt vom Eros verabschiedet. Die Liebe ist heute ohne Risiko und Wagnis, ohne Exzess und Wahnsinn; ihr »fehlt jede Transzendenz und Transgression«.[47]

---

[43] Ebd., S. 61.
[44] Ebd., S. 62.
[45] Max Horkheimer und Theodor W. Adorno schreiben in der *Dialektik der Aufklärung*: »Kunstwerke sind asketisch und schamlos, Kulturindustrie ist pornographisch und prüde.« – Max Horkheimer; Theodor W. Adorno: Dialektik der Aufklärung. Philosophische Fragmente, Frankfurt a.M. 1987.
[46] Han, a.a.O., S. 35.
[47] Ebd., S. 43f.

Damit folgt die Liebe ohne Eros der Logik jener Glasarchitektur, die Benjamin in Verbindung mit Erfahrungsarmut gebracht hatte: Die Liebe und das Leben sind nicht lebendig, sondern hinter Glas ausgestellt.[48] Han bemerkt: »So unterscheidet sich die Lebendigkeit von der Vitalität oder Fitness des bloßen Lebens, der jede Negativität fehlt. Der *Überlebende* gleicht dem *Untoten*, der zu tot ist, um zu *leben* und zu lebendig, um zu *sterben*.«[49] In der Oper »Der fliegende Holländer« von Richard Wagner findet Han den passenden Vergleich, denn der *Holländer* »ist selbst ein Untoter, der weder zu leben noch zu sterben vermag. Er ist verdammt zur ewigen Fahrt in der Hölle des Gleichen und sehnt sich nach einer Apokalypse, die ihn aus der Hölle des Gleichen erlöst«.[50]

Die Sehnsucht nach der Apokalypse gemahnt an ein faschistisches Potenzial, das offenbar aus der Apathie als pathische Sehnsucht nach Erlösung entsteht: »Tag des Gerichtes, jüngster Tag! / Wann brichst du an in meiner Nacht? / Wann dröhnt er, der Vernichtungsschlag; / Mit dem die Welt zusammenkracht? / Wenn alle Todten auferstehen, / Dann werde ich im Nichts vergehen!, / Ihr Welten, endet euren Lauf!«[51]

Blicken wir einem solch düsteren Szenario entgegen?

Eros, Politik und die Rolle einer linken Partei
Es ist Alain Badiou, der eine Verbindung zwischen Liebe und Politik zieht. Darauf weist Han hin: »Badiou lehnt zwar eine unmittelbare Verbindung von Politik und Liebe ab, aber er geht von einer ›Art geheimer Resonanz‹ aus, die entsteht zwischen dem Leben, das gänzlich Engagement im Zeichen einer politischen Idee ist, und der Intensität, die der Liebe eigen ist.«[52] Die politische Aktion und die Liebe sind verbunden durch ein »gemeinsames Begehren nach einer anderen Lebensform« und einer gerechteren Welt. Diese Verbindung zwischen Politik und Liebe ist eine »energetische Quelle für das politische Aufbegehren«.[53]

Emanzipatorische Politik ist immer praktische Kritik, und als solche ist sie wie die kritische gesellschaftstheoretische Auseinandersetzung mit einem Gegenstand ohne Berührung dieses Gegenstands nicht möglich. Damit ist sie Zuneigung, Liebe – nicht feindlich! Was immer kriti-

---
[48] Theodor W. Adorno schreibt in den Minima Moralia: »Das Leben lebt nicht.« – Theodor W. Adorno: Minima Moralia. In: Ders.: GS, Bd. 4, Frankfurt a.M. 1997.
[49] Han, a.a.O., S. 53.
[50] Ebd., S. 54.
[51] Richard Wagner zit. n. Han, a.a.O., S. 54.
[52] Ebd., S. 77.
[53] Ebd.

Die Krise der Erfahrung

siert wird, wird als wertvoll und begehrenswert erachtet. Damit ist Kritik = Liebe = Politik!

Der »Eros manifestiert sich als revolutionäres Begehren nach ganz anderer Lebensform und Gesellschaft. Ja, er hält die *Treue* zum Kommenden aufrecht.«[54] In dieser Hinsicht spielt eine linke Partei eine entscheidende Rolle als organisierter Erfahrungsraum und als Medium, durch das die *organischen Intellektuellen* (Gramsci) politische, emanzipatorische Ideen in erotische Erzählungen übersetzen und vermitteln. Eine gute linke Theorie ist eine selektive erotische Erzählung, die das konkret Utopische als Zukunftsvision auslotet und die Grundlage für eine soziale und politische Emanzipation bildet, mit einer linken Partei im Zentrum, die in einer *Müdigkeitsgesellschaft* dringend benötigt wird, um in den Menschen wieder eine politische Lust an der gesellschaftlichen Veränderung zu entfachen,[55] das heißt ihre Erfahrungsarmut menschlich zu überwinden.

***

Das Jahrbuch der Doktorand*innen der Rosa-Luxemburg-Stiftung ist im 13. Jahrgang längst zu einer Institution gereift, einem Raum, der nicht bloß zur Präsentation von Promotionsarbeiten, sondern auch zur Verständigung und Diskussion dient und um Zusammenhänge sichtbar zu machen.

Unser Dank als Reihenherausgeber*innen, die jedes Jahr mit einem neu zusammengesetzten Redaktionskollektiv zusammenarbeiten, kommt von Herzen und gilt Thomas Beineke, Antonia Gäbler, Jenny Kellner, Jakob Ole Lenz, Vanessa Ossino, Laura Rosengarten und Nina Schlosser für das großartige intellektuelle, herzliche und solidarische Miteinander.

Berlin im Herbst 2023

---

[54] Ebd., S. 80.
[55] Siehe Stefan Kalmring: Die Lust zur Kritik. Ein Plädoyer für soziale Emanzipation, Berlin 2012.

AUTOR*INNEN & HERAUSGEBER*INNEN

Thomas Beineke
studierte Geschichte, Philosophie und Kulturwissenschaften in Halle, Leipzig und Lyon. Er ist Mitbetreiber der Buchhandlung *drift* und promoviert seit 2019 in der Philosophie an der Universität Leipzig zu Hubert Fichte und der künstlerischen und intellektuellen Praxis des Selbstexperiments im 20. Jahrhundert.
Kontakt: tbeineke@yahoo.de

Johanna Bröse
ist Sozialwissenschaftlerin. Sie promoviert am Lehrstuhl für Politische Bildung und Politikwissenschaft (Gudrun Hentges) an der Universität zu Köln zum Thema »Solidaritätsstrukturen in Gegenbewegungen zu autoritären Politiken in Deutschland und in der Türkei«. Aktuell im Erscheinen: Solidarität und Freiheit im Kontext der Corona-Pandemie. In: David Aderholz; Johanna Bröse; Georg Gläser; Gudrun Hentges; Daniel Keil; Johanna Maj Schmidt (Hrsg.): Autoritäre Entwicklungen, extrem-rechte Diskurse und demokratische Resonanzen, Leverkusen 2023.
Kontakt: j.broese@gmail.com

Alessandro Cardinale
hat Philosophie an der Universität *Federico II* in Neapel studiert und promoviert in der Politikwissenschaft an der Universität Osnabrück zur Popularisierung des *Kapital* von Marx in Deutschland und Italien. Er ist Fellow beim *Berliner Institut für kritische Theorie* (InkriT), schreibt Rezensionen für die Zeitschriften *Das Argument* und *Materialismo Storico*.
Kontakt: alessandrocardinale90@yahoo.it

Eleonora Corace
studierte Philosophie und zeitgenössische Philosophie an der Universität von Messina (Italien). Neben dem Studium arbeitete sie als Journalistin im Bereich der Migration, Gender und des Anti-Faschismus. Zusammen mit Matilde Orlando hat sie den Roman *Compagni* (Piazza Armerina 2021) geschrieben, der die links-aktivistische Bewegung in Sizilien thematisiert. Seit 2020 ist sie an der Julius-Maximilians-Universität Würzburg als Promovierende eingeschrieben. Ihr Promotionsthema lautet »Animalität und Fremdheit. Helmut Plessner's Biophilosophie und Bernhard Waldenfels' Phänomenologie im Vergleich«. Die Schwerpunkte ihrer Forschung liegen in dem Mensch-Tier Verhältnis. Weitere Forschungsinteressen liegen in der Phänomenologie, theoretischen Philosophie, Biophilosophie und den Animal Studies.
Kontakt: eleonora.corace@stud-mail.uni-wuerzburg.de

Autor*innnen & Herausgeber*innen

Antonia Gäbler
studierte Geschichte des 19. und 20. Jahrhunderts an der Freien Universität Berlin. Seit 2022 ist sie Promotionsstudentin am Zentrum für Zeithistorische Forschung in Potsdam. In ihrer Dissertation untersucht sie, wie die SED zur PDS transformierte und welche Auswirkung dies auf das Verständnis von linker Politik innerhalb der Partei hatte.
Kontakt: antonia.gaebler@posteo.de

Kiana Ghaffarizad
studierte an der Universität Bremen und ist Literatur- und Kulturwissenschaftlerin. In ihrer Promotion beschäftigt sie sich in Form einer qualitativen Studie aus einer People of Color-Perspektive mit Formen von Sprechen und Nicht-Sprechen über Rassismus(erfahrungen) in psychotherapeutischen Settings sowie möglichen (Re-)Produktionen von Rassismus im Therapieprozess. Insbesondere interessieren sie dabei die Umgangsstrategien von Schwarzen Menschen und People of Color mit *race*, Rassismus und Rassismuserfahrungen im Therapiezimmer. Die Promotion ist verortet im Fachbereich Erziehungswissenschaften an der Pädagogischen Hochschule Freiburg.
Kontakt: ghaffarizad-bildungsarbeit@posteo.de

Kevin Gimper
hat sein Studium der Politikwissenschaft mit Ergänzungen aus der Soziologie in Jena absolviert. Seine Dissertation schreibt er ebenfalls am Institut für Politikwissenschaft der Friedrich-Schiller-Universität Jena. Den Schwerpunkt seiner Arbeit legt er auf die Mechanismen fehlender Responsivität im Bereich neuer sozialer Fragen. Damit möchte er erklären, warum die politischen Forderungen verschiedener Bevölkerungsgruppen nicht gleichermaßen umgesetzt werden. Parallel zu seinem Stipendium arbeitet er als wissenschaftlicher Assistent im SFB TRR 294 »Strukturwandel des Eigentums« zu ökonomischem Eigentum und politischer (Un-)Gleichheit.
Kontakt: kevin.gimper@posteo.de

Marcus Hawel
studierte Soziologie, Sozialpsychologie und Deutsche Literaturwissenschaft an der Gottfried Wilhelm Leibniz-Universität Hannover und promovierte über »Die normalisierte Nation. Vergangenheitsbewältigung und Außenpolitik in Deutschland«. Er ist stellvertretender Direktor des Studienwerks der Rosa-Luxemburg-Stiftung. Letzte Veröffentlichung (im Erscheinen): Politische Bildung und der Blick auf das gesellschaftliche Ganze. Zu den zentrifugalen Kräften des Kapitalismus und den Ideologien der Ungleichwertigkeit. In: Marcus Hawel; Stefan Kalmring (Hrsg.): (Ohn-)Macht überwinden! Politische Bildung in einer zerrissenen Gesellschaft, Berlin 2024.
Kontakt: marcus.hawel@rosalux.org

Markus Hennig
studierte Soziologie, Politikwissenschaften und Politische Theorie in Leipzig, Frankfurt a.M., Darmstadt und Buenos Aires. Er promoviert an der Universität Leipzig in Philosophie zum Zusammenhang von Kollektivität und Erfahrung. Es geht ihm dabei um ein besseres Verständnis der Frage, was politische Kontexte möglicherweise zusammenhält – oder bisweilen spaltet. Letzte Veröffentlichung: Auf der Suche nach den Intellektuellen. In: Phase 2 (60), 2022, S. 44–46.
Kontakt: m-hennig@posteo.de

Luis Sanz Jardón
studierte Rechtswissenschaften und Philosophie an der *Universidad Autónoma de Madrid* und an der Freien Universität Berlin. Nun promoviert Luis im Bereich Politikwissenschaften an der Universität Kassel und beschäftigt sich mit der Transnationalisierung von Kräfteverhältnissen und Herrschaftskonstellationen im Rahmen der europäischen Integration. Mit diesem Dissertationsprojekt versucht er, die materialistische Staatstheorie für die empirische Forschung fruchtbar zu machen. Er ist außerdem Mitgründer des stipendiatischen Arbeitskreises *Materialistische Staatstheorie* der Rosa-Luxemburg-Stiftung.
Kontakt: luis.san.jardon@gmail.com

Jenny Kellner
studierte Schauspiel an der Hochschule für Musik und Theater Hamburg und arbeitete im Anschluss als Schauspielerin. 2013 schloss sie zusätzlich ein Studium der Philosophie und Soziologie an der Universität Hamburg ab. Seit 2017 ist sie Promotionsstudentin an der Universität der Künste Berlin. Im Juni 2023 hat sie ihre Dissertation zum Thema »Anti-ökonomischer Kommunismus. Batailles philosophische Herausforderung« eingereicht. Mit dieser Arbeit verfolgt sie das Ziel, das Denken Batailles für eine aktuelle Diskussion emanzipatorischer (marxistischer) Positionen fruchtbar zu machen. Letzte Veröffentlichung: Was heißt Anti-Politik bei Nietzsche? In: Martin A. Ruehl; Corinna Schubert (Hrsg.): Nietzsches Perspektiven des Politischen, Berlin; Boston 2023, S. 231–242.
Kontakt: jenny_kellner@web.de

Sara Khorshidi
studierte allgemeine und vergleichende Literatur- und Kulturwissenschaft an der Justus-Liebig-Universität Gießen und promovierte über »Voices from Necropolis: A Critical Study of Autobiography and Subalternity«. Sie ist Referentin im Studienwerk der Rosa-Luxemburg-Stiftung. Letzte Veröffentlichung: The Ethics of Speaking about Pain: A Dialogue between Azar Nafisi and Henry James, The Pennsylvania State University 2023, S. 22–40.
Kontakt: sara.khorshidi@rosalux.org

Manuel Lautenbacher
studierte Deutsch, Geschichte, Komparatistik und Osteuropäische Geschichte an der Johannes Gutenberg-Universität Mainz und der Uniwersytet Jagielloński in Kraków. Er promoviert in Mainz in Osteuropäischer Geschichte zur Sozialistischen Arbeiterbewegung Rumäniens von 1918 bis 1938. Als Lehrbeauftragter unterrichtet und forscht er darüber hinaus zur Arbeiterbewegung Südosteuropas, deren marxistischer und sozialistischer Traditionen sowie zu den Nationalismen im östlichen Europa. Letzte Veröffentlichung: Arbeitersport im Rumänien der Zwischenkriegszeit. In: Danubiana Carphatica, Bd. 13 (60), 2023, S. 203–220.
Kontakt: manuel.lautenbacher@uni-mainz.de

Jakob Ole Lenz
studierte in Dresden, Wrocław und Halle (Saale) Politikwissenschaft, Geschichte und Soziologie. Er promoviert am Lehrstuhl für politische Theorie und Ideengeschichte der MLU Halle-Wittenberg zur Staats- und Gesellschaftstheorie des jüdischen Spätaufklärers und Sozialwissenschaftlers *avant la lettre* Saul Ascher und arbeitet als Gedenkstättenpädagoge in Bergen-Belsen. Sein Schwerpunkt ist neben Ascher und dessen judenfeindlichen Widersachern in der frühnationalistischen und (ur-)burschenschaftlichen Bewegung das völkische Denken im 19. und 20. Jahrhundert. Letzte Veröffentlichung: Immanuel Kants Einfluss auf Saul Ascher. Affirmation und Abgrenzung in den Betrachtungen von Religion und Revolution, in: Medaon, Jg. 17 (32), 2023, S. 1–14.
Kontakt: kontakt@jakob-ole-lenz.de

Alexander Niehoff
studierte Philosophie und Ethnologie in Freiburg in Breisgau und Frankfurt a.M. und promoviert über »Ontologie und Dialektik im Denken von Alain Badiou« in Frankfurt an der Oder. Sein Schwerpunkt ist die französische Philosophie der Nachkriegszeit, die klassische kritische Theorie (Frankfurter Schule) und die Klimapolitik. Er ist Organisator des stipendiatischen Arbeitskreises »Ökosoziale Wende« in der Rosa-Luxemburg-Stiftung und ist Mitglied von DiEM25 und der »Letzten Generation vor den Klimakipppunkten«.
Kontakt: alexanderniehoff@gmx.de

Vanessa Ossino
hat ihren Bachelor in europäischer Ethnologie und Philosophie an der Humboldt-Universität zu Berlin abgeschlossen und studierte Philosophie im Masterstudium an der Freien Universität Berlin. Sie ist Kollegiatin der a.r.t.e.s. Graduate School for the Humanities Köln und schreibt ihre Promotion im Cotutelle-Verfahren an der Universität zu Köln und der Universität Freiburg in der Schweiz. Ihre Dissertation trägt den Titel »Grenzübergänge der Subjektivität. Über die Medialität der Erfahrung in ihrer sozialen Situation«. Ihre letzte Publikation, eine Rezension von Neal DeRoo's Buch »The Political Logic of Experience«, erschien in den *Phänomenologischen Forschungen 2023/01*.
Kontakt: vanessaossino@gmail.com

Autor*innnen & Herausgeber*innen

Laura Rosengarten
studierte Kunstgeschichte und Romanistik in Leipzig und Rom. In ihrer Dissertation an der Universität Leipzig untersucht sie den Kunsttransfer zwischen Italien, Frankreich und der DDR in den frühen 1950er Jahren und beschäftigt sich mit Ausstellungen, Kunstwerken und Debatten, die entgegen der jeweiligen offiziellen Kulturpolitik verlaufen und heute kaum mehr bekannt sind.
Kontakt: laurarosengarten@posteo.de

Nina Schlosser
studierte Betriebswirtschaftslehre in Berlin, Buenos Aires und Lyon und besitzt einen Masterabschluss in Politischer Ökonomie von der Hochschule für Wirtschaft und Recht Berlin. Dort und an der Universität Wien promoviert Nina zum grünen Lithium-Extraktiktivismus in Chile. Sie ist Mitglied des Graduiertenkollegs »Krise und sozial-ökologische Transformation« der Rosa-Luxemburg-Stiftung und kämpft im Kollektiv für eine radikale Mobilitätswende. Letzte Veröffentlichung (zusammen mit Lorena Olarte und Anna Preiser): Reproducing the Imperial Mode of Living in Times of Climate Crisis: Green(ing) Extractivisms and Eco-territorial Conflicts in the Chilean, Mexican and Peruvian Mining Sector. In: forum for inter-american research, Vol. 15 (2), 2022, S. 85–105.
Kontakt: nina.schlosser@posteo.de

Theresa M. Straub
studierte Soziale Arbeit (B. A.), führte das Studium der Praxisforschung in der Sozialen Arbeit und Pädagogik (M. A.) an der Alice-Salomom-Hochschule Berlin fort und promoviert an der Universität Innsbruck in *Disability Studies* und inklusiver Pädagogik am Lehr- und Forschungsbereich Bildungswissenschaften. Das Dissertationsprojekt befasst sich mit Bildungsbiografien behinderter Menschen, die an einer deutschen oder österreichischen Universität studieren. Es werden strukturelle Bedingungen der Exklusion, Inklusion und Teilhabe am Menschenrecht Bildung im Lebensverlauf untersucht. Letzte Veröffentlichungen unter www.theresastraub.de
Kontakt: post@theresastraub.de

Melek Zorlu
erwarb ihren Master-Abschluss an der Universität Ankara. Gegenwärtig ist Melek Doktorandin am Institut für Politikwissenschaft der Universität Leipzig. Der Arbeitstitel ihres Dissertationsprojekts lautet: »Reproduktion des Konservatismus: Kulturelle Hegemoniebestrebungen in der konservativen Rechten der Türkei in den 1950er und 2000er Jahren«. Sie ist Mitglied des Redaktionsausschusses von Praksis (referierte Zeitschrift für Sozialwissenschaften in türkischer Sprache). Letzte Veröffentlichung: Türkiye & apos; de Sağ-Muhafazakârlığın İdeolojik Haritasında Üniversitenin Yeri ve Bir Karşıt Simge Olarak ODTÜ (Die Rolle der Universität auf der rechtskonservativen ideologischen Landkarte in der Türkei und METU als Gegensymbol), Praksis Dergisi, Sayı 42, 2016, S. 487–504.
Kontakt: melek.zorlu_oztuerk@uni-leipzig.de

VERÖFFENTLICHTE DISSERTATIONEN VON STIPENDIAT*INNEN AUS DEN JAHREN 2022-2023

Kamuran Akin
In/visible Colonization
On infrastructure, surveillance and destruction in northern Kurdistan
Humboldt-Universität zu Berlin, Berlin 2023
226 Seiten, Open Access
DOI 10.18452/26349

This dissertation concerns Turkish colonial techniques of governmentality in and over northern Kurdistan. Under the banner of state security, Kurdish areas in the country have been subjected to extended emergency rule for decades. Drawing on practices such as the construction of hydroelectric power plant (HPP), systematic state sponsored wildfires and deforestation practices, and the building of high security military outposts (Kalekol), checkpoints and watchtowers (Kulekol), I show how the specific examples of coloniality in northern Kurdistan harness in intricate ways institutional racism, population control and ecological destruction. Therefore, this study mainly focuses on the spatial colonization process of Kurdish geography and its effects on local residents through these infrastructural projects.

Kamuran Akin hat seine Promotion an der Humboldt-Universität zu Berlin im Jahr 2022 abgeschlossen, nachdem er 2016 wegen der Unterzeichnung einer Friedenspetition aufgrund des türkischen Dekrets 672 seine Stelle als Doktorand und wissenschaftlicher Mitarbeiter an der Universität Ankara verloren hatte. In seiner Forschung hat er sich auf Urbanistik, politische Anthropologie und Ethnographie, Konfliktforschung, die kurdische Frage in der Türkei und dekoloniale Perspektiven spezialisiert.

Kontakt: *kamuranakin@gmail.com*

Gabriela Ardila Biela
A las patadas
Historias del fútbol practicado por mujeres en Colombia desde 1949
Editorial Pontificia Universidad Javeriana, Bogotá 2023
468 Seiten, 19.00 €
ISBN 978-958-781-826-0

Mit dieser Arbeit liegt die erste akademische und detaillierte Geschichte des Frauenfußballs in Kolumbien vor. Auf der Grundlage von Interviews, der Durchsicht von mehr als siebzig Jahren Presse und mehreren persönlichen Archiven konstruiert »A las patadas« eine historiografische Darstellung, in der die gewonnenen und verlorenen Kämpfe der kolumbianischen Fußballerinnen ebenso wie ihre Fortschritte und Rückschläge dargestellt werden. Zu diesem Zweck werden die Argumente, mit denen die Gewalt gegen Sportlerinnen zum Schweigen gebracht, ausgeschlossen und gerechtfertigt wurden, neu interpretiert, wobei die Erfahrungen von Frauen, die jahrzehntelang darum gekämpft haben, Fußball zu spielen, anerkannt werden. Die Autorin zeigt, wie Frauen, obwohl sie systematisch aus der Sportarena verbannt wurden, immer einen Weg gefunden haben, sich zu wehren, zu wachsen, zu kämpfen und Fußballerinnen zu sein.

Gabriela Ardila Biela promovierte in Mittlere und Neuere Geschichte an der Universität Hamburg. Ihre Forschungsschwerpunkte sind feministische und antikoloniale Methoden der historiographischen Forschung.

Kontakt: g.ardilabiela@gmail.com

Theodora Becker
Dialektik der Hure
Von der ›Prostitution‹ zur ›Sexarbeit‹
Mattes & Seitz, Berlin 2023
592 Seiten, 38.00 €
ISBN: 978-3-7518-2009-7

Was eigentlich verkauft die Hure dem Freier? Was ist dieser »Sex«, den sie feilbietet, und wie bemisst sich sein Wert? Die Eigentümlichkeit dieser Ware erlaubt keine einfache Antwort auf diese Fragen; sie liegt der Ambivalenz zugrunde, mit der die bürgerlich-kapitalistische Gesellschaft auf die Prostituierte und ihr Gewerbe blickt. Die Hure ist mit Walter Benjamin »Verkäuferin und Ware in einem«, sie verdinglicht sich zum käuflichen Objekt und bleibt doch unverfügbares Subjekt. Bis in die heutigen Debatten erscheint sie zugleich als Opfer und arbeitsscheue Betrügerin, die Prostitution als unverzichtbare Einrichtung und soziales Übel. Das Buch untersucht, was das auch mit dem bürgerlichen Blick auf Frauen und ihre Körper zu tun hat, der zu jeder Zeit Kontrolle und Sensationslust gleichermaßen bedeutet, und verfolgt anhand der Prostitution den Zusammenhang von Subjektivität, Sexualität, Warenform und Arbeit in der bürgerlichen Gesellschaft und seine Wandlungen seit dem 19. Jahrhundert.

Theodora Becker hat Philosophie, Politik- und Kulturwissenschaften an der Humboldt-Universität zu Berlin studiert und arbeitet u. a. im Gast-, Ausgrabungs-, Schreib-, Korrektur- und Ausschankgewerbe.

Kontakt: theodora.becker@posteo.de

Stephanie Bender
Ethics for the Future
Perspectives from 21st Century Fiction
transcript, Bielefeld 2023
318 Seiten, 49.00 €
ISBN 978-3-8376-6820-9

Which of the possible futures might be a good future, and how do we know? Stephanie Bender looks at contemporary films and novels to address major ethical challenges of the future: the ecological catastrophe, digitalisation and biotechnology. She proposes that fiction and its modes of aesthetic simulation and emotional engagement offer a different way of knowing and judging possible futures. From a critical posthumanist angle, she discusses works ranging from Don DeLillo's *Zero K* (2017) and Margaret Atwood's *MaddAddam Trilogy* (2003–2013) to Kim Stanley Robinson's *New York 2140* as well as *Avatar* (2009), and *Blade Runner 2049* (2017) among many others.

Stephanie Bender gained her doctorate in English literary and cultural studies at the University of Freiburg. She teaches courses about gender and posthumanism and is interested in ecocriticism and the study of neoliberalism in contemporary culture.

Kontakt: stephanie.bender@posteo.net

Fabian Bennewitz
Dynamiken des Scheiterns
Akteure, Netzwerke und Transferprozesse der bundesdeutschen Polizeihilfe für Guatemala (1986–1991)
Böhlau, Köln 2023
410 Seiten, 70.00 €/Open Access
ISBN 978-3-412-52896-6

Im Zuge der demokratischen Öffnung Guatemalas begann sich die Bundesrepublik Deutschland ab 1986 mit umfangreichen Ausrüstungslieferungen und Ausbildungsprogrammen an der Reform der berüchtigten Polizei Guatemalas zu beteiligen. Die Ziele dieser sogenannten Polizeihilfe, Professionalisierung und Rechtsstaatsbindung der Polizei, wurden jedoch nicht erreicht und die Kooperation nach Menschenrechtsverletzungen guatemaltekischer Sicherheitskräfte 1991 abgebrochen. Gestützt auf erstmals ausgewertetes Archivmaterial und Interviews analysiert Fabian Bennewitz die Aushandlungsprozesse, die zum Scheitern der Transferbemühungen führten. Indem die Studie den Verlauf der Transfers aus einer transnationalen und relationalen Perspektive rekonstruiert, bietet sie Einblicke in die oft schwer greifbaren Dynamiken entwicklungspolitischer Projekte.

Fabian Bennewitz ist Historiker und promovierte an der Freien Universität Berlin. Seit Oktober 2022 ist er Wissenschaftlicher Mitarbeiter in der Abteilung für Iberische und Lateinamerikanische Geschichte der Universität zu Köln.

Kontakt: fabian-bennewitz@web.de

Michaela Doutch
Women workers in the garment factories of Cambodia
A feminist labour geography of global (re)production networks
regiospectra, Berlin 2022
350 Seiten, 34.90 €
ISBN 978-3-947729-64-7

For more than two decades, there have been discussions about how to sustainably improve the situation of garment workers in so-called low-wage countries in the Global South. The dominant answers to date are top-down approaches from the Global North, which attempt to determine and regulate from above the working conditions of mainly young women from rural areas. But what if we instead start with these garment workers and their agency on the ground? What if we start with these women and stay with them to explore their situations, their challenges and problems, and what new or alternative opportunities there might be for a transnational practice of solidarity from below in the global garment production network? This book starts with (in)formal and (non-)unionized women workers in garment factories in Cambodia and stays with them to explore how women workers are spatially embedded in the global garment production network, how they (re)act as subjects of (re)production in their everyday spaces, and how they can network and organize from below on a transnational scale to fight for their real needs and demands on the ground. Drawing on a feminist labour geography perspective on global (re)production networks, Michaela Doutch's book puts women workers in garment factories in Cambodia at the heart of the debate as key actors in change.

Michaela Doutch is a post-doctoral researcher and lecturer at the Department of Southeast Asian Studies at the University of Bonn, Germany. Her research interests include the social reproduction of labour, the relationship of (re)production processes in the context of labour struggles and movements as well as multi-scalar organizing strategies of labour in global (re)production networks.

Kontakt: mdoutch@uni-bonn.de

Dominik Feldmann
Demokratie trotz(t) Antiextremismus?
Zur Bedeutung von Extremismusprävention (Ent-)Demokratisierung und politische Bildung
Wochenschau Verlag, Frankfurt a.M. 2023
368 Seiten, 42.99 €
ISBN 978-3-7344-1551-7

Sollte Extremismusprävention ein Teil politischer Bildung sein? Diese Frage tangiert grundlegende Vorstellungen von Demokratie und politischer Bildung. Extremismusprävention basiert auf der künstlich produzierten Gegenüberstellung von Demokratie und »Extremismus«. Dabei gerät oft aus dem Blick, dass jedoch gerade das Verhältnis von Demokratie und Antiextremismus durch Widersprüche gekennzeichnet ist und kritisch geprüft werden muss. Ein Sicherheitskonzept, das eine Beschränkung des politischen Streits zum Schutz der Demokratie vornimmt, läuft schließlich Gefahr, Demokratie selbst zu beschränken. Dies betrifft eine politische Bildungsarbeit in und für Demokratien ebenso wie demokratische Gesellschaften insgesamt.

Dominik Feldmann studierte Sozialwissenschaften und Musik und promovierte 2022 an der Universität zu Köln. Er ist Lehrkraft für besondere Aufgaben an der Universität Gießen in der Didaktik der Sozialwissenschaften. Seine Forschungsgebiete sind Demokratietheorie, politische und ästhetische Bildung.

Kontakt: dominik.feldmann@sowi.uni-giessen.de

Mathias Foit
Queer Urbanisms in Wilhelmine and Weimar Germany
Of Towns and Villages
Palgrave Macmillan, Cham 2024
$159.99
ISBN 978-3-031-46575-8

This book explores the queer history of the easternmost provinces of the German Reich – regions that used to be German, but which now mostly belong to Poland – in the first third of the twentieth century, a period roughly corresponding to the duration of Germany's first queer movement (1897-1933). While the amount of queer historical studies examining entire towns and cities in the German Reich has grown to an impressive size since the 1990s, most of that research concerns, firstly, the usual, large metropoles such as Berlin, Hamburg or Cologne, and, secondly, municipalities located in Germany ›proper‹; that is, within its modern borders, not those of the German state in the first half of the twentieth century. Smaller cities (not to mention rural areas) in particular have received very little scholarly attention. This book is therefore one of the first to examine queer history – that of spaces, culture, sociability and political groups specifically – from this geographical perspective.

Mathias Foit promovierte Juli 2023 im Fach Geschichte am Friedrich-Meinecke-Institut an der Freien Universität Berlin. Er beschäftigt sich in seiner wissenschaftlichen Arbeit mit queerer Geschichte, vor allem der des späten 19. und frühen 20. Jahrhunderts.

Kontakt: mathias.foit@posteo.net

Jakob Graf
Die politische Ökonomie der »Überflüssigen«
Sozialökologische Konflikte und die Kämpfe der Mapuche gegen die Forstindustrie in Chile
Springer Nature, Berlin 2023
430 Seiten, Open Access

Große Teile der weltweit Erwerbstätigen kann der globale Kapitalismus nicht mittels Lohnarbeit integrieren. Aus kapitalistischer Logik ist diese »strukturelle Überbevölkerung« in diesem Sinne »überflüssig«. Gleichzeitig sind die »Überflüssigen« vielfach wirtschaftlich aktiv und wie Jakob Graf zeigt, sind ihre »bedarfsökonomischen« Aktivitäten für die Menschen in peripheren Regionen der Welt überlebenswichtig. In seinem Buch analysiert Graf am Beispiel der indigenen Mapuche im Süden Chiles die wirtschaftlichen Aktivitäten der »Überflüssigen«, wie sie sich gegen den globalen Kapitalismus zur Wehr setzen und was dies für unser heutiges Verständnis von Kapitalismus, sozialen Klassen und sozialökologischen Konflikten und Alternativen in den Peripherien bedeuten sollte.

Jakob Graf ist wissenschaftlicher Mitarbeiter am Zentrum für Klimaresilienz an der Universität Augsburg und Mitglied der Redaktion der Zeitschrift Prokla. Seine Arbeitsschwerpunkte sind Politische Ökonomie, Politische Ökologie und sozialökologische Konflikte.

Kontakt: Jakob.Graf@uni-a.de

Rebecca Hohnhaus
Vom Mythos der algerischen Revolution
Geschichte, Narration und Aufklärung in Boualem Sansals Werk
transcript Verlag, Juni 2023
236 Seiten, 59.00 €
ISBN 978-3-8376-6785-1

Am Beispiel der algerischen Revolution im Jahr 1962 wird sichtbar, wie die Geschichte ihren Bezug zur Freiheit verliert, wenn die einst Beherrschten selbst zu Herrschern werden. Der algerische Schriftsteller Boualem Sansal greift diesen reaktionären Umschlag in seinen Romanen auf und schreibt gegen den Stillstand an, der die algerische Gesellschaft seither lähmt. Rebecca Hohnhaus analysiert in der ersten deutschsprachigen Monografie zum Werk des Schriftstellers die narrativen Verfahren, durch die er die Geschichte wieder mobilisiert und in den Dienst des Menschen stellt. Damit knüpft Sansal an eine der Grundideen der historischen Aufklärung an, unterzieht diese aber zugleich einer Relektüre.

Rebecca Hohnhaus wurde an der Universität Leipzig im Bereich der frankophonen Literaturwissenschaft promoviert und arbeitet im transcript Verlag als Lektorin. Sie interessiert sich schwerpunktmäßig für Literatur, politische Ökonomie und Philosophie.

Kontakt: rebecca.hohnhaus@gmail.com

Robin Iltzsche
Die Überzeugung zum Leben
Eine Ethnographie der psychiatrischen Suizidprävention
Psychiatrie Verlag, Köln 2023
390 Seiten, 49.00 €
ISBN 978-3-96605-218-4

Suizidalität zu erkennen, darauf richtig zu reagieren und Betroffene schließlich wieder zum Leben zu überzeugen, gehört zu den herausfordernden, aber auch alltäglichen psychiatrischen Aufgaben. Die Suizidforschung konzentriert sich meist auf Risikofaktoren, Erklärungsmodelle und einzelne suizidpräventive Maßnahmen. Die vorliegende Ethnographie macht die Suizidprävention hingegen selbst zum Gegenstand der Analyse und Kritik. Ergebnis ist eine Geschichte und eine praxisfähige Theorie der Suizidprävention, welche die Herausforderungen, Schwierigkeiten und Widersprüche dieser Arbeit analysiert:
In der Suizidprävention wird das normative Grundprinzip der autonomen Lebensführung oftmals gleichermaßen verteidigt wie auch praktisch infrage gestellt. Die schwierigen Spannungsverhältnisse von Therapie und Kontrolle, Tabu und Narrativ, Prävention und Ansteckung zeigen sich hier besonders deutlich. Diese Widersprüche herauszuarbeiten ist von geradezu existenzieller Bedeutung – und Ziel dieses Buches.

Robin Iltzsche ist Psychologe und hat am Frankfurter Institut für Soziologie promoviert. Derzeit hat er die Vertretungsprofessur für »Gesundheitsförderung und Prävention in den Praxisfeldern der Sozialen Arbeit« der *Frankfurter University of Applied Sciences* inne.

Kontakt: r.iltzsche@gmail.com

Anna Landherr
Die unsichtbaren Folgen des Extraktivismus
Ein Blick hinter die slow violence der chilenischen Bergbauindustrie
Springer VS, Wiesbaden 2024
Open Access
ISBN 978-3-658-43288-1

Diese Open-Access-Publikation beschäftigt sich mit Umweltproblemen, die selbst im Kontext der heutigen globalen ökologischen Krise weitgehend gesellschaftlich unsichtbar bleiben, da sie ihre oftmals schwerwiegenden sozial-ökologischen Auswirkungen allmählich, schleichend und über längere Zeiträume hinweg in Form einer slow violence (Rob Nixon) entfalten. Am Beispiel der toxischen Industrieabfälle (Tailings) der chilenischen Bergbauindustrie werden in der Untersuchung anhand von drei Fallstudien die zentralen Gründe und Dimensionen dieser Unsichtbarkeit dargestellt und ihr Zusammenspiel analysiert.

Anna Landherr ist wissenschaftliche Mitarbeiterin am Lehrstuhl für Umweltsoziologie am ZfK der Universität Augsburg. Ihre Forschungsschwerpunkte sind (globale) sozial-ökologische Ungleichheiten und Konflikte, Politische Ökologie und Extraktivismus in Lateinamerika sowie slow violence und Nichtwissen.

Kontakt: anna.landherr@uni-a.de

Angelika Laumer
Am Horizont
Kinder von NS-Zwangsarbeiter_innen und das alltägliche Erinnern und Vergessen in der deutschen ländlichen Gesellschaft
Beltz Juventa, Weinheim/Basel 2023
330 Seiten, 68.00 €
ISBN 978-3-7799-7584-7

Wieso ist Wissen zu NS-Zwangsarbeit in einer ländlichen Gegend, wo Nachkommen ehemaliger NS-Zwangsarbeiter_innen leben, gleichzeitig an- und abwesend? Basierend auf Interviews mit ihnen sowie mit Nachkommen von Zwangsarbeits-Profiteur_innen wird gezeigt, wie ineinander verflochtenes gesellschaftliches Erinnern und Vergessen vonstattengehen. Dafür modifiziert die Autorin Konzepte von kollektivem Gedächtnis, um diese für die ländliche Gesellschaft fruchtbar zu machen. Der Fokus liegt dabei auf Mündlichkeit, Alltäglichkeit und sozialer Struktur. Damit liefert das Buch einen Beitrag zu den Memory Studies.

Angelika Laumer ist Soziologin und promovierte an der Justus-Liebig-Universität Gießen. 2021 bis 2023 ist sie wissenschaftliche Mitarbeiterin am Institute for Medical Humanities/Universitätsklinikum Bonn gewesen; davor hat sie das Archiv www.weitererzaehlen.at, wo audiovisuelle Interviews mit Verfolgten des Nationalsozialismus versammelt sind, aufgebaut. Forschungsinteressen: Geschichtspolitik, audiovisuelle Kultur, Praxistheorie, Medizinsoziologie.

Kontakt: angelikalaumer@yahoo.de

Alexander Lenk
Akademische Subjektivierung im Dispositiv neoliberaler Gouvernementalität
Springer VS, Wiesbaden 2023
351 Seiten, 42.79 €
ISBN 978-3-658-42746-7

In dieser Open-Access-Publikation wird die Transformation von traditionellen zu unternehmerischen Hochschulen unter einer neoliberalen Wissens- und Identitätspolitik untersucht. Vor dem Hintergrund einer Ökonomisierung der Gesellschaft geraten deutsche Hochschulen und ihre Angehörigen ab den 1990er Jahren zunehmend unter Druck, sich unternehmerisch-manageriale Denk- und Handlungsweisen anzueignen, um den wissenschaftspolitischen Forderungen nach einer höheren Wettbewerbs- und Leistungsfähigkeit, einer Qualitätssteigerung sowie nach mehr Transparenz und Effizienz Rechnung zu tragen. Mithilfe der Forschungsperspektive der Soziologie des individuellen Widerstands werden die Subjektivierungsweisen von Wissenschaftler*innen mit den Subjektivierungsformen des Managementdiskurses kontrastiert und (Ent-)Subjektivierungsprozesse in der deutschen Hochschullandschaft rekonstruiert.

Alexander Lenk hat am Institut für Soziologie an der Friedrich-Schiller-Universität Jena promoviert. Seine Forschungsschwerpunkte liegen in der Subjektivierungsforschung, Diskurs-/Dispositivanalyse, Gouvernementalitätsstudien sowie der Wissenschafts- und Hochschulforschung.

Kontakt: al.lenk@gmx.de

Marlen Simone Löffler
Niederschwellig arbeiten
Eine problemsoziologische Study of Work in Anlaufstellen für männliche Sexarbeitende
Springer VS, Wiesbaden 2022
474 Seiten, 64.99 €
ISBN 978-3-658-38662-7

Wie erreicht man Menschen, denen aus Sicht der Gesellschaft unbedingt geholfen werden sollte, die aber selbst keine Hilfe einfordern? Dieser Frage geht Marlen S. Löffler in ihrer ethnomethodologischen Ethnographie in niederschwelligen Anlauf- und Beratungsstellen für männliche Sexarbeitende nach. Auf der Basis einer problemsoziologischen und ethnomethodologischen Study of Work zeigt sie, wie Sozialarbeitende Niederschwelligkeit bewerkstelligen und inwiefern die diskursive Hervorbringung der Problemkategorie »männliche Sexarbeitende« an die Praktiken der Niederschwelligkeit gekoppelt ist. Der Band trägt zum grundlegenden Verständnis niederschwelliger Sozialer Arbeit und zu einer kritischen Auseinandersetzung mit problemsoziologischen Ansätzen bei.

Marlen Simone Löffler ist akademische Mitarbeiterin am Institut für Angewandte Forschung der EH Ludwigsburg. Ihre Arbeitsschwerpunkte sind die Soziologie Sozialer Probleme, niederschwellige Soziale Arbeit, intersektionale Perspektiven auf Sexarbeit und qualitativ-rekonstruktive Methoden.

Kontakt: m.loeffler@eh-ludwigsburg.de

Esto Mader
Queere Räume
Handlungsfähigkeit, Affekte und Praktiken von Un_Bestimmtheit prekärer Subjekte
transcript, Bielefeld 2023
350 Seiten, 45.00 €
ISBN 978-3-8376-6818-6

In queeren Räumen fühlen sich Subjekte stark, die sonst marginalisiert sind. Mittels eines imaginierten Basiskonsens und einer eigenen affektiv-ästhetischen Logik entsteht hier das Gefühl von Zuhause: Es können das zugeschriebene »being different« ausgelebt, Netzwerke geknüpft und sich gegenseitig gefeiert werden. Doch auch solche Räume sind durch Hierarchien, szene-interne Normen und Ausschlüsse strukturiert, was zu steten Aushandlungen führt. Diese sind maßgeblich an der queeren Raumproduktion und den darin entstehenden Handlungsfähigkeiten beteiligt. Esto Mader zeigt mittels diffraktiven Arbeitens die Dynamik queerer Räume und stellt fest: Fluidität ist diesen Räumen intrinsisch gegeben.

Esto Mader leitet die Funktionsstelle Geschlechtersoziologie an der Universität Potsdam und arbeitet an der Freien Universität Berlin zum Thema Frauen in MINT. Die Forschungsschwerpunkte liegen auf intersektionalen Trans*, Inter* und Queer Studien, Geschlechterungleichheiten sowie Wissenschaftskritik.

Kontakt: mader_e@web.de

Charlotte Misselwitz
**Stereotypisierungen des Muslimischen
in deutschen und israelischen Medien**
Narrative Rückspiegelungen in der Rezeption von Medienkunstprojekten
De Gruyter, Berlin 2022
275 Seiten, 129.00 €
ISBN 978-3-110-75171-0

Was sagt die mediale Rede über den muslimischen Anderen eigentlich über uns aus? Die Doktorarbeit untersucht anhand einer »psychologischen Diskursanalyse« Stereotypisierungen des Muslimischen in deutschen und israelischen Medien. Anhand der Rezeption von drei ausgewählten Medienkunstprojekten werden in einem ersten Schritt zentrale – neuerdings »psychologische« – Diskurselemente aufgezeigt, die Stereotypisierungen aufbauen und die in einem zweiten Schritt verglichen werden. Den »diskursiven Medienkunstprojekten« gelang dabei eine bisher nicht erfasste »mediale Interaktion« als »narrative Rückspiegelung« zwischen alternativen und etablierten Medien. Die – hier mit Jaques Lacan erweiterte – Diskursanalyse in der Tradition des Duisburger Instituts für Sprach- und Sozialforschung hermeneutisch (und weniger quantitativ) zeigt narrative und emotionale Korrespondenzen in Form von »philosemitischen Einsamkeiten« oder »parallelen Empathielosigkeiten« zwischen deutschen und israelischen Diskursen, und zwar als oft unbewusste Komplexe, die Stereotypisierungen des Muslimischen aufbauen.

Charlotte Misselwitz arbeitet wissenschaftlich als auch publizistisch im Medienbereich. Ihre Arbeitsschwerpunkte in der Medienwissenschaft sind Diskursanalyse, Psychoanalyse, Antisemitismus und Rassismus in Deutschland und Israel, aber auch Juden in der DDR.

Kontakt: cmisse@gmail.com

Etienne Schneider
Neue deutsche Europapolitik
Währungsunion und Industriepolitik zwischen Eurokrise und geopolitischer Wende
Campus, Frankfurt a.M./New York 2023
546 Seiten, 48.00 €
ISBN 978-3-593517865

In der Coronakrise setzte die Bundesregierung anders als während der Eurokrise nicht auf Austeritätspolitik, sondern überraschend auf eine gemeinsame europäische Verschuldung und Umverteilung im Rahmen des EU-Wiederaufbaufonds (NextGenerationEU) – ein Bruch mit dem europapolitischen Tabu einer »Schulden-« und »Transferunion«. Zugleich drängt Deutschland seit 2019 in der Industriepolitik auf einen strategisch-interventionistischen Ansatz unter Aushöhlung der EU-Wettbewerbspolitik. Vor dem Hintergrund der aktuellen geopolitischen Umbrüche und Krisentendenzen des deutschen Wirtschaftsmodells analysiert Etienne Schneider, welche Interessen und Konflikte diesem Wandel der deutschen Europapolitik zugrunde liegen.

Etienne Schneider ist PostDoc am Institut für Internationale Entwicklung der Universität Wien. Er hat Politikwissenschaft in Berlin, Toronto und Wien studiert. Seine Arbeitsschwerpunkte sind europäische Wirtschaftsintegration, Industrie- und Klimapolitik sowie sozial-ökologische Transformation.

Kontakt: etienne.schneider@univie.ac.at

Andrea Vetter
Konviviale Technik
Empirische Technikethik für eine Postwachstumsgesellschaft
Transcript, Bielefeld 2023
448 Seiten, 40.00 €/Open Access
ISBN 978-3-8376-5354-0

In den vergangenen Jahren wurden angesichts der multiplen planetaren Krisen Diskussionen um eine postkapitalistische Wirtschaft jenseits von Wirtschaftswachstum hörbarer. Diese braucht auch eine andere Technik, denn Technik ist nie neutral – doch welche? Durch ethnographische Erkundungen bei Initiativen von Graswurzel-Technik sowie die Sichtung historischer Quellen zu »alternativer« Technik entsteht das Bild einer konvivialen, lebensfreundlichen Technik. Anhand der Beispiele Komposttoilette und Lastenfahrrad werden zentralen Kriterien für eine postwachstumstaugliche Technik ausgearbeitet: Verbundenheit, Zugänglichkeit, Anpassungsfähigkeit, Bio-Interaktivität und Angemessenheit. Mit der »Matrix für konviviale Technik« stellt die Arbeit ein Werkzeug für eine Technikbewertung aus Postwachstumsperspektive im Kontext von Technikentwicklung, Produktdesign, universitärer Lehre und politischer Bildungsarbeit vor.

Andrea Vetter schreibt, forscht, erzählt, organisiert und macht Apfelmus für einen sozial-ökologischen Wandel. Mitgründerin des Haus des Wandels (Ostbrandenburg), Redakteurin Zeitschrift Oya, Beirätin Konzeptwerk Neue Ökonomie (Leipzig). Mitarbeiterin Umwelt- und Techniksoziologie der BTU Cottbus.

Kontakt: vetter@b-tu.de

Christopher Wimmer
Die Marginalisierten
(Über-)Leben zwischen Mangel und Notwendigkeit
Beltz Juventa, Weinheim 2023
302 Seiten, 22.99 €
ISBN 9783779971092

Langzeiterwerbslose, Wohnungs- und Obdachlose, informell Beschäftigte, Geflüchtete oder Menschen in Altersarmut – häufig ist ihr blankes Überleben gefährdet. Dieses Buch basiert auf den Stimmen und Erfahrungen marginalisierter Menschen, die von ihrer Situation, ihren Ängsten und Konflikten, aber auch von ihren privaten und gesellschaftlichen Hoffnungen und Wünschen berichten. Die Innenansicht aus dieser sehr heterogenen Klasse macht es möglich, nachzuvollziehen, was die Marginalisierten auszeichnet, wie sie leben und wie sie mit ihrer sozialen Position »ganz unten« und »ganz draußen« umgehen. Die Marginalisierten, die rund 15 Prozent der Bevölkerung ausmachen, sind von Enteignung, sozialem Ausschluss, Abwertungen und Stigmatisierungen betroffen. Zwischen Mangel und Notwendigkeit ist ihr gesamtes Leben ein beständiger Kampf um gesellschaftliche Respektabilität – den viele jedoch verlieren.

Christopher Wimmer ist Soziologe und wissenschaftlicher Mitarbeiter an der Humboldt-Universität zu Berlin. Er forscht zu sozialer Ungleichheit, Armut sowie politischer Mobilisierung. Außerdem schreibt er regelmäßig für verschiedene Tages- und Wochenzeitungen.

Kontakt: info@christopherwimmer.de

# Register »WORK IN PROGRESS«

ERKENNTNISTHEORIE UND METHODIK

Akin, Helen (2020, S. 37–50)
Adornos Reflexionen über die Dialektik der Entfremdung
Überlegungen zur Neuen Klassendiskussion

Altieri, Riccardo (2019, S. 41–53)
Eine Antikritik auf Bourdieus Kritik am biographischen Schreiben

Bertschinger, Dolores Zoé (2022, S. 73–88)
Die Gramsci–Hall–Linie
Beitrag zu einem geschichtsmaterialistischen Praxisbegriff
für die Cultural Studies

Bomberg, Svenja (2016, S. 39–53)
Theorizing Politics and Ideology »After« Marx

Eibisch, Jonathan (2019, S. 54–72)
Die Kunst, freiwillig gemeinsam zu sein
Das Spannungsfeld zwischen Kollektivität und Individualität als Indiz
für eine grundlegend paradoxe Form anarchistischen Denkens

Friedrich, Sebastian (2015, S. 29–42)
Problem und Diskurs
Das Potenzial des Problematisierungsbegriffs bei Michel Foucault
für eine ideologiekritische Diskursanalyse

Hofer, Lena (2013, S. 33–45)
Reproduzierbarkeit und empirische Szenarien

Judenau, Cristof (2013, S. 46–66)
›Objektivität‹ und ›Logik‹ in den Sozialwissenschaften

Junker, Leon (2022, S. 39–55)
Ich muss sein!
Zum Status nihilistischer Theorien in der Debatte um personale Identität

Kaeß, David (2015, S. 43–55)
Denken in Konstellationen
Zum reflexiven Potential der Wissenschaft in der kritischen Theorie

Kayserilioğlu, Alp (2020, S. 68–82)
Die Rolle der »zentralen Despotie« im nachholenden Übergang zum Kapitalismus
Die Elemente einer anderen Geschichtstheorie bei Karl Marx

Register »WORK IN PROGRESS«

Kim, Ki–myoung (2018, S. 27–44)
Bibelkritik als politische Handlung
Spinozas Theologisch–politischer Traktat

Krämer, Danny (2020, S. 83–99)
Analytische Philosophie und ihr Potenzial für radikale Politik

Meißner, Kerstin (2017, S. 33–46)
Gefühlte Welt_en
Über die Beziehung zwischen Emotionalität und Sachverstand und eine notwendige Konzeptualisierung von *Sentipensar*

Ortmann, Marc (2022, S. 56–72)
Über Literatureffekte
Rosa Luxemburg und Leo Tolstoi

Rolletschek, Jan (2018, S. 45–63)
›Materialist aus der Schule Spinozas‹
Gustav Landauers spinozistischer Anarchismus

Sailer, Jan (2014, S. 27–35)
Abstraktes Denken über die Finanzkrise
Hegels ironische Ideologiekritik

Schmidt, Josephina (2020, S. 51–67)
Andere Frauen?
Relationale (Selbst–)Reflexion von Gleichheit und Differenz am Beispiel des Promotionsprojekts ›Frauen in sozialpsychiatrischen Wohnheimen‹

Schönemann, Sebastian (2016, S. 29–38)
Vom Gruppenexperiment zur dokumentarischen Methode
Geschichte und Bedeutungswandel des Gruppendiskussionsverfahrens

Yeşilbaş, Emre (2017, S. 47–60)
Towards a Collective and Political Focus
Social Totality and Historicization in Literary Criticism

ARBEIT

Braunersreuther, Christine (2018, S. 63–78)
Die Mär vom Migranten
Oder: Warum Migration von Frauen nach wie vor skandalisiert und/oder verschwiegen wird

Flores, Julian (2020, S. 103–116)
Genossenschaften und sozialistische Weltanschauung

Frey, Philipp (2018, S. 79–90)
Vom Unabgegoltenen der Automation
Einige Gedanken zur gegenwärtigen Automationsdebatte
aus Sicht kritischer Technikfolgenabschätzung

Glöckl, Julia (2019, S. 73–89)
Gewerkschaft als ibasho 居場所
Alternative spaces in community unions in Japan

Jocham, Anna Lucia (2016, S. 72–84)
Klassenbewusste Solidarität mit Arbeitslosen?
Die biografische Kontextualisierung sozialer Einstellungen
gegenüber arbeitslosen Menschen

Marquardsen, Kai (2011, S. 41–56)
Soziale Netzwerke in der Erwerbslosigkeit
Bewältigungsstrategien in informellen sozialen Beziehungen

Mathews, Rohan Dominic (2019, S. 90–109)
A Comprehensive Legislation for Construction Workers in India
Unpacking State, Capital and Labour

Nenoff, Jenny Morín (2015, S. 59–69)
Quo vadis Cuba?
Der kubanische Transformationsprozess aus der Sicht
der Reformverlierer_innen

Paulus, Stefan (2011, S. 57–68)
Work–Life–Balance als neuer Herrschaftsdiskurs
Eine kritische Diskursanalyse eines Regierungsprogramms

Pierdicca, Marika (2015, S. 70–85)
Du musst es nur wollen
Integrationsregimes in der Arbeitswelt –
eine Feldstudie zu migrantischer Selbstständigkeit

Prasse, Nick (2019, S. 110–128)
Brachland im Schatten des Neoliberalismus
Zur schwierigen Genese wohlfahrtsstaatlicher Kulturpolitik
auf Bundesebene

Richter–Steinke, Matthias (2011, S. 27–40)
Von der Liberalisierung zur Privatisierung europäischer Eisenbahnen
Der Aktionsradius der Bahngewerkschaften im Wandel

Rossi, Regina (2020, S. 138–148)
Help me if you can!
Das Problem und Potenzial der Freiwilligkeit in Festivals –
Am Beispiel der HALLO: Festspiele

Tügel, Nelli (2016, S. 57–71)
Vom wilden Streit zur »Menschenwürde«
Die Debatte um »Arbeit« und »Würde« im Zusammenhang
mit dem *Stora Gruvstrejken* in Schweden 1969/70

Walter, Janine (2020, S. 117–137)
Global Framework Agreements
Gewerkschaften und internationale Arbeitsrechte
im Kreml–Kapitalismus

POLITISCHE ÖKONOMIE

Aliaga, Rafael Aragüés (2015, S. 89–101)
Der Staat der Logik und die Logik des Staates
Anmerkungen zur Kritik der Hegelschen Rechtsphilosophie

Barth, Thomas (2012, S. 31–46)
Ökologie – Kapitalismus – Demokratie
Ansätze zur Vermessung eines Spannungsfeldes

Beykirch, Michael (2022, S. 91–104)
**Produktionsverhältnisse und Produktionsweise als Kategorien
zur Untersuchung postkapitalistischer Alternativen**
Eine Illustration am Beispiel der solidarischen Landwirtschaft

Breda, Stefano (2015, S. 102–116)
Kredit als spezifisch kapitalistische Finanzierungsform
Forschungsnotizen gegen die realwirtschaftliche Auffassung der Marxschen Theorie

Bremerich, Stephanie (2016, S. 87–102)
Berufsjugend in der Krise
Armut und Abweichung in Joachim Lottmanns Roman *Der Geldkomplex*

Butollo, Florian   *(2012, S. 47–56)*
Of old and new birds
Case studies on the impact of industrial upgrading initiatives
on working conditions in the garment and IT sector
of China's Pearl River Delta

Graf, Jakob   *(2021, S. 52–66)*
Politik in den Peripherien
Subalterne Öffentlichkeiten, bürgerliche Repräsentationskrisen
und Gewalt

Hollewedde, Sabine   *(2020, S. 166–178)*
Der Begriff der Freiheit in der kritischen Theorie
Über Grundlagen in der Kritik der politischen Ökonomie

Kellner, Jenny   *(2021, S. 39–51)*
Georges Bataille *Innere Erfahrung*
Gemeinschaft, Subjekt und Vernunft im Kontext
einer eigenwilligen Nietzscherezeption

Lenk, Alexander   (2022, S. 123–134)
Widerstand an unternehmerischen Hochschulen

Ludewig, Bianca   *(2022, S. 105–122)*
Transmedia Festivals
Hybride Musikevents der Gegenwart und Digitalisierung

Michaeli, Inna   *(2015, S. 117–127)*
Economic Citizenship
A Category of Social Analysis in Neoliberal Times

Preissing, Sigrun   *(2013, S. 69–83)*
Geld und Leben
Vom ›Beitragen statt Tauschen‹ in Gemeinschaften
mit Alternativökonomie

Sailer, Jan   *(2011, S. 69–79)*
Marx' Begriff von Moral
Zur Genese des allgemeinen Interesses aus dem Privatinteresse

Santarius, Tilman   *(2014, S. 39–54)*
Die Habitualisierung von Wachstum
Effizienz als kognitives Skript im Kontext kapitalistischer Gesellschaften

Schneider, Etienne (*2021, S. 80–95*)
Der EU–Wiederaufbaufonds
Eine europapolitische Wende des deutschen Machtblocks?

Schützhofer, Timm Benjamin (*2016, S. 103–119*)
Keine Petrodollars, kein Wachstum, kein Handlungsspielraum?
Herausforderungen für Ecuadors Fiskalpolitik
am Beispiel der Erbschaftssteuer

Seefelder, Stefan (*2021, S. 67–79*)
Ein »deutsches Schaufenster für den ganzen Golf von Guinea«
Die Magasin Togo–Studie 1961

Syrovatka, Felix (*2021, S. 96–111*)
Von weichen Empfehlungen zu harten Vorgaben
Die europäische Arbeitspolitik in der Eurokrise

Wimmer, Christopher (*2020, S. 151–165*)
Die Trennlinie der Würde
Zur historischen Kontinuität der Klasse der Ausgeschlossenen

TRANSFORMATION VON STAATLICHKEIT

Baunack, Anika (*2016, S. 140–152*)
Die moralische Nation
Zur Aktualisierung des deutschen Nationaldiskurses
im europäischen Kontext

Brodkorb, Birte (*2014, S. 57–73*)
Nahrungsdeprivation als Mittel der politischen Auseinandersetzung
Aufgaben und Grenzen des internationalen Strafrechts

Chu, Jun (*2017, S. 81–95*)
**Vom grassroots zum volunteer: Die neoliberale Transformation
von urban citizenship im Kontext der Land–Stadt–Migration in China**
Eine Fallstudie in Hangzhou

Earnshaw, Sarah (*2017, S. 96–108*)
Humanitarian Strikes
Interrogating the Biopolitics of US Drone Warfare

Ernst, Simon   *(2017, S. 63–80)*
Erdölsouveränität
Bilanz und Perspektiven der venezolanischen Erdölpolitik
nach 15 Jahren »bolivarischer« Regierung

Gehring, Axel   *(2013, S. 87–101)*
**›Militärische Vormundschaft‹ in der Türkei oder Kontinuität
zur türkischen Militärjunta des 12. Septembers 1980?**
Hegemoniepolitik mit Erzählungen über die türkischen Streitkräfte

Gerster, Karin A.   *(2014, S. 74–97)*
Palestinian Non–Governmental Organizations
A neoliberal structured employment community

Dastan Jasim   *(2022, S. 154–170)*
**Zivile Kultur und Unterstützung von Demokratie
durch Kurd*innen im Iran, Irak und der Türkei**

Jenss, Alke   *(2011, S. 81–94)*
**Zurück nach rechts: Transformation von Staatlichkeit
unter Bedingungen neoliberaler Globalisierungsprozesse
in Kolumbien und Mexiko**

Kern, Anna   *(2016, S. 153–161)*
Konjunkturen von (Un–)Sicherheit
Materialistische Begriffsarbeit zur Sicherheitspolitik

Küpeli, Ismail   *(2019, S. 129–139)*
Machbarkeit der türkischen Nation
Diskursive Exklusion und physische Vernichtung
als Säulen von *nation building*

Lenz, Jakob Ole   *(2022, S. 137–153)*
Saul Ascher, Preußen und der Bonapartismus
Beitrag zur Eruierung einer komplizierten Beziehung

Nagler, Mike   *(2011, S. 107–118)*
**Der Einfluss lokaler Eliten auf die Privatisierung
kommunaler Leistungen am Beispiel Leipzigs**

Radhuber, Isabella Margerita   *(2011, S. 95–106)*
Die indigenen Rechte im bolivianischen Wirtschaftsmodell
Eine Analyse ausgehend von der Erdgaspolitik

Schmidt–Sembdner, Matthias (2019, S. 140–154)
Was passiert an Europas Binnengrenzen?
Migration und die Transformation von Staatlichkeit –
eine methodische Rekonstruktion

Voigtländer, Leiv Eirik (2012, S. 59–77)
***Citizenship* und soziale Grundrechte**
Folgen einer Einschränkung sozialer Rechte
für die Betroffenen als Bürger*innen des Gemeinwesens

Ruiz Torres, Guillermo (2012, S. 78–95)
Gesellschaftspolitische Dynamiken revolutionärer Bewegungen
Der Fall des »Leuchtenden Pfades« Peru 1980–2000
Die Aufstandsbekämpfungspolitik des peruanischen Staates

Schröder, Martin (2016, S. 123–139)
»Colonicemos con el Indio«
Die Anfänge staatlicher Indigenen–Politik in Venezuela
und die Comisión Indigenista Nacional

POLITIK DES RÄUMLICHEN

Foit, Mathias (2022, S. 202–217)
»Manchmal glaubt man, die Hölle hat allen Insassen Urlaub erteilt«
Queere Stadtbilder der Ostgebiete des Deutschen Reichs
und die Frage der Metronormativität

Gerbsch, Elisa (2022, S. 188–201)
Wohnungsfragen als räumliche Dimensionen sozialer Ungleichheit
Eine kritisch–geographische Einführung in Entwicklungen und Begriffe
ostdeutscher Wohn– und Arbeitsverhältnisse

Taş, Diren (2022, S. 173–187)
Turkey's Military Urbanism and Neocolonial Architecture #in Kurdish Cities

INTERNATIONALE BEZIEHUNGEN

Stehle, Jan (2011, S. 119–133)
Das Amt und der Aktenzugang
Meine Bemühungen um Aktenfreigabe beim Auswärtigen Amt
im Kontext des Berichts der Historikerkommission
sowie der Archivierungspraxis des Auswärtigen Amtes

GEWALT UND ERINNERUNG

Abel, Esther (2011, S. 147–160)
Peter Scheibert – ein Osteuropahistoriker im »Dritten Reich«
›Wissenschaftliche‹ Aufgaben im Sonderkommando Künsberg

Denzinger, Esther (2011, S. 187–197)
Ruanda, 16 Jahre nach dem Genozid
Erinnerungsprozesse und die Politik des Vergessens

Đureinović, Jelena (2017, S. 141–153)
Remembering the Second World War in Post–Yugoslav Serbia
Hegemonic Discourses and Memory Politics from Below

Fischer, Henning (2014, S. 101–118)
›Opfer‹ als Akteurinnen
Emmy Handke und die Ursprünge der *Lagergemeinschaft Ravensbrück*, 1945 bis 1949

Förster, Lars (2012, S. 109–131)
Bruno Apitz und das MfS
Zum Selbstverständnis eines deutschen Kommunisten

Fröhlich, Roman (2011, S. 161–173)
Der Einsatz von Gefangenen aus den Lagern der SS bei deutschen Unternehmen am Beispiel Heinkel und HASAG – ein Vergleich

Genel, Katia (2011, S. 174–186)
Die sozialpsychologische Kritik der Autorität in der frühen kritischen Theorie
Max Horkheimer zwischen Erich Fromm und Theodor W. Adorno

Johann, Wolfgang (2015, S. 147–162)
Das Diktum Adornos in der westdeutschen Nachkriegszeit
Historische, literarische und philosophische Kontexte

Kellermann, Maren A. (2017, S. 111–127)
Psychosomatik und ihre Anwendungen
Theorie bei Sigmund Freud und Praxis bei Ernst Schimmel

Laumer, Angelika (2014, S. 119–132)
Nachkommen von NS–Zwangsarbeiter_innen im ländlichen Bayern
Wie Zugehörigkeit und Differenz am Beispiel von Namen verhandelt werden

Margain, Constance *(2012, S. 99–108)*
Zwischen Verlusten und Trümmern
Der Widerstand der Internationale der Seeleute
und Hafenarbeiter gegen den Nationalsozialismus

Montoya, Tininiska Zanger *(2019, S. 155–172)*
Das kolumbianische politische Exil als ein diskursives Feld
Entwicklungen und Konflikte im Rahmen der Friedensverhandlungen

Riepenhausen, Jonas *(2019, S. 173–198)*
»Wir helfen dem Führer«
Ein Beitrag zur Mitgliederzeitschrift des BDM

Schupp, Oliver *(2011, S. 135–146)*
Der Verlust kommunistischen Begehrens
Entwurf einer geschichtsphilosophisch informierten und
gedächtnistheoretisch begründeten Deutung der Brucherfahrung
von ehemaligen Kommunist_innen in der Weimarer Republik

Spohr, Johannes *(2017, S. 128–140)*
Die Ukraine 1934/44
Entscheidungen im Angesicht der deutschen Kriegsniederlage

Stamenić Boris *(2013, S. 119–131)*
Sinjska alka
Das politische Leben eines Ritterspiels

Steinbach, Stefanie *(2015, S. 131–146)*
Gegnerforschung im Sicherheitsdienst des Reichsführer SS
Das Amt II des Sicherheitshauptamts (1935–1939)

Zwick, Maja *(2013, S. 105–118)*
Translation matters
Zur Rolle von Übersetzer_innen in qualitativen Interviews
in der Migrationsforschung

ANTISEMITISMUS UND RASSISMUS

Baron, Christian *(2014, S. 148–162)*
Dem Volk aufs Maul geschaut
Rassismus und Klassismus in den Debatten um Thilo Sarrazin
und Mesut Özil im Online–Leserkommentarforum von Faz.net

Carbone, Beatriz Junqueira Lage (2015, S. 181–195)
Whiteness and Discourses on Nationality in Brazil
An Analysis of *Populações Meridionais do Brasil*

Diebold, Jan (2015, S. 165–180)
Vorstellungen von ›Blut‹, ›Boden‹ und ›natürlicher‹ Herrschaft
Das Wechselverhältnis von adligen und rassistischen Konzepten

Fischer, Leandros (2014, S. 135–147)
Die Partei DIE LINKE und der Nahostkonflikt
Eine Debatte im Spannungsfeld von Parlamentarismus
und Bewegungsorientierung

Kinzel, Tanja (2011, S. 211–224)
Was sagt ein Bild?
Drei Porträtaufnahmen aus dem Ghetto Litzmannstadt

Krueger, Antje (2011, S. 225–238)
»Keine Chance pour Wohnung – C'est pas possive!«
Sprachliche Zwischenwelten als kulturelles Produkt
des Migrationsprozesses

Urban, Monika (2011, S. 199–210)
**Die ›Heuschreckenmetapher‹ im Kontext
der Genese pejorativer Tiermetaphorik**
Reflexion des Wandels von sprachlicher Dehumanisierung

Kaya, Zeynep Ece (2012, S. 135–151)
**»Afrika als europäische Aufgabe«
oder »eine spezifisch deutsche Theorie der Kolonisation«?**
Zur Geschichte eines ideologischen Diskurses

RELIGION UND SÄKULARISIERUNG

Bakhshizadeh, Marziyeh (2011, S. 251–257)
**Frauenrechte und drei Lesarten des Islam im Iran
seit der Revolution 1979**

Serkova, Polina (2011, S. 239–250)
**Subjektivierungstechniken in der Erbauungsliteratur
des 17. Jahrhunderts**

Register »WORK IN PROGRESS«

NATUR – TECHNIK – KULTUR

Ayboga, Ercan *(2011, S. 273–289)*
Talsperren und ihr Rückbau

El Dorry, Mennat–Allah *(2015, S. 218–227)*
Monks and Plants
Working on Understanding Foodways and Agricultural Practices
in an Egyptian Monastic Settlement

Fischer–Schröter, Paul *(2015, S. 199–217)*
Die germanische Siedlung Wustermark 23, Landkreis Havelland
Ein Beitrag zu den sogenannten Korridorhäusern

Forker, Melanie *(2014, S. 187–200)*
Schutz und Nutzung im brasilianischen Trockenwald
Literaturrecherche und Vegetationserhebungen
zu den forstlichen Ressourcen der Caatinga

Ibrahim, Bassel *(2014, S. 165–174)*
**Behandlung von hydrothermal karbonisierten Biomassen
für die Ammoniakabtrennung**
Der hydrothermale Karbonisierungsprozess (HTC)

Maren Kellermann *(2015, S. 228–244)*
Alexander Mitscherlich
Zur gesellschaftlichen Dimension psychosomatischer Medizin

Lehmann, Rosa *(2015, S. 245–260)*
Ohne offenen Ausgang
Die indigene Befragung in Juchitán als Machtinstrument
zur Durchsetzung eines Mega–Windparks

Mansee, Susanne *(2011, S. 259–272)*
Am Strand
Zur Genese eines Sehnsuchtsraumes

Messerschmid, Clemens *(2014, S. 175–186)*
**Feedback between societal change and hydrological response
in Wadi Natuf, a karstic mountainous watershed
in the occupied Palestinian Westbank**

MEDIEN

Bescherer, Peter   *(2011, S. 291–306)*
Ganz unten im Kino
Eisenstein, Pasolini und die politische Subjektivität
des Lumpenproletariats

Brock, Nils   *(2011, S. 307–320)*
Ansichtssache ANTenne
Überlegungen zu einer medienethnographischen Untersuchung
des Radiomachens

Islentyeva, Anna   *(2015, S. 263–279)*
The English Garden under Threat
Roses and Aliens in the Daily Telegraph Editorial

Steckert, Ralf   *(2012, S. 155–170)*
Lenas Schland
Zur populären Konstruktion neuer deutscher ›Nationalidentität‹

Tsenekidou, Maria   *(2015, S. 297–313)*
Vom Buckeln zum Treten
Leistungsdruck und konformistische Rebellion

LITERARISCHES FELD

Matienzo León, Ena Mercedes   *(2011, S. 321–328)*
El político como fabulador

Becker, Maria   *(2011, S. 367–378)*
Von der Zensur der Partei in die Zensur des Marktes?
Literarische Selbstverwirklichung renommierter Kinder–
und Jugendbuchautor*innen der DDR vor und nach 1989

Beyer, Sandra   *(2012, S. 173–184)*
Die das Meer gen Westen überquerten
Selbstzeugnistraditionen von reisenden Japanerinnen bis 1945

Greinert, Cordula   *(2011, S. 329–344)*
Subversives Brausepulver
Heinrich Manns Tarnschriften gegen den Nationalsozialismus

Killet, Julia   *(2011, S. 345–355)*
Maria Leitners Reportagen aus Nazi–Deutschland

Register »WORK IN PROGRESS« 347

Mehrle, Jens *(2011, S. 356–366)*
Sozialistischer Realismus 1978
Zu einem Vorschlag von Peter Hacks

BILDUNG

Niggemann, Janek *(2014, S. 203–220)*
Mit schmutzigen Händen die Herzen von Intellektuellen brechen
Zum Verhältnis von Hegemonie und pädagogischer Autorität bei Gramsci

Schmidt, Bettina *(2011, S. 379–394)*
Brüche, Brüche, Widersprüche ...
Begleitende Forschung emanzipatorischer politischer Bildungsarbeit
in der Schule

KÖRPER – MACHT – IDENTITÄT – GENDER

Albrecht, Daniel *(2012, S. 187–202)*
Von Männern und Männlichkeiten
Livius neu gelesen

Altieri, Riccardo *(2020, S. 210–226)*
Rosi Wolfstein (1888–1987)
Einblicke in eine Jahrhundert–Biographie

Bartels, Mette *(2021, S. 129–145)*
Durch die weibliche Linse
Die Fotografin zwischen frauenbewegter Berufsemanzipation,
bürgerlichen Normvorstellungen und Klassengräben um 1900

Bayramoğlu, Yener *(2014, S. 223–235)*
Die kriminelle Lesbe
Die Kriminalisierung des lesbischen Subjekts in den 1970er Jahren
in der *Bild*–Zeitung

Beron, Michael *(2021, S. 115–128)*
Antihelden der Arbeit
Das unternehmerische Selbst im Spiegel der Fernsehserie *The Sopranos*

Beyer, Sandra *(2016, S. 165–180)*
Von Heldenmüttern zu Staatsbürgerinnen
Die erste japanische Frauenbewegung (1919–1941)
und ihre Wege in den Faschismus

Biela, Gabriela Ardila *(2020, S. 227–237)*
Fußball von Frauen gespielt in Kolumbien
Zur Notwendigkeit des Schreibens über dessen Geschichte
und den historiografischen Herausforderungen

Dieterich, Antje *(2013, S. 153–166)*
Funktion und Funktionalisierung
Indigenität zwischen Rassismus und politischer Strategie

Dogan, Can Merdan *(2022, S. 221–233)*
Zwischen Nationalflaggen und der Regenbogenflagge
Inszenierung von Homosexualität beim Eurovision Song Contest
in den 2000er-Jahren

Foit, Mathias *(2020, S. 195–209)*
**Recovered, or Not Recovered, That Is the Question,
or Whose History Is It?**
Questions of Ownership and Nationalism in (Queer) History

Hannemann, Isabelle *(2012, S. 216–233)*
Das Jenseits der Schablone
Wahrnehmungstheoretische Überlegungen
zum Thema »Grausamkeit und Geschlecht«

Heinemann, Sarah *(2018, S. 9–105)*
Der Ursprung des Leidens liegt im Schoß der Frau
Robert Betz und seine Lehren der Transformation
vom Normalsein zum Glück

Heinemann, Sarah *(2017, S. 157–169)*
Erfolg durch Positives Denken?
Wie Motivationstrainer_innen ihre Lehren verkaufen

Heymann, Nadine *(2011, S. 409–421)*
**Visual Kei: Praxen von Körper und Geschlecht
in einer translokalen Subkultur**

Hille, Franziska *(2022, S. 251–264)*
Depathologisierung, Intersektionalität und Revolution
Einige Erläuterungen in Kurzform zu Begriffen und Konzepten
meiner Dissertation im Kontext von Mad Studies, Kapitalismuskritik
und queer_feministischen Perspektiven

Iltzsche, Robin   *(2019, S. 199–210)*
Paradoxien der Suizidprävention

Kousiantza, Sofia
(2013, S. 135–152)
Ausdehnung, Materialität und Körper bei Benedict de Spinoza

Krishnamurthy, Archana (Aki)   *(2015, S. 283–296)*
Widerstandskörper – Körperwiderstand
Körperdialoge zur Rolle der Scham
bei vergeschlechtlichten Subjektivierungsprozessen

Linke, Kai   *(2016, S. 181–192)*
Glossing over the Racist Bits
Alison Bechdel's *Dykes To Watch Out For* as a Post–Racial Vision
of Lesbian Community

Lüthi, Eliah   *(2019, S. 211–224)*
**Relocating Mad_Trans Re_presentations Within
an Intersectional Framework**

Mader, Esther   *(2017, S. 184–197)*
Auf der Suche nach Handlungsfähigkeit in queeren Räumen in Berlin
Raum, Körper und Affekt als Elemente kollektiver Handlungsfähigkeit

Matern, Melinda   *(2021, S. 146–162)*
»Für 'ne Frau – gut!«
Ambivalenzen der Anerkennung und die ewige Logik
des männlichen Maßstabs auf dem Kunstfeld

Nastold, Friederike   *(2019, S. 225–242)*
Tentacular desire
Von schaulustigen Ein–Blicken zu affizierenden Tentakeln
in »Space Labia«

Patsy l'Amour laLove   *(2017, S. 198–213)*
»Tritt so auf, wie du es für richtig hältst.«
Die Polittunte Baby Jane und ihre Erzählungen von Differenz, Lust
und Emanzipation in der westdeutschen Schwulenbewegung
der 1970er Jahre

Pelters, Britta (2011, S. 422–435)
Die doppelte Kontextualisierung genetischer Daten:
Gesundheitliche Sozialisation am Beispiel
der Familie Schumacher–Schall–Brause

Phillips, Roxanne (2017, S. 170–183)
Erzähltechniken als Regierungstechniken
Gouvernementale Subjekte in Streeruwitz' *Jessica, 30.*
und Moras *Alle Tage*

Pöhlmann, Jan (2020, S. 238–251)
Die Implementierung des Gesetzes der Ko–Offizialisierung von Sprachen in Brasilien

Saase, Sabrina (2020, S. 181–194)
Intersectional Privilege awareness traveling into psychology – an unsafe travel or a potential for social justice?

Saase, Sabrina (2022, S. 234–250)
Psychotherapie als privilegierte Form der Sozialen Arbeit?
Wie eine Polyamorie sozialer Bewegungen rund um Antipsychiatrie, Feminismus und Intersektionalität das Verhältnis psychosozialer Disziplinen verändert

Schiel, Lea–Sophie (2016, S. 193–206)
Das Theater des Obszönen
Oder: das Lust–Wissen von Live–Sex–Shows

Solovey, Vanya (2018, S. 106–119)
Is an »Armchair Feminist« a Coward?
Debates Over Activist Methods Within Feminist Movements in Russia

Trebbin, Anja (2011, S. 395–408)
Vergesellschaftete Körper
Zur Rolle der Praxis bei Foucault und Bourdieu

Tuzcu, Pınar (2012, S. 203–215)
»Diese Bitch is' eine Gefahr«
Lady Bitch Ray and the Dangerous Supplement. äA Transcultural Locational Feminist Reading

Wölck, Sascha (2013, S. 167–183)
Con lai Mỹ
Über Marginalisierung amerikanischer Besatzungskinder in Vietnam

EMANZIPATION UND UTOPIE

Azizoğlu–Bazan, Münevver   *(2020, S. 285–299)*
Wer darf sich mit wem solidarisieren?
Die Solidaritätsperspektive der kurdischen Frauenbewegung

Babenhauserheide, Melanie   *(2013, S. 187–199)*
The Twofold Happy Ending of J.K. Rowling's »Harry Potter«–Series
Utopian and Affirmative Aspects

Baumbach, Franziska   *(2012, S. 237–248)*
**Kapitalismus, Menschenbilder und
die Undenkbarkeit gesellschaftlicher Veränderung**

Bender, Stephanie   *(2017, S. 245–258)*
Which of the Possible Futures Is a Good Future?
Ecology and Future Worlds in James Cameron's *Avatar*

Boehm, Susanne   *(2017, S. 217–231)*
Der Unterleib und der herrschaftskritische Blick?
Perspektiven der Neuen Frauenbewegung

Dalhoff, Maria   *(2021, S. 206–222)*
Debating Sexual Consent
Ein solidarisch–kritischer Blick auf die feministische Errungenschaft sexueller Einvernehmlichkeit

Doppler, Lisa   *(2018, S. 140–156)*
Organische Intellektuelle organisieren Spontaneität
Reflexionen zu Marcuse, Gramsci und der Refugee–Bewegung

Eibisch, Jonathan   *(2021, S. 223–238)*
Das anarchistische Konzept der sozialen Revolution

Ernst, Tanja   *(2011, S. 451–463)*
Transformation liberaler Demokratie:
Dekolonisierungsversuche in Bolivien

Fecht, Fabienne   *(2021, S. 181–194)*
***Post*koloniale und *post*migrantische Widersprüche**
Kanonkritik im Gegenwartstheater am Beispiel von Necati Öziri *gegen* Kleist und Gintersdorfer/Klaßen *nach* Büchner

Göcht, Daniel (2013, S. 200–212)
Geschichtsphilosophie der Kunst
Georg Lukács' »Die Eigenart des Ästhetischen«

Haghighat, Leila (2021, S. 165–180)
Von Möglichkeitsräumen, Begegnungen und Begehren
Sozial engagierte Kunst im Verhältnis von Raum–Beziehung–Solidarität

Lohfink, Johanna (2020, S. 308–320)
Erwachsene Kindlichkeit als Vorbedingung einer Utopie der Familie
Überlegungen in Anschluss an Theodor W. Adorno

Mendanlioglu, Ramazan (2020, S. 269–284)
Geschichte und Gegenwart der »Frauenrevolution« in Rojava

Metzger, Joscha (2017, S. 232–244)
Soziale Wohnungswirtschaft zwischen Gebrauchs– und Tauschwert
Ein Beitrag zur Debatte um die Neue Wohnungsgemeinnützigkeit

Meya, Seraphine Noemi (2020, S. 300–307)
Die große Unterbrechung
Eine Welt von morgen im Spiegel von Corona

Mühe, Marieluise (2021, S. 195–205)
Die unfertige Solidarität?
Über das Ringen um Solidarität im Kontext sozialer Bewegungen

Otterstein, Janette (2020, S. 255–268)
Von der Entfremdung zur Emanzipation
Identität(spolitik) in der kapitalistischen Gesellschaft

Pöschl, Doreen (2013, S. 213–226)
Von der Freiheit, Kunst zu schaffen
Künstlerische Autonomie in der DDR

Reh, Susanne (2015, S. 317–331)
Megaprojekte in Chiapas
Koloniale Kontinuitäten und neozapatistischer Widerstand

Scholz, Andrea (2011, S. 437–450)
Indigene Rechte, entzauberte ›Wilde‹
und das Dilemma engagierter Ethnologie

Sterba, Matthias *(2019, S. 254–267)*
Framing Utopia
Utopien in zeitgenössischen Theaterpraktiken

Vey, Judith *(2011, S. 464–472)*
Freizeitprotest oder Beschäftigungstherapie?
Hegemonietheoretische Überlegungen zu linken Krisenprotesten in Deutschland in den Jahren 2009 und 2010

Vinnik, Marina *(2019, S. 243–253)*
Between artist, mother, and model
Self–perception and representation of women in the paintings and graphic works of Russian–born women artists

Völk, Malte *(2012, S. 249–267)*
Mit Bienenflügeln zur befreiten Gesellschaft?
Jean Paul und die Frage der ›Wirksamkeit‹ von Literatur

Voßkühler, Karl *(2018, S. 123–139)*
Substanz und Differenz
Ein Gegenentwurf zu Ernesto Laclau und Chantal Mouffe

Notizen

Notizen